**Kohlhammer
Urban**
-Taschenbücher

Band 454

Michael Erbe

Die Habsburger 1493–1918

Eine Dynastie im Reich und in Europa

Verlag W. Kohlhammer

Die Deutsche Bibliothek – CIP-Einheitsaufnahme

Erbe, Michael:
Die Habsburger (1493 – 1918) : eine Dynastie im Reich
und in Europa / Michael Erbe. – 1. Aufl. –
Stuttgart ; Berlin ; Köln : Kohlhammer, 2000
  (Urban-Taschenbücher; Bd. 454)
  ISBN 3-17-011866-8

Umschlag: Karl V.
Medaille von 1541
(Ø 48 mm)
(Original und Foto:
Württembergisches Landesmuseum,
Stuttgart, Münzkabinett)

Alle Rechte vorbehalten
© 2000 W. Kohlhammer GmbH
Stuttgart Berlin Köln
Verlagsort: Stuttgart
Umschlag: Data Images GmbH
Gesamtherstellung:
W. Kohlhammer Druckerei GmbH & Co. Stuttgart
Printed in Germany

Inhalt

Vorwort 9

Einleitung 11

I. Maximilian I. – Ausbau der Territorialherrschaft und Reichsreform 19

II. Karl V. – Anspruch und Scheitern der Universalmonarchie 30

III. Europäische Vormacht im Zeitalter der Gegenreformation 53

1. Philipp II. und die Hegemonialmacht Spanien 53
2. Die Habsburger im Reich vom Augsburger Religionsfrieden bis zum Dreißigjährigen Krieg (1555–1648) 68
2.1. Ferdinand I. und Maximilian II. (1556–1576) 68
2.2. Rudolf II., Matthias und der „Bruderzwist" im Hause Habsburg (1576–1619) 75
3. Erzherzog Albrecht und die südlichen Niederlande 81

IV. Abstieg und Aufstieg im 17. und frühen 18. Jahrhundert 85

1. Der Niedergang Spaniens von Philipp III. bis Karl II. (1598–1700) 85
2. Die Habsburger und der Dreißigjährige Krieg. Ferdinand II. und Ferdinand III. (1619–1657) 95
3. Leopold I. (1658–1705) – Widerstand gegen die französische Hegemonie und Expansion in Südosteuropa 111

| 4. | Die Habsburger und der Spanische Erbfolgekrieg – Joseph I. und Karl VI. (1705–1714) . . . . 125 |

V. Das Haus Habsburg und der Dualismus im Reich 133

1.	Karl VI. und die Pragmatische Sanktion 133
2.	Maria Theresia und Franz I. – Der Österreichische Erbfolgekrieg und die Behauptung des Hauses Habsburg-Lothringen 140
3.	Der Aufgeklärte Absolutismus – Joseph II. und Leopold II 146

VI. Österreich im Zeitalter der Französischen Revolution und der napoleonischen Hegemonie (1792–1815) 159

| 1. | Das Ende des Heiligen Römischen Reiches deutscher Nation . . . . 159 |
| 2. | Das Kaisertum Österreich bis zum Wiener Kongress 170 |

VII. Vormacht im Deutschen Bund und in Italien (1815–1866) 185

1.	Die Spätzeit Franz' I. (1815–1834) 185
2.	Ferdinand I. und die Revolution von 1848 189
3.	Die Anfänge Franz Josephs bis 1867 195
4.	Die Habsburger in Italien bis 1860/66 217

VIII. Das Erzhaus und die Doppelmonarchie Österreich-Ungarn 223

| 1. | Franz-Joseph: Vom Ausgleich 1867 bis zum Weltkrieg . . . . 223 |
| 2. | Karl I. und die Abdankung der Habsburger. . . . . . . 250 |

IX. Bilanz und Ausblick 260

Genealogische Tafeln

1. Die Habsburger im 16. und 17. Jahrhundert....... 264
2. Die deutschen Habsburger (16.–18. Jahrhundert) ... 266
3. Das Haus Habsburg-Lothringen I 268
4. Das Haus Habsburg-Lothringen II.............. 270
5. Die Häuser Habsburg-Toskana und Habsburg-Modena-Este 272

Karten

1. Die habsburgischen Besitzungen um 1559 [Entwurf des Autors]........................ 52
2. Die Iberische Halbinsel zur Zeit Philipps II. von Spanien [nach: H. Heine, *Geschichte Spaniens in der Frühen Neuzeit*, 1984, S. 92] 67
3. Die habsburgischen Besitzungen im Reich zur Zeit des Westfälischen Friedens (1648) [nach: Ch. Ingrao, *The Habsburg Monarchy 1618–1815*, 1994, S. 8] ... 108
4. Das Habsburgerreich um 1700 [nach: *ebd.*, S. 62] ... 121
5. Das Habsburgerreich nach dem Spanischen Erbfolgekrieg [nach: *ebd.*, S. 109] 131
6. Das Habsburgerreich zu Beginn der Revolutionskriege [nach: *ebd*, S. 151]..................... 158
7. Das Kaisertum Österreich 1812 [nach: *ebd.*, S. 227] 177
8. Der habsburgische Machtbereich 1815 [nach: *ebd.*, S. 240] 184
9. Österreich-Ungarn nach 1867 [nach: R. A. Kann, *Geschichte des Habsburgerreiches von 1526 bis 1918*, 1990, S. 592 f.].......................... 225

10.	Nationalitäten im Habsburgerreich [nach: *ebd.*, S. 594f.]	241
11.	Aurel Popovicis Plan eines föderalen Groß-Österreichs [nach: Ders., *The Multinational Empire...*, Bd. 2, 1950, S. 199]	246
12.	Die Auflösung des Habsburgerreichs [Entwurf des Autors]	263

Bibliographie 274

Register 279

Vorwort

Das 1918 untergegangene Habsburgerreich gehört zu den Staatsgebilden, die zu der Zeit, da sie bestanden, heftig kritisiert, nach ihrem Ende aber geradezu nostalgisch verklärt worden sind. In der Tat hat die politische Ordnung in der Nachfolge dieses einst als autoritär, antiquiert und wenig effizient geltenden Staatswesens Südosteuropa keineswegs ein harmonisches Miteinander der Staaten im Donauraum und diesen selbst nicht einmal dauerhaften inneren Frieden beschert. Dies erklärt mit die Faszination, die vom Habsburgerreich bis heute ausgeht. Ihr kann sich auch ein gebürtiger „Preuße" wie der Autor dieses Buches nur schwer entziehen.

Übergreifende, wissenschaftlichen Ansprüchen vollauf gerecht werdende Darstellungen zur Geschichte des Habsburgerreichs gibt es inzwischen verhältnismäßig viele, vor allem natürlich in deutscher, aber auch in englischer und französischer Sprache. Ihnen auf dem vorgegebenen knappen Raum gleichkommen oder sie gar übertreffen zu wollen, wäre ein geradezu vermessenes Anliegen. Mehr als eine grobe Skizze kann hier nicht geboten werden. Der Schwerpunkt des vorliegenden Buches liegt auf der Geschichte der Dynastie und auf ihrer über das Römisch-Deutsche Reich sowie den deutschen Sprachraum hinausragenden europäischen Bedeutung, auf den Leistungen ihrer Vertreter im Hinblick auf den Ausbau eines schließlich den größten Teil des europäischen Südostens prägenden und beherrschenden Staatswesens mit seiner unverwechselbaren übernationalen politischen wie geistigen Kultur. Hierbei wird eine Mischung zwischen biographischer, ereignishistorischer und strukturgeschichtlicher Darstellungsweise angestrebt. Die Bibliographie beschränkt sich auf wichtige neuere Literatur und enthält vor allem Titel mit weiterführenden Angaben. Im übrigen knüpft das Buch an den Band meines Mannheimer Kollegen Karl-Friedrich Krieger *Die Habsburger im Mittelalter. Von Rudolf I. bis Friedrich III.* (1994) an, mit dem zusammen es eine Gesamtgeschichte dieser Dynastie bieten soll.

Mannheim, im Sommer 2000   Michael Erbe

Einleitung

Die 1918 untergegangene Donaumonarchie hatte mit dem Machtbereich der Habsburger um 1500 relativ wenig gemeinsam. Streng genommen war nicht einmal das Herrscherhaus mehr dasselbe. Denn 1700 erlosch die spanische, 1740 die österreichische Linie der Habsburger im Mannesstamm, dem im dynastischen Denken bis zum 20. Jahrhundert meist maßgeblichen monarchischen Erbfolgeprinzip, und in Wien trat die Familie der früheren Herzöge von Lothringen an ihre Stelle, die 1736 in das Erzhaus eingeheiratet hatte. Die internationale Anerkennung dieser Erbfolge wurde freilich nur durch erhebliche Konzessionen an die übrigen Mächte Europas erreicht und musste schließlich sogar in einem bewaffneten Konflikt durchgesetzt werden.

Bereits damals hatte das Länderkonglomerat, über das die Dynastie Habsburg-Lothringen herrschte, nur noch partiell etwas mit dem zu tun, über das 1493 Maximilian I. bei seinem Regierungsantritt geboten hatte. Damals bildeten die österreichischen Herzogtümer „ob und unter der Enns", ferner die Steiermark, Kärnten und Krain, vor allem aber Tirol und Vorarlberg, dazu die „vorderösterreichischen" Lande am Oberrhein und (bis 1648) der elsässische Sundgau den Schwerpunkt habsburgischer Herrschaft. Über die durch die „burgundische Hochzeit" von 1477 in die Hand des Erzhauses gelangten niederländischen Territorien regierte mittlerweile Maximilians Sohn Philipp der Schöne, dessen Heirat mit Juana von Aragon-Kastilien den Anfall der gerade im Entstehen befindlichen spanischen Monarchie an die Habsburger vorbereitete. Und ebenso gab es erste Kontakte wegen einer Eheverbindung mit den in Ungarn und Böhmen herrschenden Jagellonen. Sie bildete die Grundlage für den Anfall dieser Königreiche nach der Katastrophe König Ludwigs II. im Türkenkrieg von 1526. Daneben spielte die Stellung Maximilians als Reichsoberhaupt eine bedeutende Rolle für das Prestige der Habsburger. Da die Kaiserwürde jedoch nicht erblich war, musste sie von Wahl zu Wahl immer wieder neu errungen werden.

Mit Karl V. haben nun die Habsburger zum ersten und einzigen Mal eine Weltmachtstellung errungen: die habsburgischen Territorien im Reich, die niederländischen Provinzen, die spanischen Königreiche mit ihren Nebenländern in Italien und ihren überseeischen Besitzungen, dazu Böhmen und der von den Osmanen nicht eroberte Westrand Ungarns machten das Erzhaus zur mächtigsten Familie Europas, zogen es freilich auch in nahezu sämtliche Konflikte hinein, die sich zwischen Nordsee und Mittelmeer sowie zwischen Pyrenäen und mittlerem Donaulauf abspielten. Für Karl V. als Kaiser ergaben sich daraus Ansprüche auf eine Art Weltmonarchie in der Tradition des Mittelalters, die indes mit dem Selbstbewusstsein der werdenden Nationalstaaten im westlichen Europa kollidierten und auch angesichts der sich während seiner Regierung vollziehenden Glaubensspaltung nicht aufrechtzuerhalten waren. Doch hielten er und seine sämtlichen Nachfolger – bis auf eine Ausnahme – unbeirrt am katholischen Bekenntnis fest. Karls Sohn Philipp II. von Spanien galt geradezu als Vorkämpfer des altgläubigen Lagers. Er gebot immer noch über den weitaus einflussreichsten Staat Europas, dessen Macht sich allerdings im Laufe des 17. Jahrhunderts aushöhlte. Schon Karl V. gab die habsburgischen Reichsterritorien an seinen Bruder Ferdinand I., der ihm auch in der Kaiserwürde nachfolgte. Zugleich vereinigte dieser Herrscher in Personalunion die österreichischen Besitzungen mit den Ländern der Wenzelskrone und Rest-Ungarn. Damit deuteten sich zum ersten Mal die Konturen der späteren Donaumonarchie an.

Vorläufig jedoch blieb der Schwerpunkt des österreichischen Zweigs der Habsburger die Reichspolitik. Da das Erzhaus – außer zwischen 1742 und 1745 – stets den Kaiser stellte, wurde es zur am meisten geachteten Dynastie des Reiches, zugleich aber auch einem der führenden europäischen Herrschergeschlechter, zumal bis 1700 das Prestige der spanischen Linie zum Glanz der Familie beitrug. In Mitteleuropa entsprach dem der reale Machtumfang allerdings kaum: Der Dreißigjährige Krieg, auch wenn er die völlige Unterwerfung der böhmischen Stände brachte, führte die Habsburger beinahe in die Katastrophe. Als er zuende ging, war die Stellung des Kaisers nur mehr die eines Oberhaupts über ein eher lose gefügtes föderales Gebilde, über dessen staatstheoretische Einordnung sich die Gelehrten vergeblich den Kopf zerbrachen.

Was die Entwicklungslinien der zeitlich auseinanderliegenden, politisch heterogenen und territorial kaum deckungsgleichen habsburgischen Staatswesen zwischen dem ausgehenden 15. und dem frühen 20. Jahrhundert miteinander verknüpft, ist sicherlich die lange Regierungszeit Kaiser Leopolds I. (1658–1705). Unter ihm gelang die Rückeroberung des osmanischen Teils von Ungarn sowie die Eingliederung Siebenbürgens, womit sich von nun an das Problem der Regierung über drei höchst unterschiedlich verfasste Reichsteile stellte. Der noch unter Leopolds Herrschaft begonnene Spanische Erbfolgekrieg brachte darüber hinaus zwar den Erwerb zweier wirtschaftlich hochbedeutsamer Reichsteile, der südlichen Niederlande und der Lombardei, änderte aber nichts an der Tatsache, dass das habsburgische Länderkonglomerat seinen Schwerpunkt endgültig entlang des Donaulaufs zwischen Linz und dem Banater Gebirge gefunden hatte. Seitdem war das Schicksal des Habsburgerreichs untrennbar mit den Konflikten auf der Balkanhalbinsel verbunden.

So verlagerte sich der Interessenschwerpunkt während des 18. Jahrhunderts mehr und mehr vom Reich in den Südosten Europas, zumal der Verlust Schlesiens 1740 die reichsterritoriale Basis der Habsburger deutlich schmälerte. Gleichwohl hat Joseph II. versucht, durch den Erwerb Bayerns im Tausch gegen die niederländischen Provinzen, die Stellung seines Hauses im Reich wieder zu stärken. Da dies scheiterte und der sich verschärfende Dualismus mit Preußen die habsburgische Vorrangstellung in Deutschland immer mehr infrage stellte, sah man sich in Wien stärker auf die eigene, sich weit über die Reichsgrenzen hinaus erstreckende Machtbasis verwiesen und suchte sie auszubauen. Dabei wurden – mit Unterstützung der beiden anderen Teilungsmächte Russland und Preußen – die südlichen Teile des polnisch-litauischen Staatswesens zwischen 1772 und 1795 ebenso einverleibt wie 1797 mit französischer Hilfe das Staatsgebiet der altehrwürdigen Republik Venedig in Nordostitalien und an der Adria. Nach den vorübergehend von Napoleon zugefügten Gebietsverlusten erreichte der habsburgische Gesamtstaat 1815 unter Verzicht auf die niederländischen und die vorderösterreichischen Besitzungen im wesentlichen wieder seinen Gebietsumfang von 1795/97. Er wurde damit endgültig zur „Donaumonarchie".

Allerdings hatte man in Wien auf die Vorherrschaftsansprüche in Italien und Deutschland noch nicht verzichtet: sie wurden auf dem Wiener Kongress sogar bestätigt. Franz II./I., der sich seit 1804 für seine österreichisch-böhmischen Lande den erblichen Kaisertitel zugelegt und zwei Jahre später auf die Kaiserwürde im Reich verzichtet hatte, war als Oberhaupt der in mehreren Staaten auf der Apenninenhalbinsel regierenden Habsburger sowie als Herrscher über die ökonomisch mit bedeutsamsten Territorien im Norden – die Lombardei und Venetien – der eigentliche Lenker der Geschicke Italiens. Das Gleiche galt bis über die Jahrhundertmitte hinaus für seine beiden Nachfolger. Starken Einfluss übte der österreichische Kaiserstaat außerdem als Präsidialmacht des Deutschen Bundes in Deutschland aus. Hinzu kam die ebenso vom Konzert der europäischen Großmächte zugewiesene wie selbstgewählte Wächterrolle über das Gleichgewicht auf dem Balkan. Alle drei Aufgaben auf einmal mussten angesichts der nationalen Sehnsucht in Deutschland wie in Italien und im europäischen Südosten das Habsburgerreich auf die Dauer außenpolitisch überfordern. Sie waren überhaupt nur dann zu bewältigen, wenn der Kaiserstaat im Innern stabil blieb.

Gerade dies war nun aber angesichts der verfassungsmäßigen Unterschiede in den einzelnen „Kronländern" nicht der Fall. Zu einer Zeit, als diese noch durch Ständeversammlungen vertreten waren, denen gegenüber der Gesamtherrscher eine mehr oder weniger starke Stellung besaß, hatten sich die einzelnen Länder in Personalunion noch einigermaßen regieren lassen. In dem Maße jedoch, wie der absolutistische Staatsgedanke in der Wiener Hofburg zur leitenden Idee der Politik wurde und man eine zentralistische Lenkung des Gesamtstaatswesens anstrebte, gerieten die Herrscher in Konflikt mit der ständischen Opposition in den Kronländern. Zwar konnten der böhmische Widerstand zu Beginn des Dreißigjährigen Krieges gebrochen und der ungarische wie der siebenbürgische um 1700 erheblich eingedämmt werden, doch sollte Joseph II. mit seiner Vision eines von oben nach den Prinzipien der aufgeklärten Vernunft gelenkten und dementsprechend vereinheitlichten Gesamtstaats 1789/90 scheitern. Die Anspannung aller inneren Kräfte in den Kriegen gegen das revolutionäre Frankreich und Napoleon überdeckte nur die Gegensätze zwischen absolutistischem Zentralstaat und ständisch geprägter

Vielfalt. Nach 1815 fühlte man sich in der Hofburg so stark, dass man vermeinte, bei der zentralen Lenkung des Kaiserstaats verharren zu können. Finanzielle Schwierigkeiten, Autonomie-, wenn nicht gar Unabhängigkeitsbestrebungen bei den italienischen, polnischen, ungarischen und kroatischen Untertanen (um nur diese zu nennen) sowie die Belastungen durch die Nationalbewegungen in Deutschland und Italien, brachten das Habsburgerreich jedoch im Verlauf der vierziger Jahre in größte Schwierigkeiten, zumal sich die genannten Strömungen mit konstitutionellem und liberalem Gedankengut verquickten und damit die autoritäre monarchische Staatsform als solche infrage stellten.

Das Resultat war die revolutionäre Erschütterung des Habsburgerreiches in den Jahren 1848 und 1849. Die gleichzeitigen Vorgänge in Italien und Deutschland brachten zeitweilig die Gefahr der Vereinigung der entsprechenden Sprachgebiete mit dem in Turin wie in Frankfurt angestrebten Nationalstaat mit sich. Zwar konnte das Habsburgerreich den Verlust von Lombardo-Venetien – wie sich später zeigen sollte – verkraften, das Aufgehen der Deutsch-Österreicher in einen gesamtdeutschen Staat hätte es jedoch einer Zerreißprobe mit ungewissem Ausgang unterworfen. Hinzu kamen die Freiheitsbestrebungen der Tschechen, die ihrerseits gegen eine Abspaltung der deutschsprachigen Teile Böhmens und Mährens waren, der Polen und der Slowenen sowie in den Ländern der Stephanskrone die der Kroaten und Rumänen, teilweise auch der Slowaken, vor allem aber des magyarischen Teils von Ungarn selbst. Der ungarische Drang zur Verselbständigung konnte schließlich nur mit Hilfe russischer Interventionstruppen unterdrückt werden. Seitdem gab es bis in die sechziger Jahre keine ungarische Eigenständigkeit mehr.

Die Chance, im Zeitalter einer beschleunigt verlaufenden Modernisierung weiterzubestehen, hatte das Habsburgerreich nur, wenn es sich demokratisierte und parlamentarisierte und dazu konsequent den Weg der Föderalisierung beschritt. In dieser Hinsicht am weitesten ging der Plan, den František Palacký bei den Verfassungsberatungen in Kremsier 1848/49 entwickelte. Er sah für die Gesamtmonarchie eine Art Bundesstaat aus insgesamt acht Ländergruppen vor, in dem allerdings die Polen mit den Ruthenen (Ukrainern) zu einer „polnischen" sowie – wegen der starken Sprachähnlichkeiten – die Slowaken mit den Tschechen zu einer

„böhmischen" und die Slowenen mit den Kroaten (dazu den Serben der „Militärgrenze") zu einer „südslawischen" Ländergruppe zusammengefasst werden sollten.

Statt zum parlamentarisch-demokratischen Verfassungssystem überzugehen und das Reich zu föderalisieren, orientierte sich der im Dezember 1848 an die Regierung gelangte Kaiser Franz Joseph in seinen ersten Regierungsjahren am bereits früher gescheiterten Joseph II. und praktizierte einen zentralstaatlichen „Neoabsolutismus", der zwar das Wirtschaftsleben nicht hemmte und daher auch als „Wohlstandsdiktatur" bezeichnet worden ist, aber weder die Nationalitätenprobleme zu lösen, noch die progressiven Kräfte innerhalb der Gesellschaft in die politischen Entscheidungen einzubinden vermochte. Die militärischen Katastrophen von 1859 und 1866 zwangen verfassungsmäßig gesehen zur Umkehr. Der Ausgleich, der 1867 mit Ungarn erzielt wurde, beseitigte zwar eines der Haupthindernisse auf dem Weg zur inneren Entspannung, war aber deshalb nicht zukunftsweisend, weil er nicht den Anfang zur allgemeinen politischen Emanzipation der Völker in der Donaumonarchie darstellte, sondern diese fortan eher behinderte.

Man muss der zeitgenössischen Kritik, durch den österreichisch-ungarischen Dualismus sei die Habsburgermonarchie als Ganzes gewissermaßen den Interessen der magyarischen Eliten ausgeliefert worden, nicht unbedingt beipflichten. Doch gibt der Ausspruch des österreichischen Politikers Karl Lueger von 1895 zu denken, der damals vor dem Unterhaus des österreichischen Reichstags äußerte, er sehe im Dualismus ein größeres Unglück für sein Vaterland als in den verlorenen Kriegen des gerade zuende gehenden Jahrhunderts. Angesichts der von der politischen Elite der Magyaren ausgehenden Pressionen orientierten sich viele Deutsch-Österreicher am ungleich dynamischeren, machtvollen deutschen Kaiserreich und setzten das habsburgische Staatswesen einer zusätzlichen Zerreißprobe aus.

Selbst Kaiser Franz Joseph, der trotz grober politischer Fehler in den Anfangsjahren seiner Regierung sich zu einem leidlichen Herrscher und vor allem zur Symbolfigur seines auseinanderdriftenden Vielvölkerstaats entwickelt hatte, räumte gegen Ende seiner Herrschaft ein, dass dieser „in der heutigen Welt eine Anomalie" sei. Dennoch war der Herrschaftswechsel überfällig.

Ein politischer Mitstreiter, der österreichische Ministerpräsident Koerber, kommentierte die lange Regierungszeit des Kaisers treffend mit den Worten: „Zweifach hat uns Franz Joseph unendlich geschadet, einmal durch seine Jugend und das zweite Mal durch sein Alter."[1] Die Frage ist allerdings, ob der ungeduldig auf die Nachfolge wartende Erzherzog Franz Ferdinand, dem man zu Unrecht die Vision eines „großösterreichischen" Bundesstaats nach amerikanischem Muster nachsagte, für das morsche Gefüge der Donaumonarchie das passende Konzept parat gehabt hätte, wenn er Ende Juni 1914 nicht ermordet worden wäre. Nach allem, was man über seine Pläne weiß, war das nicht der Fall. Die zeitweiligen Überlegungen in Richtung eines – die Kroaten zum gleichberechtigten Teil der Monarchie erhebenden – „Trialismus" wären jedenfalls alles andere als eine Patentlösung gewesen.

Als das Reich sich in den Weltkrieg ziehen ließ, scheint sein Weiterbestehen kaum noch eins seiner Völker gewollt zu haben: die meisten Magyaren wünschten die Trennung, die Österreicher strebten mit Mehrheit ins Deutsche Reich, die verschiedenen slawischen Völkerschaften und die Rumänen forderten eigene Nationalstaaten bzw. die Vereinigung mit ihren Brüdern jenseits der Grenzen. Als das „Völkermanifest" Karls I. vom 16. Oktober 1918 schließlich den Weg zum Umbau des Habsburgerreichs in eine föderative Monarchie eröffnete, war dies nur mehr das Signal zu seiner endgültigen Auflösung.

---

1 Zitiert nach F. Weissensteiner, *Franz Ferdinand. Der verhinderte Herrscher,* 1983, ND 1994, S. 149.

I. Maximilian I.
Ausbau der Territorialherrschaft und Reichsreform

Mit Recht ist immer wieder betont worden, dass der Regierungsantritt Maximilians nach dem Tod seines Vaters Friedrich III. im Sommer 1493 eine Wende sowohl in der Geschichte der habsburgischen Territorien wie auch im Reich bezeichnete. Dies war keineswegs das alleinige Verdienst des neuen Monarchen. In den Niederlanden war es bereits im Mai 1493 mit Karl VIII. von Frankreich zum Friedensschluss von Senlis gekommen. Damit hatte der französische König den Rücken für seinen Zug nach Neapel frei, der ein Jahr später erfolgen sollte. Die durch die burgundische Heirat erworbenen Provinzen, einschließlich des formell immer noch vom französischen König abhängigen Kronflanderns und des Artois sowie der zum Reich gehörenden Franche-Comté, waren auf diese Weise für Maximilians Sohn Philipp den Schönen, der hier 1494 nach seiner Großjährigkeitserklärung selbst die Herrschaft übernahm, gesichert. Bereits im Frühjahr 1490 hatte der Tod des Matthias Corvinus den ungarischen Druck von den österreichischen Erblanden genommen, und wenn es auch nicht gelungen war, die Wahl Wladislaws von Böhmen auch zum König von Ungarn zu verhindern, so hatte dieser doch im November 1491 im Frieden von Pressburg zugestehen müssen, dass im Falle des Aussterbens seines Hauses die bereits 1463 anerkannte Anwartschaft der Habsburger auf die ungarische Krone gewahrt bleiben würde. Schließlich hatte schon im Frühjahr 1490 der unbequeme Vetter des alten Kaisers, Erzherzog Sigmund, auf sämtliche Herrschaftsrechte in Tirol bereits zu Lebzeiten verzichtet, und ebenso war es gelungen, Herzog Albrecht IV. von Bayern zum Verzicht auf seine von Sigmund erworbenen Pfandschaftsansprüche über dieses Territorium zu bewegen.

Maximilian fand so, als er seine Herrschaft nun auch förmlich antrat, eine außenpolitisch weitgehend bereinigte Situation vor, in der sich ganz neue Möglichkeiten für den völlig anders als sein Vater gearteten König zu eröffnen schienen. Denn im Gegensatz zu Friedrich III. war der damals vierunddreißigjährige Sohn ein geistig beweglicher, vielseitig begabter Mann, dem man sowohl in den Regierungsgeschäften wie im Waffenhandwerk eine gründliche Ausbildung hatte angedeihen lassen und der zugleich auf literarischem wie auf künstlerischem Gebiet Kenntnisse und Geschmack beweisen sollte. Die burgundischen Jahre, die glänzende Hofhaltung und die Spätblüte des Ritterwesens mit ihren im „Orden vom Goldenen Vlies" gehegten Kreuzzugsträumen (die sich in dem von Maximilian mitgestalteten Versepos *Tewrdank*, der 1517 gedruckten Beschreibung der Erlebnisse eines fahrenden Ritters, widerspiegeln) haben ihn nachhaltig geprägt. Die Niederlande waren damals nördlich der Alpen das wirtschaftlich wie kulturell fortschrittlichste Gebiet Europas. Der Aufenthalt dort, so konfliktreich er sich auch gestaltete, ermöglichte ihm einen tieferen Einblick in die Probleme der großen Politik, als dies von seinen Erblanden aus möglich gewesen wäre. Die Erfahrungen in den Niederlanden hatten ihn aber auch in politischer Hinsicht in seinem wohl angeborenen Hang zu einer gewissen Maßlosigkeit, Verschwendungssucht und Phantasterei bestärkt. Vor allem die Gabe, mit Geld umzugehen, ist ihm Zeit seines Lebens versagt geblieben. Dies erklärt zum erheblichen Teil das Unstete in seiner Politik, da ihm in entscheidenden Augenblicken immer wieder die finanziellen Mittel ausgingen. Doch ähnlich wie sein Vater war Maximilian durchaus dazu imstande, einmal gesteckte Ziele mit Beharrlichkeit bis zum Ende zu verfolgen. Vor allem die Stärkung der Macht seines Hauses behielt er stets im Auge. Diesem Zweck diente auch die Selbstverherrlichung in der von ihm mitverfassten romanartigen, autobiographisch-allegorischen Historienerzählung *Der Weisskunig* von 1514, die allerdings erst 1775 im Druck erschienen ist.

Die burgundische Erbschaft hatte den Habsburgern den Gegensatz zum französischen Königtum eingebracht, der bis zur Mitte des 18. Jahrhunderts die europäische Politik in Atem halten sollte. Das Bestreben, die vom französischen König als erledigte Lehen eingezogenen Provinzen des früheren burgundischen Herrschaftskomplexes – die Picardie und die Bourgogne – doch noch wiederzugewinnen, zugleich aber das durch den Zug Karls VIII. nach Neapel 1494/95 erschütterte Gleichgewicht auf der Apenninenhalbinsel wiederherzustellen, führte zur Annäherung an England wie an die vereinigten spanischen Königreiche. Daraus ergab sich 1496/97 jene folgenreiche Doppelhochzeit zwischen Maximilians Sohn Philipp dem Schönen (*1478, †1506) und der Tochter Ferdinands von Aragon und Isabellas von Kastilien, Juana (später genannt *la Loca*, „die Wahnsinnige", *1479, †1555) sowie zwischen deren Bruder Juan und Philipps Schwester Margarethe (*1480, †1530). Infolge des frühen Todes von Juan (Oktober 1497) eröffnete sich dem jungen Herzog von Burgund unverhofft die Anwartschaft auf die Kronen Kastiliens und Aragons. Dies war ein Ausgleich für den Misserfolg, den Maximilian im September 1496 bei dem Versuch erlitten hatte, an der Seite und im Sold der im März 1495 abgeschlossenen Liga von Venedig (der außer ihm selbst die Lagunenstadt, Mailand, der Papst und die spanischen Königreiche angehörten) den französischen Stützpunkt Livorno mit Hilfe einer genuesischen Flotte in die Hand zu bekommen. Da die Kurie und Spanien aus der Liga ausscherten und ihm selbst keine Geldmittel mehr zur Fortsetzung des Krieges zur Verfügung standen, hatte er daraufhin, statt dass sich nach einem Sieg der für die Erlangung der Kaiserkrone unerlässliche Romzug angeschlossen hätte, den Feldzug abbrechen müssen und sich nur mit Not nach Tirol retten können.

Sein Sohn Philipp der Schöne versuchte dagegen, die frankreichfeindliche Politik seines Vaters nach Kräften zu durchkreuzen. Er verzichtete dabei bewusst auf den Wiedererwerb der Bourgogne und der Picardie, die König Ludwig XI. nach Karls des Kühnen Tod als erledigte Lehen eingezogen hatte. Dies lag einmal im Interesse der niederländischen Provinzen und ihrer Stände, besonders aber der mächtigen Handels- und Gewerbestädte, allen voran Gent, Brügge und Antwerpen, denen an friedlichen Beziehungen zum südlichen Nachbarn gelegen war und ohne die Philipp nicht regieren konnte, zum anderen aber auch an den Zielsetzungen des Erzherzogs selbst, der sehr wohl erkannte, dass sich die Erbfolge in den spanischen Königreichen ohne Unterstützung oder zumindest ein Stillhalten des französischen Königs kaum würde realisieren lassen. Daher leistete er ihm Anfang August 1498 im Vertrag von Paris für die Grafschaften Flandern und Artois den Lehnseid.

In Frankreich regierte seit April dieses Jahres Karls VIII. entfernter Vetter Ludwig XII. (†1515). Aufgrund seiner Verwandtschaft mit den dort bis 1447 regierenden Visconti erhob er, im Norden abgesichert durch den Ausgleich mit Philipp von Habsburg, alsbald Ansprüche auf das Herzogtum Mailand. 1499/1500 nahm er es in Besitz und führte den Sforzaherzog Lodovico il Moro gefangen nach Frankreich hinweg. Diesen hatte jedoch Maximilian – als römisch-deutscher König formell Lehnsherr über Mailand – 1495 mit dem Herzogtum belehnt, nachdem er selbst dessen Nichte Bianca Maria nebst einer stattlichen Mitgift heimgeführt hatte. Er war jetzt allerdings nicht dazu imstande, die Absetzung Lodovicos zu verhindern. Zugleich konnte Maximilian 1499 im sog. Schwaben- oder Schweizerkrieg gegen die überlegenen eidgenössischen Truppen die Ansprüche des Reiches im Hinblick auf die Gerichts- und Steuerhoheit über die zum Bund zusammengeschlossenen Schweizer „Orte" nicht durchsetzen: mit dem Basler Frieden vom 22. September wurde ein entscheidender Schritt in Richtung auf die dann erst 1648 völkerrechtlich anerkannte Unabhängigkeit der Eidgenossenschaft vom Reich vollzogen.

Alle diese Probleme und Niederlagen müssen vor dem doppelten Hintergrund der Schwierigkeiten einmal im Reich und zum anderen in den habsburgischen Erblanden betrachtet werden. Was das Reich betrifft, so bestanden tiefe Meinungsverschiedenheiten darüber, ob es im Interesse der Fürsten liegen konnte, die andauernden Konflikte mit dem französischen Königtum für die Ausweitung der Hausmacht des Reichsoberhaupts im Westen auf sich zu nehmen. Stärker fühlte man sich von der Bedrohung betroffen, die im Südosten von der unvermindert anhaltenden osmanischen Expansion ausging. Allerdings konnte man sich mittlerweile nicht mehr der Einsicht verschließen, dass es – um die Einheit des Reiches weiterhin aufrechterhalten zu können – einer tiefer greifenden Reform seiner Organe bedurfte. Auch angesichts des Umsturzes in Italien 1494/95 kam es, vor allem auf Betreiben des Mainzer Erzbischofs Berthold von Henneberg, 1495 auf dem Wormser Reichstag zu einem Neuansatz bei der bislang immer wieder verschleppten Reichsreform. Der neu verkündete „Ewige Landfriede" sollte durch ein neues, vom König weitgehend unabhängiges und von den Reichsständen beschicktes „Reichskammergericht" aufrechterhalten werden, vor dem Streitigkeiten künftig auszutragen waren. Darüber hinaus wurde zur Deckung der Unkosten des Gerichts sowie als allgemeine, auch für den König bestimmte Reichssteuer der „Gemeine Pfennig" eingeführt, dessen Erhebung allerdings nie recht funktionieren sollte.

Trotz dieser sog. Reichsreform wurden die Gegensätze zwischen König und Reichsständen nicht ausgeräumt. Während sich Maximilian davon eine Stärkung der Zentralgewalt versprach, erwarteten die Fürsten von ihr die Bestätigung ihrer territorialen Eigenständigkeit und zugleich die Anerkennung ihres Rechts auf Mitbestimmung in der Reichspolitik. Dies wurde mit dem Anspruch untermauert, maßgeblich an der Zusammensetzung eines „Reichsregiments" beteiligt zu werden, wozu sich Maximilian angesichts der Ausweglosigkeit seiner außenpolitischen Lage im Jahre 1500 auf dem Augsburger Reichstag auch bereit finden musste. Allerdings erwies sich das in Nürnberg tagende, u. a. aus Vertretern des Königs, der Kurfürsten, der Fürsten und der Reichsstädte sowie der im Zuge der Reichsreform neu gebildeten Reichskreise zusammengesetzte Organ im folgenden als weitgehend regierungsunfähig, so dass die oberste Gewalt im Reich 1502 fast von allein wieder an Maximilian zurückfiel.

Angesichts seiner Machtlosigkeit im Reich sah sich Maximilian gezwungen, in seinen Erblanden Reformen zur Hebung der Steuerkraft durchzuführen, um ein stehendes Heer unterhalten zu können. Als Vorbild dienten dabei die zentralen burgundischen Institutionen, die – über den territorialen Organen und Behörden angesiedelt – die Vereinheitlichung des heterogenen Länderkomplexes im Westen vorangetrieben hatten. Auch für die österreichischen Länder, die Maximilian gerne zu einem eigenen Königreich zusammengefasst hätte, galt es, einerseits zentrale Behörden zu schaffen sowie andererseits dort dem Landesherrn ergebene und für spezielle Verwaltungsaufgaben ausgebildete Amtsträger einzusetzen, die sich in Ratskollegien den verschiedenen administrativen Bereichen widmen sollten. Die Zusammenfassung zu einem einheitlichen Staatswesen gelang freilich nicht. Aber auf die Reformtätigkeit Maximilians geht doch die Schaffung der drei nunmehr administrativ in sich einheitlicher gestalteten Ländergruppen zurück, nämlich „Niederösterreichs" (d. h. Österreich ob und unter der Enns, Steiermark, Kärnten und Krain), „Oberösterreichs" (Tirol und Vorarlberg) sowie „Vorderösterreichs" (oberrheinische, an der Donau gelegene, schwäbische und elsässische Territorien). Verschiedene neu eingerichtete Behörden hatten, der Doppelaufgabe Maximilians als Reichsoberhaupt und Landesherr über die von ihm regierten habsburgischen Territorien entsprechend, eine doppelte Funktion. Dies galt sowohl für den Reichshofrat, der als Konkurrenzorgan zum Reichskammergericht gedacht war, wie für die Hofkanzlei, die die Autorität des Mainzer Erzbischofs als Kurerzkanzler des Deutschen Königreichs einschränken sollte, wie auch für die – allerdings nicht sehr erfolgreiche – Hofkammer, der das Finanzwesen im Reich und in den Erblanden unterstellt wurde. Sie alle wurden 1498 ins Leben gerufen. Für die drei Ländergruppen wurde jeweils ein „Regiment" eingerichtet, das aus Kollegien mit Zuständigkeit für die allgemeinen politischen und für die Justizangelegenheiten sowie für das Finanzwesen bestand. Für diesen Bereich wurde ab 1498 versucht, eine für sämtliche Erblande gemeinsame Behörde zu schaffen. Als „Allgemeine österreichische Schatzkammer" wurde sie in Innsbruck in enger Verbindung mit der für Tirol zuständigen „Rait-"(= Rechen-) Kammer eingerichtet, setzte sich aber als allgemein anerkannte Zentralbehörde ebensowenig durch wie bei einem zweiten Anlauf Maximilians kurz vor seinem Tod im Jahre 1518.

Überhaupt bildete das Finanzwesen die Achillesferse dieses Herrschers. Da die Einnahmen für seine weit gespannten politischen Zielsetzungen nie ausreichten, wurde der Kredit der großen oberdeutschen Bankiers- und Handelshäuser in Anspruch genommen, vor allem der Augsburger Familien Gossembrot, Baumgarten, Welser und Fugger. Jörg Gossembrot war schließlich als Pächter der österreichischen Finanzverwaltung sein oberster Finanzbeamter. Mit den übrigen Häusern stand Maximilian gleichfalls in enger Verbindung, wobei vor allem die Fugger, in deren Händen am Ende der gesamte Tiroler Kupfer- und Silberbergbau lag, für die Habsburger herausragende Bedeutung erlangten. Sie waren es schließlich, die mit einem Kredit von nahezu einer Million Gulden, die zur Bestechung der Kurfürsten verwendet wurden, 1519 die Wahl von Maximilians Enkel Karl V. zum Nachfolger als Kaiser ermöglichten. Die Kehrseite dieser Finanzpolitik war allerdings eine Schuldenlast, die sich infolge fortwährender Anleihen und Verpfändungen, schließlich auf 6 Mio. Gulden belief. Dies entsprach dem Steuerertrag der Erblande für ein ganzes Jahrzehnt. Erst gegen Ende des 16. Jahrhunderts sollte diese Schuld getilgt sein.

Eine bleibende Leistung Maximilians stellt dabei die Schaffung damals moderner Verbände von Fußtruppen dar, jener „Landsknechte", die als Berufskämpfer ähnlich wie bereits zuvor die eidgenössischen „Reisläufer" und später die spanische *Tercio*-Infanterie zu europäischem Ruhm gelangen sollten. Dabei kam ihm zugute, dass er selbst über ein beachtliches Feldherrntalent verfügte und seine Truppen in der Schlacht nicht nur gut zu lenken, sondern auch durch persönlichen Einsatz zu motivieren verstand. Außerdem nutzte er die Schlagkraft der sich damals immer mehr durchsetzenden Artillerie. Sie war entscheidend bei der Eroberung der Stadt Kufstein im Oktober 1504, die neben Maximilians Sieg bei Regensburg einen Monat zuvor die Entscheidung im sog. Bayerisch-Pfälzischen Krieg (1504/05) brachte.

Dieser Krieg war ausgebrochen wegen Erbstreitigkeiten um Bayern-Landshut zwischen Herzog Albrecht IV. von Bayern und dem jüngeren Sohn des pfälzischen Kurfürsten Philipp, Pfalzgraf Ruprecht, den entgegen den wittelsbachischen Hausverträgen der 1503 gestorbene Herzog von Landshut zum Erben eingesetzt hatte. Die Auseinandersetzungen drohten infolge der Unterstützung, die die Pfälzer sowohl durch Frankreich als auch durch Böhmen erhielten, sich zu einem europäischen Konflikt auszuweiten. Das Eingreifen Maximilians wurde dadurch erleichtert, dass – auf Vermittlung seines Sohnes Erzherzog Philipp hin – König Ludwig XII. im September 1504 mit Maximilian in Blois einen Friedensvertrag abschloss, in dem der König von Frankreich die Hand seiner einzigen Tochter Maximilians Enkel Karl zusicherte und dafür mit dem Herzogtum Mailand belehnt wurde. Damit fehlte den Pfälzern die Rückendeckung, und sie mussten sich im Juli 1505 zur Annahme von Maximilians Kölner Schiedsspruch bequemen. Durch ihn gelangte Landshut an Bayern, der König selbst aber sicherte sich Kufstein, Kitzbühel und Rattenberg, die der Grafschaft Tirol einverleibt wurden, außerdem einige landvogteiliche Rechte am Oberrhein (Hagenau und Ortenau). Neben der bereits 1500 erfolgten Erbschaft des letzten Rests der Besitzungen der Grafen von Görz (Görz selbst sowie Lienz und das Pustertal) sind dies die einzigen Erwerbungen geblieben, die Maximilian seinen Erblanden hinzufügen konnte.

Das gute Verhältnis zum französischen König währte indes nicht lange. Bereits ein Jahr nach dem Vertrag von Blois vermählte Ludwig XII. seine Tochter mit seinem Neffen, dem späteren König Franz I. Doch immerhin war Maximilian 1506 durch die französische Rückendeckung in der Lage, gegen König Wladislaw von Böhmen und Ungarn zu ziehen, der im November 1507 vertraglich die spätere Heirat zwischen seinem ältesten Sohn Ludwig und seiner Tochter Anna mit zwei Enkelkindern des deutschen Königs zusagte. Diese Heiraten – mit dem jüngeren Bruder Erzherzog Karls, Ferdinand, sowie mit dessen Schwester Maria – wurden in der Tat 1521/22 vollzogen, und diese Doppelhochzeit sollte für das Haus Habsburg sogar zukunftsträchtiger sein als die spanische Doppelhochzeit von 1496/97. Die mit dieser verbundenen dynastischen Hoffnungen schienen sich sogar im Herbst 1506 zu verflüchtigen, als Philipp der Schöne, der nach dem Tod seiner Schwiegermutter Isabella die Herrschaft über Kastilien antreten wollte, unerwartet an der Küste Asturiens verstarb. Die Nachfolge seines gerade sechsjährigen Sohnes Karl in den spanischen Königreichen war vorerst noch ungesichert, da Ferdinand von Aragon mit dem Gedanken spielte, eine französische Prinzessin zu ehelichen, um eigenen Kindern zum spanischen Thron zu verhelfen. Allerdings wurde Maximilian in den niederländischen Provinzen die Regentschaft für seinen Enkel übertragen. Angesichts des früheren spannungsreichen Verhältnisses zu diesem Herrschaftsbereich war er jedoch klug genug, hier seine Tochter Margarethe als Statthalterin einzusetzen. Sie ließ dem jungen Erzherzog eine angemessene Erziehung angedeihen und lenkte bis zu seiner Volljährigkeitserklärung im Jahre 1515 die politischen Geschicke des burgundischen Herrschaftsbereichs sowohl im Sinne des habsburgischen Hauses wie auch der spezifisch niederländischen Interessen.

Bei allen außenpolitischen Wechselfällen hatte Maximilian nie das traditionelle Ziel eines deutschen Königs aus dem Auge verloren, gen Rom zu ziehen und vom Papst die Kaiserkrönung zu erlangen. Venedig und die über Mailand herrschenden Franzosen ließen jedoch jeden Versuch zum Romzug als aussichtslos erscheinen. Von Papst Julius II., der mit der Rückeroberung verlorengegangener Gebiete seines Kirchenstaats beschäftigt war und keine Truppen auf seinem Territorium dulden wollte, war keine Unterstützung zu erwarten. Daher ließ sich Maximilian am 4. Februar 1508 im Dom von Trient zum „Erwählten Römischen Kaiser" ausrufen, um sich so den Titel gegenüber anderweitigen Prätendenten und angesichts des widerstrebenden Verhaltens des Papstes zu sichern. Infolge des Wechselspiels der politischen Bündnisse in der nächsten Zeit erkannte Julius II. den Kaisertitel auch an. Mit dieser Verlegenheitslösung machten beide allerdings ungewollt Geschichte: seit dieser Proklamation galt jede Wahl eines deutschen Königs auch als Kaiserwahl, und nur Karl V. sollte sich 1530 noch einmal vom Papst förmlich zum Kaiser krönen lassen.

Im Dezember 1508 schloss Maximilian mit Papst Julius sowie mit den Königen von Frankreich und Spanien gegen Venedig die Liga von Cambrai ab. Ziel der Bündnispartner war die Eroberung und Aufteilung der venezianischen *Terra ferma*. Während allerdings seine Bundesgenossen einige Erfolge errangen, war der Kaiser aus Geldmangel (der auch durch eine momentane Krise des Hauses Fugger verursacht war) nicht in der Lage, auf Kosten der Markusrepublik territoriale Gewinne zu erzielen. Das Bündnis zerbrach, als der Papst sich Venedig zuwandte, um die Franzosen aus Italien zu vertreiben. Maximilian sah sich an die Seite des französischen Königs gedrängt, man versuchte im Frühjahr 1511 erfolglos, in Pisa ein antipäpstliches Konzil einzuberufen, und im August fasste Maximilian, als der Papst vorübergehend schwer erkrankte, sogar den abenteuerlich anmutenden Plan, selbst die Tiara anzustreben (wofür er von den Fuggern Gelder zur Bestechung des Kardinalskollegiums erbat). Dahinter stand weniger die Hoffnung, zum ersten Mal die beiden Universalgewalten in einer Hand zu vereinigen, sondern vor allem das Bestreben, die Verfügung über die reichen Einkünfte der Kurie zu erringen.

Die unverhoffte Genesung des Papstes machte den Plan zum Hirngespinst. Julius bildete Anfang Oktober 1511 mit dem spanischen König und der Markusrepublik eine „Heilige Liga", der sich neben Heinrich VIII. von England nach einigem Schwanken im Frühjahr 1512 auch Maximilian anschloss. Das folgende Hin und Her der immer wieder neu geschmiedeten Zweckbündnisse brachte schließlich das Ergebnis, dass die Franzosen vorübergehend das Herzogtum Mailand aufgeben mussten, es aber nach dem glänzenden Sieg des neuen Königs Franz I. bei Marignano im September 1515 wieder in Besitz nehmen konnten. Bereits 1513 war die Allianz gegen das französische Königtum zerbrochen, als es Ludwig XII. gelungen war, sowohl mit Ferdinand von Aragon als auch mit Heinrich von England Frieden zu schließen und ein Bündnis einzugehen, dem sich auf den geheimen Rat des Kaisers hin auch dessen Tochter Margarethe für die burgundisch-niederländischen Territorien anschloss. Ihr Ausgleich mit Frankreich, in den sich der Kaiser schließlich selbst einbeziehen ließ, sollte 1516 nach dem Tod Ferdinands von Aragon der Thronfolge von Maximilians Enkel Karl in Spanien den Weg ebnen.

Maximilian war nach 1517, als er die letzten Besitzungen, die er den Venezianern abgenommen hatte, zurückgeben musste, mit seiner Italienpolitik auf der ganzen Linie gescheitert. Von jetzt an war er nurmehr bestrebt, einem Mitglied seines Hauses die Nachfolge als Reichsoberhaupt zu sichern und dabei einen Erfolg der Kandidatur Franz' I. von Frankreich zu verhindern. Ende August 1518 schien dies mit Fugger'scher Hilfe gelungen zu sein: die Stimmen von Mainz und Köln sowie die der Pfalz, Brandenburgs und Böhmens waren für den Enkel des Kaisers, den inzwischen als König von Spanien anerkannten Erzherzog Karl, gesichert, und es bestanden berechtigte Hoffnungen darauf, dass sich Trier und Sachsen der Mehrheit anschließen würden. Der Tod Maximilians am 12. Januar 1519 auf der oberösterreichischen Burg Wels ließ den Ausgang der Wahl freilich noch einmal in die Schwebe geraten, – entschieden war sie erst Monate später.

Den wenigstens nach außen hin glanzvollen Abschluss der Regierung des Kaisers bildete der Augsburger Reichstag vom August bis zum Oktober 1518. Der päpstliche Gesandte Kardinal Cajetan warb hier für den Plan der Kurie, einen von Spanien, Frankreich, England und dem Reich getragenen Kreuzzug gegen die Türken zu organisieren. Die Reichsstände lehnten jedoch die Bewilligung des dafür bestimmten Zehnten wegen des undurchsichtigen päpstlichen Finanzgebarens ab und formulierten am 27. August jene berühmten „Gravamina Deutscher Nation", in denen die Beschwerden über die finanzielle Ausbeutung des Reichs durch die Kurie auf das heftigste angeprangert wurden. Auch die sich langsam ausweitende Angelegenheit Luthers beschäftigte den Reichstag am Rande: vom 12.-14. Oktober wurde der Wittenberger Theologe über seine Auffassungen von Cajetan in Augsburg verhört (ein schärferes Vorgehen ließ die Stimmung unter den Reichsständen nicht zu), weigerte sich jedoch zu widerrufen und entwich schließlich heimlich nach Sachsen. Dass die von ihm entfachte Bewegung die Innenpolitik der nächsten Jahrzehnte bestimmen sollte, war freilich damals noch nicht abzusehen. Doch, ohne es zu wissen, hinterließ Maximilian seinem Nachfolger und dem Reich in der Kirchenfrage ein ganzes Bündel ungelöster und letztlich unlösbarer Probleme.

Maximilian ist als „Kaiser an der Zeitenwende" bezeichnet worden. In dieser Bewertung drückt sich eine gewisse Ambivalenz zwischen mittelalterlichem Rittertum und frühneuzeitlichem Machiavellismus aus. Dieses Urteil beruht freilich auf der Fehlsicht eines konstruierten Gegensatzes zwischen gleichermaßen ominöser „mittelalterlicher" und „neuzeitlicher" Geschichte, die einem politisch im niederländischen Raum groß gewordenen und stets mit den Verhältnissen Italiens konfrontierten Herrscher wenig gerecht wird. Trotz ritterlicher Attitüde, die etwas vergangenheitsorientiert anmuten mag, war Maximilian ein in den zeitgemäßen Kategorien dynastischer Hausmachtinteressen denkender und handelnder Monarch, dem es vor allem darauf ankam, mit den führenden Staatswesen seiner Zeit mitzuhalten und seine eigenen Länder auf deren administratives Vorbild hin auszurichten. In diesem Rahmen betrieb er die bereits von seinem Vater, wenn auch etwas zögerlich, angelegte Großmachtpolitik, die sich freilich infolge ständigen Geldmangels in ihren hektischen Einzelaktionen eher dilettantisch ausnahm. In ihrer Gesamtkonzeption hat sie allerdings europäische Dimensionen angenommen, deren Ausmaß sich bald erweisen sollte. Sie blieb dabei ebenso unvollendet wie das berühmte Grabdenkmal, das sich der Kaiser – obwohl er seine letzte Ruhestätte in der Georgskapelle in Wiener Neustadt finden sollte – seit 1502 in Innsbruck errichten ließ und von dessen vierzig überlebensgroßen Figuren seiner Vorfahren bis hin zu Caesar und Karl dem Großen sowie von dessen zahlreichen kleineren Büsten und Statuen von Heiligen und Kaisern nur ein kleinerer Teil vollendet wurde. Sie alle zeigen in ihrer Gesamtkonzeption ein Ziel, das für die Habsburger verpflichtend werden sollte, nämlich den Ausdruck von Anspruch auf anerkannte Größe in einem weltgeschichtlich angelegten Programm, dem trotz allen Bemühens letztlich nie ganz entsprochen werden konnte.

II. Karl V.
Anspruch und Scheitern der Universalmonarchie

Der Erhebung von Maximilians Enkel zum deutschen König und römischen Kaiser am 28. Juni 1519 in Frankfurt ging ein in der Geschichte dieses Amtes beispielloser „Wahlkampf" mit einem weder vor- noch nachher übertroffenen Einsatz von Geldmitteln voraus. Karl (*1500, †1558), seit 1515 Herr über die burgundisch-niederländischen Territorien und seit 1516 als „Karl I." König von Spanien, d. h. Träger der Kronen von Kastilien und Aragon mitsamt den zugehörigen Reichen und Ländern, war dabei von der prohabsburgischen Propaganda gegenüber seinem Mitbewerber, König Franz I. von Frankreich, als junger Fürst deutschen Geblüts herausgestellt worden, obwohl Karl französisch erzogen worden war und als „deutsch" nur aufgrund seiner Abstammung von dem verstorbenen Kaiser gelten konnte. Seine – entgegen langen Erwartungen schließlich mit den Stimmen aller Kurfürsten erfolgte – Wahl erzeugte denn auch im Reich hochgespannte Hoffnungen auf eine aktive Politik sowohl gegen die Expansionsbestrebungen des französischen Königtums im Westen des Reiches und in Oberitalien wie auch gegen die Bevormundung der deutschen Kirche durch die Kurie. Der Name des neuen Kaisers, der an die inzwischen sagenhaft verklärte Gestalt Karls des Großen wie an den Schöpfer der Goldenen Bulle Karl IV. erinnerte (obwohl er so nicht im Hinblick auf diese beiden Kaiser, sondern zur Erinnerung an seinen Urgroßvater Karl den Kühnen getauft worden war), schien für neues kaiserliches Selbstbewusstsein und künftige Größe im Sinne des sich seit der Jahrhundertwende bei den humanistisch gebildeten Eliten kräftig regenden Reichspatriotismus zu bürgen.

Bei den Beratern des jungen Monarchen war die Bewerbung um die Kaiserwürde nicht unumstritten. Der burgundisch-niederländische Adel sah die Gefahren, die sich durch die Machterweiterung im Osten im Hinblick auf die französische Einkreisungsfurcht ergaben, deutlich voraus, war doch die Übernahme der spanischen Krone vor allem deswegen ohne den Widerstand Franz' I. vonstatten gegangen, weil der Mitte August 1516 abgeschlossene Vertrag von Noyon eine umfassende Verständigung über die noch offenen Fragen zwischen der spanischen und der französischen Krone erbracht hatte. Dies betraf sowohl die italienischen Probleme wie auch die Restitution des seiner südlich der Pyrenäen gelegenen Teile durch Ferdinand von Aragon beraubten Königreichs Navarra. Mit der Übernahme der spanischen Krone, die Karl erst 1517 vorgenommen hatte, zeigte sich allerdings, dass sich die Interessen seines neuen Reiches mit den burgundisch-niederländischen nur schwer in Einklang bringen ließen. Um so schwerer wog nunmehr die Übernahme der Kaiserwürde und die damit verbundene Verwicklung des Herrn über den niederländisch-burgundischen Raum und des Königs der spanischen Lande in die überaus komplizierten inneren und äußeren Probleme des Römisch-Deutschen Reiches. Damit ist auch die Grundproblematik der Regierung Karls V. umrissen: Als Inhaber der Kaiserwürde (noch dazu mit dem traditionellen Verständnis einer kaiserlichen Universalgewalt) und Oberhaupt des Reiches, dessen Bedrohung durch das expandierende Osmanische Reich immer manifester wurde, als Träger der Krone Spaniens mit den entsprechenden Interessen im westlichen Mittelmeerraum und im Maghreb sowie als Herr der Niederlande, die ihrer Wirtschaft wegen auf ein Gleichgewicht zwischen dem Reich und den Kronen Frankreichs wie Englands angewiesen waren, mußte er sich mit so fundamental verschiedenen Fragen auseinandersetzen, dass zumindest ein partielles Scheitern vorprogrammiert war. Dies gilt nicht zuletzt für die sich im Lauf seiner Regierungszeit immer schärfer zuspitzende Religionsfrage. Dennoch oder gerade deswegen ist Karl V. wohl die faszinierendste politische Figur des an herausragenden Gestalten nicht gerade armen 16. Jahrhunderts.

Die imperiale Komponente seiner Politik ist vor allem auf den Einfluss seines aus Piemont – also damals noch „Reichsitalien" – stammenden Beraters Mercurino de Gattinara (*1465, †1530) zurückzuführen, eines studierten Juristen, den Karl im Oktober 1518 zu seinem „Großkanzler aller Reiche und Länder" ernannte. Der förmliche Regierungsantritt des jungen Habsburgers nach seiner Kaiserwahl ließ jedoch im Reich noch auf sich warten, da er vorerst mit der Anerkennung seiner Herrschaft auf der Iberischen Halbinsel zu tun hatte. Ferdinand von

Aragon hätte statt des ältesten Enkels lieber den nach ihm selbst benannten Bruder Karls, den späteren Kaiser Ferdinand I. (*1503, †1564), als Nachfolger gesehen, der in Spanien geboren und aufgewachsen war. Ebenso dachten weite Teile des kastilischen wie des aragonesischen Adels, die gegen einen landfremden König eingestellt waren. Nach dem Tod Ferdinands im Januar 1516 war es der Erzbischof von Toledo Kardinal Francisco Ximenez de Cisneros (*1436, †1517), der als Regent in Kastilien die sich für den jüngeren Ferdinand regende Adelsopposition niederhielt und Karl die Nachfolge sicherte. Dieser langte erst im Sommer 1517, kurz nach dem Tod des Kardinals, in Spanien an. Jung und ungeschickt, zudem der Landessprache noch nicht mächtig, verprellte er jedoch alsbald die adligen Eliten durch die Besetzung wichtiger Ämter mit Ausländern und die Ständeversammlungen seiner Königreiche durch hohe Geldforderungen. Die Nachricht von der Wahl des neuen Königs zum Kaiser löste weniger Stolz als Unbehagen aus, da man – wie sich zeigen sollte, nicht zu Unrecht – befürchtete, in Zukunft für die außenpolitischen Interessen anderer von Karl beherrschter Länder herhalten zu müssen. Kurz nach seiner Abreise nach Deutschland Ende Mai 1520 brach, ausgehend von Toledo, in den meisten größeren Städten Kastiliens ein Aufstand (die sog. Bewegung der *Comuneros*) aus, der schließlich infolge der Beteiligung der mittleren und unteren Schichten in eine regelrechte Massenbewegung einmündete. Sie verband sich allerdings nicht mit ähnlichen, eher sporadischen Aufständen in anderen Teilen des Reiches und konnte schließlich, weil sich sowohl die patrizischen Eliten wie auch der Adel von ihrer Radikalität abgestoßen fühlten, unterdrückt werden. Hierzu trugen im übrigen taktisch kluge und rechtzeitig angebotene Zugeständnisse der Regierung im Hinblick auf Steuerbewilligungen und die Besetzung der königlichen Ämter mit Einheimischen bei. Da man hiermit an die Gepflogenheiten unter der Herrschaft seiner Großeltern Isabella und Ferdinand anknüpfte, ging Karl mit wesentlich gestärkter Stellung aus dem Konflikt hervor und konnte seit 1522 als nunmehr anerkannter Monarch seine spanischen Länder unangefochten regieren. Seine lange Regierungszeit sollte die Verschmelzung der verschiedenen Königreiche entscheidend vorantreiben, zudem aber gelang es ihm, vor allem die kastilischen

Eliten mit dem imperialen Anspruch seiner Politik zu versöhnen, deren Größe man allmählich gewissermaßen zur eigenen Sache werden ließ.

Im Reich angelangt, stand Karl vor anderen Problemen. Seine Wahl war nur aufgrund seiner Einwilligung in eine umfassende, bereits im Juli 1519 in Barcelona von ihm beschworene „Wahlkapitulation" erfolgt, die ihn politisch erheblich einschränkte. Sie enthielt zunächst die Verpflichtung, zur Mitregierung, besonders aber für den Fall seiner Abwesenheit ein neues Reichsregiment einzurichten. Ferner durfte er ohne Zustimmung der Kurfürsten für das Reich keine auswärtigen Bündnisse schließen bzw. Kriege führen und auch keine fremden Truppen im Reich halten. Für die Besetzung der Reichsämter galt das Indigenatsprinzip, außerdem durften Untertanen des Reiches nicht vor fremde Gerichte gezogen werden. Die förmliche Krönung in Aachen am 23. Oktober 1520 erfolgte erst, nachdem Karl diese Wahlkapitulation erneut bestätigt hatte. Bereits vor seiner Ankunft war für den kommenden Winter nach Worms ein Reichstag ausgeschrieben worden. Hier sollte es neben anderen wichtigen Dingen wie der Bewilligung von Geldern für einen Romzug, die Errichtung des Reichsregiments und das leidige Problem der Richterbesoldung im Reichskammergericht vor allem um die Lösung der Frage gehen, die mittlerweile fast alle in höchste Aufregung versetzt hatte, nämlich wie mit Martin Luther und seiner stetig wachsenden Anhängerschaft umgegangen werden sollte, zumal am 15. Juni 1520 eine päpstliche Bulle *(„Exsurge Domine")* ergangen war, in der 41 seiner Lehrsätze verdammt wurden.

Ende Januar 1521 wurde der Wormser Reichstag feierlich eröffnet, wobei der junge Kaiser, der es vorzog, sich in der ihm geläufigeren französischen Sprache auszudrücken, seiner Ansprache einige deutsche Sätze hinzufügte. Als der päpstliche Nuntius Hieronymus Aleander die Luther-Sache zum Gegenstand der Beratungen machen wollte, bestanden die Stände darauf, den Theologen unter Zusicherung freien Geleits vorzuladen, was kaiserlicherseits Anfang März erfolgte. Mitte April traf Luther in Worms ein. Bekanntlich beharrte er am 18. in einer vor Kaiser und Reichsständen abgegebenen Erklärung auf seiner Lehre, sofern sie nicht „durch die Heilige Schrift oder klare Vernunft widerlegt" würde. Karl antwortete bezeichnenderweise unter Berufung auf seine kaiserlichen Vorgänger sowie auf seine österreichischen, burgundischen und spanischen Vorfahren, dass er alles daransetzen werde, um Luthers Wirken zu beenden. Damit unterstrich er seine Auffassung von der ureigenen kaiserlichen Aufgabe, den allgemeinen Glauben gegen jegliche Ketzerei zu verteidigen, was auch als Anspruch auf Ausübung der Universalgewalt gegenüber dem Papsttum zu verstehen war. Auf sein Betreiben erging auch jenes Edikt, das – ins Deutsche übersetzt – zum Abschluss des Wormser Reichstags Ende Mai verkündet wurde und über Luther, auch wenn dieser bereits das ihm zugesicherte freie Geleit zur ungehinderten Abreise hatte nutzen können, als notorischen Ketzer die Reichsacht verhängte.

Was Späteren als *die* Angelegenheit des Wormser Reichstags erschienen sein mag, war für die unmittelbar Beteiligten angesichts der anderen zur Lösung anstehenden Fragen keineswegs die Hauptsache. Die Finanzierung des für den Romzug erforderlichen Reichsheers sollte durch die gleichfalls auf dem Wormser Reichstag verabschiedete „Reichsmatrikel" gesichert werden. Diese Regelung verpflichtete die einzelnen Reichsstände zur Stellung bestimmter Kontingente, deren Kosten jeweils nach Unterhaltsmonaten (sog. Römermonaten) berechnet wurden und je nach Bedarf ein Mehrfaches des Grundbetrags erreichen konnten. Sie sollte bis zum Ende des Reiches 1806 in Kraft bleiben (und daher wurde die Wormser Matrikel später als „allzeit neueste Matrikel" bezeichnet). Ebenso wurden Matrikularbeiträge der Reichsstände für den Unterhalt des Reichskammergerichts (die sog. Kammerzieler) festgesetzt. Was das Reichsregiment betrifft, so einigte man sich gegenüber dem von 1500/02 auf eine etwas veränderte Zusammensetzung, und vor allem setzte Karl durch, dass es unter dem Vorsitz eines kaiserlichen Statthalters arbeiten sollte. Dazu hatte er seinen Bruder Erzherzog Ferdinand ausersehen, was diesen auch dafür entschädigen sollte, dass Karl ihn aus Spanien hatte entfernen und zugleich seine Hoffnungen, vielleicht zum Reichsoberhaupt gewählt zu werden, hatte zunichte werden lassen.

Mit Ferdinand wurden im übrigen, ehe sich der Kaiser im Frühjahr 1522 über England, wo ihm Heinrich VIII. einen pompösen Empfang bereitete, nach Spanien zurückbegab, 1521/22 Abmachungen getroffen, die für die weitere Geschichte der Habsburger entscheidende Bedeutung erlangen sollten. Bereits im Wormser Vertrag vom 28. April 1521 trat Karl ihm die österreichischen Herzogtümer (nämlich Österreich ob und unter der Enns, Steiermark, Kärnten und den nördlichen Teil von Krain) mit sämtlichen landesherrlichen Rechten ab. Dafür verzichtete Ferdinand auf seine Erbrechte in den burgundisch-niederländischen Territorien sowie auf den Thron Spaniens. So aufgewertet, konnte er im Mai die Ehe mit Anna von Ungarn eingehen, der Anfang Juli die Hochzeit seiner Schwester Maria mit König Ludwig II. folgte. Zur Jahreswende begab sich der Erzherzog in die Niederlande. Ende Januar/Anfang Februar 1522 wurden in Gent und Brüssel weitere Verträge zwischen ihm und dem Kaiser abgeschlossen. Karl ernannte Ferdinand zu seinem Statthalter im Reich und überließ ihm jetzt auch den übrigen Teil von Krain sowie die Grafschaft Görz mit dem Hafen Triest, ferner die Statthalterschaft über Tirol, Vorarlberg und die vorderösterreichischen Gebiete mitsamt der über das (1520 vom Schwäbischen Bund nach der durch diesen erfolgten Vertreibung des Landesherrn an den Kaiser abgetretene) Herzogtum Württemberg sowie über die elsässischen Besitzungen. Letztere sollten allerdings nach Ferdinands Tod mit den burgundisch-niederländischen Territorien vereinigt werden, da Karl immer noch dem Traum seines Urgroßvaters von einer Verbindung zwischen den beiden Länderkomplexen nachhing. Diese Abmachungen wurden zunächst nur auf sechs Jahre geschlossen und sollten vorerst geheim bleiben, wodurch Ferdinand die Landesherrschaft in den neuen Gebieten zunächst gar nicht ausüben konnte. Karl sicherte dem Bruder jedoch zu, dessen Wahl zum römischen König zu betreiben, nachdem er durch päpstliche Krönung auch der Form nach die Kaiserwürde erlangt haben würde.

Dies alles geschah vor dem Hintergrund wachsender Spannungen mit König Franz I. von Frankreich. Dieser versuchte nach seiner Niederlage bei der Kaiserwahl das habsburgische Übergewicht im Westen Europas nach Kräften zu unterminieren, indem er sowohl den *Comunero*-Aufstand in Kastilien wie auch oppositionelle Strömungen in den Niederlanden unterstützte. Karl V. hielt dagegen, indem er 1521/22 sowohl Papst Leo X. (1513–1521) wie auch Heinrich von England als Bundesgenossen gewann. Nach Leos Tod erreichte er, dass sein früherer Lehrer

Adrian von Utrecht zum Papst gewählt wurde (Hadrian VI., Jan. 1522 – Sept. 1523). Als im November 1521 durch einen Aufstand die Truppen Franz' aus Mailand (wo Karl Lodovico il Moros jüngeren Sohn Francesco II. als Herzog einsetzte) vertrieben und im Frühjahr darauf auch der französischen Herrschaft in Genua ein Ende bereitet werden konnte, als 1523 Franz sich zudem mit dem Abfall und Aufstand eines seiner wichtigsten Vasallen, des *Connétable* Karl von Bourbon, konfrontiert sah, schien der Kaiser die Oberhand gewonnen zu haben. Indessen blieben die Angriffe, die von Spanien, Italien und England aus auf das französische Territorium vorgetragen wurden, stecken. Im Herbst 1524 marschierte Franz vom Dauphiné aus nach Norditalien ein. Der neue Papst Clemens VII. (1523–1534) schwenkte bereits im Dezember gemeinsam mit Venedig zum Bündnis mit ihm um. Doch der König erlitt am 24. Februar 1525 durch das kaiserliche Heer bei Pavia eine vernichtende Niederlage und geriet selbst in Gefangenschaft.

Für den siegreichen Kaiser schienen sich nun sämtliche politischen Träume zu erfüllen: Festigung seiner Hegemonialstellung wie der spanischen Vorherrschaft über Italien und Wiederherstellung des großburgundischen Staatswesens in den Grenzen von 1477. Nach langen Verhandlungen musste Franz I. am 14. Januar 1526 den Frieden von Madrid unterzeichnen. Darin verzichtete er auf seine Lehnsrechte über die Grafschaften Flandern und Artois sowie über das Herzogtum Burgund *(Bourgogne)*, ferner auf Genua wie auf seine Ansprüche auf Mailand und Neapel. Hinzu kam die Zusage, eine beträchtliche Kriegsentschädigung zu leisten und sich an einem „Türkenkreuzzug" unter der Leitung des Kaisers zu beteiligen. Indessen waren diese Zusagen nicht viel wert. Kaum der Gefangenschaft entronnen und in sein Land zurückgekehrt, erklärte der König sie für erzwungen und widerrief sie. Dass Karl seine Forderungen überzogen hatte, zeigte sich auch an der Haltung Englands, das Ende April 1527 mit Franz I. einen Separatfrieden abschloss wie auch auf der Apenninenhalbinsel, wo man von der Einigung Italiens träumte und dafür den kaiserlichen Feldherrn Ferrante Pescara (der freilich nur zum Schein auf entsprechende Gespräche einging und bereits Anfang Dezember 1525 starb) zu gewinnen hoffte. Im Mai 1526 schloss Papst Clemens mit dem Herzog von Mailand (der daraufhin sein Herzogtum vom Kaiser aberkannt erhielt), Venedig und dem König von Frankreich die „Heilige Liga von Cognac". Allerdings gelang es dem Bündnis nicht, der Truppen des Kaisers in der Lombardei Herr zu werden. Deutsche Landsknechte unter dem kaiserlichen Feldherrn Georg von Frundsberg überquerten im Winter 1526/27 die Alpen, vereinigten sich mit den von Karl von Bourbon kommandierten spanischen Truppen und wandten sich in der Hoffnung auf Beute nach Süden. Als Frundsberg unerwartet einem Schlaganfall erlag, übernahm der *Connétable* den Oberbefehl und marschierte auf Rom, das am 6. Mai 1527 erstürmt und ausgeplündert wurde *(Sacco di Roma)*. Einen Monat später musste sich der Papst, der sich in die Engelsburg geflüchtet hatte und vergeblich auf Entsatz durch seine Verbündeten wartete, ergeben. Nachdem er versprochen hatte, künftig neutral zu bleiben, wurde er im Dezember wieder in seine Rechte eingesetzt. Ende Juni 1529 schlossen der Kaiser und er in Barcelona förmlich miteinander Frieden. Am 24. Februar 1530 wurde Karl V. in Bologna als letzter deutscher König vom Papst zum Kaiser gekrönt. Zuvor hatten Karls Tante Margarethe, die Statthalterin in den Niederlanden, und die Mutter Franz' I. von Frankreich, Louise von Savoyen, am 3. August 1529 den sog. Damenfrieden von Cambrai zustande gebracht, der die Auseinandersetzungen zwischen Spanien und den Niederlanden einerseits und dem französischen König andererseits beendete: dieser verzichtete auf seine Ansprüche in Italien sowie auf Flandern und das Artois (die nun beide in das Heilige Römische Reich eingegliedert wurden), behielt aber die Bourgogne.

Auf das Reich und auf die habsburgischen Territorien dort blieben diese Vorgänge natürlich nicht ohne Auswirkungen. Erzherzog Ferdinand konnte als Statthalter ebensowenig ausrichten wie das Reichsregiment, da sich der Kaiser die Entscheidung über sämtliche Beschlüsse vorbehielt und die Rückkoppelung mit ihm, da er die ganze Zeit über in Spanien weilte, ebenso zeitraubend wie schwierig war. Daher gelang es auch nicht, die von Luther entfachte Bewegung in den Griff zu bekommen. Lediglich bei der Unterdrückung der Sickingen-Fehde und des Bauernkriegs zogen die Reichsstände unterschiedlicher religiöser Ausrichtung an einem Strang. Die Nichtbefolgung des Wormser Edikts und die obrigkeitlich gelenkte Reformation in den einzelnen Territorien konnte man hingegen nicht verhindern, ebensowenig wie 1529 die „Protestation" der evangelischen Stände auf dem zweiten Speyerer Reichstag. Dies lag auch daran, dass seit 1526 die vom Osmanischen Reich ausgehende Bedrohung das Reich zu erfassen begann.

Am 29. August 1526 wurde das ungarische Aufgebot unter König Ludwig bei Mohács an der Donau durch das osmanische Heer völlig aufgerieben. Der gerade zwanzigjährige König fiel, und da er kinderlos war, stellte sich damit für die Throne Böhmens und Ungarns die Nachfolgefrage. Da beide Länder Wahlreiche waren, musste Ferdinand für seine Thronansprüche als Schwager des gefallenen Königs erst die notwendige Anerkennung finden. Gegen die Kandidatur der bayerischen Wittelsbacher erlangte er Ende Oktober 1526 seine einstimmige Wahl durch die böhmischen Stände, wurde am 24. April 1527 in Prag zum König gekrönt und konnte als neuer Inhaber der Wenzelskrone Böhmen, Mähren, Schlesien sowie die Markgrafschaften Ober- und Niederlausitz in Besitz nehmen.

In Ungarn dagegen nutzte ihm die Unterstützung durch die Königinwitwe, seine Schwester Maria, wenig. Zwar waren viele Magnaten für ihn, doch der größte Teil des kleineren Adels war gegen einen Landfremden eingestellt und wählte im November 1526 den Woiwoden von Siebenbürgen Johann Zápolya (*1487, †1540), einen der führenden Magnaten des Landes, auf dem Reichstag in der Krönungsstadt Stuhlweißenburg (Székesfejérvár) zum König. Ferdinands Wahl erfolgte durch eine Minderheit des Adels einen Monat später in Pressburg. Zwar konnte er seinen Widersacher im Sommer 1527 militärisch besiegen und Anfang November in Stuhlweißenburg die Stephanskrone empfangen, doch fand der nach Polen entflohene Johann sowohl bei einigen protestantischen Reichsständen wie auch bei Franz I. von Frankreich Unterstützung, dessen Sohn die ungarische Krone nach Zápolyas Tod in Aussicht gestellt wurde. Vor allem aber knüpfte Zápolya Verhandlungen mit dem Sultan Süleiman dem Prächtigen (1520–1566) an. Ein mit diesem Ende Februar 1528 abgeschlossenes Bündnis bedeutete allerdings die faktische Unterwerfung unter die osmanische Oberhoheit. Immerhin konnte er Ferdinand im Herbst 1528 weitgehend aus Ungarn verdrängen. Zum wichtigsten politischen Faktor war hier aber längst Süleiman geworden, unter dem die Osmanen die größte Ausdehnung ihres Reiches erreichen sollten. Ihm kam Zápolya als König gelegener als der Habsburger, hinter dem die Macht der spanischen Krone stand, mit der sich die Pforte gleichzeitig um die Vorherrschaft im Mittelmeer stritt.

Für Süleiman ging es zunächst vor allem darum, sich die ungarische Ebene als Aufmarschgebiet gegen den habsburgischen Machtbereich in Mitteleuropa zu sichern, dem sein nächster Schlag gelten sollte. Im Sommer 1529 drang er mit einem riesigen Heer gegen die österreichischen Erblande vor und erreichte Wien, das er bis Mitte Oktober insgesamt fünfmal bestürmen ließ. Die Belagerung der Stadt musste schließlich wegen der Herbstregenfälle aufgegeben werden und die unmittelbare Bedrohung der Erblande war dadurch erst einmal gebannt, doch drangen türkische Verbände 1532 erneut nach Österreich vor. Das Verhältnis zwischen Johann und dem Sultan hatte sich inzwischen merklich abgekühlt, zumal eine Gesandtschaft Ferdinands 1534 in Istanbul über seine Anerkennung als König verhandelte und es zeitweilig den Anschein hatte, als würde Zápolya von der Pforte fallen gelassen. Allerdings hatte sich mittlerweile zwischen den beiden Thronrivalen eine Art Gleichgewicht eingestellt: Während Ferdinand über „Oberungarn" (etwa das Gebiet der heutigen Slowakei), und den westlichen Teil des Königreichs sowie über Kroatien und Slawonien gebot, hatte sich Zápolya östlich der Theiß und in Siebenbürgen durchgesetzt. Seit 1535 bemühten sich beide Seiten um Verständigung. Entsprechende Verhandlungen führten am 24. Februar 1538 zum Vertrag von Großwardein (Nagyvárad), in dem Zápolya zusagte, vom Bündnis mit der Pforte zu lassen und Ferdinand als Nachfolger anzuerkennen. Dafür sicherte dieser ihm für den Rest seines Lebens die Anerkennung als Herrscher über das östlich der Theiß gelegene Ungarn mitsamt Siebenbürgen zu. Freilich verheiratete sich Zápolya bald darauf mit der Tochter des polnischen Königs Sigismund I. (1506–1548), die ihm kurz vor seinem Tod im Juli 1540 einen Sohn, Johann Sigismund (†1571), gebar.

Obwohl nunmehr Ferdinand die Königswürde zugestanden hätte, riefen die Hauptratgeber der Königinmutter in der Überzeugung, dass der Sultan die Herrschaft des Habsburgers kaum dulden würde, im September 1540 in Stuhlweißenburg das Kind zum neuen König von Ungarn aus. Ferdinand konnte die Krönungsstadt zwar einnehmen, ließ aber trotzdem in Istanbul über seine Anerkennung verhandeln. Dies taten auch die Anhänger Johann Sigismunds, für den sich Süleiman schließlich entschied. Er führte im Sommer 1541 erneut ein Heer nach Ungarn, erklärte hier aber Ende August in Ofen (Buda) den jungen König als abgesetzt. Zentralungarn wurde als „Paschalik Ofen" zur Provinz des Osmanischen Reiches, Johann Sigismund lediglich als Fürst von Siebenbürgen anerkannt, für das er der Pforte tributpflichtig blieb. Ober- und Westungarn sowie Kroatien verblieben unter habsburgischer Herrschaft. Diese Dreiteilung Ungarns sollte bis zum Ende des 17. Jahrhunderts Bestand haben.

Karls V. Rücksicht auf die Reichsstände, die sich im Verlauf der zwanziger und dreißiger Jahre der Reformation zuwandten, ist nicht zuletzt auf die osmanische Bedrohung im Südosten des Reiches zurückzuführen, der man habsburgischerseits nur mit Unterstützung durch das Reich begegnen konnte. Dies erklärt seine – wenn auch nicht durchgängig – auf Ausgleich bedachte Haltung zu den protestantischen Reichsständen seit dem Augsburger Reichstag von 1530, sein Bemühen, den Papst zwecks Überwindung der sich abzeichnenden Glaubensspaltung zur Einberufung eines Konzils zu bewegen, seine Politik gegenüber dem 1531 gebildeten Schmalkaldischen Bund, mit dem in Hinblick auf die konfessionellen Auseinandersetzungen im Juli 1532 der sog. Nürnberger Anstand abgeschlossen wurde, sowie auch die faktische Hinnahme der im Frühjahr 1534 erfolgten Wiedereinsetzung des Herzogs Ulrich von Württemberg, der in seinem Land alsbald die Reformation durchführte. Das Übergewicht der Habsburger im südlichen Deutschland war damit erheblich eingeschränkt.

Wichtig war dem Kaiser bei seiner Reichspolitik vor allem, seinem Bruder die Wahl zum römischen König und damit die Nachfolge in der Kaiserwürde zu sichern. In der Tat wurde Ferdinand Anfang Januar 1531 in Köln von sämtlichen Kurfürsten außer dem Sachsens zum König gewählt, blieb allerdings auch weiterhin in Reichsangelegenheiten von den Entscheidungen Karls abhängig. Doch war nunmehr klar, dass der habsburgische Machtbereich in Europa künftig in zwei große Territorialkomplexe geteilt sein würde: dem von Wien aus regierten unter Ferdinand und seinen Nachkommen mit den Reichsterritorien bis zum Oberrhein, ferner dem Königreich Böhmen und dem Rest des Königreichs Ungarn auf der einen sowie auf der anderen Seite den Niederlanden, der Franche-Comté, den spanischen Königreichen sowie den italienischen Besitzungen (mitsamt dem 1535 nach dem Aussterben der Herzöge aus dem Haus Sforza dem habsburgischen Machtbereich zugeschlagenen Herzogtum Mailand). Für diesen Teil war als späterer Herrscher Karls 1527 geborener ältester Sohn Philipp vorgesehen. Der Kaiser trug damit endgültig der Tatsache Rechnung, dass das für die damaligen Verkehrsverhältnisse übermäßig ausgedehnte habsburgische Herrschaftsgebiet nicht von einer Zentrale aus verwaltet und regiert werden konnte. Um so eingehender konnte er sich nun seinem eigentlichen Machtbereich zuwenden. Dies war auch deswegen notwendig, weil der Konflikt mit dem König von Frankreich auch nach dem Frieden von Cambrai keineswegs beendet war, sondern immer wieder aufflammte und erst 1559 – wenigstens vorläufig – siegreich beendet werden konnte.

Eine entscheidende Maßnahme betraf die Neuordnung der zentralen Verwaltungsorgane in den Niederlanden, wo Karl 1531 seine Schwester, die ehemalige ungarische Königin Maria, an der Stelle seiner im November 1530 verstorbenen Tante und Erzieherin Margarethe zur Stellvertreterin einsetzte. Im Oktober 1531 wurde zudem der noch aus der Zeit der burgundischen Herzöge stammende Hofrat durch drei sog. Kollaterale Räte *(Conseils collatéraux)* ersetzt: den vor allem durch Mitglieder der vornehmsten Adelsfamilien, durchweg „Vliesritter", besetzten Staatsrat *(Conseil d'Etat)*, dem formal die Behandlung der wichtigsten Angelegenheiten zugewiesen wurde, den für die innere Verwaltung und das Kriegswesen zuständigen Geheimen Rat *(Conseil sécret)*, in dem zumeist bürgerliche Juristen saßen, und den gleichfalls aus Abkömmlingen des Bürgertums bestehenden Finanzrat *(Conseil des finances)*. Zugleich erfolgte die Neuorganisation des in Mecheln tagenden Großen Rats *(Grand Conseil)*, dem obersten Gerichtshof der niederländischen Provinzen. Von diesen waren 1524 bzw. 1527 die Herrschaften Friesland und Utrecht (d. h. das Territorium der Utrechter Bischöfe) hinzu erworben worden, und dazu traten 1536 und 1543 noch die Herrschaften Drente und Groningen sowie 1543 das Herzogtum Geldern, so dass man seitdem von den „Siebzehn Provinzen"[2] der Niederlande sprach. Als weitere „Klammer" der ansonsten von ihrer Gesellschafts- und Verfassungsstruktur her recht unterschiedlichen Gebiete fungierten die von den Ständeversammlungen der Provinzen beschickten Generalstände *(Etats généraux)*. 1548 sollte die „Vereinheitlichung" des burgundisch-niederländischen Territorialkomplexes durch den mit den Reichsständen ausgehandelten „Burgundischen Vertrag" noch weiter vorangetrieben werden. Die Herauslösung der Siebzehn Provinzen aus dem Verband der Kirchenprovinzen Köln, Trier und Reims und die Schaffung einer eigenständigen niederländischen Diözesanstruktur, die Karl V. gleichfalls in Angriff nahm, sollte dagegen erst unter seinem Sohn Philipp II. erfolgen, dann allerdings zu der Krise beitragen, die gegen Ende des Jahrhunderts zum Ausscheiden der nördlichen Niederlande aus dem habsburgischen Herrschaftsverband führte.

Trotz der Abwesenheit Karls zwischen 1530 und 1533 hat sich seine Herrschaft in den spanischen Königreichen weiter stabilisiert. Dies war mit das Verdienst der Königin Isabella von Portugal (*1503, †1539) mit der er seit 1526 verheiratet war und die sich als tatkräftige Vertreterin seiner Interessen erwies. Wichtig war aber auch das Wirken fähiger Beamter, die in den obersten Behörden wirkten. Unter ihnen ragt neben Gattinara, der allerdings schon vor seinem Tod 1530 an Einfluss verlor, Francisco de los Cobos (*1477, †1547) hervor, der seit 1527 für zwei Jahrzehnte der bedeutendste Amtsträger in Spanien war. Von den obersten Behörden, durchweg Ratskollegien, wurde der Staatsrat *(Consejo de Estado)*, dem Vertreter des hohen Adels, der „Granden", wie der Herzog von Alba, und des Episkopats, wie der Erzbischof von Toledo, angehörten, mehr und mehr auf repräsentative Funktionen beschränkt. Wichtig war dagegen der seit 1517

---

2 Zu diesen gehörten seit dem Frieden von Cambrai durch Herauslösung aus dem Lehnsgebiet des französischen Königs auch die Grafschaften Flandern (westlich der Schelde) und Artois sowie die drei Stadtherrschaften über Lille, Douai und Orchies, nicht aber die Franche-Comté.

bestehende Kriegsrat, der das gesamte Militärwesen koordinierte. Außerdem gab es seit 1523 einen Finanzrat *(Consejo de Hacienda)*, der das Steuerwesen beaufsichtigte. Allerdings bestanden daneben für finanzielle Angelegenheiten noch zwei weitere Kollegien: der 1509 eingerichtete *Consejo de Cruzada*, dessen Aufgabe im Einziehen der Kreuzzugssteuer bestand, und der *Consejo real de los ordines militares*, dem die Einkünfte der militärischen Orden zuflossen. Eine besondere Bedeutung hatten die für bestimmte Regionen zuständigen Kollegien, so der Kastilienrat, der Aragonrat, der bis 1555, als ein eigener Italienrat eingerichtet wurde, auch die italienischen Besitzungen (seitdem nur noch Sardinien) kontrollierte, bzw. der für die Kolonien zuständige, seit 1524 bestehende Indienrat *(Consejo Real y Supremo de las Indias)*. In den achtziger Jahren sollten hierzu nach dem Erwerb Portugals noch der Portugalrat sowie für die (südlichen) Niederlande der Flandernrat treten. In diesen Gremien dominierten studierte Juristen aus dem Kleinadel und dem Bürgertum. Sie sorgten für eine effiziente Verwaltung, die sich allerdings zunehmend durch die weit ausgreifenden politischen Pläne sowohl Karls als auch seines Nachfolgers Philipp überfordert sah.

Für Karl bestanden diese vor allem in der Bekämpfung der osmanischen Expansion, der er am liebsten mit einem von ihm geleiteten Kreuzzug begegnet wäre, eine Idee, die sowohl spanische wie auch burgundische Tradition besaß und sinnfälligen Ausdruck in der Aufnahme hoher spanischer Adliger in den Orden der Ritter vom Goldenen Vlies fand. 1532 kam der Kaiser, als er gegen die nach Österreich vordringenden Verbände des Sultans ein aus den meisten der von ihm regierten Völker bestehendes Heer ins Feld führte, einem solchen Kreuzzug ziemlich nahe. Es kam allerdings zu keiner entscheidenden Konfrontation, da sich der weit im Osten seines Reiches von den Persern angegriffene Süleiman zurückzog und die habsburgischen Söldner wegen ausstehender Bezahlungen sich einem Vorstoß nach Ungarn verweigerten.

In das damals abgeschlossene Abkommen zwischen seinem Bruder und dem Sultan zur Einstellung der Kampfhandlungen war Karl nicht einbezogen. Daher nahm er 1535 den Krieg gegen die Osmanen im Mittelmeer auf. Der Anlass dafür waren die Operationen des griechischen Moslems Chaireddin Barbarossa, dessen Bruder 1515 die Spanier aus Algier vertrieben und der selbst 1519 seine Herrschaft dort der des Sultans unterstellt hatte. 1533 hatte er auch Tunis erobert. Von seinen Basen im Maghreb aus beunruhigte er das westliche Mittelmeer, wobei er insgeheim von König Franz I. unterstützt wurde. Mitte Juli 1535 landete Karl in Tunis und brachte diese Stadt sowie Biserta unter spanische Herrschaft. Barbarossa war damit aber noch keineswegs geschlagen. Vom Sultan zum Oberbefehlshaber der osmanischen Marine ernannt, konnte er die Sicherheit des Seehandels zwischen der spanischen Ostküste und dem Süden der Apenninenhalbinsel weiterhin infrage stellen. Zudem schlossen Süleiman und der französische König, dem bedeutende Handelsprivilegien in der Levante eingeräumt wurden, im März 1536 miteinander ein förmliches Bündnis ab.

Der Grund hierfür war die Einverleibung des Herzogtums Mailand, auf das Franz I. wiederum Anspruch erhob, in den habsburgischen Machtbereich, die im November 1535 erfolgt war. Im April 1536 versuchte der französische König zum Ausgleich dafür Savoyen und Piemont einzunehmen, scheiterte jedoch. Auch an der niederländischen Grenze kam es zu Kämpfen. Karl V. versuchte vergeblich in Rom durch persönliches Einwirken auf die Kurie, den Papst gegen den Bundesgenossen des größten Feindes der Christenheit auf seine Seite zu ziehen. Papst Paul III. (1535–1549) schaltete sich schließlich jedoch in den Konflikt als neutrale Instanz ein und vermittelte den Mitte Juni 1538 zwischen dem Kaiser und Franz I. abgeschlossenen Waffenstillstand von Nizza. Die vom Papst ohne Beteiligung Frankreichs, jedoch mit dem Kaiser sowie den Republiken Genua und Venedig gebildete Heilige Allianz scheiterte in der Folge mit dem Versuch, den überlegenen Flottenverbänden Barbarossas beizukommen, die bis weit in die Adria hinein operierten. 1540 schloss Venedig separat mit der Pforte Frieden, und 1541 scheiterte eine Expedition Karls V. gegen Algier. Damit war die osmanische Vorherrschaft auch im nördlichen Afrika fest etabliert.

1542 griff Franz I. den Kaiser, nachdem dieser zwei Jahre zuvor seinen Sohn Philipp zum Herzog von Mailand bestimmt hatte, erneut an, und zwar sowohl an der Grenze zu Aragon, im Roussillon, wie auch in den südlichen Niederlanden, wo französische Truppen fast bis Antwerpen vordrangen. Für Karl war die

Situation diesmal besonders bedrohlich, weil er 1540 nur mit Mühe einen Aufstand der auf Wahrung ihrer alten Freiheiten pochenden Stadt Gent hatte unterdrücken können und weil die geldrischen Stände nach dem Tod ihres Herzogs und dem Aussterben der angestammten Dynastie 1538 Geldern Herzog Wilhelm dem Reichen von Jülich, Kleve und Berg übertragen hatten. Dessen Herrschaftsgebiet umfasste nun ökonomisch wie strategisch bedeutsame Gebiete am Niederrhein, die sich wie ein Keil zwischen die niederländischen Provinzen der Habsburger schoben. Zudem war die geldrische Politik in den letzten Jahrzehnten eher frankreichfreundlich orientiert gewesen und Herzog Wilhelm schien nicht abgeneigt, seine Territorien der Reformation zu öffnen. Eine Vereinigung der Truppen Franz' I. und Herzog Wilhelms scheiterte 1542 allerdings. Der Kaiser begegnete der Gefahr am Niederrhein im Sommer 1543, indem er einen großen Teil seiner Kräfte gegen Wilhelm lenkte und dessen Herrschaftsgebiet von Süden her aufrollte. Anfang September musste dieser im Vertrag von Venlo auf Geldern (das den niederländischen Provinzen hinzugefügt wurde) verzichten und sich von den reformatorischen Ideen distanzieren.

Im Anschluss daran drang Karl, der nun den Rücken frei hatte, fast bis nach Paris vor. Allerdings befanden sich seine Truppen in einer recht exponierten Lage, da das französische Heer ungeschlagen und intakt geblieben war. Franz wollte es jedoch nicht aufs Spiel setzen und so kam es Mitte September 1544 in Crépy zwischen den beiden Erzfeinden zum Friedensschluss. Der Kaiser versuchte dabei, seinen Kontrahenten durch großzügige Bedingungen für dessen Unterstützung zur Durchführung eines allgemeinen Konzils wie zum Krieg gegen die Pforte zu gewinnen. Dafür verzichtete er erneut auf die Bourgogne und versprach bei einer Heiratsverbindung zwischen den Häusern Habsburg und Valois, die sich allerdings bald zerschlagen sollte, das Herzogtum Mailand oder auch Teile der Niederlande an den jüngeren Sohn des französischen Königs, Herzog Karl von Orléans, abzutreten. Im Gegenzug sollte Franz auf Savoyen verzichten. Allerdings kam es zu diesem Ausgleich nicht, weil der Herzog von Orléans bereits im Oktober 1545 starb und der Kaiser es ablehnte, die Vereinbarungen von Crépy auch auf Franz' ältesten Sohn, den späteren König Heinrich II., zu übertragen. Savoyen blieb so vorläufig in französischer Hand und der Konflikt zwischen den Häusern Habsburg und Valois sollte unter Franz' Nachfolger bald wieder aufflammen.

Allerdings konnte Karl V. es als Erfolg für sich verbuchen, dass die Kräfte des französischen Königs vorerst erschöpft waren und damit von dessen Seite keine unmittelbare Kriegsgefahr mehr drohte. Zudem begann Mitte März das von ihm schon lange gewünschte Konzil, das der Papst in das noch auf dem Boden des Reiches gelegene Trient einberief (allerdings zwei Jahre später nach Bologna verlegen und 1549 vorläufig suspendieren sollte). Seine Stellung im Reich war durch den Sieg im Geldrischen Erbfolgestreit wesentlich gestärkt worden. Er konnte nunmehr, da der letzte große Versuch zu einer Einigung mit den protestantischen Kräften 1541 auf dem Regensburger Reichstag gescheitert war und auch weitere Gespräche keine Einigung brachten, daran gehen, die Glaubensfrage im Reich auf militärischem Wege zu lösen. Hierbei kam ihm zugute, dass er den lange Zeit besonders gefährlichen Gegner Philipp von Hessen infolge seiner Doppelehe reichsrechtlich mit Strafverfolgung bedrohen und so neutralisieren konnte. Zudem winkte er dem Herzog Moritz von Sachsen mit der Aussicht auf Gewinn des sächsischen Kurhuts, wenn er gegen seinen wettinischen Vetter Kurfürst Johann Friedrich Partei ergriff. Dennoch war der Sieg, den Karl durch den Gewinn der Schlacht bei Mühlberg an der Elbe am 24. April 1547 im Schmalkaldischen Krieg von 1546/47 errang, keineswegs von vornherein ausgemachte Sache, sondern vor allem auf schwerwiegende Fehler der schmalkaldischen Bundestruppen zurückzuführen. Immerhin schien der Kaiser im Frühjahr 1547 im Reich auf dem Gipfel seiner Macht zu sein und die Verhältnisse hier nahezu nach Belieben ordnen zu können.

Von Anfang September 1547 bis Ende Juni 1548 fand in Augsburg jene Versammlung der Reichsstände statt, die als der „Geharnischte Reichstag" in die Geschichte eingegangen ist. In der Religionsfrage erging hier die berühmte (freilich, wie sich erweisen sollte, auf längere Sicht nicht durchsetzbare) Zwischenlösung, das *Interim*, das für die Zeit bis zur endgültigen Rückkehr der Neugläubigen in den Schoß der alten Kirche einige religiöse Sonderregelungen vorsah. Mit dem Plan, die inneren Verhältnisse in Deutschland durch einen straff organisierten „Reichsbund" mit den Reichsständen neu zu ordnen und dazu ein eigenes Bundesgericht und eine auf regelmäßigen Einzahlungen der Mitglieder beruhende Bundeskasse sowie ein gemeinsames Bundesheer mit einheitlicher Leitung zu schaffen, scheiterte er jedoch. Die Stellung des Reichsoberhaupts auf diese Weise erheblich zu stärken, widersprach den Interessen sowohl der meisten katholischen Fürsten wie der protestantischen Landesherren. Als äußerst bedeutsam für die Entwicklung der habsburgischen Besitzungen sollte sich aber der sog. Burgundische Vertrag erweisen, den der Kaiser den Reichsständen abtrotzte. Darin wurden die niederländischen Besitzungen und die Franche-Comté zu einem neuen, dem „Burgundischen" Reichskreis vereinigt. Dieser wurde aus der Rechtsprechungskompetenz des Reichskammergerichts ausgenommen und bildete nunmehr einen quasi-souveränen Territorialverband innerhalb des Reiches, der künftig von den Beschlüssen der Reichstage nicht unmittelbar betroffen sein sollte. Auf der Basis dieser Regelung erließ der Kaiser Anfang November 1549 eine Pragmatische Sanktion, die von sämtlichen Ständen der Siebzehn Provinzen gebilligt wurde. Sie regelte die Erbfolge in der allen gemeinsamen Landesherrschaft, die von nun an einheitlich und sowohl in männlicher wie in weiblicher Linie vererbbar sein sollte, ohne dass das Reichsoberhaupt in dieser Hinsicht ein Recht zum Eingreifen besaß. Eine Regelung, die auch die weibliche Erbfolge einschloss, sollte im Haus Habsburg nicht zum letzten Mal erfolgen.

Im Januar und im März 1547 waren Heinrich VIII. von England und Franz I. von Frankreich gestorben. Karl V. stand nunmehr als „dienstältester" europäischer Monarch, zudem als Kaiser wie als König der „Weltmacht" Spanien, wie das einsame Monument einer Herrschergeneration da, zu der man allenthalben mit Achtung aufschaute. Doch dem Erreichen des Machtgipfels sollte rascher als erwartet ein jäher Sturz folgen, der den Kaiser in die Schmach der Niederlage und in die Resignation trieb, die ihn zur Abdankung veranlasste. Bereits während des Schmalkaldischen Krieges war es zum Zerwürfnis mit dem verbündeten Papst Paul gekommen, der noch vor der Entscheidung bei Mühlberg seine Truppen zurückzog. Von dem Affront der Verlegung des Konzils nach Bologna war bereits die Rede. Kaiserlicherseits verhinderte man, dass der Sohn des Papstes, Pier

Luigi Farnese, die Herzogtümer Parma und Piacenza, die ihm im Rahmen des Bündnisses gegen die deutschen Protestanten überlassen worden waren, behalten konnte, ja der Kaiser war sogar in die Ermordung des Papstsohns im September 1547 eingeweiht. Auch die Drohung mit einem neuen *Sacco di Roma* brachte den Papst in der Konzilsfrage nicht zum Einlenken, und als sein Nachfolger Julius III. (1550–1555) es Anfang Mai 1551 wieder nach Trient verlegte, hatten die Evangelischen hier nichts mehr zu bestellen. Damit war der Versuch, mit Hilfe einer großen Kirchenversammlung einen religiösen Ausgleich im Reich zu erzielen, gescheitert.

Dies hatte unmittelbare Rückwirkungen auf das Reich selbst. Im Februar 1550 formierte sich hier die Opposition unter den protestantischen Reichsfürsten, zu der schließlich auch der Kurfürst Moritz von Sachsen, Karls früherer Parteigänger, stieß. Der Kaiser sah sich bereits auf dem Augsburger Reichstag von 1550/51 einem ziemlich geschlossenen Widerstand gegenüber, als er seine Sukzessionsvorschläge für die Herrschaft im Reich unterbreitete. Sie sahen vor, dass die Kaiserwürde künftig abwechselnd einem Vertreter der Wiener und der Madrider Habsburger zufallen, also zunächst auf den bereits als Nachfolger feststehenden König Ferdinand Karls Sohn Philipp (II.) folgen sollte. Dies wurde von den Reichsständen einhellig abgelehnt, die gegen die „spanische Servitut" – verkörpert durch die spanischen Truppen, die der Kaiser entgegen der Wahlkapitulation von 1519 im Land hielt – angingen.

Überdies machte sich der neue französische König Heinrich II. (1547–1559) den Widerstand, der sich im Reich nun immer deutlicher gegen den Kaiser formierte, zunutze. Vor allem mit Moritz von Sachsen stand Heinrich in enger Verbindung. Mitte Januar 1552 kam es zum Vertrag von Chambord, in dem der König von Frankreich die Zahlung von Hilfsgeldern versprach, und die zum Krieg gegen den Kaiser entschlossenen protestantischen Reichsfürsten ihm Unterstützung beim Erwerb der früheren französischen Lehnsgebiete Flandern und Artois sowie von Neapel und Mailand wie auch bei einer künftigen Kaiserwahl zusicherten und ihm das Reichsvikariat über die Territorien der Bischöfe von Metz, Toul und Verdun übertrugen. Letztere waren für Heinrich vor allem deshalb von eminenter strategischer Bedeutung, weil er sich damit zwischen die Franche-Comté und die niederländischen Provinzen des Kaisers schob.

Bereits im Februar rückte Moritz von Sachsen bis nach Tirol vor, und zwang Karl, von Innsbruck nach Kärnten zu entweichen, während sich das Konzil in Trient erst einmal auflöste. Auf Betreiben König Ferdinands kam es Mitte August zum Passauer Vertrag mit dem sächsischen Kurfürsten, der das Interim beendete und die Grundlagen für den Augsburger Religionsfrieden drei Jahre später schuf. Karl hatte inzwischen die militärische Initiative wiedererlangt. Er wandte sich zunächst gegen Heinrich II. als seinen gefährlicheren Gegner, scheiterte allerdings im Herbst 1552 bei dem Versuch, ihm Metz zu entreißen. Dass Moritz von Sachsen im Juli 1553 bei einer kriegerischen Auseinandersetzung in Niedersachsen sein Leben ließ, konnte im Reich keine Wende zugunsten des Kaisers mehr bewirken. Der Erfolg der im Sommer 1554 erfolgten Eheschließung seines Sohnes Philipp mit der neuen englischen (und dem alten Glauben anhängenden) Königin Maria (1553–1558), der eine engere Zusammenfassung der niederländischen Territorien mit dem Königreich jenseits des Kanals bedeuten konnte, stellte sich nicht ein, weil sich bald herausstellte, dass dieser Ehe keine Nachkommen beschieden sein würden. Heinrich II. bedrohte den Kaiser nun auch in den Niederlanden und schloss zur Durchsetzung seiner Interessen in Italien ein Bündnis mit dem neuen Papst Paul IV. (1555–1559).

Karl V., seit Jahren von schwerer, nicht zuletzt durch seine äußerst ungesunde Ernährungsweise bedingter Gicht geplagt und körperlich durch die Strapazen der letzten Jahre völlig erschöpft, entschloss sich nun, seinen schon seit 1553 gehegten Gedanken einer Thronentsagung in die Tat umzusetzen. Nachdem er zuvor als Meister des Ordens vom Goldenen Vlies zurückgetreten war, dankte er am 25. Oktober 1555 in einer feierlich ausgestalteten Zeremonie im großen Saal des Brüsseler Schlosses als Herr über die niederländisch-burgundischen Provinzen zugunsten seines Sohnes Philipp ab. Die Abdankung als König von Spanien und seiner Nebenländer, wo Philipp ebenfalls die Nachfolge antrat, erfolgte am 16. Januar 1556, und mit Datum vom 12. September übersandte er König Ferdinand ein Schreiben, in dem er der Kaiserwürde im Reich entsagte. Hiermit trug er der Tatsache Rechnung, dass er den Augsburger Religionsfrieden, wie er Ende September 1555 verkündet worden war, weder verhindern noch als treuer Anhänger der alten Kirche gutheißen konnte. Bereits im August hatte er sich zu Schiff nach Spanien begeben, wo er im Februar 1557 nahe dem Hieronymiten-Kloster Yuste (unweit von Plasencia in der heutigen Provinz Cáceres) seinen Sitz nahm. Von hier aus beeinflusste er auch noch weiterhin, zumal der neue König Philipp II. vorläufig noch in den Niederlanden und in England weilte, bis zu seinem Tod am 21. September 1558 in einem nicht unbeträchtlichen Ausmaß die spanische Politik.

Karl V. war der letzte Herrscher des Abendlandes, der die mittelalterliche Tradition des „universalen" Kaisertums in die Tat umzusetzen versuchte: als erster Monarch Europas, als Verteidiger der Glaubenseinheit und als Vorkämpfer des Christentums gegen die islamische Bedrohung. Damit eng verbunden waren seine auf der burgundischen Tradition beruhenden ritterlichen Ideale. Bei der Verfolgung seiner großen Ziele stand ihm allerdings sein sprunghaftes Temperament nicht selten im Wege. Hinzu kam, dass ihnen auch die Interessen seines Hauses, vor allem in Hinblick auf die Wiederherstellung des alten burgundischen Länderkomplexes, zuwiderliefen, ebenso wie das Staatsinteresse seines erst unter ihm zu einer gewissen Einheit verschmelzenden spanischen Königreichs mit seinen Nebenländern auf der Apenninenhalbinsel und im westlichen Mittelmeer. Die diesbezüglichen Bestrebungen nach territorialer Erweiterung beschworen den großen Konflikt mit dem französischen Königtum herauf und verfestigten ihn, bis er Mitte des 18. Jahrhunderts beigelegt werden konnte.

Gleichwohl ist es nicht möglich, Karl vorwiegend entweder als Oberhaupt des Römisch-Deutschen Reiches und damit von Mitteleuropa aus oder als Herrn der Niederlande mit ihren weitreichenden wirtschaftlichen Verflechtungen und Interessen oder auch nur als Träger der Krone Spaniens zu betrachten. Jede einseitige Perspektive dieser Art wäre geeignet, sein Bild zu verfälschen: Karl V. war bis hin zu Napoleon der einzige neuzeitliche Herrscher, der in europäischen Dimensionen – freilich auf den Prämissen des christlichen Abendlandes fußend – dachte und handelte. Dabei liegt es auf der Hand, dass es nicht möglich war, die divergierenden Interessen, die sich aus seinen verschiedenen Herrschaftsfunktionen ergaben, zielgerichtet zu bündeln. Deshalb endete schließlich gerade seine „kaiserliche" Politik im Fiasko. Nach ihm hat kein Träger dieser Würde in ihrer mittelalterlichen Tradition mehr eine ähnliche Position erreichen können, wie er sie wenigstens 1548 inne hatte. Sein Scheitern in dieser Hinsicht ist aber nur der eine Aspekt seines Wirkens. Der andere zeigt, dass Karl V. die habsburgische Hegemonie in Europa begründet hat, die allerdings lediglich sein Sohn in vollem Umfang aufrechtzuerhalten vermochte. Die Besitzungen des Hauses Habsburg freilich blieben fortan getrennt, auch wenn der spanische und der österreichische Zweig sich noch recht lange ernsthaft darum bemühten, ihre Interessen untereinander abzustimmen. Die spanische Linie sollte dabei vorläufig in Europa die politisch mächtigere bleiben, die Zukunft des Hauses jedoch langfristig bei der österreichischen liegen.

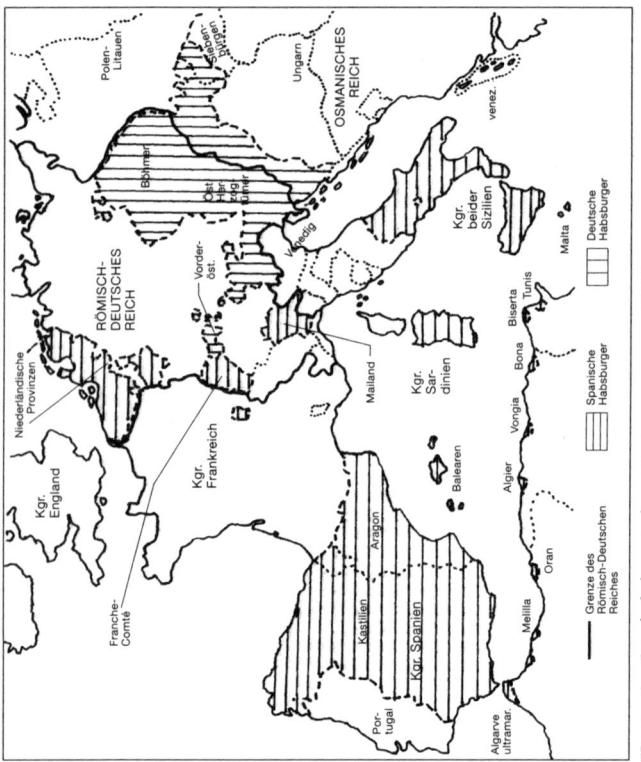

Karte 1: Die habsburgischen Besitzungen um 1559

III. Europäische Vormacht im Zeitalter der Gegenreformation

1. Philipp II. und die Hegemonialmacht Spanien

Als Philipp II. 1559 von den Niederlanden nach Spanien zurückkehrte, um dort selbst die Regierung in die Hand zu nehmen, war er mit den Staatsgeschäften bereits gut vertraut. In Kastilien geboren und aufgewachsen, hatte er eine breite, humanistisch geprägte Ausbildung genossen, besaß allerdings, anders als sein Vater, weder Talent noch Bereitschaft zur Erlernung fremder Sprachen, was ihn daran hinderte, für die Mentalität der von ihm außerhalb seiner engeren Heimat beherrschten Völker mehr als nur oberflächliches Verständnis aufzubringen. Schon zwischen 1543 und 1548 hatte er in Spanien die Regentschaft ausgeübt, ehe er sich 1548–1550, um die Nebenländer seiner Krone kennenzulernen, nach Italien und in die Niederlande begab. 1550/51 weilte er im Reich und trat in näheren Kontakt zu seinem Onkel König Ferdinand. Zwischen 1551 und 1553 erneut Regent in Spanien, ging er nach seiner Heirat mit der englischen Königin Maria Tudor nach London, um schließlich im Herbst 1555 aus der Hand seines Vaters die Herrschaft in den Niederlanden zu übernehmen. 1558, nach dem Tod Marias, brach er nach der Iberischen Halbinsel auf, die er bis zu seinem Tod nicht mehr verlassen sollte. Im Gegensatz zu Karl V. übernahm er in den von ihm geführten Kriegen nie selbst die Kommandogewalt und regierte sein ausgedehntes Reich möglichst von einer zentralen Residenz in Kastilien aus; seit 1561 war dies Madrid, von 1584 bis zum Ende seiner Regierung immer öfter das von ihm erbaute Palast-Kloster *San Lorenzo en el Escorial*. Lediglich nach dem Erwerb der Krone Portugals im Jahre 1580 begab er sich für längere Zeit in das benachbarte Königreich, um hier seine Herrschaft zu festigen. Ansonsten war er – anders als in seinen jungen Jahren – dem Umherreisen völlig abhold. Daher hat er sich auch kaum unmittelbare Kenntnisse seiner iberischen Länder angeeignet und blieb hier auf die Berichte seiner Amtsträger vor Ort angewiesen. Sie waren allerdings nicht selten in höfische Intrigen verwickelt und versuchten den König in ihrem Sinne zu beeinflussen, was sich auf viele seiner innenpolitischen Entscheidungen ungünstig auswirken sollte.

Philipp war – hierin seinem Vater gleichend – tief durchdrungen von der Bedeutung seiner Persönlichkeit, der Hoheit seines Amtes und seiner Berufung, den christlichen Glauben im überkommenen Sinne zu schützen und zu erhalten. Dies erklärt seine kompromisslose Kirchenpolitik, die sein Bild bis in die Gegenwart verdunkelt hat. Er pflegte, auch wenn er die ständischen Institutionen nicht völlig ausschalten konnte, einen durchaus autoritären Herrschaftsstil, der von intensivem, oft bis zu vierzehn Stunden am Tag betriebenen Aktenstudium begleitet, aber auch – da er kaum stärkeren Einfluss durch seine engeren Ratgeber duldete – von nicht immer klugen einsamen Entscheidungen geprägt war (Eigenschaften, die er auf seinen französischen Urenkel, den „Sonnenkönig" Ludwig XIV., vererbt haben dürfte). Mit die schwerste Hypothek, die er beim Regierungsantritt übernehmen musste, war ein völlig zerrüttetes Finanzwesen. Die finanzielle Lage, die ihm Karl V. hinterließ, war bereits 1546 so katastrophal, dass die Einnahmen aus den amerikanischen Edelmetalltransporten selbst in den besten Jahren nur ein Zehntel der Schulden ausmachten, die bis dahin durch Anleihen aufgehäuft worden waren. Da die Einkünfte aus den „westindischen" Besitzungen um 1550 zeitweilig erheblich zurückgingen und der fortdauernde Krieg gegen Heinrich II. von Frankreich weiterhin immense Summen verschlang, musste Philipp 1557 seinen Gläubigern gegenüber zum ersten Mal während seiner Regierung die Zahlungsunfähigkeit eingestehen. Dies sollte sich 1560, 1575 und 1596 erneut als notwendig erweisen und die außenpolitische Aktionsfähigkeit in großem Ausmaß beeinträchtigen.

Eine weitere Erblast waren die beiden großen Auseinandersetzungen mit dem französischen Königtum und mit den Osmanen im Mittelmeer, zu denen bald weitere hinzutreten sollten: die Spannungen mit der neuen Königin Elisabeth von England und vor allem der niederländische Aufstand. Von den Konflikten, die ihm sein Vorgänger hinterlassen hatte, konnte freilich der mit dem König von Frankreich, noch ehe sich Philipp endgültig nach Spanien zurückbegab, zu einem für ihn günstigen Abschluss gebracht werden: Im August 1557 und im Juli 1558 wurde Heinrich II. von Philipps spanisch-niederländischen Verbänden bei St.

Quentin und Gravelines geschlagen und zum Abschluss des Friedens von Câteau-Cambrésis (3. April 1559) gezwungen. Während der französische König Metz, Toul und Verdun (sowie das ehemals englische Calais) behalten durfte, musste er die Besetzung des Herzogtums Savoyen aufgeben und auf sämtliche Ansprüche in den Niederlanden wie in Italien verzichten. Eine wichtige Bestimmung war zudem die Heirat zwischen Philipp und Heinrichs ältester Tochter Elisabeth von Valois (*1545, †1568). Die spanische Hegemonialstellung im Westen Europas war damit besiegelt (sie sollte offiziell erst ein Jahrhundert später, im Pyrenäenfrieden, ein Ende finden). Hierzu trug auch bei, dass Heinrich II. im Juli 1559 einer in einem Turnier aus Anlass der Friedensfeierlichkeiten empfangenen Wunde erlag. Frankreich geriet unter seinen Nachfolgern für mehr als drei Jahrzehnte in eine tiefe innere Krise und wurde außenpolitisch vorläufig nahezu handlungsunfähig, Philipp aber zeitweilig fast zu einer Art Schiedsrichter in den inneren Angelegenheiten des Landes.

Der Konflikt zwischen der Krone Spaniens und dem Sultan in Istanbul war nicht nur eine Auseinandersetzung um die Vormachtstellung im Mittelmeer, sondern kann geradezu als eine solche zwischen den beiden ersten Weltmächten der Neuzeit bezeichnet werden. Hierbei ging es nicht nur um eine machtpolitische, sondern auch um eine religiöse Komponente, da sowohl Philipp II. wie auch Süleiman der Prächtige sich jeweils als Vorkämpfer ihres Glaubens, des Islams wie des Christentums empfanden. Dies gilt, obwohl der Sultan anderen Konfessionen gegenüber in seinem Reich Toleranz übte und sich zudem nicht scheute, sich zeitweilig mit dem König von Frankreich zu verbünden bzw. – wenn auch vergeblich – entsprechende Fühler zu den deutschen Protestanten auszustrecken, während es dem spanischen König nicht im entferntesten eingefallen wäre, mit den safawidischen Schahs von Persien, den erbittertsten Gegnern der Osmanen im Osten, in nähere Beziehungen zu treten.

1523 war die Insel Rhodos in türkische Hand gefallen, die von dort vertriebenen Johanniter hatte Karl V. auf die Insel Malta versetzt, deren Haupthafen anschließend zu einer gewaltigen Festung ausgebaut wurde. Malta erhielt nach dem Anschluss der Barbareskenstaaten an der nordafrikanischen Küste und den vergeblichen Versuchen sowohl Karls V. wie Philipps, sich Algier anzueignen, infolge seiner Lage inmitten der Enge zwischen Sizilien und der tunesischen Küste eine strategisch herausragende Bedeutung, zumal nachdem Ende September 1574 den Habsburgern Tunis endgültig verloren ging. Bereits 1565 versuchten osmanische Flottenverbände vergeblich, die Insel zu erobern. Dafür gelang es 1570/71, Zypern, das sich seit 1489 in venezianischem Besitz befand, zu besetzen. Nachdem die Markusrepublik in den dreißiger Jahren bereits die Kykladen und die Ionischen Inseln an die Pforte verloren hatte, erschien ihr die Lage jetzt so bedrohlich, dass sie im Mai 1571 mit dem Papst und dem König von Spanien eine Heilige Liga abschloss. Eine Flotte der Verbündeten unter dem Kommando von Philipps Halbbruder Don Juan de Austria erreichte Ende September Korfu und schlug die osmanischen Schiffsverbände am 7. Oktober bei Lepanto am westlichen Ende des Korinthischen Meerbusens. Dieser Seesieg beeinträchtigte jedoch die türkische Stellung im Mittelmeer kaum. Die Venezianer schieden schon 1572/73 aus der Liga aus und Don Juan konnte die spanischen Besitzungen in Nordafrika nicht halten. Die Katastrophe der spanischen Armada im Jahre 1588 erschütterte wiederum die Stellung Philipps im Mittelmeer nicht wesentlich, da sich mittlerweile auch die Osmanen im Niedergang befanden und die von ihnen ausgehende Bedrohung nachließ. Das Resultat für die Lage im Süden Europas war schließlich eine Art Patt zwischen dem spanischen und dem osmanischen Einflussbereich, das im wesentlichen bis ins 18. Jahrhundert bestehen bleiben sollte.

In den spanischen Königreichen selbst hatte die Auseinandersetzung mit der islamischen Vormacht erhebliche innere Rückwirkungen. Sie betrafen die meistens nur oberflächlich christianisierten Mauren im erst 1492 eroberten Königreich Granada *(Moriscos)*, die nun immer mehr als eine Art „Fünfte Kolonne" der Osmanen angesehen und Repressalien durch die Obrigkeit ausgesetzt waren. Ende 1567 kam es in Granada zum Aufstand, der erst 1570 unter Kontrolle war und mit der teilweisen Umsiedlung der andalusischen Bevölkerung, größtenteils nach Kastilien und Extremadura endete, dabei im Süden aber erhebliche Rückschläge im landwirtschaftlichen wie im gewerblichen Bereich nach sich zog.

Unruhen gab es auch im Nordosten der Iberischen Halbinsel. Philipps Bestreben, ähnlich wie in Kastilien die Stände zu entmachten, führte in Aragon in den späten achtziger Jahren zu weit verbreitetem Unmut. Die Ernennung eines kastilischen Granden zum Vizekönig im Jahre 1588 und die anschließende Verletzung der aragonesischen Freiheiten bildeten 1590 das Signal für einen vorwiegend vom Adel getragenen Aufstand, bei dem Philipps vor elf Jahren entlassener und in Haft genommener früherer Sekretär Antonio Pérez im April 1590 in Zaragoza als Aufwiegler gegen den König eine wichtige Rolle spielte. Bei dieser Bewegung bestand in Philipps Augen die Gefahr, dass sie sich mit den hugenottischen Strömungen im südlichen Frankreich verband und damit prinzipiell antimonarchische Ideen in sich aufnahm, die auch anderswo in Spanien ansteckend wirken konnten. Daher wurde der Aufstand 1591/92 mit aller Energie unterdrückt und es wurden gegen einige führende Persönlichkeiten harte Strafen verhängt. Abgesehen davon, dass der König es nun durchsetzte, dass auch Landfremde als Vizekönige eingesetzt werden konnten, verhielt er sich jedoch ziemlich maßvoll, um den Ausbruch weiterer Unruhen in diesem wichtigen Nebenland zu vermeiden, eine Rechnung, die in der Folge auch aufgehen sollte.

Wesentlich schwerer wogen die beiden neuen großen Konflikte im Norden seines Machtbereichs, die für den weiteren Verlauf der europäischen Geschichte von entscheidender Bedeutung werden sollten: der in den Niederlanden und der mit England. Für den niederländischen Aufstand gab es Gründe, die teilweise bis in die Regierungszeit Karls V. zurückreichten. Dessen Kriege mit Frankreich hatten die Siebzehn Provinzen stark belastet, die Verfolgung Andersgläubiger war ebenso auf Widerspruch gestoßen wie die zunehmende Vereinheitlichung des Gesamtgebiets und die Stärkung der monarchischen Gewalt. Die wirtschaftliche und finanzielle Lage verschärfte sich bis 1559 noch, ja die Störung des Handels im Ostseeraum infolge der dortigen Konflikte zwischen 1557 und 1571 (vor allem der sog. Siebenjährige Nordische Krieg 1563–1570) brachte eine Absatzkrise für gewerbliche Produkte und enorme Preissteigerungen für Nahrungsmittel. Zur allgemeinen Unzufriedenheit trug auch die schon lange vorbereitete Bistumsreform bei: Die neuen Diözesen wurden vielfach mit Klosterbesitz ausgestattet, was die Zahl der vor allem vom Adel für seine jüngeren Kinder begehrten Pfründen stark einschränkte. Dieser sah sich außerdem mehr und mehr von der Mitsprache in den Staatsangelegenheiten ausgeschlossen, da er in den wichtigeren der Kollateralen Räte, dem Geheimen und dem Finanzrat, nicht mitwirkte und der seinen vornehmsten Vertretern vorbehaltene Staatsrat immer weniger mit Entscheidungen von Bedeutung befasst wurde. Angesichts der verfahrenen Lage erhielten calvinistische Prediger mehr und mehr Zulauf.

Die von Philipp eingesetzte Regierung schien der Situation nicht Herr zu werden. Als Statthalterin hatte er 1559 seine Halbschwester Margarethe von Parma (*1522, †1586) eingesetzt und zu ihrem wichtigsten Berater Antoine Perrenot de Granvelle (*1517, †1586) ernannt, einen aus Besançon stammenden Juristen und Theologen, dessen Vater Nicolas bereits Mitarbeiter von Karls V. Großkanzler Gattinara gewesen war und sich zwischen 1530 und 1550 als kaiserlicher Staatssekretär für die niederländischen und deutschen Belange bewährt hatte. Granvela, wie ihn die Spanier nannten, war 1540 zum Bischof von Arras aufgestiegen, hatte 1550 die Aufgaben seines Vaters übernommen und bald Philipps Vertrauen erworben, vor allem nachdem er den Frieden von Câteau-Cambrésis ausgehandelt hatte. Noch 1559 erhob der König ihn zum Erzbischof von Mecheln und damit zum Primas der neu gebildeten niederländischen Kirche. Er war es, der nach der Abreise Philipps die Politik hier maßgeblich bestimmte, aber auch den Unmut der Opposition in einem solchen Maße auf sich zog, dass der König ihn 1564 lieber abberief, ihn jedoch auch weiterhin in hohen Stellen verwendete, so als Leiter einer Mission bei der Kurie, als Vizekönig von Neapel sowie schließlich seit 1579 als Präsidenten des Italienrats und Mitglied des *Consejo de Estado*. In den Niederlanden war mit seiner Abberufung die Krise aber keineswegs entschärft. Sie kulminierte im Spätsommer 1566 in einem landesweiten Bildersturm, zu dem von calvinistischen Predigern aufgehetzt wurde, der aber durchaus sozialrevolutionäre Züge trug. Ein großer Teil der Eliten rückte mit der Statthalterin zusammen und ihr gelang es bis zum Frühjahr 1567, den Aufruhr zu unterdrücken.

Philipp, der aus der Ferne die Situation nicht genau einschätzen konnte, entschloss sich dennoch, jegliche Opposition in den niederländischen Provinzen ein für allemal zu ersticken. Er entsandte im Sommer 1567 seinen besten Feldherrn, Fernando Alvarez de Toledo, Herzog von Alba (*1507, †1582), mit einem stattlichen Heer dorthin. In Brüssel setzte dieser ein Sondergericht (*Conseil des Troubles*, im Volksmund „Blutrat" genannt) mit untergeordneten Höfen in den Provinzen ein, die sämtliche herausragenden Opponenten vor ihre Schranken zogen. Der Höhepunkt ihrer Tätigkeit wurde im Juni 1568 mit der öffentlichen Hinrichtung der Grafen von Egmond und Hoorne erreicht. Margarethe von Parma trat daraufhin als Statthalterin zurück. Ihr Amt übernahm Alba, der sämtliche Vliesritter, die nicht vor seinem Gericht erschienen, enteignen ließ und 1568 einen Vorstoß des wichtigsten Oppositionellen, des Fürsten Wilhelm von Oranien, vom westlichen Deutschland aus siegreich abwies. Nun wurde auch hart gegen calvinistische Häretiker vorgegangen, vor allem aber erlegte Alba den Provinzen verschiedene Sondersteuern auf, von denen eine zehnprozentige Umsatzabgabe 1571 schon durch ihre Ankündigung allenthalben größten Missmut erregte. Zur See operierende Aufständische, die sog. Wassergeusen, setzten sich im Frühjahr 1572 auf einer der Rheinmündung vorgelagerten Insel fest und kontrollierten von hier aus bald den größten Teil der Provinz Holland, dem militärisch über die vielfältigen Wasserläufe mit der spanischen Infanterie nicht beizukommen war. Hier und in Seeland, wo Wilhelm von Oranien die Statthalterschaft für den König inne hatte und mit Zustimmung der Stände behauptete, festigte sich das Bekenntnis Calvins zuerst, das man nunmehr im gesamten Land zu verbreiten gedachte. Trotz blutiger Ausschreitungen seiner Truppen gelang es Alba nicht, sich gegen diesen Gegner durchzusetzen. Geldmangel (1575 hatte Philipp zum dritten Mal den Staatsbankrott erklärt) ließ zudem die Truppendisziplin schwinden, Einnahmen aus dem kriegsgeschundenen Land flossen immer spärlicher. 1573 berief Philipp seinen Statthalter ab, doch auch die beiden folgenden, darunter 1576–1578 der Sieger von Lepanto, Don Juan de Austria, vermochten es nicht, die Niederlande unter die spanische Botmäßigkeit zurückzubringen.

Im Herbst 1576 nahm die Versammlung der niederländischen Generalstände (die der von den Ständen des Herzogtums Brabant verhaftete Staatsrat veranlasst hatte) in Gent die Dinge selbst in die Hand. Nach Friedensgesprächen zwischen Wilhelm von Oranien, der die Grafschaften Holland und Seeland vertrat, und den Abgesandten der übrigen Provinzen wurde am 30. Oktober eine „Pazifikation" mit dem Ziel unterzeichnet, die spanischen Truppen zu vertreiben, die Gesetze gegen Ketzer aufzuheben und die bisher erfolgten Enteignungen rückgängig zu machen. Don Juan stimmte der Entlassung der Truppen gegen Zahlung des ausstehenden Solds durch das Land zu und konnte im Mai 1577 feierlich in Brüssel einziehen. Dennoch hatte der Friede keinen Bestand: Philipps Statthalter wollte die Rekatholisierung des Landes, die Calvinisten ihr eigenes Bekenntnis durchsetzen, während Vorschläge Wilhelms von Oranien für eine Toleranzregelung auf taube Ohren stießen. Nachdem Don Juan Ende Juli aus Brüssel entwichen war (er starb im Oktober 1578 in Namur), wählten die Generalstände den jungen Erzherzog Matthias, den Bruder Kaiser Rudolfs II. (der 1612 dessen Nachfolger werden sollte) zum Statthalter der Siebzehn Provinzen. Dieser versprach, religiöse Toleranz zu üben, und ernannte Wilhelm zu seinem Stellvertreter. Inzwischen hatte sich Philipp II. finanziell erholt und die Religionsfrage hatte die niederländischen Provinzen angesichts des rigorosen Vorgehens des intransigenten Teils der Calvinisten in den wichtigsten Städten entzweit. Matthias spielte in der Folge keine Rolle mehr und ging 1581 nach Deutschland zurück. Der sterbende Don Juan ernannte jedoch seinen Vetter Alessandro Farnese (★1545, †1592), Herzog von Parma und Sohn der früheren Statthalterin, zu seinem Nachfolger, was der König von Spanien aus bestätigte.

Mit Farnese, einem ebenso geschickten Diplomaten wie tüchtigen Feldherrn, wendete sich das Blatt insofern, als er mit der Toleranzpolitik gegenüber den Calvinisten unzufriedene Vertreter des Adels wie der Städte auf seine Seite zog. Anfang 1579 vereinbarten die Provinzen Artois und Hennegau sowie die Stadt Douai (der sich weitere südniederländische Städte bald anschlossen) die sog. Union von Arras, die Mitte Mai mit dem durch den neuen Statthalter vertretenen spanischen König Frieden schloss. Dagegen hatten bereits am 21. Januar die Provinzen Holland, Seeland, Utrecht Geldern, Overijssel, Drente und Groningen die Union von Utrecht abgeschlossen, einen als ewigen Beistandspakt gedachten Vertrag auf der Basis von Religionsfreiheit und innerer Autonomie der Mitglieder sowie mit dem Ziel einer gemeinsamen

Außenpolitik. Ihr traten in der Folge vor allem die wichtigen Städte Antwerpen, Gent und Brügge bei. 1580 entschlossen sich die Generalstände dieser Provinzen, sich einen neuen gemeinsamen Landesherrn zu suchen. Darüber wurde mit dem jüngsten Bruder König Heinrichs III. von Frankreich, François von Anjou, verhandelt, der am 23. Januar 1581 als *Prince et Seigneur* der Niederlande anerkannt wurde. Da zu seiner Einsetzung aber Philipp II. die Landesherrschaft förmlich aberkannt werden musste, formulierte man das am 26. Juli 1581 – auch in Vertretung der Provinzen, die der Utrechter Union bisher nicht beigetreten waren – beschlossene und verkündete Absetzungsdekret (da öffentlich angeschlagen: *Placcaet van Verlatinghe* genannt), das die Absetzung des alten Landesherrn begründete. Es sollte als in seiner Art nahezu einzigartiger Text, in dem Stände ihrem Landesherrn den Gehorsam aufkündigten, in der frühneuzeitlichen Geschichte vor allem Englands eine enorme Fernwirkung entfalten, die sich bis hin zur Unabhängigkeitserklärung der Vereinigten Staaten von Nordamerika und in der Haltung des belgischen Kongresses gegenüber Kaiser Joseph II. während der Brabanter Revolution aufzeigen lässt.

Anjous militärische Erfolge hielten sich in der Folge in engen Grenzen, zumal er in Farnese einen überlegenen Gegner hatte. Ehe er sich mit den Generalständen der Utrechter Union völlig entzweite, starb er im Juni 1584. Einen Monat später erlag Wilhelm von Oranien dem Anschlag eines in seine Umgebung als hugenottischer Glaubensflüchtling eingeschleusten Mörders. Der Versuch, die englische Königin Elisabeth als Landesherrin zu gewinnen, scheiterte. So blieb der Utrechter Union nichts übrig, als sich als Republik zu betrachten, die mit der schweizerischen Eidgenossenschaft, die sich ebenfalls ursprünglich gegen die habsburgische Landesherrschaft formiert hatte, von ihrer föderalen Struktur her eine gewisse Ähnlichkeit aufwies. Die Grenzen dieser neuen Republik, deren Unabhängigkeit vom spanischen König wie vom römisch-deutschen Kaiser erst im Januar 1648 mit dem Frieden von Münster völkerrechtlich anerkannt wurde, sollten noch lange ungewiss sein. Farnese brachte bis 1589 weite Teile des Westens und Nordens, außerdem sämtliche südniederländischen Städte in seine Gewalt. Er war dann aber, weil er sich gegen den neuen König von Frankreich, Heinrich IV., wenden musste, dazu gezwungen, Groningen, Drente, Overijssel und den Osten von Geldern wieder aufzugeben. Die südlichen Provinzen traten jedoch der Union von Arras bei und verblieben unter der Botmäßigkeit des Königs von Spanien, ehe sie Philipp kurz vor seinem Tod von seinem engeren Herrschaftsbereich abtrennte und seiner Tochter Isabella gemeinsam mit ihrem Mann, Erzherzog Albrecht, als eigenes Herrschaftsgebiet übertrug.

Der „Abfall der Niederlande" beraubte das Haus Habsburg nicht nur eines wichtigen Teils seines wirtschaftlich wertvollsten Herrschaftsgebiets, sondern er hatte darüber hinaus gewaltige Auswirkungen auf Philipps Politik sowohl England wie auch Frankreich gegenüber. Im Hinblick auf England verhielt sich Philipp lange zurückhaltend. Königin Maria hatte 1557 auf sein Betreiben hin Frankreich den Krieg erklärt, ihre Halbschwester und Nachfolgerin Elisabeth, die im November 1558 die Regierung antrat, musste trotz anders gerichteter kirchlicher Neigungen bis zum Friedenschluss von Câteau-Cambrésis im spanischen Fahrwasser segeln. Ihre vom Erbrecht her anfechtbare Thronfolge wurde sogar vom spanischen König unterstützt, einmal weil die an sich eher erbberechtigte Schottin Maria Stuart mit dem französischen Thronfolger (dem nur 1559/60 regierenden Franz II.) verheiratet war, zum anderen weil er hoffte, auch Elisabeths Hand gewinnen und damit die enge Verbindung mit ihrem Land aufrechterhalten zu können. Elisabeth wich allerdings seinem Werben (wie auch dem anderer Fürsten) geschickt aus; sie sollte Zeit ihres Lebens unverheiratet bleiben. Der Preis war 1559 die Einwilligung Philipps in den Erwerb von Calais durch Frankreich. Mit der bald erfolgenden Wiederherstellung der von Rom theologisch wie organisatorisch getrennten Anglikanischen Kirche verschlechterten sich die Beziehungen zu Madrid allerdings, auch wenn Philipp II. im Verein mit Kaiser Ferdinand noch 1563 erfolgreich in Rom gegen Elisabeths Exkommunizierung intervenierte.

Als 1568 Maria Stuart aus Schottland nach England floh und dort trotz ihrer Inhaftierung eine permanente Bedrohung sowohl für die amtierende Königin wie für das von ihr etablierte Bekenntnis darstellte, zumal sie heimlich spanische Unterstützung erfuhr, verschlechterte sich das Verhältnis zwischen der englischen Königin und Philipp zusehends. Hierzu trugen auch die Aufnahme zahlreicher niederländischer Flüchtlinge und die Begünstigung der Kaperei spanischer Schiffe durch englische Kapitäne bei. Dem verdeckten Seekrieg der Engländer entsprach nach der 1570 erfolgten Exkommunikation Elisabeths durch den Papst die halb verdeckte, halb offene Unterstützung der englischen wie der irischen Katholiken durch spanische Emissäre. Der Erwerb Portugals 1580 und die Hilfe, die Philipp in Frankreich den Gegnern der Hugenotten zuteil werden ließ, sowie die von den Spaniern gesteuerte Ermordung Wilhelms von Oranien verschärften die Spannungen dermaßen, dass die englische Königin 1585 ein Expeditionskorps nach den nördlichen Niederlanden entsandte und sich sogar, wenn auch vergeblich, um ein Bündnis mit der Pforte bemühte. Die Aufdeckung eines Komplotts gegen sie, in das Maria Stuart verwickelt war, führte im Februar 1587 zu deren Hinrichtung. Zu dieser Zeit hatte sich Philipp längst entschlossen, die englische Frage durch einen Angriff zur See einer Lösung zuzuführen.

Hierzu wurden gewaltige Anstrengungen unternommen. Flottenverbände mit insgesamt über 130 Schiffen wurden in den Atlantikhäfen zusammengezogen, und im Sommer 1588 brach die spanische *Armada* Richtung Ärmelkanal auf. Das Unternehmen scheiterte infolge von Wetterunbilden, aber auch mangelhafter taktischer Leitung und vor allem deshalb, weil sich die Feuerkraft der englischen Schiffsgeschütze im Gefecht aus der Distanz als überlegen erwies. Nur die Hälfte der Armada erreichte nach gefahrvoller Umschiffung der Britischen Inseln im Norden zu Beginn des Herbstes wieder die spanischen Stützpunkte.

Damit war im Grunde der Kampf um die nördlichen Teile der niederländischen Provinzen ebenfalls verloren. Zudem bestieg im August 1589 nach der Ermordung Heinrichs III. der von ihm auf dem Totenbett zum Nachfolger bestimmte Führer der Hugenotten, Heinrich von Navarra, als Heinrich IV. den französischen Thron. Er ließ sich von dem aus Aragon geflohenen Antonio Pérez beraten, der eine bis in die jüngste Zeit hinein äußerst wirkungsvolle Propagandatätigkeit gegen seinen ehemaligen Herrn entfaltete und sich – allerdings ohne dass dieses Ziel zunächst erreicht werden konnte – darum bemühte, ein Bündnis zwischen dem neuen französischen König und Elisabeth von England zustande zu bringen. Philipp dagegen versuchte mit allen Mitteln, die Thronfolge zu verhindern. So ließ er seine Tochter aus der Ehe mit Elisabeth von Valois, Isabella Clara Eugenia, als Nachfolgerin propagieren und unterstützte dann, als sich dies als aussichtslos erwies, die Kandidatur von Heinrichs IV. Onkel, des Erzbischofs von Rouen, als Karl „X.". Ihm, der allerdings bereits im Mai 1590 verstarb, half Farnese von den Niederlanden aus. Heinrich IV. durchkreuzte Philipps Politik gegen ihn schließlich, indem er Ende 1593 wieder zum katholischen Glauben übertrat. Dabei kam es ihm sicherlich nicht allein auf den Besitz von Paris an, wie sein berühmter Spruch *„Paris vaut bien une messe"* auszusagen scheint, sondern es ging ihm auch darum, dem spanischen Widersacher den Wind aus den Segeln zu nehmen. Nach der Absolution durch den Papst (der ihn als Gegengewicht zum übermächtigen spanischen König aufbauen wollte) und geschickten Verhandlungen mit den verschiedenen Ständen wurde er bald im gesamten Königreich anerkannt. Anfang 1595 erklärte er Philipp förmlich den Krieg und ein Jahr später gelang es ihm, die niederländische Republik und die Königin von England zum Bündnis mit ihm zu bewegen. In den Niederlanden befanden sich Philipps Truppen nach dem Tod Farneses Ende 1592 ohnehin in einer ungünstigen Lage. Anfang Mai 1598 schloss dieser daher auf Vermittlung Papst Clemens' VIII. hin mit Heinrich IV. in Vervins Frieden, der die Bestimmungen von Câteau-Cambrésis im wesentlichen bekräftigte und damit die spanische Hegemonie in Westeuropa bestätigte. Der Konflikt mit England wurde erst unter Elisabeths Nachfolger Jakob I. beigelegt, der mit den Niederlanden sollte nach einem elfjährigen Waffenstillstand (1609–1621) bis 1648 andauern.

Als einziger bleibender außenpolitischer Erfolg Philipps ist der Erwerb der Krone Portugals zu werten, die für acht Jahrzehnte mit der Spaniens verbunden bleiben sollte. Ende Januar 1580 war hier König Enrique achtundsechzigjährig kinderlos gestorben (nachdem er als Erzbischof von Lissabon anderthalb Jahre zuvor nach dem unvermuteten Tod seines Neffen Sebastião auf einem Kreuzzugsunternehmen in Marokko aus dem geistlichen in den weltlichen Stand übergetreten war). Von den Töchtern des bereits 1540 verstorbenen jüngsten Bruders war eine mit Alessandro Farnese, die andere mit João von Braganza verheiratet; ihre Nachkommen sollten 1640 Könige von Portugal werden. Daneben gab es noch einen – allerdings illegitim geborenen – Neffen, den Prior Dom Antonio von Crato, der vor allem vom Dritten Stand favorisiert wurde. Vom Verwandtschaftsgrad her ebenfalls sehr nahe mit den beiden letzten Königen verbunden war Philipp als Sohn von deren Schwester Isabella, ganz abgesehen davon, dass er in erster Ehe mit Sebastiãos Tante Maria verheiratet gewesen war, so dass beider Sohn Don Carlos (*1545, †1568) noch bessere Thronfolgeansprüche gehabt hätte. Philipp bereitete angesichts von Enriques Alter und Kinderlosigkeit die Thronübernahme bereits seit 1579 vor und bediente sich dabei vor allem des Rats von Granvela, der im Lande selbst mit den Mitgliedern des Hochadels und des Episkopats darüber erfolgreiche Verhandlungen führte. Diese Politik war bei Hofe nicht unumstritten, ihr größter Gegner war Philipps lange besonders einflussreicher Sekretär Antonio Pérez. Dieser sah sich allerdings durch eine Intrige, die einen engen Vertrauten Don Juans das Leben gekostet hatte und auf die der König im Glauben, von seinem Halbbruder und dessen Ratgeber in den Niederlanden hintergangen worden zu sein, eingegangen war, so kompromittiert, dass Philipp ihn im Juli 1579 entließ und in Haft nahm (womit er ihn sich, wie erwähnt, zu einem seiner gefährlichsten Feinde machte). Ehe es französischer- oder englischerseits, wie von Philipp befürchtet, zu einer Intervention kam, ließ er im Frühjahr 1580 zur Untermauerung seiner Thronansprüche ein Heer unter Alba in Portugal einmarschieren, das im Land kaum auf Widerstand stieß. Im April 1581 begab er sich selbst nach Lissabon, beschwor dort vor den portugiesischen Ständen die Rechte des Landes und nahm ihren Treueid entgegen. Um sie mit seiner Machtergreifung zu versöhnen, verpflichtete er sich dazu, nur Portugiesen zu Vizekönigen und Amtsträgern zu berufen, bestand also lediglich auf einer lockeren Verbindung mit seinen übrigen Reichen. Als er im Februar 1583 nach Spanien zurückkehrte, war seine Herrschaft in Portugal gesichert. Trotz der relativen Unabhängigkeit, die sich das Land bewahren konnte, hatte die spanische Politik jetzt den unbestreitbaren Vorteil, dass ihr nunmehr die portugiesischen Kriegs- und Handelsschiffe zu Gebote standen und dass sich das Kolonialreich zusammen mit seinen Handelsmöglichkeiten enorm erweitert hatte. Außerdem konnten die Nordniederländer nunmehr von ihrem lukrativen Portugalhandel weitgehend ausgeschlossen werden.

Der Erfolg in Portugal war für lange Zeit der letzte in der Außenpolitik Philipps. Auch im Innern stand er zunehmend vor großen Problemen. Sie ergaben sich einmal aus der immer katastrophaleren Lage der staatlichen Kassen und dem schleichenden wirtschaftlichen Niedergang, der mit der Überforderung Spaniens durch die hegemonialen Ambitionen des Königs, außerdem mit religiösen Verfolgungen nicht nur der *Moriscos*, sondern auch der Juden (die mit dem aus dem Arabischen übernommenen Schimpfwort *marranos* [= Schweine] belegt wurden) zusammenhing. Hinzu kamen Probleme der Nachfolge. Philipps ältester Sohn Don Carlos erwies sich – anders als das Drama Friedrich Schillers und die darauf fußende Oper Giuseppe Verdis suggerieren – als schwieriger Charakter mit immer stärker hervortretenden psychopathischen Zügen. Die Versuche des Vaters, ihn – wie es bei ihm selbst erfolgt war – in die Staatsgeschäfte einzuführen, scheiterten kläglich. Im Januar 1568 wurde er einem Granden in Gewahrsam übergeben, wo er durch Unmäßigkeit seiner Lebensführung einige Monate später offenbar selbst den Tod herbeiführte. Aus der Ehe mit Elisabeth von Valois hatte Philipp zwei Töchter, von denen die älteste, Isabella (*1566, †1633), an Energie und Weitblick ihrem Vater am ähnlichsten war (sie sollte für die Geschicke der südlichen Niederlande noch erhebliche Bedeutung erlangen). Von den vier Söhnen aus der vierten Ehe mit seiner Nichte zweiten Grades, Anna von Österreich (*1549, †1580), starben drei im Kindesalter; der jüngste (*1578, †1621), der ebenfalls auf den Namen Philipp getauft wurde und ihm nachfolgen sollte, erwies sich schon früh als schwacher Charakter und an der mit den politischen Geschäften verbundenen Arbeit gänzlich uninteressiert.

Das Leben Philipps II., der wie kaum ein anderer europäischer Monarch seiner Zeit den Stempel aufgedrückt hat, endete grausam, ja tragisch. Vom Vater hatte er die Disposition zur Gicht geerbt, die in ihrem chronischen Stadium zu vermehrter Bewegungsunfähigkeit, schließlich durch das Aufbrechen von Geschwüren zu einem qualvollen Tod führte, der ihn nach mehrmonatiger Bettlägrigkeit und Siechtum schließlich in seinem an den Hochaltar der Kirche von *San Lorenzo en el Escorial* angrenzenden Sterbezimmer am 13. September 1598 erlöste. Philipp hat dabei im Angesicht des nahenden Endes Sterben und Tod kunst-

Gebiete der Krone Aragons weit,
der Krone Portugals eng gepunktet

Karte 2: Die Iberische Halbinsel zur Zeit Philipps II.

voll inszeniert, wobei ein eigens aus dem harten Holz des indischen Paradiesbaums gefertigter Sarg am Eingang seines Gemachs aufgebaut war und die aus Deutschland herbeigeschafften Reliquien des der Legende nach auf dem Feuerrost zu Tode gequälten Märtyrers Laurentius eine besondere Rolle spielten. Auch Philipp wollte im Sterben als „Schmerzensmann" und geradezu als Heiliger gelten. Nach Empfang der letzten Ölung zwölf Tage vor seinem Tod durfte in seiner Gegenwart nicht mehr von politischen Angelegenheiten, sondern nur noch von Gott gesprochen werden. Diese Zurschaustellung des Sterbens, die bereits Maximilian I. praktiziert hatte und die überhaupt bei den Habsburgern besonders ausgeprägt war, wurde hier gewissermaßen zum Höhepunkt getrieben.

Die Bilanz der langen Regierung Philipps ist zwiespältig. Unter den Habsburgern zählt er zweifellos zu den bedeutendsten Herrschergestalten. In seinem Streben nach Hegemonialstellung ist er ähnlich wie Karl V. letztlich gescheitert, auch wenn Spanien bei seinem Tod immer noch als die erste unter den christlichen Mächten gelten konnte. Doch während seiner Regierungszeit ist das von seinem Vater begonnene Werk der Schaffung eines spanischen Staatswesens weit und letztlich irreversibel vorangetrieben worden: Ohne diese beiden Herrscher wäre das moderne Spanien kaum vorstellbar. Denn obwohl ihm fast nur schwache Könige folgten, erwiesen sich nach Philipp sämtliche Versuche, die früheren Königreiche wieder zu verselbständigen, als vergeblich. Nur das relativ lose angegliederte Portugal wurde um die Mitte des 17. Jahrhunderts wieder ein eigener Staat. Freilich scheiterte Philipp in seinem Bemühen, seine Königreiche wirklich zu einem einheitlichen Staatswesen zu verschmelzen, wie es den späten Valois und den Bourbonen mit dem gleichfalls recht heterogenen Frankreich gelang, und Spanien eine straff organisierte, auch ohne einen starken Herrscher effiziente Gesamtverwaltung zu geben. Darüber hinaus steht Philipp II. am Beginn der starken, ja für Spanien bis ins 20. Jahrhundert hinein prägenden Stellung sowohl des Kastiliertums wie auch der katholischen Kirche. Er verkörpert nicht nur dieses Spanien in seiner wohl reinsten Form, sondern seine Herrschaft fällt darüber hinaus mit jener Blüte der spanischen Kunst und Literatur zusammen, die wir als *Siglo de Oro* bezeichnen.

2. Die Habsburger im Reich vom Augsburger Religionsfrieden bis zum Dreißigjährigen Krieg (1555–1648)

2.1. *Ferdinand I. und Maximilian II. (1556–1576)*

Ferdinands Stellung als eigenständiger Politiker im Reich hat erst nach dem Schmalkaldischen Krieg eindeutige Konturen angenommen. Vor allem seitdem strebte er nach einem Konsens zwischen den Religionsparteien und trat als Mittler zwischen den Reichsständen und dem kaiserlichen Bruder, allerdings nicht immer zu dessen Zufriedenheit, hervor. Der erste Erfolg dieser Tätigkeit war der 1552 abgeschlossene Passauer Vertrag, dem drei Jahre später auf dem bereits von ihm im Auftrag Karls V. geleiteten Augsburger Reichstag der Kompromiss eines für das gesamte Reich gültigen Religionsfriedens folgte. Trotz einiger Unklarheiten, vor allem hinsichtlich der geistlichen Fürstentümer, die später immer wieder zu ernsten Konflikten führen sollten, waren nunmehr das römisch-katholische und das augsburgische Bekenntnis der Lutheraner reichsrechtlich verbindlich zugelassen; als Manko war lediglich die Ausklammerung der Anhänger Calvins, der Reformierten, zu verzeichnen, die allerdings damals im Reich erst eine verschwindende Minderheit bildeten. Mit dem Religionsfrieden verbunden waren eine Präzisierung der Exekutionsordnung sowie die Regelung, dass dem Reichskammergericht nun auch protestantische Vertreter angehören sollten. Für Ferdinand ging es dabei vor allem um die Wahrung seines Prestiges im Reich und um die unangefochtene Nachfolge in der Kaiserwürde. Die Religionsregelung sollte nach seiner Auffassung nur für eine gewisse Übergangszeit Bestand haben, da er immer noch auf die Wiederherstellung der kirchlichen Einheit hoffte. Diese Hoffnung zerschlug sich allerdings recht bald, als die dritte Sitzungsperiode des Trienter Konzils sich zu einer rein katholischen Angelegenheit entwickelte. Seine förmliche Anerkennung als Kaiser jedoch, die mit der – bisher nie vorgekommenen – Abdankung seines Vorgängers verbunden war, sollte seitens der Kurfürsten erst im März 1558 erfolgen. 1559 hielt Ferdinand in Augsburg seinen ersten Reichstag nach der förmlichen Bestätigung als Reichsoberhaupt ab.

In der Folge kam es ihm im Reich in erster Linie drauf an, die Nachfolge seines Sohnes Maximilian (*1527, †1576) als König und Kaiser zu sichern. Dies fiel insofern nicht allzu schwer, als dieser starke Neigungen zum lutherischen Bekenntnis hatte und auch, nachdem er sich zur Vermeidung von Spannungen innerhalb des habsburgischen Hauses, vor allem mit dem übermächtigen spanischen König, eindeutig für die Beibehaltung des alten Glaubens entschieden hatte [s. u., S. 72 f.], den Protestanten sowohl im Reich wie auch in den Erblanden äußerst gewogen blieb. So waren die Stimmen der Kurfürsten von Sachsen und Brandenburg für seine Wahl sicher; lediglich mit der pfälzischen Stimme war nicht zu rechnen, weil Kurfürst Friedrich III. mit den Reformierten sympathisierte und bald zu deren Bekenntnis übertrat. Bei den geistlichen Kurfürsten gab es schließlich ebenfalls keinen Widerstand, da kein katholischer Fürst im Reich dazu bereit war, gegen den jungen Habsburger zu kandidieren. So wurde Maximilian Ende November 1562 zum römischen König gewählt und damit seine Nachfolge als Kaiser gesichert. Ebenfalls 1562 erfolgte seine Krönung zum König von Böhmen und im September 1563 die zum König von Ungarn. Allerdings fielen 1564 nicht sämtliche habsburgischen Lande im Reich an ihn, da Ferdinand bereits zehn Jahre zuvor testamentarisch verfügt hatte, dass Maximilians jüngere Brüder Ferdinand und Karl Tirol und Vorderösterreich bzw. Innerösterreich (Steiermark, Kärnten und Krain sowie Görz und Istrien) erhalten sollten.

Ferdinand I. hat sich aufgrund seiner spanischen Erziehung erst allmählich in die Verhältnisse seiner deutschen Gebiete hineinfinden können und es vor allem erst nach Jahren gelernt, sich sprachlich wie auch politisch mit den Landständen zu verständigen. Um so erstaunlicher ist es, dass dies schließlich gelang und dass er durch die Neuorganisation der Staatsgeschäfte mit den Grund für die Schaffung des späteren Habsburgerreichs gelegt hat. Auf ihn gehen einige wichtige Behörden zurück, die die drei Ländergruppen, über die er seit 1526 herrschte (die österreichischen Lande, Böhmen und Rest-Ungarn), enger zusammenführen sollten. Hierbei griff Ferdinand teilweise auf das Vorbild seines Großvaters Maximilian I. zurück. 1527 wurde in Anlehnung an das von diesem 1518 eingerichtete Gremium gleichen Namens der nunmehr ständig tagende Geheime Rat ins Leben gerufen, in dem eine Gruppe von Vertrauten des Landesherrn, sämtlich studierte Juristen, über die wichtigsten Angelegenheiten berieten und damit die höchsten Entscheidungen vorbereiteten. Die meisten Mitglieder kamen aus dem Reich und den österreichischen Erblanden, einige wenige aus Böhmen, während ein Vertreter Ungarns erst wesentlich später (ab 1646) hinzugezogen werden sollte. Der Geheime Rat spaltete sich vom älteren Hofrat ab, der inzwischen nur noch für Reichsangelegenheiten zuständig war. Er wurde deshalb 1559 in „Reichshofrat" umbenannt und entwickelte sich vor allem zu einem kaiserlichen Gerichtshof, der oft mit dem Reichskammergericht konkurrierte. Die zweite wichtige Behörde, die für die Erblande 1527 eingerichtet wurde, war die Hofkammer, die sich um die landesherrlichen Einnahmen und die Haushaltsführung kümmerte und dabei sowohl für die österreichischen wie auch für die böhmischen und ungarischen Belange zuständig war. 1556 schließlich wurde im Anschluss an das bereits 1529 während der türkischen Belagerung Wiens eingerichtete Oberste Kriegskollegium ein Hofkriegsrat eingesetzt, der das gesamte Kriegswesen beaufsichtigen sollte. Allerdings wurde seine Zuständigkeit von den Ständen Ungarns lange infrage gestellt, obwohl diese Behörde gerade deshalb geschaffen worden war, um die Verteidigung dieses Landes besser gewährleisten zu können. Für die spätere Ostexpansion des Habsburgerreiches sollte sie noch erhebliche Bedeutung erlangen.

Die administrative Straffung des Kriegswesens hing eng mit den Auseinandersetzungen zusammen, die auch nach 1541 mit den Osmanen in Ungarn bestanden. 1547 schloss Ferdinand mit der Pforte einen auf fünf Jahre befristeten Waffenstillstand ab, in dem er sich allerdings zu einem jährlichen Tribut verpflichten musste. 1551 kam es zu einem Abkommen mit der Witwe Johann Zápolyas, die in Vertretung ihres noch unmündigen Sohnes handelte. Hierin wurde die Oberhoheit des Habsburgers über Gesamtungarn einschließlich Siebenbürgen anerkannt. Doch mit seiner hauptsächlich durch militärische Mittel aufrechterhaltenen Herrschaft machte er sich rasch unbeliebt. Schon 1556 riefen die Stände den jungen Johann Sigismund Zápolya aus Polen zurück, der sein Land der osmanischen Oberhoheit unterstellte. Bemerkenswert war, dass unter seiner bis 1571 dauernden Herrschaft sowohl den Lutheranern und den Reformierten wie auch den Unitariern Glaubensfreiheit eingeräumt wurde, ein Vorbild, das in den habsburgischen Gebieten nicht ohne Einfluss blieb. Ferdinands Nachfolger Maximilian nahm freilich den Verlust Siebenbürgens nicht hin. Er verweigerte die Tributzahlungen an den Sultan, so dass es 1566 erneut zum Krieg mit der Pforte kam. Dieser brachte den Osmanen den Gewinn der wichtigen südwestungarischen Festung Szigeth (Szigetvár). Da noch während der Belagerung Süleiman der Prächtige starb, ging die Gefahr eines erneuten Vorstoßes türkischer Heere nach Österreich für dieses Mal vorüber. Im Februar 1568 wurde in Adrianopel (Edirne) zwischen der Pforte und Wien Frieden geschlossen, in dem die jährlichen Tributzahlungen der Österreicher fortgeschrieben wurden. 1570 verzichtete Maximilian auf seine Ansprüche auf Siebenbürgen.

Seit er Ende Juli 1564 die Kaiserwürde übernommen hatte, war für ihn die Politik im Reich wesentlich wichtiger, so dass ihm das Arrangement mit der Pforte nicht sonderlich schwer fiel. Mit Maximilian II. schien sich kurzfristig die Möglichkeit zu eröffnen, dass die evangelische Richtung im Reich wie in den Erblanden größeren Freiraum erhielt und dass in beiden Gebieten ein wechselseitig tolerierter Bikonfessionalismus eingeführt würde. Maximilian hatte schon früh Sympathien für die lutherische Lehre erkennen lassen. Deshalb hatte ihn Karl V. in seine engere Umgebung gezogen und 1548 mit seiner Tochter Maria (*1528, †1603) verheiratet. Maximilian fühlte sich jedoch durch Karls Pläne eines Erbkaisertums mit alternierender Sukzession zwischen der spanischen und der deutschen Linie des Habsburgerhauses düpiert, bei der er seinem gleichaltrigen Vetter Philipp II. hätte den Vortritt lassen müssen. Er bestärkte deshalb seinen Vater darin, dieses Projekt zu hintertreiben. Seine Enttäuschung wuchs, als Karl V. ihm nicht die erwartete Statthalterschaft über die Siebzehn Provinzen der Niederlande übertrug. Dies führte zu einer Annäherung an die Reichsfürsten, die einem spanischen Übergewicht feindlich gegenüberstanden, und zwar sowohl an Herzog Albrecht V. von Bayern, der seit 1546 mit Maximilians Schwester Anna verheiratet war, wie auch an die lutherischen Kurfürsten August von Sachsen und Joachim II. von Brandenburg. Als er jedoch 1560 an verschiedenen evangelischen Fürstenhöfen sondieren ließ, ob er als Lutheraner, wenn er für das kaiserliche Amt kandidiere, aktive Unterstützung erwarten könne, fielen die Antworten so vage aus, dass er – auch aufgrund des massiven Drucks nicht nur von seiten des eigenen Vaters, sondern auch des spanischen Königs (der zudem angesichts des offensichtlichen Unvermögens seines Sohnes Don Carlos mit der Möglichkeit der Thronfolge in Madrid winken konnte), des Papstes und der katholischen Reichsfürsten – einlenkte, seinen lutherischen Hofprediger entließ und sich wieder offen zum alten Glauben bekannte. Überdies willigte er ein, seine beiden ältesten Söhne am spanischen Hof erziehen zu lassen, damit sie nicht den Versuchungen eines Glaubenswechsels ausgesetzt würden.

Dennoch war Maximilian auch nach der Thronübernahme bestrebt, zur protestantischen Partei im Reich ein gutes Verhältnis aufrechtzuerhalten. Dabei kam es ihm auf die Wahrung des Augsburger Religionsfriedens an, was vor allem bedeutete, dass er am Prinzip des „geistlichen Vorbehalts" nicht rütteln ließ. Auf der anderen Seite bemühte er sich auf dem Augsburger Reichstag von 1566 darum, dass der zum reformierten Bekenntnis übergetretene pfälzische Kurfürst in den Religionsfrieden einbezogen wurde. Dies scheiterte am Widerstand vor allem Sachsens, so dass die Spaltung des deutschen Protestantismus offenbar wurde (und tatsächlich erst 1648 mit dem Westfälischen Frieden reichsrechtlich überwunden werden sollte). Von Maximilians wohlwollender Einstellung gegenüber der Reformation profitierte lange Zeit auch die evangelische Bewegung in seinen eigenen Landen. Hier war inzwischen fast der gesamte Adel protestantisch gesinnt. 1568 wurde durch die sog. Religionskonzession den Herren und Rittern des Erzherzogtums Österreich, die dem Augsburger Bekenntnis anhingen, auf ihren Besitzungen Gottesdienstfreiheit eingeräumt. 1571 wurde dieses Recht in der „Religionsassekuration" auf Gesinde und Untertanen des Adels übertragen, 1575 erging eine mündliche Zusage, dass diese Regelung auch für Böhmen gelten solle. Allerdings blieben in Österreich wie in Böhmen die landesfürstlichen Städte und Herrschaften davon ausgeschlossen. Ähnlich verfuhr Maximilians Bruder Karl in seinen innerösterreichischen Herrschaftsgebieten. Den Höhepunkt bildete hier die im Februar 1578 auf dem steirischen Generallandtag in Bruck an der Mur verabschiedete „Religionspazifikation" (sog. Brucker Libell), die auch den Bürgern Religionsfreiheit zugestand. Maximilian hat sich darüber hinaus um eine einheitliche evangelische Kirchenordnung bemüht, um seine Herrschaft über beide Religionsparteien zu sichern. 1568 gelang es mit Hilfe der „Agende" des württembergischen, seit 1550 an der Universität Rostock tätigen Theologen David Chytraeus, eine solche zu erstellen. Dagegen hielt Erzherzog Ferdinand in Tirol und den vorderösterreichischen Landen, wo die Bevölkerung mehrheitlich dem alten Glauben anhing, an der Aufrechterhaltung des katholischen Bekenntnisses fest.

Auch Maximilian wünschte dieses in den eigenen Landen durchaus zu stärken und unterstützte daher die nach Abschluss des Trienter Konzils erstarkenden Tendenzen zur innerkirchlichen Reform. Dabei schwebte ihm auch eine Aussöhnung zwischen der erneuerten katholischen und der evangelischen Kirche vor, was sich allerdings angesichts des Gegensatzes zwischen den auf Expansion zielenden Protestanten und der auf Rückgewinnung ihrer alten Stellung bedachten katholischen Kirche als Illusion erwies. Zudem verband sich mit dem Protestantismus, der immer mehr zu den Lehren Calvins tendierte, zunehmend das Streben nach ständischer Eigenständigkeit und mit der Gegenreformation das nach Durchsetzung des landesfürstlichen Absolutismus. Maximilian verstand es noch, der Konfrontation zwischen beiden Bekenntnissen, die sich mit antagonistischen politischen Grundsätzen deckten, erfolgreich entgegenzuwirken, doch unter seinen Nachfolgern sollte es zum offenen Konflikt kommen.

Auch außenpolitisch versuchte der Kaiser zu verhindern, dass die Glaubensspaltung zu gewaltsamen politischen Auseinandersetzungen führte. Daher lehnte er die Politik seines spanischen Vetters sowohl gegenüber den Niederlanden wie gegenüber der englischen Königin ab. Die gewaltsame Intervention in den Niederlanden ab 1568 stieß auf seine Missbilligung. Daher veranlasste er das Verbot von Truppenwerbungen fremder Mächte im Reich, was sich auch gegen Wilhelm von Oranien sowie gegen den Interventionswillen deutscher Fürsten in die seit der Bartholomäusnacht 1572 immer heftigeren innerfranzösischen Auseinandersetzungen richtete.

Weniger erfolgreich war Maximilians Außenpolitik im Osten. Zweimal bewarb er sich vergeblich um die Krone Polens. Sie fiel 1573 an Heinrich von Anjou (den späteren französischen König Heinrich III.) und 1575 an den seit 1571 in Siebenbürgen regierenden Fürsten Stephan Báthory; auch 1588 sollte eine habsburgische Bewerbung um den polnischen Thron scheitern. 1570 versuchte er auf dem Speyerer Reichstag vergeblich, die Reichskriegsverfassung dahingehend zu reformieren, dass – nach einem Plan seines Feldherrn Lazarus Schwendi – das gesamte Kriegswesen dem Reichsoberhaupt unterstellt und ein ständiges Heer als Kern eines großen Aufgebots bereitgehalten würde. Das Hauptargument, dass damit die Wirksamkeit der Türkenabwehr erhöht würde, verfing vor allem beim pfälzischen Kurfürsten nicht, der dies als vorgeschobenen Grund zur Beschneidung der reichsständischen Libertät brandmarkte. Auf seinem letzten Reichstag 1575/76 in Regensburg ging es dem inzwischen schwerkranken

Kaiser daher nur noch darum, die Wahl seines Sohnes Rudolf zum römischen König und damit zu seinem Nachfolger zu sichern. Dieser wurde Ende Oktober gewählt und trat ein Jahr später die Nachfolge seines Vaters an.

2.2. Rudolf II., Matthias und der „Bruderzwist" im Hause Habsburg (1576–1619)

Rudolf II. (*1552, †1612) war nach seinen Erziehungsjahren in Spanien (1563–1571) im September 1572 mit der Stephans- und drei Jahre später mit der Wenzelskrone gekrönt worden. Von Natur aus hochbegabt, humanistisch gebildet, an den Naturwissenschaften (einschließlich der damals als eine solche geltenden Astrologie) interessiert und vor allem mit einem untrüglichen Kunstverstand versehen und dementsprechend ein bedeutender Mäzen, war er auf der anderen Seite doch willensschwach und in seinen Entschlüssen schwankend. Hinzu kam neben immer exzessiveren Ess- und Trinkgewohnheiten eine ausgeprägte Neigung zu Depressionen, die sich im Laufe der Jahre zur Psychose auswuchs. Dabei hatte seine Erziehung am spanischen Hof seinen Hang bestärkt, sich von der Umwelt weitgehend zu isolieren und – wenn überhaupt – möglichst einsame Entscheidungen zu treffen. Seine Übersiedlung von Wien nach Prag kurz nach Antritt der Regierung kann man bereits als eine Art Flucht werten. Familiär konnte er bei seinem problematischen Charakter kaum auf Unterstützung rechnen. Er blieb (nachdem sich der Plan Philipps II., ihn mit seiner Tochter Isabella zu verheiraten, schließlich zerschlagen hatte [s. u., S. 82]) ehelos (hatte allerdings ein kinderreiches Verhältnis mit der Tochter eines Bediensteten) und verstand sich – außer mit dem jüngeren Bruder Ernst, der ihn nach Spanien begleitet hatte – äußerst schlecht mit seinen Geschwistern. Dies galt vor allem für den um fünf Jahre jüngeren Bruder Matthias, der sich im Oktober 1577 ohne Einwilligung des Kaisers auf Einladung der dortigen Generalstände nach den Niederlanden begab. Dort erlebte er als gewählter Statthalter ein völliges Fiasko und musste schließlich von seinen Gläubigern durch Rudolf ausgelöst werden, um im Herbst 1581 nach Österreich zurückkehren zu können, wo ihm die Stadt Linz als Aufenthaltsort zugewiesen wurde.

Im Reich befand sich Rudolf dadurch alsbald in Schwierigkeiten, dass die Fürstengeneration, die noch am Abschluss des Augsburger Religionsfriedens beteiligt gewesen und an seiner Aufrechterhaltung interessiert war, mittlerweile hinweggestorben war und die Gegensätze zwischen dem protestantischen Lager, in dem die calvinistische Pfalz besonders kämpferisch hervortrat, und dem der Katholiken immer heftiger aufeinanderprallten. Dies wurde auf den insgesamt sechs Reichstagen, die der Kaiser in seiner Regierungszeit abhielt, von Mal zu Mal deutlicher. Vor allem der von den protestantischen Ständen 1555 nicht akzeptierte geistliche Vorbehalt brachte laufend Streitigkeiten. Dabei war es nicht zu vermeiden, dass der größte Teil der geistlichen Territorien im nördlichen und mittleren Deutschland, darunter so bedeutende wie die Erzstifte Bremen und Magdeburg, an die jeweils benachbarten Fürstenhäuser fielen und um andere wie Köln und Straßburg jahrelang heftig gekämpft wurde. Ein weiterer Streitpunkt war das *Jus reformandi* in den Reichsstädten, in denen konfessionelle Parität vorgeschrieben war, ein dritter das Säkularisationsrecht im Hinblick auf landsässige Klöster und Stifte, von dem wiederum in den protestantischen Territorien ausgiebig Gebrauch gemacht wurde. Im Zuge dieser Streitigkeiten kam es 1600 zum Zusammenbruch der Reichsjustiz, als die Kurpfalz und einige kleinere Territorien die Anerkennung von Urteilen des Reichskammergerichts verweigerten, und 1603 zur Lähmung des Reichstags, als der pfälzische Kurfürst mit dem Argument, man dürfe keinen Reichsstand zu mehr Zahlungen verpflichten, als er bereit sei zu leisten, seinen Beitrag zur Türkenhilfe verweigerte.

In Ungarn und an der Grenze zum Osmanischen Reich hatte sich die Lage inzwischen wieder zugespitzt. 1576 und 1584 war der Frieden von Adrianopel mit der Pforte zwar erneuert worden, doch mit Beginn der neunziger Jahre nahmen die gegenseitigen Scharmützel an der durch Ungarn verlaufenden Grenze in einem Maße zu, dass sich Rudolf 1593 dazu entschloss, den Krieg wiederaufzunehmen. Bei den bis zum Frieden von Zsitvatorok (November 1606) dauernden Kämpfen konnten die Osmanen zwar einige wichtige Festungen an sich bringen, jedoch keine Seite erlangte das Übergewicht. Verquickt war dieser Konflikt einmal mehr mit Auseinandersetzungen um Siebenbürgen, wo die Fürsten aus dem Hause Báthory schließlich 1602 die habsburgische Oberhoheit anerkannten. Dass im Zuge der gegenreformatorischen Maßnahmen in ihren Landen ein Jahr später jedoch die Privilegien für die Protestanten aufgehoben wurden, empörte den magyarischen Adel dermaßen, dass er 1604 einen der Seinen, Stephan Bocskay, zum Fürsten erhob, der sich mit den Osmanen verbündete. Er setzte den Österreichern mit seinen umherstreifenden Verbänden so zu, dass dies den innerhabsburgischen Familienzwist und die Opposition gegen Kaiser Rudolf entscheidend verschärfte. Am 25. April 1606 kamen seine Brüder Matthias und Maximilian sowie ihr Vetter Ferdinand von Steiermark in Linz dahingehend überein, dass Rudolf für geisteskrank erklärt und Matthias zum Oberhaupt des Habsburgerhauses erhoben wurde. Ziel war neben der Beendigung des Krieges gegen die Türken wie gegen den Herrn von Siebenbürgen die Absetzung des Kaisers. Dieser ließ sich lediglich dazu herbei, Matthias zu Friedensverhandlungen zu bevollmächtigen. Er wurde zum Statthalter in Ungarn ernannt, gestand den Ständen hier im Frieden von Wien Ende Juni 1606 freie Religionsausübung sowie die Besetzung der Reichsämter mit Einheimischen zu und erkannte Stephan Bocskay auf Lebenszeit als Herrscher über Siebenbürgen und das östliche Ungarn an.

Da Rudolf sich weder an die Wiener Abmachung noch an den Frieden mit den Osmanen zu halten gedachte und daher der Wiederausbruch der Kriegshandlungen in Ungarn drohte, kam es auf dem Landtag zu Pressburg Anfang Februar 1608 zu einem Bündnis zwischen Matthias auf der einen und den Ständen Österreichs und Ungarns auf der anderen Seite, dem sich unter Druck die von Mähren anschlossen. Angesichts des Marschs der Truppen seines Bruders auf Prag fand Rudolf allerdings Unterstützung bei den böhmischen, schlesischen und lausitzischen Ständen. Deshalb kam es nicht zu seiner Absetzung als Kaiser, sondern Ende Juni 1608 lediglich zur Abtretung Österreichs, Mährens und Ungarns an Matthias, der Mitte November die ungarische Königskrone erhielt. Als Rudolf den böhmischen Ständen jedoch die versprochenen religiösen Konzessionen verweigerte, drohte in dem ihm verbliebenen Herrschaftsgebiet ein Aufstand. Infolgedessen sah sich der Kaiser am 9. Juli 1609 zum Erlass des sog. Majestätsbriefs gezwungen, in dem sämtlichen Untertanen Religionsfreiheit mit dem Recht, eigene Kirchen und Schulen zu errichten, außerdem die Ernennung städtischer „Defensoren" zur Vertretung der protestantischen Interessen zugestanden wurde.

1610 drohte der jülisch-klevische Erbfolgestreit zwischen den pfälzischen Wittelsbachern und dem brandenburgischen Kurfürsten wegen der damit verwobenen spanischen, französischen und (nord)niederländischen Machtinteressen am Niederrhein zu einem über das Reich hinausgreifenden Krieg zu eskalieren, wozu es allerdings wegen der Ermordung des bereits zum Einfall ins Reich bereiten französischen Königs Heinrich IV. Mitte Mai nicht kam. Rudolf hatte seinen Neffen, Erzherzog Leopold, den Bischof von Passau, zum Administrator des umstrittenen Territoriums ernannt, nachdem es ihm nicht gelungen war, den gleichfalls erbberechtigten sächsischen Kurfürsten zum Einmarsch zu veranlassen. Er brachte nunmehr Leopold, den er mit der Aussicht auf den Erwerb der Wenzelskrone lockte, dazu, ihm mit seinen im Fürstbistum Passau angeworbenen Truppen in Böhmen zur Hilfe zu kommen. Dies verschaffte dem Kaiser kurzfristig das Übergewicht über seine Gegner innerhalb der Familie, die ihn im Herbst 1610 wieder als Oberhaupt anerkennen mussten. Doch konnte er die passauischen Truppen nicht auszahlen und verabschieden; sie brachen im Januar 1611 erneut in Böhmen ein, woraufhin die dortigen Stände zum Abfall vom Kaiser aufriefen. Leopold, für den die böhmische Krone schon fast gewonnen schien, ließ – obwohl Rudolf ihn jetzt zum Rückzug bewegen wollte – Ende Februar die „Kleine Seite" *(mala strana)* von Prag (d. h. das Viertel unterhalb der Königsburg, des Hradschin) besetzen, zog sich aber, als sich Mitte März Matthias mit Truppen der Hauptstadt näherte, zurück. Diesem gelang die Besetzung des Hradschin und die Gefangennahme des Kaisers, der Ende Mai die Krönung des verhassten Bruders zum böhmischen König hinnehmen musste, jedoch erst am 18. August in die förmliche Abdankung einwilligte. Lediglich die Kaiserwürde wurde ihm bis zu seinem Tod (20. Januar 1612) gelassen. Mitte Juni 1612 wurde Matthias auch zum Kaiser gewählt.

Mit ihm erlangte diese Würde nun ein Mann, der aufgrund seiner ganzen Veranlagung keineswegs dazu imstande war, die verfahrene Lage weder im Reich noch in den eigenen Territorien zu meistern. Ähnlich entscheidungsschwach wie sein Bruder, dazu willenlos und eher mittelmäßig gebildet, hatte er sich bereits in den Niederlanden als politisch nicht durchsetzungsfähig erwiesen. Seit 1598 übte der Bischof von Wien und Administrator von Wiener Neustadt, Melchior Khlesl (*1552, †1630), bestimmenden Einfluss auf ihn aus. Khlesl, der einer evangelischen Wiener Bäckersfamilie entstammte und als Schüler durch die Jesuiten zum katholischen Bekenntnis gefunden hatte, war kurzfristig bereits als Berater Rudolfs II. hervorgetreten und hatte sich seit den achtziger Jahren vehement für die Rekatholisierung Österreichs eingesetzt. Er hatte rechtzeitig für Matthias Partei ergriffen und den eher lethargischen Erzherzog zum Agieren gegen den älteren Bruder, zur Führung der Familienfronde gegen ihn und zu den dafür notwendigen Friedensschlüssen mit den Ungarn wie mit den Türken gedrängt. Reichspolitisch war er allerdings auf Ausgleich zwischen den Konfessionsparteien bedacht, da er deutlich die Sprengkraft des mittlerweile zwischen ihnen angehäuften Konfliktpotentials erkannte. Denn 1608 hatten die militanten protestantischen Reichsstände unter der Führung der Kurpfalz sich zur protestantischen Union zusammengeschlossen, der gegenüber sich ein Jahr später die katholische Liga unter der Führung des politisch überaus aktiven bayerischen Herzogs Maximilian bildete. Khlesl – inzwischen von seinen Gegnern auch unter den kaiserlichen Beratern spöttisch als „Vizekaiser" apostrophiert – schlug vor, dass man auf dem Regensburger Reichstag von 1613 hinsichtlich der seit dem Religionsfrieden von 1555 von den protestantischen Reichsständen säkularisierten Bistümer zu einem Kompromiss finden solle. Es ging dabei u. a. um die wenigstens vorübergehende Belehnung des brandenburgischen Prinzen Christian Wilhelm als Administrator des Erzstifts Magdeburg. Dies stieß nicht nur bei einigen Räten des Kaisers, sondern auch von seiten des Papstes und der katholischen Reichsfürsten auf heftigen Widerstand, von denen Herzog Maximilian von Bayern im Namen der Mitglieder der katholischen Liga sogar mit dem Boykott des Reichstags drohte.

Dieser – die letzte Reichsversammlung vor Ausbruch des Dreißigjährigen Krieges – erwies sich dann als völliger Fehlschlag. Das alte Mittel, die Reichsstände durch die Aufstellung eines gemeinsamen Heeres gegen die Türken zur Einigung zu zwingen, verfehlte diesmal gründlich das Ziel. Die Mitglieder der protestantischen Union negierten das Prinzip der Stimmenmehrheit nicht allein in Religionsfragen und schließlich sprengten die von der Kurpfalz geführten Fürsten durch ihren Auszug die Versammlung. Khlesl versuchte vergeblich mit Hilfe des Mainzer Kurfürsten, die bayerische Führungsstellung in der Liga durch den Beitritt der habsburgischen Länder infrage zu stellen. Herzog Maximilian baute dagegen in Oberdeutschland eine eigene Vereinigung katholischer Fürsten auf und entzog sich damit dem habsburgischen Einfluss. Zugleich schienen aus Opposition gegen die kaiserliche Bevormundung die Kontrahenten aus Union und Liga eine Verbindung eingehen zu wollen. Dies führte 1614 sogar dazu, dass Kurfürst Friedrich V. seinem bayerischen Verwandten Maximilian trotz aller konfessioneller Unterschiede die Kandidatur um die Kaiserwürde antrug.

Matthias hat die Chancen der Politik seines engsten Beraters nicht durchschaut. Als sich 1614 im jülich-klevischen Erbfolgestreit ein Ausgleich zwischen der neuburgischen Linie der pfälzischen Wittelsbacher (die dafür eigens zum katholischen Bekenntnis übergewechselt war) und den Hohenzollern abzeichnete (die sich nun auch vom Bekenntnis her eng an die Utrechter Union anlehnten), konnte eine Gruppe von Räten des Kaisers ungestraft versuchen, trotzdem am Niederrhein einen Krieg anzufachen. Khlesl, seit 1616 Kardinal, sah sich zunehmend mit der intransigenten religiösen Einstellung des nächsten Anwärters auf die Nachfolge des trotz seiner späten Heirat mit der jungen Kusine Anna von Tirol kinderlos gebliebenen Kaisers konfrontiert. Im Haus Habsburg war man zunehmend gewillt, die Nachfolge für den unentschlossenen Kaiser dessen Vetter, Ferdinand von Steiermark (*1578, †1637), zu sichern, der als entschiedener Vertreter einer strikten Rekatholisierung galt und vor allem mit Maximilian von Bayern, dessen Schwager er war, politisch in enger Verbindung stand. Berechtigten Anspruch auf die österreichischen Erblande sowie auf Böhmen und Ungarn erhob allerdings auch König Philipp III. von Spanien als Enkel Maximilians II. mütterlicherseits. Im März 1617 kam es, vermittelt durch den spanischen Gesandten in Wien, Iñigo Oñate, zu einem Vertrag, durch den der spanische König für seinen Verzicht auf seine Ansprüche entschädigt wurde. Dafür sollten ihm die habsburgischen Besitzungen und Rechte im Elsass abgetreten sowie die Reichslehen Finale und Piombino in Italien übertragen werden. Die drohende spanische Sukzession stärkte auch Ferdinands Position in Böhmen und Ungarn sowie für die Bewerbung um die Kaiserwürde, wenn damit auch wieder eine engere Anlehnung an die spanischen Interessen hatte erfolgen müssen. Ferdinand konnte im Juni 1617 die böhmische und im Mai 1618 die ungarische Krone entgegennehmen. In Böhmen allerdings führten die absehbaren religiösen Restriktionen am 23. Mai 1618 mit dem berühmten Prager Fenstersturz einiger seiner Räte aus dem Hradschin zur Ständerevolte. Der Sturz Khlesls, der nach wie vor für den religiösen Ausgleich in Böhmen eintrat, und seine Inhaftierung, die ursprünglich gegen den erklärten Willen des Kaisers erfolgten, waren die unmittelbare Konsequenz. Zugleich sah sich Matthias völlig beiseite geschoben und jeglicher politischen Entscheidungsmöglichkeit beraubt. Sein Tod im März 1619 ließ die Nachfolge im Reich zunächst völlig offen. Zugleich wurde mit der Wahl des pfälzischen Kurfürsten Friedrich V. zum böhmischen König eine Auseinandersetzung eröffnet, die sich schließlich zu einem Krieg mit europäischen Dimensionen ausweiten sollte.

3. Erzherzog Albrecht und die südlichen Niederlande

Aus dem Streit zwischen Rudolf II. und Matthias hatte sich deren jüngster Bruder Erzherzog Albrecht (*1559, †1621) heraus gehalten. Auf seine Anrechte in der böhmischen, ungarischen und österreichischen Nachfolge verzichtete er schließlich, weil sich ihm längst ein lohnenderes Betätigungsfeld eröffnet hatte, nämlich die spanischen Niederlande, wo er von Philipp II. 1596 zum Statthalter eingesetzt worden war. Ebenso wie sein Bruder Maximilian war Albrecht ursprünglich für den geistlichen Stand bestimmt worden. Auch ihn hatte man zur Erziehung nach Spanien geschickt, wo er rasch in die höchsten geistlichen Ränge aufgestiegen war: 1577 wurde er Erzbischof von Toledo und zugleich Kardinal, zwischen 1581 und 1595 amtierte er außerdem als Vizekönig von Portugal. Beides, seine geistliche Würde und seine Verwaltungserfahrung qualifizierten ihn in hohem Maße dazu, in den Philipp II. verbliebenen niederländischen Provinzen die notwendigen kirchlichen Reformen durchzuführen und sie innerlich zu befrieden. Dies gedachte der König durch Abtrennung dieses Gebiets von seinem direkten Herrschaftsbereich zu fördern. Zugleich wollte er seine ihm besonders nahestehende Tochter Isabella Clara Eugenia (*1566, †1633) versorgt wissen, deren ursprünglich geplante Heirat mit Kaiser Rudolf II. sich zerschlagen hatte. Daraus erwuchs der Plan, Isabella mit Albrecht zu verheiraten und beiden gemeinsam die Herrschaft in den Niederlanden zu übertragen. Das geschah Anfang Mai 1598, nachdem Albrecht seine geistlichen Ämter niedergelegt und mit päpstlicher Erlaubnis in den weltlichen Stand übergetreten war. Nach ihrer Heirat im November traten Isabella und Albrecht als „souveräne Fürsten" die Regierung in den niederländischen Südprovinzen an.

Die Einsetzung des Erzherzogpaars war für die Niederlande ein Glücksfall. Sowohl Isabella wie auch Albrecht erwiesen sich als politisch überaus befähigt. Es gelang ihnen, durch kirchliche Reformen die religiöse Situation zu bereinigen und gleichzeitig zu entspannen. Das spätere Belgien wurde so zu einem klassischen Land der – friedlich verlaufenden – Rekatholisierung. Außenpolitisch wirkten beide, da der Krieg mit der Utrechter Union sich festgefahren hatte und für keine Seite mehr gewinnbar schien, auf einen Ausgleich mit der nordniederländischen Republik hin. Dieser wurde im April 1609 mit einem in Antwerpen auf zwölf Jahre abgeschlossenen Waffenstillstand auf der Grundlage des *Status quo* gefunden. Die – wenn auch nur vorläufige – Wiederherstellung friedlicher Zustände gab dem einst blühenden Land entscheidende wirtschaftliche Impulse, die sich sowohl auf die Landwirtschaft wie auch auf den gewerblichen Sektor, vor allem auf die flandrische und brabantische Tuch- und Leinenherstellung, positiv auswirkten. Damit einher ging die Kulturblüte der „erzherzoglichen Zeit", die mit dem Namen des Antwerpener Malers Peter Paul Rubens verknüpft ist. Zugleich erreichten die südlichen Niederlande einen Höhepunkt in der Entwicklung ihres geistigen Lebens, vor allem in der kirchengeschichtlichen Forschung und in der Theologie: Die auf den Schriften des Kirchenvaters Augustin fußenden Ideen des Yperer Bischofs Cornelis Jansen über die Prädestination sollten in der katholischen Kirche bis ins 18. Jahrhundert hinein enorme Sprengkraft entfalten.

Das an sich landfremde Fürstenpaar regierte trotz des Einflusses, den der jeweilige spanische Gesandte in Brüssel auf die Außenpolitik ausübte, bewusst im Einklang mit den südniederländischen Eliten. Dies bedeutete enge Kooperation mit den Mitgliedern der zentralen Ratskollegien, in denen juristisch geschulte Bürgerliche nach wie vor dominierten, aber auch mit dem Adel in den Provinzialständen. Generalständeversammlungen gab es nur dreimal – 1600, 1619 und 1632. Die letzte ging im Dissens mit der inzwischen allein regierenden Landesherrin auseinander, weil sie die neuerliche spanische Kriegspolitik gegenüber dem Nachbarn im Norden missbilligte.

Diese hatte sich bereits 1621 durchgesetzt. Der im April auslaufende Waffenstillstandsvertrag mit der Utrechter Union wurde auf Betreiben Madrids nicht verlängert, obwohl der inzwischen todkranke Erzherzog dies für richtig gehalten hatte. Die Wiederaufnahme der Kriegshandlungen wurde aber auch von der Republik gewünscht. Sie hing eng mit dem pfälzisch-böhmischen Konflikt im Reich zusammen, wobei Albrecht im Einklang mit seinem Vetter Kaiser Ferdinand durchaus eine Intervention spanischer Truppen zur Niederwerfung des „Winterkönigs" und pfälzischen Kurfürsten Friedrich V. befürwortete. Da dieser sich jedoch an die Machthaber in Den Haag anlehnte, war es wohl illusorisch, die südlichen Niederlande aus dem großen Konflikt heraushalten zu wollen, der bis 1648 andauern sollte.

Da das Erzherzogspaar erst spät die Ehe geschlossen hatte, war diese kinderlos geblieben. In Ermangelung eines Erben musste über die Zukunft der Herrschaftsverhältnisse in den südlichen Niederlanden neu entschieden werden, nachdem König Philipp III. bereits im März 1621 gestorben war und Albrecht ihm im Juli nachfolgte. Der noch junge neue König Philipp IV. entschied mit seinen Ratgebern, das Land wieder unmittelbar in den spanischen Herrschaftskomplex einzubeziehen. Er ernannte seine Tante Isabella zur Statthalterin und in dieser Stellung verblieb sie bis zu ihrem Tod im Dezember 1633. Nach ihrem Ableben wurden die Provinzen, die nie wieder eine Versammlung der Generalstände beschicken sollten, absolutistisch regiert. Sie unterstanden weiterhin einem vom spanischen König ernannten Statthalter, der oft – aber nicht immer – aus dem habsburgischen Haus stammte oder mit diesem eng verwandt war. Dementsprechend waren sie bis zum Spanischen Erbfolgekrieg – zu ihrem Leidwesen – in die Außenpolitik Madrids eng einbezogen.

Für die Identität der südlichen Niederlande spielte die Zeit des Erzherzogpaars noch lange eine entscheidende Rolle. Als die österreichischen Habsburger hier 1714 die Herrschaft übernahmen, sollten sie, um dieses Gebiet für sich zu gewinnen, versuchen, an die Tradition von Isabella und Albrecht anzuknüpfen.

IV. Abstieg und Aufstieg im 17. und frühen 18. Jahrhundert

1. Der Niedergang Spaniens von Philipp III. bis Karl II. (1598–1700)

Die Herrschaft Philipps III. (1598–1621) gilt gemeinhin als Beginn des Niedergangs der ersten Weltmacht in der neueren europäischen Geschichte. Dabei darf man jedoch nicht außer acht lassen, dass die Wurzeln von Spaniens stetigem Abstieg seit 1600 z. T. weit in die Regierungszeit seines Vaters zurückreichen. Die Überspannung der finanziellen Kräfte des an vielen Punkten Europas in Konflikte und kriegerische Auseinandersetzungen verwickelten Reiches, das als führende Land- und Seemacht gewaltige Rüstungsanstrengungen unternehmen musste, hatte trotz der Silbereinfuhren aus den südamerikanischen Kolonien erst 1596 wieder zur Erklärung der königlichen Zahlungsunfähigkeit geführt. Infolge der einseitigen Ausrichtung der ökonomischen Interessen auf die Ausbeutung der Neuen Welt hatte es Verzerrungen im Wirtschaftsleben des Mutterlandes gegeben, die besonders im Kernland Kastilien zur Stagnation von Landwirtschaft, Gewerbe und Handel beigetragen hatten. Verschärft wurden diese Krisenansätze durch die infolge der Pestwellen von 1596 und 1602 eingetretenen Verluste von stellenweise einem Zehntel der Bevölkerung. Auch die Intoleranz gegenüber Moslems – zwischen 1609 und 1611 wurden 275.000 Moriscos des Landes verwiesen – und Juden schädigte den Wohlstand, ganz abgesehen davon, dass „Spanien" von einer echten staatlichen Einheit noch weit entfernt war und deshalb ebenso wie aufgrund ständischer Privilegien die steuerlichen Ressourcen auf der Iberischen Halbinsel von der Regierung nur unvollkommen genutzt werden konnten.

In diesem Reich, das bereits in den letzten Jahren wegen der zunehmenden körperlichen Schwäche Philipps II. keine straffe Führung mehr gekannt hatte, übernahm nun ein entscheidungsschwacher, in seiner anfänglich gezeigten Lust zu neuen Initiativen bald erlahmender König die Herrschaft, der im Gegensatz zu seinem Vater das zeitraubende Aktenstudium nicht liebte, sich außerhalb Kastiliens in den Königreichen der Halbinsel kaum (so 1599 in Aragon und erst 1619 in Portugal) blicken ließ und das politische Alltagsgeschäft seinem engsten Berater Francisco Gómez de Sandoval y Rojas, Marqués de Denia (*1553, †1623) überließ, den er nach seinem Regierungsantritt zum Herzog von Lerma ernannte.

Lerma setzte außenpolitisch auf eine Politik des Ausgleichs mit den bisherigen Kriegsgegnern: Nach dem kläglichen Scheitern einer Invasion Irlands im Sommer und Herbst 1601 wurde drei Jahre später mit dem neuen englischen König Jakob I. Frieden geschlossen; mit der nordniederländischen Republik kam es 1609 zum Waffenstillstand und mit Frankreich 1612 zu einem Bündnis, bei dem die Heirat der Tochter des Königs Ana Maria (*Anne d'Autriche,* *1601, †1666) mit dem jungen französischen König Ludwig XIII.[3] sowie die von dessen Schwester Elisabeth von Bourbon mit dem spanischen Kronprinzen (dem späteren König Philipp IV.) verabredet wurde. Dies war eine Reaktion auf die gespannte Lage im jülich-klevischen Erbfolgestreit zwei Jahre zuvor, als nur die Ermordung König Heinrichs IV. den Ausbruch eines Krieges mit Frankreich verhindert hatte. In Madrid war diese Friedenspolitik, obwohl sie schon aus finanziellen Gründen unumgänglich war, gleichwohl umstritten. Lerma verfolgte sie vor allem deswegen, weil er im Mittelmeer Prioritäten setzte. Allerdings scheiterten verschiedene Versuche, im Maghreb – u. a. durch die Einnahme Algiers – wieder Fuß zu fassen, und auch in Italien blieb das Gegengewicht Frankreichs dadurch erhalten, dass Herzog Karl Emmanuel I. von Savoyen hier Rückhalt fand im Streit um die Markgrafschaft Montferrat und die am Po gelegene Festung Casale, das Einfallstor ins Herzogtum Mailand.

Der Savoyisch-Venezianische Krieg (1615–1617) brachte die Wiederherstellung des spanischen Übergewichts im nördlichen Italien. Nachdem sich die beiden Linien des Hauses Habsburg

---

3 Die junge Prinzessin heiratete im Jahre 1615 und wurde 1638 Mutter des späteren „Sonnenkönigs", für den sie zwischen 1643–1661, unterstützt durch ihren Premierminister und engsten Vertrauten Kardinal Mazarin, die Regentschaft führte.

1617 im sog. Oñate-Vertrag [s. oben, S. 80 f] hinsichtlich der Erbfolgeprobleme in Böhmen, Ungarn und Österreich verständigt hatten, zogen sie im Pfälzisch-Böhmischen Krieg seit 1618 wieder an einem Strang und unterstützten im übrigen die Bestrebungen der katholischen Einwohner des Veltlin, die Herrschaft der eidgenössischen Graubündner abzuschütteln, indem sie im Hintergrund bei der blutigen Verfolgung der evangelischen Minderheit im Sommer 1620 (dem sog. Veltliner Blutbad) die Fäden zogen. Hierbei ging es um die Beherrschung der wichtigen Straßenverbindung entlang der oberen Adda zwischen dem Herzogtum Mailand und Tirol. Der Konflikt um das Veltlin war damit allerdings noch nicht ausgestanden, sondern sollte sich bis zur Mitte der dreißiger Jahre hinziehen, als das Gebiet mit französischer Unterstützung wieder an Graubünden kam. Diese Ereignisse fielen bereits mit dem Sturz Lermas im Herbst 1618 zusammen, mit dem eine Neuorientierung der spanischen Außenpolitik, die im Norden wieder offensiv wurde, einherging.

Im Innern kam die faktische Herrschaft des „Premierministers" einem Fiasko gleich. An sich war es nicht ungewöhnlich, dass Herrscher vertrauten Ratgebern die Regierungstätigkeit überließen, zumal die zunehmende Verkomplizierung der Geschäfte die Handhabung durch geeignete Fachleute erforderte. Das Beispiel des Kardinals Richelieu in Frankreich zeigt zudem, dass diese durchaus hohen Adelsfamilien entstammen konnten. Ein Fachmann war Lerma aber nur bedingt. Er war in hohem Maße darauf aus, sich selbst zu bereichern und seine Klientel gut zu versorgen, zudem entließ er eine Reihe bewährter Ratgeber, die Kritik an ihm äußerten. Allerdings betraf dies nicht alle Verwaltungsbereiche, vor allem blieben der Staatsrat, in dem die „Granden" von Spanien immer noch großen Einfluss besaßen und in dem zunehmend die wichtigsten Entscheidungen getroffen wurden, ferner die Administration des Kriegswesens von seiner Günstlingswirtschaft weitgehend unberührt. Um den König vom Madrider Hof zu isolieren, wurde die Regierungszentrale 1601–1606 ins altkastilische Valladolid verlegt. Diese Verlagerung ließ sich allerdings nicht auf Dauer durchhalten. Bereits mit der Rückkehr des Hofes in die Hauptstadt begann Lermas Stern zu verblassen. Größeren Einfluss erlangte nun der frühere Botschafter der spanischen Krone in Wien, Baltasár de Zuñiga, der auch nach dem Tod des Königs im Frühjahr 1621 der maßgebende Mann im Staatsrat blieb und die Politik des erst sechzehnjährigen neuen Monarchen lenkte.

Mit Philipp IV. (1621–1665) begann eine Zeit ernsthafter Reformbemühungen, die gleichzeitig von einer kraftvollen Außenpolitik begleitet sein sollten. Maßgeblichen Einfluss auf den jungen König besaß der bereits seit dessen Kindesalter zu seinem Gefolge zählende Neffe Zuñigas, Gaspar de Gúzman (*1587, †1645), Graf von Olivares und seit Regierungsbeginn des neuen Monarchen Herzog von San Lúcar La Mayor (daher auch *Conde-Duque* genannt), der mit dem Tod seines Onkels im Oktober 1622 in die Stellung des Premierministers aufrückte. Er war stark beeindruckt von den Denkschriften der sog. *Arbitristas*, die sich in den letzten Jahren kritisch mit den inneren Zuständen Spaniens auseinandergesetzt und Vorschläge für Reformen unterbreitet hatten, mit denen der Niedergang des Landes aufgehalten werden sollte. Daher galt es für ihn in erster Linie, die Verschwendung am Hof, die unter dem alten König und seinem ersten Minister überhand genommen hatte, in den Griff zu bekommen und das Wirtschaftsleben wieder anzukurbeln. Damit einhergehend sollten Heeres- wie Flottenrüstungen in Angriff genommen und eine Außenpolitik eingeleitet werden, wie sie der Großmachtstellung Spaniens entsprach. Darin lag insofern ein innerer Widerspruch, als man nicht berücksichtigte, dass die riesigen Ausgaben, die mit einer aktiven Außenpolitik verbunden waren, jede vernünftige Haushaltsführung sprengen mussten. Bereits seit 1618 gab es einen „Großen Reformrat" *(Junta grande de reformación)*, der im Februar 1623 eine Reihe von Vorschlägen zur Verbesserung des Steuerwesens, zur Belebung des Wirtschaftslebens und zur Hebung der Bevölkerungszahl vorlegte. In der Tat gelang es bald, die Lage der königlichen Finanzen zu entspannen und zugleich die Heeres- wie die Flottenrüstung auf solidere Grundlagen zu stellen. Auch nahm man eine gewisse Straffung der Verwaltung vor. Jedoch scheiterte Olivares mit seinen zentralistischen Bestrebungen am Eigenständigkeitsbewusstsein der verschiedenen Reichsteile. Vor allem gelang es nicht, sie sämtlich für die Finanzierung der Streitkräfte in gleichem Maße heranzuziehen; hier sträubten sich vor allem die Stände des Königreichs Aragon. Aber auch in Kastilien wehrten sich die – inzwischen ausschließlich von den Städten beschickten – *Cortes* gegen Pläne zur Reform des Steuersystems, wonach die indirekten Abgaben von zentralen Kassen verwaltet, aber auch ein stehendes Heer von 30.000 Mann unterhalten werden sollte.

Die Folge war, dass der Eifer für Reformen allmählich erlahmte, während die außenpolitischen Lasten anstiegen, die man sich in Erwartung ihrer positiven Konsequenzen aufgebürdet hatte. 1619 bereits war Philipp III. seinem Vetter, Kaiser Ferdinand II., durch die Zusage, ihn geldlich zu unterstützen und spanische Truppen von den südlichen Niederlanden aus in die Kurpfalz einmarschieren zu lassen, zu Hilfe gekommen. Die Besetzung des Landes erfolgte im Sommer 1620 und damit war Spanien in den Krieg im Reich wenigstens partiell involviert. Seit 1621 befand man sich auch wieder im Kampf mit der Utrechter Union. Er verlief anfänglich zwar erfolgreich (bekannt ist die von Velazquez im Gemälde festgehaltene Übergabe der Stadt Breda im Mai 1625), dann aber gab es empfindliche Niederlagen gegen die militärisch besser geführten Holländer und schließlich bis 1648 Gebietseinbußen vor allem im nördlichen Brabant und Flandern. 1628 kam es außerdem durch den Streit um die Erbfolge des in Nevers begüterten französischen Zweigs der Familie Gonzaga in den Mailand benachbarten Territorien Montferrat und Mantua zum Konflikt mit Frankreich. Die kaiserlichen Truppen konnten zwar im sog. Mantuanischen Erbfolgekrieg Erfolge erzielen, mussten sich aber angesichts des schwedischen Siegeszugs im Reich aus Oberitalien zurückziehen. Im Vertrag von Cherasco im April 1631 fielen die beiden Gebiete an das Haus Gonzaga-Nevers und seitdem schloss sich Savoyen wieder enger an Frankreich an. Der dort leitende Politiker Kardinal Richelieu führte sein Land 1635 zur Unterstützung der Schweden im Reich gegen den Kaiser in den Krieg, womit nun auch zwischen Frankreich und Spanien der offene Konflikt ausbrach. 1636 besetzten französische Truppen das Veltlin und fielen in die Franche-Comté, ein, wodurch die Verbindungen zwischen den italienischen Territorien und dem Kriegsgebiet nördlich der Alpen unterbrochen wurden. Ein spanischer Vorstoß von den Niederlanden aus in Richtung Paris brachte keinen dauernden Erfolg. Zur See gerieten die spanischen Verbände gegen die Flotte der Utrechter Union immer mehr ins Hintertreffen. Inzwischen wurde an den Pyrenäen ein neuer Kriegsschauplatz eröffnet. Als Reaktion auf den französischen Einmarsch ins Roussillon entsandte Olivares kastilische Truppen nach Katalonien, was dort – weil gegen die Landesprivilegien verstoßend – zu Widerstand und schließlich im Sommer 1640 zu Aufruhr führte. Auch Portugal sagte sich im Dezember von der Personalunion mit der spanischen Krone los und 1641 versuchten andalusische Adlige, einen unabhängigen Staat zu proklamieren. Durch diese Fehlschläge war Olivares' Stellung schließlich so erschüttert, dass er im Januar 1643 vom König entlassen wurde.

Philipp IV. übernahm nun selbst die Regierungsgeschäfte, arbeitete aber eng mit dem Neffen des Gestürzten, Luis de Haro, zusammen. Beide waren indes der mittlerweile verzweifelten Lage nicht gewachsen. Im Mai 1643 wurden die einst legendären spanischen *Tercios* von der französische Artillerie bei Rocroi an der Grenze zu den spanischen Niederlanden zusammengeschossen. Der Friede von Münster Ende Januar 1648, in dem die spanische Krone die Unabhängigkeit der niederländischen Republik anerkannte und die von ihr eroberten Gebiete (die seitdem sog. Generalitätslande) förmlich abtrat, brachte zwar eine gewisse Entlastung, im Kampf gegen das nunmehr von Richelieus Nachfolger Mazarin geführte Frankreich gelang es, das zeitweilig verlorene Katalonien und 1655 den Kampf um das Herzogtum Modena für sich zu entscheiden. Seit 1656 verhandelte man in Madrid über den Frieden. Die Gespräche scheiterten jedoch u. a. daran, dass Mazarin auf die Heirat von Philipps ältester Tochter Maria Teresa mit seinem gleichaltrigen König Ludwig XIV. drang, dies aber, da Philipp IV. damals noch keinen Sohn hatte, unter Umständen die Thronfolge des französischen Königs in Spanien nach sich gezogen hätte. 1657 schloss Englands Machthaber Oliver Cromwell, dessen Flotte bereits zwei Jahre zuvor in der Karibik die Insel Jamaica eingenommen hatte, mit Frankreich ein Bündnis ab. Der französische Sieg Mitte Juni 1658 in der Schlacht bei den Dünen (nahe Dünkirchen) brachte faktisch die Entscheidung. Der spanische König entschloss sich, für sein erschöpftes Land um Frieden zu bitten, der am 7. November 1659 auf einer Insel im Grenzfluss Bidassoa in den Pyrenäen abgeschlossen wurde. Im sog. Pyrenäenfrieden wurde die Abtretung des Roussillon, ferner von den südlichen Niederlanden die des größten Teils der Grafschaft Artois an den französischen König zugesagt, außerdem wurde – da dem spanischen König inzwischen ein Thronfolger geboren worden war – Ludwig XIV. die Hand von Philipps Tochter versprochen, die in der Tat im Juni 1660 französische Königin wurde.

Der Abschluss des Pyrenäenfriedens markierte nun auch nach außen hin das Ende der spanisch-habsburgischen Vormacht in Europa. Nach innen war es längst deutlich geworden, dass diese Stellung nicht mehr zu halten war. Bereits die Erfolge der zwanziger Jahre hatte man teuer erkaufen müssen, da das Land den Druck der über Gebühr vermehrten Belastungen nicht mehr ertrug. Mitte der zwanziger Jahre hatten sich die Steuern zwar im Vergleich zum Anfang des Jahrzehnts verdoppelt, der Umfang der Kredite war aber auf das Fünffache gestiegen. Das Anziehen der Steuerschraube, außerdem eine zunehmende Münzverschlechterung ruinierten die Wirtschaft. Die Kreditaufnahme erwies sich für das königliche Vermögen als geradezu ruinös. Die allgemeine Verelendung scheint die Verbreitung von Pestseuchen begünstigt zu haben, die zwischen 1647 und 1652 rund 600.000 Opfer forderten. Die militärische Schwäche Spaniens, die eng mit der fiskalischen und der geographischen zusammenhing, zeigte sich nunmehr darin, dass es selbst nach dem Friedensschluss mit Frankreich nicht gelang, Portugal zurückzugewinnen: 1663 und 1665 wurden die Truppen Philipps IV. von den Portugiesen besiegt und die Königinwitwe erkannte Jahre nach dem Tod ihres Mannes im Februar 1668 die Unabhängigkeit des Nachbarlandes endgültig an.

Der erst im November 1661, wenige Tage nach dem Tod des gerade vierjährigen Kronprinzen Felipe Prospero, geborene Thronfolger Karl, der mit kaum vier Jahren als Karl II. König von Spanien wurde (†1700), gilt als Prototyp eines späten Produkts einer durch Vettern-Kusinen-Heiraten dekadenten Familie. Die für ihn charakteristische Entscheidungsschwäche scheint er von seinem Großvater Philipp III. geerbt zu haben. Ganz offenkundig war er schon als Kind geistig schwerfällig (ob er wirklich debil war, darüber gehen die Einschätzungen auseinander), dazu sein Leben lang von äußerst zarter Gesundheit. Letzteres war seine gesamte Regierungszeit hindurch, vor allem aber gegen Ende seiner Herrschaft nicht nur für die spanischen Reiche, sondern für ganz

Europa ein hochbrisantes Thema, zumal weder seine 1679 eingegangene Ehe mit der Nichte Ludwigs XIV., Marie d'Orléans (*1662, †1689), noch die 1690 geschlossene mit der Schwägerin Kaiser Leopolds I., Maria Anna von Pfalz-Neuburg (*1667, †1740), mit Nachkommenschaft gesegnet war.

Die gesundheitlichen wie die geistigen Schwächen des Königs traten erst völlig zutage, nachdem er mit vierzehn Jahren im November 1675 für volljährig erklärt worden war und wenigstens der Form halber selbst die Regierung übernahm. Bis 1669 führte seine Mutter, Philipps IV. zweite Frau Maria Anna von Habsburg (span. *Mariana*, *1635, †1696), die Regentschaft, unterstützt von ihrem aus Österreich mitgebrachten Beichtvater, dem Jesuitenpater Johann Eberhard Nithard. Beide blieben bei Hofe und in der Hauptstadt isoliert und es unterliefen ihnen Fehler, so dass ihr Regiment zunehmend unbeliebt und als Fremdherrschaft empfunden wurde. Es rächte sich jetzt, dass Philipp IV. seinen unehelich geborenen Sohn Don Juan José de Austria (*1629, †1679), der ebenso gebildet wie politisch und militärisch befähigt war und sich in den vierziger Jahren bei der Unterdrückung des Aufstands in Katalonien bewährt hatte, zwar legitimiert, aber von der Nachfolge ausgeschlossen hatte. Als unliebsamer Konkurrent vom Hof ferngehalten, mobilisierte er die reformbereite Öffentlichkeit und übte schließlich, unterstützt durch die Granden, auch militärischen Druck auf die Königinmutter aus, so dass Mariana 1669 ihren engsten Berater fallen lassen musste. Karl II. konnte sich im Herbst 1675 mit dem Versuch, seinen Halbbruder als leitenden Minister einzusetzen, gegenüber seiner Mutter und der ihr anhängenden Hofpartei nicht durchsetzen. Erst 1677 wurde dieser Premierminister, starb aber schon zwei Jahre später. Keinem von des Königs Premiers war anschließend infolge der anhaltenden Hofintrigen, bei denen ab 1690 Karls zweite Frau eine zentrale Rolle spielte, eine längere Amtszeit beschieden. Dennoch ist das von seiner Regierungszeit immer wieder gezeichnete negative Bild nur teilweise richtig, denn unter Karl II. sind bedeutsame Reformen eingeleitet worden. Sie galten der – für manche Finanzkreise schmerzhaften und daher z. T. heftig kritisierten – Wiederherstellung geordneter Münzverhältnisse, der Belebung der Wirtschaft und der Effizienz des Steuerwesens (ohne dass zu Abgabenerhebungen geschritten wurde) wie der Verwaltung allgemein.

Damit wurde die Grundlage für den Wiederaufstieg Spaniens geschaffen, der unter der Bourbonenherrschaft im 18. Jahrhundert stattfinden sollte.

Die eigentliche Problematik der Regierung des letzten Habsburgers lag in der anhaltenden außenpolitischen Schwäche der einstigen Großmacht und in der offenen Nachfolge begründet. Dabei trog die Rechnung, der Pyrenäenfriede und die Ehe des Königs mit einer französischen Prinzessin könnten ein gedeihliches Verhältnis mit Frankreich bewahren. Karls Halbschwester Maria Teresa hatte bei ihrer Heirat mit Ludwig XIV. auf jegliche Thronansprüche in Spanien verzichten müssen. Allerdings wurde die vereinbarte Mitgift nicht ausbezahlt, so dass Ludwig 1667 unter Berufung auf das auch die Kinder von Grundherren aus erster Ehe berücksichtigende Erbrecht in einigen Provinzen (das sog. Devolutionsrecht) in die südlichen Niederlande einfiel und 1668 im Frieden von Aachen eine Reihe von Grenzstädten, darunter Lille und Tournai, abgetreten erhielt. Als Schutzmacht der spanischen Niederlande erwies sich während des Devolutionskriegs wie danach ausgerechnet die nordniederländische Republik, die sich zunehmend durch den französischen Expansionsdrang bedroht fühlte. Auch in den holländischen Krieg Ludwigs XIV. wurden die spanischen Niederlande hineingezogen und verloren im Frieden von Nimwegen 1678/79 die Gebiete um St. Omer, Cambrai und Maubeuge. Die Reunionsansprüche Ludwigs XIV. zielten anschließend auf den Erwerb des mittelalterlichen französischen Lehnsgebiets in Flandern (Kronflandern westlich der Schelde) sowie auf das Herzogtum Luxemburg, das 1684 im Rahmen des Regensburger Abkommens, in dem Kaiser Leopold für zwanzig Jahre die Erwerbungen im Rahmen der französischen Reunionspolitik akzeptierte, an den Sonnenkönig abgetreten wurde. 1683 und wiederum 1690 kam es zu Vorstößen französischer Truppen nach Katalonien, allerdings wurde dieses ebenso wie Luxemburg 1697 im Frieden von Rijswijk an Spanien zurückgegeben.

Zu dieser Zeit war das Nachfolgeproblem längst akut geworden, da inzwischen klar war, dass Karl II. nicht mehr lange leben und auch aus seiner zweiten Ehe keine Kinder haben würde. Bereits 1668 hatten sich die engsten Verwandten des spanischen Königshauses, Kaiser Leopold I. und Ludwig XIV., für den Fall von

Karls Ableben auf eine Teilung der spanischen Besitzungen verständigt [s. unten, S. 125 ff.]. In der Folge war es vor allem den Seemächten, England und der niederländischen Republik, darum zu tun, dass das spanische Erbe nicht ungeteilt an den König von Frankreich fiel. 1689 sagte man daher den Habsburgern in Wien volle Unterstützung für den Erwerb sämtlicher Länder der Krone Spaniens zu. Nach dem Rijswijker Frieden ging es Ludwig XIV. angesichts der Erschöpfung seiner Finanzen darum, einen europäischen Krieg um die spanische Erbschaft möglichst zu vermeiden. Es kam daher im Oktober 1698 mit den Seemächten zu einem Abkommen, nach dem Spanien selbst und seine Kolonien an den jungen Kurprinzen Joseph Ferdinand von Bayern, einen Großneffen Karls II., Mailand und die südlichen Niederlande an den jüngeren Sohn Kaiser Leopolds, Erzherzog Karl, sowie Neapel und Sizilien an Ludwigs zweiten Enkel Philipp von Anjou fallen sollten. Da der bayerische Prinz im Februar 1699 starb, wurde im Juni erneut ein Teilungsvertrag zwischen den drei Mächten abgeschlossen, wonach Erzherzog Karl den Löwenanteil des spanischen Erbes erhalten, an den französischen Prätendenten aber außer Neapel-Sizilien auch Lothringen fallen sollte, für dessen Herzog Mailand als Entschädigung vorgesehen war.

Bei diesen Abmachungen kam es aber auch darauf an, welche Ziele man am Hof zu Madrid verfolgte. Hier stritten sich die deutsch-habsburgische Partei der Königin und des Wiener Botschafters Graf Harrach mit der französischen, in der sich der Botschafter Ludwigs XIV., der Marquis de Harcourt, besonders hervortat. Ihm gelang es schließlich, den damals als Beichtvater wichtigsten Mann in der Umgebung des Königs, den Erzbischof von Toledo Kardinal Luis Manuel Fernández de Portocarrero (*1636, †1709), für sich zu gewinnen. Für ihn und den Staatsrat war es am dringlichsten, dass die Besitzungen der Krone Spaniens voll und ganz an einen Nachfolger übergingen und dass dies außenpolitisch auch abgesichert werden konnte. Hierfür erschien der König von Frankreich als der am besten geeignete Partner. Karl II., der im September 1700 wiederum von einer schweren Krankheit befallen wurde, unterschrieb auf Portocarreros Drängen Anfang Oktober ein Testament, das die ungeteilte Vererbung der spanischen Länder an Ludwigs XIV. Enkel vorsah. Es trat mit dem Tod des Königs am 1. November in Kraft, da der französische Herrscher sich dazu entschloss, es anzunehmen, ohne freilich die Möglichkeit einer Vereinigung der spanischen mit der französischen Krone ausdrücklich auszuschließen. Dies rief die Wiener Habsburger und die Seemächte auf den Plan und löste im Herbst 1701 den Spanischen Erbfolgekrieg aus. Er sollte bis 1713/14 Europa in Atem halten.

2. Die Habsburger und der Dreißigjährige Krieg. Ferdinand II. und Ferdinand III. (1619–1657)

Während die Habsburger in Spanien bis zur Mitte des 17. Jahrhunderts noch als durchaus ernstzunehmende Großmacht auftraten, wurde die österreichische Linie, obwohl sie die Kaiserwürde für ihr Haus erhalten konnte, zeitweise zum Spielball der europäischen Politik. Dies war 1618/19, als die böhmischen Stände gegen Ferdinand II. rebellierten und – nach längerer erfolgloser Suche nach sonstigen Kandidaten – den Führer der protestantischen Union, Kurfürst Friedrich V. von der Pfalz, zum neuen König wählten, noch nicht absehbar. Denn obwohl Schwiegersohn Jakobs I. von England, konnte Friedrich nicht auf Unterstützung durch diesen rechnen, da man in London mit Spanien und infolgedessen mit dem gesamten Haus Habsburg in Frieden leben wollte. Seinem Schwager Moritz von Oranien, dem wichtigsten Politiker in der niederländischen Republik, waren durch den Waffenstillstand mit den südlichen Niederlanden die Hände gebunden, und der gleichfalls mit Friedrich enger verwandte König Gustav Adolf von Schweden hatte soeben einen Krieg mit Russland beendet und musste sich auf eine längere Auseinandersetzung mit den polnischen Wasa einstellen, die seinen Thron beanspruchten. Die Union im Reich war zerstritten, wichtige protestantische Fürsten wie Kurfürst Johann Georg von Sachsen wollten sich nicht für eine Ständerebellion engagieren. Zudem gelang es Ferdinand, am 18. August 1619 zum Nachfolger des Ende März verstorbenen Kaisers Matthias gewählt zu werden. Obwohl allgemein bekannt war, dass er nicht zögern würde, seine eigenen Lande konsequent wieder dem katholischen Bekenntnis zuzuführen, erhielt er – neben den Voten der

Erzbischöfe von Mainz, Köln und Trier – die Stimme des Kurfürsten von Sachsen und die Georg Wilhelms von Brandenburg (letztere, weil sich der Hohenzoller um die Belehnung mit dem schlesischen Fürstentum Jägerndorf, das von der Krone Böhmens abhing, bemühte). Die Annahme der böhmischen Krone durch den Kurpfälzer war somit nicht nur ein Affront gegen den legitimen Landesherrn, sondern stellte sich nun auch als Rebellion gegen den neuen Kaiser dar.

Ferdinand lockte Johann Georg von Sachsen durch die Pfandschaft über die gleichfalls zur Krone Böhmens gehörenden Markgrafschaften Ober- und Niederlausitz und zog ihn damit auf seine Seite. Mit spanischen Geldern wurden Soldaten geworben und mit Hilfe der Liga unter seinem Schwager Maximilian von Bayern, dem der Kaiser dafür Oberösterreich als Pfand übertrug, gelang es einem von Maximilians General Graf Tilly kommandierten Heer am 8. November 1620, die Truppen der böhmischen Stände am Weißen Berg bei Prag vernichtend zu schlagen. Der „Winterkönig" Friedrich floh in die Republik der Niederlande, die Länder der Krone Böhmens, in denen zudem die katholisch gebliebenen Bauern gegen den reformiert gesinnten Adel rebellierten, lagen dem Kaiser zu Füßen. Er ließ siebenundzwanzig führende Persönlichkeiten des Aufstands wegen Majestätsbeleidigung aburteilen und hinrichten. Es folgten Enteignungen des protestantischen Adels, von denen der katholisch gebliebene bzw. der mit dem Sieg neu ins Land gelangende Teil durch Kauf, aber auch durch königliche Schenkungen profitierte. Zu den auf diese Weise Begünstigten zählte Albrecht von Wallenstein, der in den nächsten Jahren im kaiserlichen Dienst zu höchsten Rängen aufsteigen sollte. Ferdinand erklärte überdies sämtliche Privilegien der Stände für nichtig und gestand ihnen nur einige Rechte durch Gnadenerlass wieder zu.

Am 10. Mai 1627 erließ er für Böhmen die – nach den Sprachauseinandersetzungen der letzten beiden Jahrhunderte in provozierender Weise nur auf deutsch ausgefertigte – „Verneuerte Landesordnung". Darin wurde vor allem das Recht der Stände auf die Königswahl beseitigt und die Thronfolge für das Haus Habsburg in männlicher wie in weiblicher Linie festgesetzt. Zudem durfte der Landtag keine Beamten mehr präsentieren. Der König erklärte, nur noch das katholische Bekenntnis in seinen Landen dulden zu wollen, und sprach sich selbst die alleinige Gesetzgebungskompetenz zu. Der Landtag sollte lediglich bei der Verteilung der Steuerlasten Mitspracherecht besitzen, 1640 wurde ihm auch bei weniger wichtigen Angelegenheiten das Gesetzesvorschlagsrecht eingeräumt. Da die mährischen Stände an der Rebellion unbeteiligt geblieben waren, fiel die entsprechende Landesordnung für diesen Teil der Monarchie ein Jahr später erheblich milder aus, stärkte aber auch hier die Landesherrschaft erheblich. Dagegen verfuhr man in Ungarn, um nicht den Osmanen in die Hände zu arbeiten, hinsichtlich der ständischen und religiösen Freiheiten zurückhaltender.

Inzwischen hatte sich der böhmische Krieg längst zum europäischen Konflikt ausgeweitet. Bereits 1620 waren spanische Truppen von den südlichen Niederlanden aus in die Kurpfalz einmarschiert. Nachdem Johann Georg von Sachsen die Lausitzen und Tilly die Oberpfalz unterworfen hatten, zogen die Truppen der Liga nach Westen und besetzten ihrerseits die Kurpfalz, aus der sich die spanischen Verbände wegen des 1621 mit der niederländischen Republik erneut ausgebrochenen Krieges [s. oben, S. 88] zum großen Teil zurückzogen. Im Herbst 1622 waren die wichtigsten kurpfälzischen Städte in bayerischer Hand. Ende Februar 1623 übertrug Kaiser Ferdinand auf dem Regensburger Deputationstag (einem Aussschuss des Reichstags) Maximilian von Bayern – wenn auch vorerst nur auf Lebenszeit – die pfälzische Kurwürde und die Pfandschaft über die Oberpfalz, die später bayerisches Territorium werden sollte. Die Ernennung zum Kurfürsten erfolgte gegen den ausdrücklichen Rat der anwesenden Reichsfürsten, ja sogar gegen den der spanischen Vertreter, die sehr wohl erkannten, dass hier in massiver Form in die Reichsverfassung eingegriffen wurde. Doch war die militärische Stellung von Kaiser und Liga so stark, dass sich niemand ernsthaft widersetzte. Die neu gewonnene Machtstellung des habsburgischen Hauses bis hin nach Nordwestdeutschland, wo die Ligatruppen ihr Winterquartier nahmen, beunruhigte allerdings Frankreich, wo man freilich selbst mit der Niederwerfung eines hugenottischen Aufstands beschäftigt war, und England, das sich nun im Einvernehmen mit der niederländischen Republik stärker in das Kriegsgeschehen einzubringen gedachte. Ebenso beunruhigt war König Christian IV. von Dänemark. Als Herzog von

Holstein selbst Reichsfürst und daran interessiert, für seinen jüngeren Sohn Friedrich durch Säkularisierung die Landesherrschaften der Bischöfe von Bremen, Verden und Osnabrück in Besitz zu nehmen, fiel er, unterstützt u. a. durch die beiden mecklenburgischen Herzöge, im Juni 1625 nach Niedersachsen und Westfalen ein. Allerdings wurden seine Truppen im August 1626 durch Tillys Heer in der Schlacht bei Lutter am Barenberge südlich von Hildesheim besiegt und genötigt, sich nach Jütland zurückzuziehen.

Der Druck auf den Dänenkönig und seine Verbündeten erhöhte sich noch dadurch, dass der böhmische Adlige Wallenstein, der im Juni 1625 mit Kaiser Ferdinand einen entsprechenden Vertrag unterzeichnet und ihm ein eigenes, hervorragend ausgerüstetes Heer zur Verfügung gestellt hatte, 1625/26 ins mittlere Elbegebiet vordrang und sowohl Holstein als auch Mecklenburg bedrohte. Allerdings musste sich Wallenstein im Herbst 1626 nach Süden wenden. Hier war in Oberösterreich zwar ein Bauernaufstand niedergeschlagen worden, aber dafür bedrohte der Fürst von Siebenbürgen Gábor Bethlen (1613–1629) gemeinsam mit den Resten der von Tilly und Wallenstein im Norden Deutschlands geschlagenen Truppen, die sich in Richtung Ungarn abgesetzt hatten, die habsburgischen Stellungen. Wallenstein konnte den siebenbürgischen Fürsten durch seine bloße Präsenz neutralisieren (da er keine bedeutende Schlacht riskierte, protestierten allerdings Kurfürst Maximilian und sein Feldherr Tilly heftig gegen sein Verhalten beim Kaiser) und ihn im Frühjahr 1627 zum Frieden zwingen. Anschließend zog er nach Mecklenburg und von dort aus gemeinsam mit Tilly bis nach Jütland. Allerdings blieben die Reste des dänischen Heeres auf den Inseln des Königreichs unangreifbar. Um einen vollständigen Sieg zu erringen und zugleich auch den Norden des Reiches besser unter seine Kontrolle zu bringen, übertrug Ferdinand seinem Feldherrn Wallenstein, der bereits seit Juni 1625 den Titel eines „Herzogs von Friedland" (einer nordböhmischen Stadt inmitten des Wallenstein'schen Güterkomplexes) führen durfte, Anfang Februar 1628 die mecklenburgischen Herzogtümer und ernannte ihn zum „General des Baltischen und Ozeanischen Meeres". Nachdem Wallenstein im Juni 1629 in Lübeck mit den Dänen einen recht maßvollen Frieden geschlossen hatte, ging er mit der ihm eigenen Systematik an den

Bau einer Kriegsflotte, um den lukrativen Ostseehandel unter kaiserliche Kontrolle zu bringen. Dies sollte in hohem Maße zum Eingreifen des schwedischen Königs in das deutsche Kriegsgeschehen beitragen.

Dass Ferdinand Wallenstein dermaßen förderte und sogar zum Reichsfürsten erhob, stieß bei den katholischen wie bei den protestantischen Fürsten auf heftigen Widerstand. Er wurde bereits 1627 auf dem Kurfürstentag im thüringischen Mühlhausen durch Kurfürst Maximilian zum Ausdruck gebracht. Protestantischerseits war man zudem über das im März 1629 einseitig vom Kaiser erlassene Restitutionsedikt erbost, das die Säkularisierungen seit dem Passauer Vertrag von 1552 rückgängig machte. Auf dem Regensburger Kurfürstentag vom Juli bis zum November 1630 sah sich Ferdinand, der für seinen gleichnamigen Sohn die Wahl zum römischen König betreiben wollte, heftigen Beschwerden gerade von katholischer Seite gegenüber. Wortführer war hier wiederum Maximilian von Bayern, obwohl der Kaiser ihm 1628 die pfälzische Kurwürde auch für seine Nachfolger zuerkannt und außerdem die Oberpfalz (gegen Aufgabe der Pfandschaft Oberösterreich und Verzicht auf Erstattung der ausgelegten Kriegskosten in Höhe von 13 Mio. Gulden) zuerkannt hatte. Angesichts der gerade zu Beginn der Versammlung erfolgten Landung König Gustav Adolfs von Schweden in Vorpommern, der Probleme mit Frankreich im Erbfolgekrieg um Mantua [s. o., S. 89] sowie mit der niederländischen Republik, die sich seit der Vertreibung Friedrichs V. für dessen Wiedereinsetzung in der Kurpfalz stark machte, war der Widerstand der Kurfürsten äußerst gefährlich. Ferdinand musste daher ihrem Druck nachgeben, Wallenstein entlassen, sein Heer verkleinern und es dem Ligafeldherrn Tilly unterstellen. Damit der Kaiser durch Einsetzung von Familienmitgliedern oder Gefolgsleuten in den wiederhergestellten Reichsbistümern und -abteien nicht zu stark wurde, musste er die Vollziehung des Restitutionsedikts aussetzen. Trotz allen Nachgebens konnte er die Wahl seines Sohnes zum römischen König nicht durchsetzen. Ja, der bayerische Kurfürst schloss zur Sicherung seines Territoriums, zu dem ja noch der größte Teil der Kurpfalz gehörte, gegen etwaige kaiserliche bzw. spanische Übergriffe Ende Mai 1631 sogar mit dem französischen Premierminister Richelieu eine Defensivallianz ab.

So war die habsburgische Hegemonie im Reich bereits erschüttert, als sich der schwedische König nach der Landung auf der Insel Usedom im Norden des Reiches eine zunehmend breitere Operationsbasis schuf: Im Juni 1631 gewann er den von der Brandschatzung Magdeburgs durch Tillys Truppen schockierten Kurfürsten Georg Wilhelm von Brandenburg, im September Kurfürst Johann Georg von Sachsen als Bundesgenossen. Im Sommer/Herbst 1631 drang er nach Mitteldeutschland vor und besiegte Tillys Heer bei Breitenfeld nahe Leipzig. Maximilian von Bayern nahm angesichts des bevorstehenden schwedischen Vorstoßes in sein Land im Winter Neutralitätsverhandlungen auf, die sich freilich zerschlugen. Schwedische Truppen marschierten im Dezember in die Kurpfalz ein, die fast vollständig zurückerobert wurde. Hieran vermochten auch die Vorstöße spanischer Truppen nichts zu ändern, denn diese mussten sich bald nach den Niederlanden zurückziehen, wo sich das Kriegsglück zugunsten der Heere der Republik zu wenden begonnen hatte. Im Frühjahr 1632 marschierte Gustav Adolf nach Bayern. Im April fand Tilly in der Schlacht bei Rain am Lech den Tod. Mitte Mai zog der schwedische König in Begleitung des inzwischen in seinem Gefolge befindlichen „Winterkönigs" Friedrich in München ein. Bayern war damit größtenteils in schwedischer Hand, die katholische Liga im Reich zerschlagen und Kaiser Ferdinand, den sein spanischer Vetter Philipp IV. inzwischen nur noch sporadisch unterstützen konnte, sah sich in seinen eigenen Territorien unmittelbar bedroht, zumal sächsische Truppen bereits in Böhmen operierten und Mitte November 1631 Prag erobert hatten. Allerdings konnte ihr Versuch, auf Wien zu marschieren, vorerst gestoppt werden. Hinter dem schwedischen Siegeszug stand im übrigen die Diplomatie Richelieus, der die Umklammerung Frankreichs infolge des durch die jüngsten Ereignisse wieder besonders stark hervortretenden habsburgischen Übergewichts in Mittel- und Westeuropa mit allen Mitteln bekämpfte: Bereits 1629 hatte der französische Premierminister einen schwedisch-polnischen Waffenstillstand vermittelt, durch den Gustav Adolf die Hände für seinen Kriegszug im Reich freibekam. Im neumärkischen Bärwalde in der Neumark schloss er Ende Januar 1631 mit dem König ein förmliches Bündnis, in dem er vor allem jährliche Kriegszahlungen zusagte und sogar eine Garantie für die

Aufrechterhaltung der Glaubensfreiheit in den eroberten Territorien abgab.

Angesichts dieser verzweifelten Lage berief Ferdinand II. im April 1632 Wallenstein in seine Funktion als kaiserlicher Oberfeldherr zurück. Dieser sammelte seine früheren Truppen aufs neue, hielt die Verbände Gustav Adolfs im Raum Nürnberg in Schach, nötigte zugleich die Sachsen zum Rückzug aus Böhmen, rückte schließlich auf Leipzig vor und eroberte es am 1. November. Als er seine Truppen gerade in die Winterquartiere geschickt hatte, sah er sich allerdings mit dem anrückenden Heer des schwedischen Königs konfrontiert. Am 16. November kam es zur Schlacht von Lützen, bei der Wallenstein zwar eine empfindliche – wenn auch nicht entscheidende – Niederlage erlitt und sich nach Böhmen zurückziehen musste, Gustav Adolf aber fiel.

Nunmehr übernahm der Reichskanzler des toten Königs, Axel Oxenstierna (*1583, †1654), die Regentschaft für Gustav Adolfs minderjährige Tochter. Von ihm wurde die schwedische Politik bis 1646 gelenkt und bis 1636 war er der eigentliche Gegenspieler der Habsburger im Reich. Zunächst von Frankfurt, dann von Mainz aus, wo er die Territorien des Erzbischofs für sich in Besitz nahm, leitete er die Politik der evangelischen Stände und lenkte den von ihm im April 1633 im Beisein des Gesandten der Krone Frankreichs ins Leben gerufenen Heilbronner Bund. Zu diesem gehörten die protestantischen Reichsstände wie die Reichsritter des Kur- und Oberrheinischen, des Schwäbischen und des Fränkischen Reichskreises. Oxenstierna versuchte durch Dotationen seiner Anhänger auf Kosten der katholischen Stände den inneren Zusammenhalt dieser Vereinigung zu stärken. Die Markgrafen von Baden-Durlach erhielten auf diese Weise nicht nur das Gebiet ihrer katholischen Vettern in Baden-Baden, sondern auch den zu den vorderösterreichischen Landen gehörenden Breisgau zugesprochen. Oxenstierna verstand den Bund als Gegenmodell zur Reichsverfassung und nutzte ihn als Mittel zur Kriegsfinanzierung. Seine Bemühungen um die Kurfürsten Johann Georg von Sachsen und Georg Wilhelm von Brandenburg trugen allerdings nur teilweise Früchte. Der Brandenburger, dessen Lande durch schwedische Einquartierungen stark in Mitleidenschaft gezogen wurden, fand sich nicht damit ab, dass der vertraglich längst abgesicherte Erbanfall Pommerns bei Erlöschen des dortigen Herrscherhauses von den Schweden, die sich das Land selbst sichern wollten, nicht anerkannt wurde. Der Sachse zog vorläufig nur wegen der immer noch harten Friedensbedingungen Kaiser Ferdinands mit den Schweden an einem Strang. Als jedoch eine schwedisch-sächsische Invasion Schlesiens im Herbst 1633 durch geschickte Manöver Wallensteins scheiterte, sah dieser sich in die Lage versetzt, die Spannungen zwischen den gegnerischen Verbündeten für sich ausnutzen zu können.

Hier beginnt jene Tragödie des kaiserlichen Feldherrn, die bis in die Gegenwart Dichtung wie historische Forschung beschäftigt hat. In der gleichen Art, wie er militärisch operierte und dabei nach Art damaliger Kriegsführung verlustreiche Schlachten vermied, um das eigene Heer intakt zu halten (so 1633, als er dem kaiserlichen Befehl, Bayern und die Kurpfalz zurückzuerobern, nicht nachkam), begann er nun Politik zu machen und Verhandlungen mit den verschiedenen Kriegsgegnern anzuknüpfen. Dies ging bis hin zu französischen Angeboten, ihn zum König von Böhmen zu erheben, worauf er allerdings nicht einging. Seine von Kaiser Ferdinand nicht autorisierten diplomatischen Winkelzüge, seine nur bedingte Zuverlässigkeit in Glaubenssachen (er war als Gegner des Restitutionsedikts bekannt), ferner die Tatsache, dass er in seinem Pilsener Hauptquartier Anfang 1634 seine höchsten Offiziere schriftlich zum Gehorsam ihm gegenüber auch bei Entlassung durch den Kaiser verpflichtete (sog. Pilsener Revers vom 12. Januar), schließlich die harschen Beschwerden der Vertreter Spaniens, aber auch Maximilians von Bayern veranlassten den Kaiser Anfang Februar zur Unterzeichnung eines Patents, das die Verhaftung des Feldherrn verfügte. Obwohl sich Wallenstein von seinen Offizieren noch ein zweites Revers unterschreiben ließ, konnte er nicht mehr auf die Treue aller zählen. Er fasste den Plan, sich nach Sachsen abzusetzen, wurde aber in der Nacht vom 25. zum 26. Februar mit denjenigen seiner Leute, die bis zuletzt zu ihm hielten, in seinem Hauptquartier in Eger niedergemacht und getötet. Seine Armee überantwortete sich dem Kaiser, dem damit für seine politischen Ziele wieder bedingungslos ein Heer zur Verfügung stand. Es wurde dem Sohn (und späteren Nachfolger) des Kaisers, Erzherzog Ferdinand (*1608, †1657), unterstellt, der bereits seit 1625 die Stephans- und seit 1627 die Wenzelskrone trug und nun immer mehr an politischer Statur gewann. Er erhielt im Sommer 1634 Zuzug von seinem spanischen (Namens-)Vetter, dem Kardinalinfanten Ferdinand, den sein Bruder Philipp IV. soeben zum Statthalter in den südlichen Niederlanden ernannt und der hier so erfolgreich gekämpft hatte, dass er die österreichischen Verwandten auf dem deutschen Kriegsschauplatz unterstützen konnte. Beiden gemeinsam gelang es am 6. September, dem schwedischen Heer bei Nördlingen eine vernichtende Niederlage beizubringen. Der Heilbronner Bund löste sich daraufhin auf, die Oberhoheit der Schweden in Süd- und Südwestdeutschland war vorerst beseitigt.

Aus diesem Sieg wurde nun in Wien politisch mehr Kapital geschlagen, als das bisher der Fall gewesen war. Verhandlungen, die zuerst im böhmischen Leitmeritz, dann im sächsischen Pirna mit dem Kurfürsten von Sachsen und weiteren evangelischen Reichsständen geführt wurden, brachten wesentliche kaiserliche Zugeständnisse, vor allem die Aussetzung des Restitutionsedikts für vierzig Jahre und die Fixierung eines „Normaljahrs" auf den November 1627, bis zu dem protestantische Säkularisationen im Norden des Reiches zulässig sein sollten. Sachsen wurden die Lausitzen überlassen und zugleich das Erzstift Magdeburg zugesprochen. Für Kaiser Ferdinand galt es, mit Hilfe Bayerns im Süden und mit Unterstützung Sachsens im Norden im Reich ein neues Gleichgewicht zu schaffen und so die kaiserliche Gewalt dem Haus Habsburg zu erhalten. Militärisch sollte dies durch die Zusammenfassung der eigenen Truppen mit denen der beiden Kurfürstentümer bewerkstelligt werden. Offen blieb die – allerdings nicht leicht zu lösende – kurpfälzische Frage. Eine Belastung für den Frieden bestand zudem darin, dass einige mit dem Kaiser verfeindete Reichsstände – darunter Landgraf Wilhelm V. von Hessen-Kassel, Herzog Eberhard III. von Württemberg und der inzwischen durch Oxenstiernas Gnaden zum „Herzog von Franken" aufgestiegene Bernhard von (Sachsen-)Weimar – nicht in die vorgesehene allgemeine Amnestie einbezogen wurden. Dennoch wurde auf dieser Basis Ende Mai 1635 zwischen dem Kaiser und dem Kurfürsten Johann Georg von Sachsen der Friede von Prag abgeschlossen, dem bald fast sämtliche Reichsstände beitraten. Nach diesem Friedensschluss erreichte Ferdinand II. Ende Dezember 1636 auch die Wahl seines Sohnes (Ferdinand III.) zum römischen König.

Mit das wichtigste Ziel des Prager Friedens, die Vertreibung der fremden Truppen vom Reichsboden, wurde allerdings verfehlt. Die Gründe hierfür waren, dass Ferdinand II. von seinen bereits 1630 gescheiterten Träumen einer kaiserlichen Vormacht im Reich nicht lassen konnte, dass die militärische Kraft nicht ausreichte, um sich der Schweden zu entledigen, und dass man auch nicht bereit war, die Mittel aufzubringen, mit denen man deren Truppen hätte auszahlen können, um sie dann zu entlassen. Hinzu kam, dass Kardinal Richelieu nun Frankreich auch militärisch in den Krieg führte. Dem spanischen König wurde im Mai 1635 der Krieg erklärt und zugleich ein Bündnis mit der Republik der Niederlande sowie mit den Herzögen von Savoyen, Mantua und Parma zur Eroberung der niederländischen Südprovinzen bzw. des Herzogtums Mailand abgeschlossen. Zudem wurde Schweden der Rücken gestärkt, indem Richelieu die Verlängerung des 1635 abgelaufenen Waffenstillstandsvertrags mit Polen vermittelte. Die mit dem Kaiser verfeindeten Reichsfürsten wurden mit französischen Hilfsgeldern unterstützt, zugleich wurden Truppen ins Elsass verlegt, das Bernhard von Weimar als eigenes Territorium versprochen wurde. Nachdem die Krone Frankreichs bereits 1634 das zwei Jahre zuvor besetzte Herzogtum Lothringen annektiert hatte, blieb dem Kaiser nichts übrig, als dem französischen König am 18. Mai 1635 den Krieg zu erklären. Für diesen verlief der Krieg anfangs zwar keineswegs glücklich, Richelieu band jedoch die Schweden durch den Vertrag von Hamburg im März 1638 eng an Frankreich, in dem sich der schwedische Reichskanzler gegen die Zahlung von Hilfsgeldern zur weiteren Kriegsführung im Reich und zum Verzicht auf einen Sonderfrieden mit dem Kaiser in den nächsten drei Jahren verpflichtete. In Wien dagegen musste man 1640 fast ganz und 1645 völlig auf Hilfsgelder aus Madrid verzichten, da die spanische Krone zwar anfänglich den französischen Heeren hatte Schwierigkeiten bereiten können und spanische Verbände 1636 sogar fast bis nach Paris vorgedrungen waren, ihr nunmehr aber durch die Abfallbewegungen in Katalonien und Portugal [s. o., S. 90] die Hände gebunden waren. Der Krieg im Reich war damit endgültig zum Teil der Auseinandersetzung zwischen den Häusern Habsburg und Bourbon in Europa geworden.

In dieser Situation trat Ferdinand III. im Februar 1637 die Nachfolge seines Vaters an. Im Gegensatz zu diesem verfolgte er eine Politik, die sich an realen Gegebenheiten orientierte. Wichtigster Berater des neuen Kaisers wurde der bereits in den letzten Jahren seines Vaters immer einflussreichere Graf Maximilian Trautmannsdorff (*1584, †1650), der sich bereits 1627 bei den Friedensgesprächen mit dem Fürsten von Siebenbürgen, Bethlen Gábor, sowie zwei Jahre später bei den Verhandlungen mit Maximilian von Bayern um die Rückgabe des verpfändeten Oberösterreich, schließlich beim Zustandekommen des Prager Friedens als praktisch denkender Diplomat Verdienste erworben hatte. Ferdinand III. selbst steht für die Nachwelt weitgehend hinter ihm und anderen Ratgebern zurück und ist überhaupt von sämtlichen Habsburgern für die Historiker die am wenigsten fassbare Persönlichkeit geblieben. Fest steht, dass er ein hochgebildeter, sprachbegabter Monarch war, der überdies – u. a. mit einer Reihe von mehrstimmigen Chorälen – zu den bedeutenden Komponisten seiner Zeit zählt. Obwohl wie sein Vater glaubensbewusst und kompromisslos bei der Rekatholisierung seiner eigenen Länder, war er ein pragmatischer Staatsmann, der sich in den religiösen Angelegenheiten des Reiches auf das politisch Machbare konzentrierte. Dies bedeutete die Abkehr von den Plänen seines Vorgängers, die in der Forschung – etwas übertrieben – als „Reichsabsolutismus" bezeichnet worden sind.

Hierzu sah sich der neue Kaiser auch deshalb genötigt, weil vor allem nach 1640 die Kriegslage immer katastrophaler wurde. Zwar war es 1636 und 1637 gelungen, die Schweden bis zur Ostseeküste zurückzudrängen, doch bald dehnte sich ihr Machtbereich wieder bis nach Mitteldeutschland aus, nachdem der neue brandenburgische Kurfürst Friedrich Wilhelm (1640–1688) im Juli 1641 den Kriegszustand mit ihnen beendet hatte. 1642 drangen schwedische Truppen über Schlesien nach Mähren vor und bedrohten Wien. 1643 kam es zwar mit dem dänischen König zu Bündnisverhandlungen und die Schweden mussten ihre Kräfte nach Norden werfen (wodurch sie Dänemark im Frieden von Brömsebro im August 1645 u. a. zur Abtretung der Ostseeinseln

Gotland und Ösel zwangen), doch die kaiserlichen Truppen konnten sich in Norddeutschland nicht entfalten, weil mit osmanischer Rückendeckung zu Beginn des Jahres 1644 der nunmehr mit den Schweden verbündete Fürst Georg Rákóczi von Siebenbürgen (1630–1648) in Ungarn einfiel und der Kaiser seine Truppen zum Schutz seiner Erblande zurückbefehlen musste. Der schwedische Feldherr Lennart Torstensson setzte ihnen auf dem Rückmarsch dermaßen zu, dass sie nahezu aufgerieben wurden. Anfang 1645 überschritt er die sächsisch-böhmische Grenze, am 6. März erlitten die kaiserlichen und bayerischen Truppen bei Jankau (Jankovice) nördlich von Tabor eine vernichtende Niederlage. Kurz darauf stand Torstensson vor Wien, das er gemeinsam mit den Truppen des siebenbürgischen Fürsten einzuschließen gedachte. Dazu war der schwedische Feldherr aber dann doch nicht imstande, zumal Rákóczi nicht rechtzeitig erschien, um ihn zu unterstützen. Ja, dieser sah sich wegen des gerade ausgebrochenen türkisch-venezianischen Krieges um die Insel Kreta plötzlich der Unterstützung durch die Pforte beraubt und musste mit dem Kaiser am 16. Dezember in Wien Frieden schliessen. Darin erkannte Ferdinand die ständischen Privilegien und die Religionsfreiheit in Ungarn an. Die Garantiebestimmungen des Wiener Friedens sollten für die Verfassungsentwicklung des Königreichs noch erhebliche Bedeutung erlangen.

Die Lage des Kaisers gestaltete sich trotz dieses Teilerfolgs immer verzweifelter, da inzwischen auch die Gefahren von seiten Frankreichs her bedrohlich angewachsen waren. Bereits im Mai 1643 hatten die spanischen Verbände in den südlichen Niederlanden bei Rocroi eine schwere Niederlage hinnehmen müssen. Da das Elsass seit dem Tod Bernhards von Weimar 1639 in französischer Hand war, mussten auch Einfälle nach Oberdeutschland befürchtet werden. 1643 misslangen sie und 1644/45 konnten bayerische Truppen trotz einiger Niederlagen das Eindringen französischer Verbände noch einmal verhindern, 1646 jedoch stieß ein Heer des Königs von Frankreich nach Bayern vor und im März 1647 musste Kurfürst Maximilian in Ulm einen Waffenstillstand schließen. Da er ihn brach, kam es 1648 zur Verwüstung Bayerns, zugleich drangen Truppen der Krone Schwedens, die inzwischen den brandenburgischen und den sächsischen Kurfürsten auf ihre Seite gezwungen hatte, im Sommer wieder nach Böhmen vor und belagerten Prag. Ferdinand III. hatte zur Gegenwehr nichts mehr aufzubieten und war inzwischen um nahezu jeden Preis zum Frieden bereit.

Bereits zu Weihnachten 1641 hatten Vertreter des Kaisers, des französischen Königs und der Königin von Schweden in Hamburg die Aufnahme von Friedensverhandlungen vereinbart. Ende 1644 trafen ihre Delegationen in Münster und Osnabrück ein. Hier wurde schließlich auch mit den Reichsständen verhandelt, nachdem sich Ferdinand mit seinem Bestreben, mit ihnen in Frankfurt in getrennte Friedensgespräche einzutreten und mit den beiden auswärtigen Mächten allein im Namen des Reiches die Unterhandlungen zu führen, nicht hatte durchsetzen können. Seit Ende November 1645 leitete Trautmannsdorff im Auftrag des Kaisers die Gespräche mit den Abgesandten der Kronen Frankreichs und Schwedens. Der Frieden mit diesen beiden Mächten sowie mit und unter den Reichsständen wurde schließlich am 24. Oktober 1648 in Münster und Osnabrück unterzeichnet. Für die Habsburger war es – insgesamt gesehen – dabei wohl am schmerzlichsten, dass der Kaiser in Wien sich zu einem Friedensschluss bequemen musste, der die Madrider Vettern nicht mit einbezog (wenn man davon absieht, dass durch den Münsterer Frieden vom Januar 1648 die Krone Spaniens und das Reichsoberhaupt die Unabhängigkeit der niederländischen Republik nunmehr völkerrechtlich anerkannten und diese damit aus dem allgemeinen Krieg ausschied).

Die Ergebnisse des Westfälischen Friedenswerks waren für die Wiener Politik zwiespältig. Auf der einen Seite wurde die Schwächung der kaiserlichen Gewalt, die sich aus dem Kriegsverlauf ergeben hatte, besiegelt: der Kaiser war unter den Fürsten nurmehr *primus inter pares*, das Reich zum föderalen Gebilde gleichberechtigter Partner geworden. Die Aufnahme der Reformierten in den Religionsfrieden und die Vorschrift, dass künftig Katholiken und Evangelische in Religionsangelegenheiten auf dem Reichstag getrennt beraten sollten, bedeuteten die Rücknahme des kaiserlichen Rekatholisierungsziels. Dies betraf auch die Einführung des „Normaljahrs" zum 1. Januar 1624, die allerdings die Reichskirche und damit langfristig auch die Stellung des Kaisers im Süden und Westen Deutschlands stabilisierte. Hinnehmbar waren die Einrichtung einer neuen Kur für die Pfalz und die Auf-

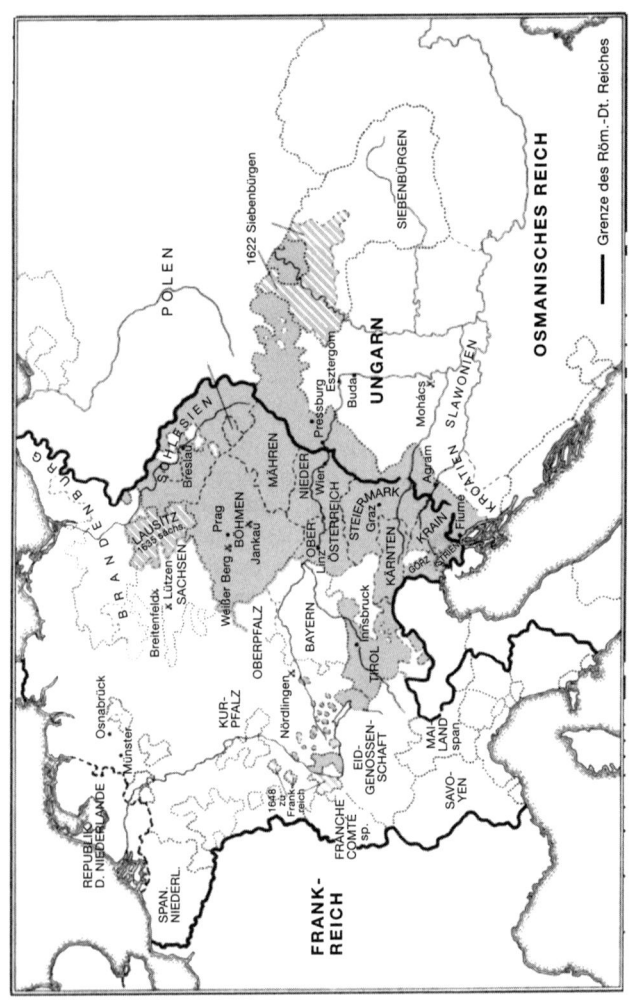

Karte 3: Die habsburgischen Besitzungen im Reich zur Zeit des Westfälischen Friedens (1648)

nahme der bisher davon ausgenommenen Reichsstände in die allgemeine Amnestie in Deutschland. Misslich war dagegen, dass die Krone Schwedens mit ihren neuen norddeutschen Besitzungen Reichsstandschaft erhielt. Die des Königs von Frankreich konnte allerdings vermieden werden, weil das Elsass, wo es in die landesherrlichen Rechte der Habsburger und die Hoheitsrechte des Kaisers eintrat, an die französische Krone abgetreten wurde. Allerdings fungierten Frankreich und Schweden künftig als „Garantiemächte" der in wesentlichen Zügen neu festgelegten Reichsverfassung.

Auf der anderen Seite jedoch hielten sich die habsburgischen Verluste in Grenzen. Lediglich der elsässische Sundgau ging verloren. Angesichts der aussichtslosen militärischen Situation, in der sich Ferdinand III. gegen Ende des Dreißigjährigen Krieges befand, und der desolaten Wirtschaftslage in wichtigen Teilen der Erblande, insbesondere in Böhmen und Schlesien, war dies fast als Erfolg zu werten. Von nun an war es aussichts- und damit sinnlos, die Kräfte für den Ausbau des Einflusses im Reich zu verzetteln. Hingegen konnte man davon profitieren, dass die wenigen Rechte, die dem Kaiser noch verblieben, international abgesichert waren. Dagegen hatte man sich notgedrungen von der außenpolitischen Gängelung durch die Madrider Vettern lösen müssen und war jetzt dazu imstande, sämtliche Energien auf die Festigung der Macht in den österreichischen, böhmischen und ungarischen Territorien zu verwenden. Dies sollte in der Folge geschehen und so ist ein wesentliches Ergebnis der Tragödie des Dreißigjährigen Krieges auch darin zu erblicken, dass man sich in Wien nunmehr voll auf den Ausbau der eigenen Position an der Südostflanke des Reiches konzentrieren konnte. Angesichts der – allerdings um 1650 noch nicht gänzlich absehbaren – Schwächen des Osmanischen Reiches sollten sich ungeahnte Expansionsmöglichkeiten ergeben, an deren Ende das Habsburgerreich als neue Großmacht im Südosten Europas stand.

Ferdinand III. musste sich jedoch vorläufig noch mit anderen Problemen auseinandersetzen. Erst nach den „Nürnberger Rezessen" vom Sommer 1650 mit Schweden und Frankreich konnten die fremden Truppen im Reich verabschiedet werden und wirklich Frieden eintreten. Damit stärkte sich auch die Stellung des Kaisers wieder, der nach wie vor als oberster Lehns- und Gerichtsherr fungierte (1654 erging eine neue Ordnung für den Reichshofrat in Wien, die gerade diese Position untermauerte) und außerdem nach wie vor der weitaus bedeutendste Landesherr im Reich war. Darüber hinaus war im Vergleich zur Zeit vor 1618 seine Stellung in den eigenen Territorien – soweit sie zum Reich gehörten – jetzt sogar gefestigter, da der Westfälische Friede die inneren Verfassungszustände hier wie anderswo ausdrücklich garantierte. Statt sie zu entlassen, nutzte der Kaiser die Gelegenheit, die Reste seiner kriegserfahrenen Truppen als stehendes Heer zu behalten, was den Ausbau des landesherrlichen Absolutismus beschleunigte und zudem eine wesentliche Voraussetzung für die erfolgreiche Außenpolitik seines Nachfolgers bilden sollte.

Daneben ging es Ferdinand um die Sicherung der Kaiserwürde für sein Haus. Er erreichte in der Tat auf dem Kurfürstentag in Augsburg im Mai 1653 die einstimmige Wahl seines gleichnamigen ältesten Sohnes (Ferdinand IV., *1633, †1654), der bereits seit 1646 die Wenzels- und seit 1647 die Stephanskrone besaß, zum römischen König. Allerdings starb der junge Mann schon ein Jahr später. Die Wahl seines nächstjüngeren Bruders, Erzherzog Leopold (*1640, †1705), stieß im Kurfürstenkolleg auf entschiedene Ablehnung, denn einerseits war er noch zu jung und andererseits galt er als Kandidat für die spanische Krone, da in Madrid König Philipp IV. erst Ende Dezember 1657 ein Thronfolger geboren wurde. Die Ablehnung ging vor allem auf den Einfluss des Mainzer Kurfürsten Johann Philipp von Schönborn (1647–1673) zurück, der aus Furcht vor der Wiederherstellung des kaiserlichen Übergewichts im Reich auf den Rückhalt der Reichsstände bei der Krone Frankreichs setzte. Die Kurfürsten favorisierten zunächst den jüngsten Bruder des Kaisers, Erzherzog Leopold Wilhelm (*1614, †1662), der seit 1647 in den spanischen Niederlanden als Statthalter politische Erfahrungen gesammelt hatte, als Inhaber verschiedener Bischofsstühle jedoch zum weltlichen Stand hätte übertreten müssen. Zugleich ergriff die jetzt von Richelieus Nachfolger Mazarin geleitete französische Außenpolitik die Gelegenheit, weitere Kandidaten – darunter zeitweilig sogar den jungen König Ludwig XIV. – ins Spiel zu bringen. Als Ferdinand III. am 2. April 1657 starb, war die Nachfolgefrage im Reich noch ungelöst.

3. Leopold I. (1658–1705) Widerstand gegen die französische Hegemonie und Expansion in Südosteuropa

Erzherzog Leopold Ignatius, seit Juni 1655 König von Ungarn und seit September 1656 König von Böhmen, wurde erst nach einem Interregnum von über einem Jahr am 18. Juli 1658 zum Kaiser gewählt. Da er – nachdem sich die spanische Thronkandidatur erledigt hatte – für ein Amt in der Reichskirche vorgesehen gewesen war, hatte er bis zum Tod seines älteren Bruders eine theologische Ausbildung erhalten und war zugleich philosophisch und mathematisch geschult worden. Von seinem Vater hatte der eher klein geratene und geradezu als hässlich beschriebene, auf jeden Fall unscheinbare und sehr bescheiden auftretende junge Mann die Beharrlichkeit in der Verfolgung seiner Ziele geerbt, eine Eigenschaft, die sich mit Geduld und Zurückhaltung verband. Dies erwies sich auf die Dauer für seine Politik als durchaus vorteilhaft. Denn gegenüber dem Reich war es damals ungemein wichtig, jeden Anschein zu vermeiden, als wolle sein Haus sich erneut zu der Stellung aufschwingen, die sein Großvater 1629 und 1635 inne gehabt hatte. In dieser Hinsicht galt es, ein erhebliches Maß an Misstrauen abzubauen. Was davon dem Haus Habsburg noch immer seitens der auf Wahrung ihrer neu gewonnenen Eigenständigkeit bedachten Reichsstände in beiden Religionsparteien entgegenschlug, zeigte sich u. a. darin, dass einen Monat nach der Kaiserwahl die Kurfürsten von Mainz, Köln und der Pfalz mit Jülich-Berg, Braunschweig-Lüneburg, Hessen-Kassel sowie mit dem König von Schweden als Herzog von Bremen und Verden sich gemeinsam mit dem König von Frankreich zum sog. Rheinbund zusammenschlossen. Er sollte helfen, die Bestimmungen des Westfälischen Friedens gegen den Kaiser zu sichern. Der Allianz sollten bis 1665 noch der Bischof von Münster, der Herzog von Württemberg sowie der Trierer und der Brandenburger Kurfürst (für sein Herzogtum Kleve) beitreten. Der neue Kaiser konnte demgegenüber nur eine abwartende Politik betreiben, bis 1668 der zunächst auf zehn Jahre geschlossene Bund nicht mehr verlängert wurde, weil den Mitgliedern klar geworden war, dass Mazarins politischer Schüler Ludwig XIV. damit nichts anderes im

Sinn hatte, als ihn für seine expansive Außenpolitik zu instrumentalisieren. – Immerhin musste Leopold I. eine Wahlkapitulation unterzeichnen, die ihn u. a. dazu verpflichtete, sich nicht an der Seite seiner Verwandten in Madrid in den spanisch-französischen Krieg einzumischen. Dieser konnte denn auch im Herbst 1659 für den französischen König siegreich beendet werden [s. oben, S. 90 f.].

Eine wichtige Voraussetzung für die Wahl des jungen Habsburgers war der Gewinn der brandenburgischen Kurstimme. Friedrich Wilhelm von Brandenburg hatte angesichts des 1655 ausgebrochenen Krieges zwischen Karl X. von Schweden (zugleich Herzog von Pfalz-Zweibrücken) und dem polnischen Wasakönig Johann Kasimir, der den schwedischen Thron beanspruchte, 1656 notgedrungen mit der nordischen Großmacht ein Bündnis eingehen müssen. Militärisch war er dem schwedischen König mit seiner neu aufgebauten, wenn auch kleinen Armee bald so unentbehrlich geworden, dass dieser ihm im November 1656 die Souveränität über das Herzogtum Preußen zugestand, das der Kurfürst erst von ihm hatte zu Lehen nehmen müssen. Zugleich hatte sich Karl X. mit dem Fürsten Georg II. Rákóczi von Siebenbürgen (1648–1660) verbündet, um Polen in die Zange zu nehmen. Leopold – dem die Berater seines Vaters, die Fürsten Johann Weikhart von Auersperg (*1615, †1677) und Wenzel von Lobkowitz (*1609, †1677), zur Seite standen – entschloss sich bereits einen Monat nach der Übernahme der Herrschaft in Wien, im Mai 1657, das habsburgische Gewicht gegen Schweden in die Waagschale zu werfen. Man verbündete sich mit dem König von Dänemark (der dann zum eigentlichen Verlierer dieses Nordischen Kriegs werden sollte) und zog den Brandenburger auf die Seite der Allianz mit Polen (wofür dieser nun durch die polnische Krone die Souveränität über Preußen zuerkannt erhielt). Damit aber war die Kaiserwahl ein Jahr später gesichert.

Zugleich hoffte man in Wien, die schwedische Stellung in Norddeutschland erschüttern zu können. Der gemeinsam von Frankreich und der niederländischen Republik ausgeübte Druck stellte jedoch mit dem im Mai 1660 im Kloster Oliva bei Danzig abgeschlossenen Frieden das Gleichgewicht an der Ostsee wieder her. Der Friede war für die Wiener Politik zu diesem Zeitpunkt jedoch deshalb lebenswichtig, weil sich im Osten der habsburgischen Territorien erneut eine von der Pforte ausgehende Bedrohung abzeichnete. Georg II. von Siebenbürgen war wegen seiner eigenmächtigen Außenpolitik von seinem Oberherrn, dem Sultan, 1657 abgesetzt worden, hatte dies jedoch nicht hingenommen. Sein Heer wurde im Mai 1660 in der Nähe von Klausenburg von osmanischen Truppen vernichtet, er selbst tödlich verwundet. Die drohende Annexion Siebenbürgens versuchte der Kaiser zu verhindern und entsandte bewaffnete Kräfte. Nachdem Verhandlungen mit der Pforte gescheitert waren, setzte diese 1663 ein 100.000 Mann starkes Heer nach Ungarn in Marsch, das im September die Festung Neuhäusl (Novy Zámky, nordwestlich von Gran) eroberte. Die Winterpause konnten der österreichische Feldherr Graf Raimund Montecuccoli (*1609, †1680) zur Verstärkung seiner Truppen nutzen. Zu ihnen stießen im Frühjahr ein Reichsheer sowie Truppen des Rheinbunds, darunter auch ein französisches Kontingent. Am 1. August 1664 konnte Montecuccoli das osmanische Hauptheer bei St. Gotthard a. d. Raab nahe der Grenze zur Steiermark in einer Abwehrschlacht besiegen. Der Großwesir willigte in einen Frieden ein, der nur neun Tage später im unfern gelegenen Eisenburg (Vasvár) abgeschlossen wurde. Man vereinbarte einen zwanzigjährigen Waffenstillstand auf der Grundlage des *Status quo*, d. h., Wien realisierte keinerlei Gebietsansprüche, was in Ungarn als Verrat des Kaisers ausgelegt wurde.

Leopolds Gründe hierfür waren einerseits die Beteiligung von Truppen Ludwigs XIV. am Krieg und zum anderen dessen immer bedrohlichere Haltung an den Westgrenzen des Reiches. Sie kulminierte im Frühjahr 1667, als Ludwig wegen der Erbrechte seiner Gemahlin in die südlichen Niederlande einfiel. Der „Devolutionskrieg" [s. oben, S. 93] war durch die von der Republik der Niederlande initiierte Tripelallianz mit England und Schweden bald eingedämmt und wurde schon im Mai 1668 durch den Frieden von Aachen beendet. Die Ernüchterung im Reich über die französische Politik war groß, der kaiserlichen Politik blieben jedoch die Hände gebunden, da Ludwig mit verschiedenen rheinischen Fürsten Subsidienverträge abgeschlossen und sie neutralisiert hatte, so dass ihre Territorien nicht von fremden Truppen durchquert werden konnten. Die Überlegenheit der französischen Diplomatie veranlasste Leopold im Januar 1668 sogar zum Abschluss eines Geheimvertrags über die Aufteilung der Besitzungen Spaniens, wonach beim Tod des kränkelnden Königs Karl II. die Krone Frankreichs die Franche-Comté, Spanisch-Navarra, Neapel-Sizilien sowie die afrikanischen Stützpunkte und die Philippinen erhalten sollte. Der Kaiser erkannte zu spät, dass Ludwig damit nur einen weiteren Keil zwischen Wien und Madrid treiben wollte. Im Dezember 1669 entließ er daher den Fürsten Auersperg, der zu dem Vertrag geraten und ihn abgeschlossen hatte.

Doch auch Lobkowitz, der nun bis 1674 als wichtigster Ratgeber Leopolds agierte, blieb weiterhin auf einen Ausgleich mit Frankreich bedacht. Als Ludwig XIV. seinen seit der Demütigung von 1668 geplanten Krieg gegen die Republik der Niederlande vorzubereiten und diese diplomatisch zu isolieren begann, war er es, der Anfang November 1671 mit Frankreich ein (wiederum geheimes) Abkommen traf, in dem sich der Kaiser verpflichtete, in den kommenden Konflikt nur dann einzugreifen, wenn die Interessen Spaniens oder des Reiches verletzt würden. Am Wiener Hof gewann jedoch nach dem über die Territorien der mit Ludwig verbündeten Reichsstände am Niederrhein (Kurköln und Münster) im Frühsommer vorgetragenen Angriff auf die Republik die von Montecuccoli und dem aus Besançon stammenden Freiherrn Franz Paul von Lisola (*1613, †1674) vertretene Auffassung an Einfluss, dass dem Expansionsstreben des Sonnenkönigs Einhalt geboten werden müsse. Lisola, der bereits als Gesandter in England, Brandenburg, Polen und Spanien diplomatische Erfahrungen gesammelt hatte, ging nun als Vertreter des Kaisers nach Den Haag und brachte hier eine Tripelallianz mit der Republik und dem Kurfürsten von Brandenburg zustande, der um seinen klevischen Besitz besorgt war. Nachdem es Ludwig XIV. gelungen war, diesen aus dem Bündnis herauszulocken, kam es Ende August 1673 zur Allianz zwischen Wien, Den Haag und Madrid (wo man einen französischen Einfall in die südlichen Niederlande befürchtete). Ihr trat der aus seinem Land vertriebene (mit einer Schwester Leopolds verheiratete) Herzog Karl IV. von Lothringen (1669–1690) ebenso bei wie die Kurfürsten von Trier und von Sachsen, der König von Dänemark, die braunschweigischen Herzöge und der Landgraf von Hessen-Kassel. Nachdem es Lisola von den Niederlanden aus 1674 gelungen war, den Kurfürsten von Köln und den Bischof von Münster zum Friedensschluss mit der Republik zu bewegen, verlagerte sich der Krieg der Verbündeten, zu denen nun auch wieder Friedrich Wilhelm von Brandenburg stieß, an den Oberrhein und in den pfälzischen Raum. Der 1675 durch Ludwig XIV. bewirkte Kriegseintritt Schwedens und der schwedische Einfall nach Brandenburg führten zwar zum Abzug der Truppen Friedrich Wilhelms nach Norden, brachten aber keine entscheidende Kriegswende. Die Allianz, in der Karl von Lothringen sich in der Nachfolge Montecuccolis immer mehr als führender Feldherr profilierte, wurde zunehmend uneins.

Auf dem Friedenskongress in Nimwegen, wo seit 1676 verhandelt wurde, kamen die Niederlande 1678 mit geringen Verlusten davon. Dafür erreichten die Gesandten des Königs von Frankreich von Spanien die Abtretung der Franche-Comté (die damit einschließlich der Reichsstadt Besançon aus dem Reichsverband ausschied). Am 5. Februar 1679 war der Kaiser seinerseits genötigt, in die Friedensbedingungen Ludwigs einzuwilligen, wobei sein Schwager auf die Rückerstattung des Herzogtums Lothringen verzichten musste. Dem Frieden von Nimwegen folgte Ende Juni der Friedensschluss von St. Germain-en-Laye zwischen der Krone Frankreichs und dem (wegen seiner Siege über die schwedischen Invasionstruppen inzwischen als „Großer Kurfürst" bezeichneten) Brandenburger, in dem dieser das von ihm eroberte Vorpommern mit dem Hafen Stettin wieder aufgeben musste. Dies wurde in Berlin auch dem Kaiser angelastet, auf dessen Unterstützung man vergeblich gezählt hatte. In der späteren antihabsburgischen Propaganda der Hohenzollern sollte dieser Frieden und der damit verbundene „Verrat" der Habsburger daher eine wichtige Rolle spielen. Im Augenblick diente die Enttäuschung über den Kaiser, zu der noch die Verweigerung kam, ihn nach dem Ableben der dort regierenden Piasten mit den schlesischen Fürstentümern Liegnitz, Brieg und Wohlau zu belehnen, als Argument dafür, dass man in Berlin eine Allianz mit Ludwig XIV. einging, der dafür erhebliche Subsidien zahlte. Bis 1685 sollte sich der Brandenburger als der wichtigste Parteigänger der französischen Politik im Reich erweisen.

In Wien war man zur Nachgiebigkeit dem Sonnenkönig gegenüber vor allem deswegen gezwungen, weil sich inzwischen erneut Gefahren im Osten des habsburgischen Reiches zusammenbrauten. 1671 hatten ungarische und kroatische Adelskreise Verbindung mit Frankreich aufgenommen, was in Wien als Verschwörung gewertet und mit Hinrichtungen geahndet wurde. Lobkowitz riet zur Verschärfung des Regiments in Ungarn, d. h. zur Aufhebung der ständischen und religiösen Freiheiten. Diese Politik führte dazu, dass der aus der Grafschaft Zips stammende Magnat Imre Thököly (*1657, †1705) sich 1678 mit siebenbürgischer Unterstützung und Rückhalt sowohl durch die Pforte und den seit 1661 regierenden siebenbürgischen Fürsten Michael Apafi wie auch – ab 1667 – durch Frankreich an die Spitze der Unzufriedenen von Adligen und Bauern – der sog. Koruzzen („Kreuzfahrer") – stellen konnte. Leopold, der 1677 die Leitung der Wiener Außenpolitik selbst in die Hände nahm, vermochte der Bewegung nur Herr werden, indem er auf dem Reichstag von Ödenburg (Sopron) im Frühjahr 1681 die ständischen Rechte wiederum garantierte und auch bei den religiösen Freiheiten nur wenige Abstriche machte. Thököly war damit nicht einverstanden und nahm Verbindung mit der Pforte auf, mit deren Rückendeckung er sich zum Fürsten von Ungarn ausrufen ließ. Osmanischerseits war man nun nicht mehr zur Einhaltung der 1664 vereinbarten Waffenruhe bereit. Begünstigt durch die aggressive Politik Ludwigs XIV. im Westen des Reiches – Ende September 1681 war die Reichsstadt Straßburg annektiert worden und seit dem Nimwegener Frieden wurden mit Hilfe der sog. Reunionskammern weitere Reichsgebiete in Besitz genommen – setzte der neue Großwesir Kara Mustapha im Frühjahr 1683 ein starkes Heer gegen die österreichischen Kerngebiete in Marsch, das von den Koruzzen unterstützt wurde. Die Kaiserfamilie floh aus Wien, das Mitte Juli eingeschlossen wurde. Der geschickt verteidigten Hauptstadt eilten jedoch Truppen aus dem Reich unter dem Kommando des bayerischen Kurfürsten Max Emanuel (der 1685 eine Tochter des Kaisers heiratete) sowie polnische Verbände unter ihrem König Jan Sobieksi, beide durch reiche Mittel des Papstes finanziert, zu Hilfe. Durch den Sieg am Kahlenberg nordöstlich der umzingelten Stadt am 12. September 1683 konnte diese entsetzt werden.

Dieser Sieg hatte die Flucht des osmanischen Heeres und anschließend eine Umwälzung der Machtverhältnisse im Südosten Europas zur Folge. Die Habsburger schlossen sich mit dem

Papst, der Republik Venedig und dem König von Polen im März 1684 zu einer neuen Heiligen Allianz zusammen. Die verbündeten Truppen drangen ins türkisch beherrschte Ungarn vor und konnten die Hauptstadt Ofen (Buda) im September 1686 einnehmen. Anschließend wurde Siebenbürgen besetzt, wo sich allerdings mit osmanischer Unterstützung 1688/89 Thököly kurzfristig als Fürst behaupten konnte. Der Sieg von Mohács am 12. August 1687 führte schließlich zur Räumung ganz Ungarns durch die Truppen der Pforte und Anfang September konnte sogar die Festung Belgrad erstürmt werden. Ein im November/Dezember 1687 in Pressburg abgehaltener Reichstag besiegelte das Ende des von den Ständen reklamierten Widerstandsrechts und – jedenfalls in männlicher Linie – die Erblichkeit der Stephanskrone im Haus Habsburg; Leopolds erst neunjähriger Sohn Joseph (I., *1678, †1711) wurde am 9. Dezember förmlich als künftiger König anerkannt.

Leopold I. war so unversehens vom bloßen – freilich bei weitem mächtigsten – Reichsfürsten, der das allenfalls vom Titel her wichtige Amt des Kaisers wahrnahm und der außerhalb des Reiches lediglich über einen heftig umkämpften Grenzrand zur türkischen Großmacht gebot, in die Stellung eines der bedeutendsten Monarchen Europas aufgerückt, die der Ludwigs XIV. potentiell durchaus gleichwertig war. Die Bedeutung dieses Machtzuwachses hat man in Versailles rasch begriffen, aber auch in Wien begann das Selbstbewusstsein zu wachsen. Dies zeigt wohl nichts deutlicher als der von Leopolds bedeutendstem, an den zeitgenössischen Baumeistern Italiens wie Frankreichs geschulten Architekten Johann Fischer von Erlach (*1656, †1723) 1688 erarbeitete Entwurf für eine Schlossanlage auf der Erhebung von Schönbrunn im Südwesten Wiens. Sie sollte das dort seit den Zeiten des Kaisers Matthias bestehende Jagdschloss ersetzen. Ihre gigantischen Ausmaße hätten die der französischen Königsresidenz bei weitem übertroffen, womit der Anspruch des Hauses Habsburg auf seine neue Weltgeltung nach dem Sieg über die Türken sinnfällig dokumentiert worden wäre. Schon aus finanziellen Gründen ist diese Anlage freilich nie errichtet worden. In Schönbrunn entstand, 1695/96 durch Fischer von Erlach begonnen und erst unter Leopolds Enkelin Maria Theresia vollendet, lediglich die – in ihrer Ausdehnung immer noch imponierende – habsburgische Sommerresidenz, in der 1805 und 1809 kein Geringerer als Napoleon kurzfristig seinen Sitz nehmen sollte. Anspruch und Wirklichkeit klafften Ende der achtziger Jahre des 17. Jahrhunderts noch zu weit auseinander, als dass Leopold in baulicher Hinsicht wirklich mit dem Sonnenkönig hätte wetteifern können.

Denn noch war die habsburgische Großmachtstellung, die sich nach der Eroberung Ungarns andeutete, nicht erreicht. Die konsequente Ausnutzung der Siege im Osten war deswegen nicht möglich, weil während des Feldzugs im osmanischen Ungarn Ludwig XIV. seinen Druck im Westen enorm verstärkt hatte. Seit Oktober 1683 befand sich Frankreich wieder mit Spanien im Krieg, Anfang Juni eroberten französische Truppen die Festung Luxemburg. Am 15. August 1684 schloss Leopold mit dem König von Frankreich den sog. Regensburger Stillstand ab, in dem er für zwanzig Jahre die bis 1681 erfolgten Reunionen einschließlich der Annexion Straßburgs anerkannte. Doch gelang es im März 1686, den Großen Kurfürsten, der sich seit der Aufhebung des Edikts von Nantes durch Ludwig XIV. im Herbst 1685 immer mehr von der Versailler Linie entfernt hatte, aus der Verbindung mit Frankreich zu lösen. Angesichts der anhaltenden französischen Bedrohung kam es im Juli 1686 zur sog. Augsburger Allianz zwischen dem Kaiser, Spanien, Schweden und den meisten Reichsständen. Die kaiserliche Politik wusste 1688 die Besetzung des Kölner Erzbischofsstuhls mit einem Parteigänger Ludwigs XIV. zu verhindern. Dieser versuchte sich nach dem Aussterben der pfälzischen Kurlinie gegenüber dem neuen Pfälzer Kurfürsten Philipp Wilhelm von Neuburg, seit 1671 Schwiegervater des Kaisers, dadurch schadlos zu halten, dass er den Allodialbesitz der Schwester des letzten Landesherrn, seiner Schwägerin Elisabeth Charlotte, für die Krone Frankreichs beanspruchte und ihn im Sommer 1688 besetzen ließ. Dies löste den sog. Pfälzischen Erbfolgekrieg (1688–1697) aus, in dessen Verlauf Ludwig schließlich nicht nur das gesamte Reich, sondern auch England, wo 1688/89 der Statthalter von Holland und seit 1672 wichtigste Staatsmann der niederländischen Republik, Wilhelm III. von Oranien, die Krone erlangte, ferner den König von Spanien und den Herzog von Savoyen gegen sich hatte. Letzeren konnte er 1696 zum Ausscheiden aus der Koalition zwingen. Im Westen und Südwesten des Reiches vermochte keine der Kriegsparteien das Übergewicht zu erlangen. Als man sich schließlich nach mehrmonatigen Verhandlungen im Herbst 1697 in Rijswijk nahe Den Haag auf einen Frieden einigte, war allerdings die Position des Kaisers gegenüber den Bundesgenossen außerhalb des Reiches, denen Ludwig XIV. relativ weit entgegenkam (so dass die spanische Krone beispielsweise das Herzogtum Luxemburg zurückerhielt), wiederum stark geschwächt: der König von Frankreich gab lediglich die von ihm in den letzten Kriegen gewonnenen Besitzungen rechts des Rheins (darunter Freiburg im Breisgau) zurück, anerkannte indes die neue pfälzische Kurlinie (gegen das – freilich von den evangelischen Ständen großenteils nicht mitgetragene – Zugeständnis des Reichs, das katholische Bekenntnis hier bevorzugt zu behandeln [sog. Rijswijker Klausel]) und übergab das Herzogtum Lothringen dem Sohn Karls IV. Leopold (*1679, †1729). Allerdings konnte nunmehr von der früheren Hegemonialstellung Frankreichs kaum noch die Rede sein. Im Osten hatte das Haus Habsburg jetzt weitgehend freie Hand.

Hier hatte sich Michael Apafi von Siebenbürgen 1687/88 der österreichischen Oberhoheit unterstellt. Der Vorstoß österreichischer Truppen in Richtung Mazedonien und Albanien, der Aufruf Wiens an die Völker des Balkans, sich von der Herrschaft der Pforte zu befreien, führte allerdings 1690 zu einer osmanischen Gegenoffensive. Belgrad ging verloren, doch durch den von Markgraf Ludwig von Baden (dem sog. Türkenlouis) erkämpften Sieg bei Slankamen (am Zusammenfluss von Donau und Theiß) im August 1691 konnte die Lage wieder stabilisiert werden. Man schloss ein Bündnis mit Venedig und mit dem russischen Zaren, die beide – in der Ägäis und an der Nordküste des Schwarzen Meeres – die Osmanen angriffen. Die Entscheidung auf der Balkanhalbinsel fiel am 11. September 1697 in der Schlacht von Zenta a. d. Theiß, in der der neue österreichische Oberkommandierende Prinz Eugen von Savoyen den letzten osmanischen Verbänden eine vernichtende Niederlage beibrachte. Auf Vermittlung von Den Haag und London hin schlossen die kriegsmüden Parteien im folgenden Jahr Waffenstillstand und am 26. Januar 1699 in Karlowitz miteinander Frieden. Durch ihn fielen Ungarn mitsamt Kroatien, ferner Slawonien und Siebenbürgen endgültig an die Habsburger. Ihr Reich war damit trotz der Niederlagen und ungünstigen Friedensschlüsse gegenüber dem französischen

König neben der Pforte zur neuen Großmacht im europäischen Südosten aufgestiegen. Der Schwerpunkt der Wiener Politik lag von nun an nicht mehr allein im Reich, sondern immer mehr auf dem Balkan, wo sich die neue „Donaumonarchie" in einem infolge des gleichzeitigen Aufstiegs des russischen Zarenreichs nunmehr im gesamten Osten Europas veränderten Kräfteverhältnis neu orientieren musste.

Mit Eugen von Savoyen (*1663, †1736) hatte ein Mann die politische Bühne betreten, der die Entwicklung des Habsburgerreiches in den folgenden Jahrzehnten entscheidend mitgestalten sollte. Der Prinz stammte aus der mit Frankreich eng verbundenen Linie Carignan des Hauses Savoyen. In Paris geboren und aufgewachsen in Versailles, war er von Ludwig XIV. wegen seiner schwächlichen Konstitution für den geistlichen Stand bestimmt worden, obwohl seine Neigungen dem Kriegshandwerk galten. 1683 floh er vom französischen Hof nach Wien, wo ihn Kaiser Leopold anstelle seines gerade gefallenen älteren Bruders Ludwig ins österreichische Heer einstellte. Er zeichnete sich sogleich beim Entsatz von Wien sowie drei Jahre später bei der Eroberung Ofens und bei Mohács aus. Ab 1690 kommandierte er im Pfälzischen Erbfolgekrieg die Koalitionstruppen in Oberitalien, bis er 1697 den Oberbefehl in Ungarn erhielt. Den Krieg gegen die Pforte entschied er durch den Sieg bei Zenta. Als Feldherr im Spanischen Erbfolgekrieg (1701–1713/14) sowie ab 1703 als Präsident des Hofkriegsrats sollte er auch unter den beiden Söhnen Leopolds I. die habsburgische Politik prägen. So steht er gewissermaßen an der Wiege der österreichischen Großmachtstellung.

Das Reich, über das der Kaiser nunmehr gebot, bildete freilich vorerst alles andere als eine echte politische Einheit. Fester zusammengefügt waren lediglich die österreichischen Lande und die der Krone Böhmens. Erstere waren seit 1665, nach dem Aussterben der Innsbrucker Linie der Habsburger, die seit 1618 Tirol und die Vorlande regiert hatte, wieder unter einer Landesherrschaft vereint. Daneben war nun das gesamte (seit 1102 mit Kroatien in Personalunion verbundene) Königreich Ungarn den Habsburgern unterworfen, die hier 1687 ihr Erbrecht durchgesetzt hatten. Da dies in den zum Reich gehörigen österreichischen und böhmischen Gebieten gleichfalls der Fall war, bedeutete der Fortbestand ihrer Dynastie vorläufig die einzige Klammer für den Staatsver-

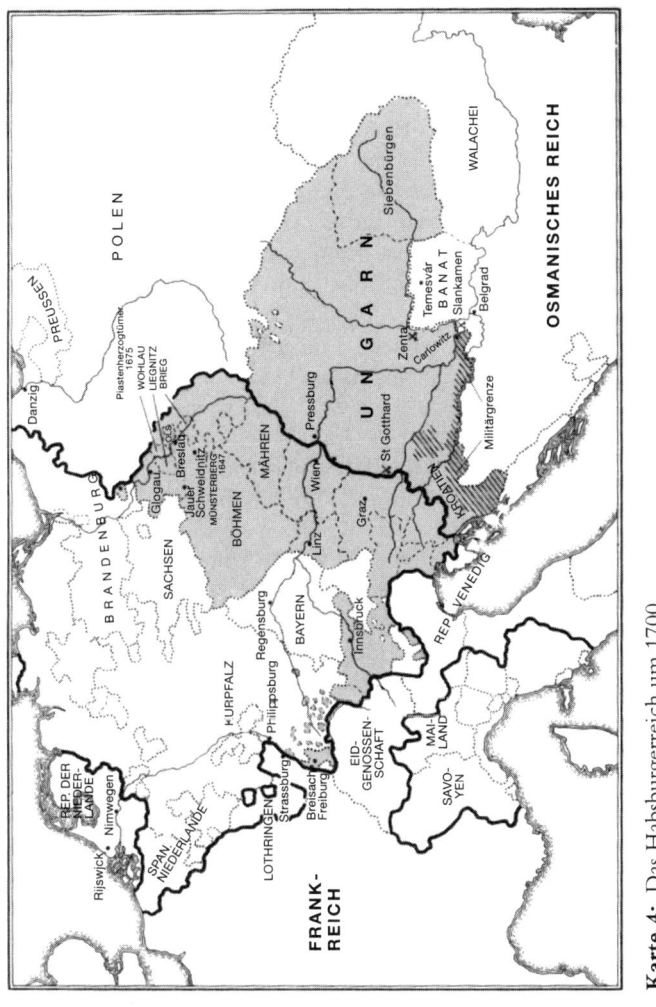

Karte 4: Das Habsburgerreich um 1700

band zwischen mittlerem Donau- und oberem Oderlauf einerseits sowie zwischen Oberrhein und Karpaten andererseits. Allerdings hatten die Habsburger in ihren Reichsterritorien die ständische Mitbestimmung, d. h. vor allem die Mitregierungsmöglichkeiten des Adels, schon während des Dreißigjährigen Krieges weitestgehend beseitigen können. Verbunden war dies mit der konsequenten Rekatholisierung des Adels, weshalb sich zahlreiche dem lutherischen oder – noch häufiger – dem reformierten Bekenntnis treu gebliebene Familien zur Auswanderung gezwungen sahen. Lediglich in den schlesischen Fürstentümern gab es Ausnahmen. In Böhmen und Mähren war so manches Adelshaus aus Österreich oder anderen Reichsterritorien zu Macht und Ansehen gelangt, wenn auch die einheimischen tschechischen Geschlechter, nun allerdings in engster Gefolgschaft zum Herrscherhaus und damit auch „germanisierenden" Tendenzen unterworfen, zum erheblichen Teil ihre Stellung hatten behaupten können. Dies galt vor allem für ihre mächtige, in den böhmischen Ländern oft geradezu allmächtige Position als Grundherren in den Dörfern. Auch waren die Stände nun keineswegs völlig entmachtet; gerade in der Finanzverwaltung der Erblande, die dem einheimischen Adel vorbehalten blieb, waren sie weiterhin unangefochten. Im Zusammenspiel mit dem nach wie vor auf die Unterstützung des Adels angewiesenen Herrscherhaus, als Träger des Hoflebens in der Hauptstadt Wien, die die wichtigen Hof- und Staatsämter sowie die führenden Ränge im Heer besetzten, war ihre Bedeutung nach wie vor nicht zu unterschätzen.

In Ungarn war die Lage weitaus schwieriger. Die Anerkennung des habsburgischen Erbkönigtums auf dem Pressburger Reichstag von 1687 wurde vom ungarischen Adel (dessen Bevölkerungsanteil im Vergleich zu den habsburgischen Reichsterritorien rund fünfmal höher war) anders ausgelegt als vom Kaiser in Wien. Die Gewährung der Religionsfreiheit, die ins Ermessen des Landesherrn gestellt worden war, wurde von ihm – ausgenommen für Siebenbürgen, dem Leopold 1691 eine Sonderstellung zuerkannte – als Freibrief zur Rekatholisierung betrachtet. Auch der 1687 ausgesprochene Verzicht der Stände auf ihr Widerstandsrecht gegen herrscherliche Maßnahmen, wie es in der sog. Goldenen Bulle von 1222 verankert worden war, wurde in Wien als Handhabe zur Einführung des absolutistischen Regierungssystems ausgelegt. Dies sollte 1703 – mitten im Spanischen Erbfolgekrieg – zu der gefährlichen Erhebung unter Franz II. Rákóczi führen.

Angesichts der Heterogenität des habsburgischen Herrschaftskomplexes kam den zentralen Regierungsbehörden jetzt immer größere Bedeutung zu. 1669 rief Leopold I. die sog. Geheime Konferenz ins Leben, die die Außenpolitik koordinierte. Der Hofkriegsrat wurde infolge der Kriege während seiner Regierungszeit immer einflussreicher, vor allem als ihm so fähige und zugleich organisatorisch begabte Feldherren wie Montecuccoli (bis 1680) und Eugen von Savoyen (ab 1703) vorstanden. Die inneren Angelegenheiten wurden ansonsten nach wie vor von getrennten Hofkanzleien für die österreichischen, böhmischen und ungarischen Gebiete sowie ab 1690/91 auch für Siebenbürgen verwaltet. Die böhmische Hofkanzlei verlegte Ferdinand II. bereits 1624 nach Wien, was den Vorteil hatte, dass die böhmischen Angelegenheiten jetzt in enger Verbindung mit den übrigen in der Zentrale zu behandelnden Fragen entschieden wurden. Auch die Kammerverwaltungen blieben getrennt, wobei selbst für Ungarn formal von der Unterordnung der dortigen unter die österreichische Hofkammer ausgegangen wurde. Versuche zur Vereinheitlichung der Donaumonarchie stellten aber die Einrichtung einer obersten Postbehörde (ab 1624) sowie das 1669 auf Anregung des damals weit über die Grenzen Österreichs bekannten Kameralisten Johann Joachim Becher (*1632, †1682) zur Förderung von Handel und Manufakturwesen ins Leben gerufene Kommerzienkollegium dar.

Die merkantilistische Wirtschaftspolitik der Habsburger trug vor allem seit der Münzwertstabilisierung vom April 1693 Früchte. Danach setzte eine bis zu Beginn der 1720er Jahre anhaltende Hochkonjunktur ein, durch die überhaupt erst die Grundlagen für die weiteren Kriegsanstrengungen (wenn man dafür auch von niederländischen wie englischen Hilfsgeldern abhängig blieb) geschaffen wurden. In Wien gelangte der deutsche Kameralismus zu seiner ersten Blüte, befördert nicht nur durch die theoretischen Schriften Bechers, sondern auch die seines Schwagers, des aus Mainz stammenden Philipp Wilhelm Hörnigk (*1640, †1717), der 1684 ein Aufsehen erregendes und für das neue österreichische Selbstbewusstsein bezeichnendes Buch mit dem

Titel „Österreich über alles, wann es nur will" veröffentlichte, in dem er dafür eintrat, die natürlichen Schätze, vor allem die reichen Metallvorkommen der Erblande wie Böhmens intensiver zu nutzen, die Landwirtschaft zu fördern und die Bevölkerungszahl zu heben, um so finanziell wieder auf eigene Beine zu kommen. Zu ihnen gesellte sich der aus Thüringen gebürtige Wilhelm von Schröder (*1640, †1689), dessen Ideen vor allem die Finanzwirtschaft beeinflussten. Auch äußerlich zeigte sich die Blüte Wiens, das damals in die Reihe der bedeutenden Metropolen Europas aufrückte. Um 1700 erreichte die Stadt eine Bevölkerungszahl von 100.000 Seelen. Sie begann namentlich im letzten Jahrhundertviertel mit zahlreichen Kirchneubauten, neuen Adelssitzen – darunter der durch den Prinzen Eugen 1714–1723 errichteten Anlage des Schlosses Belvedere – und Bürgerhäusern sowie nicht zuletzt mit offiziellen Bauten wie der Hofbibliothek, der böhmischen Hofkanzlei und der Erweiterung des landesherrlichen Palastkomplexes, der Hofburg, weitgehend ihren mittelalterlichen Charakter abzustreifen und sich zu einer der schönsten Barockstädte des Kontinents zu entwickeln. Dies setzte sich nach Fischer von Erlach im Schaffen weiterer einheimischer Architekten wie Lucas von Hildebrandt (*1668, †1745) oder Jacob Prandtauer (*1658, †1726) bis hinein in die Regierungszeit Karls VI. und seiner Tochter Maria Theresia fort. Wien wurde so neben seiner Funktion als Zentrale der Donaumonarchie nunmehr auch in sinnfälliger Form zu einem der bedeutenden Mittelpunkte des Heiligen Römischen Reiches deutscher Nation ausgestaltet.

Der gefestigten Stellung, die Leopold I. nach seiner Herrschaft von vierzig Jahren Ende des 17. Jahrhunderts in den eigenen Ländern wie auf internationaler Ebene erreicht hatte, entsprach auch das Prestige, das er inzwischen im Reich genoss. Dies galt gerade für den protestantischen Teil. Nach dem Tod des Großen Kurfürsten im Mai 1688 hatte der Kaiser mit dessen Nachfolger Friedrich III. (1688–1713) in Brandenburg einen getreuen Gefolgsmann gefunden, der ihm die von seinem Vorgänger aufgebaute, schlagkräftige Armee in den beiden folgenden Kriegen mit Ludwig XIV. zur Verfügung stellte. Eine weitere Säule kaiserlichen Einflusses im Norden des Reiches bildete Herzog Ernst August von Braunschweig-Lüneburg (1660–1698), der mit Leopolds Unterstützung 1692 sein Land zum Kurfürstentum (dem neunten im

Reich) erheben durfte. Bereits vorher hatte der Kaiser die Wahl seines ältesten Sohnes Joseph I. zum römischen König erreicht (24. Januar 1690). Als einen Sieg Wiens konnte man zudem die 1697 erfolgte Wahl des sächsischen Kurfürsten Friedrich August I. („der Starke", 1694–1733) zum König von Polen (August II.) gegen die Kandidatur eines Verwandten Ludwigs XIV., des Prinzen François Louis de Conti, um die Thronfolge in der Adelsrepublik ansehen. August der Starke trat zudem nach seiner Wahl zum katholischen Bekenntnis über, womit der sächsische Zweig des Hauses Wettin (jedoch nicht die Bevölkerung seines Kurfürstentums) wieder für die alte Kirche gewonnen war (und auch innerhalb des Reichsepiskopats bis 1806 erneut eine wichtige Rolle spielen sollte). Diese Rangerhöhung und die bald absehbare Thronfolge der hannoverschen Kurfürsten in England und Schottland weckte allerdings den Ehrgeiz des brandenburgischen Kurfürsten, so dass Leopold ihm, kurz bevor sich die spanische Thronfolgekrise in einem erneuten bewaffneten Konflikt von europäischem Ausmaß entlud, gegen das Versprechen, sich am bevorstehenden Krieg an der Seite Wiens zu beteiligen, gleichfalls die Anerkennung der Königswürde zugestand (Wiener Krontraktat, 16. November 1700). Friedrich ließ sich daraufhin am 18. Januar 1701 in Königsberg für das Herzogtum Preußen zum „König in Preußen" krönen. Der Kaiser wusste so die wichtigsten Reichsstände im Norden bedingungslos hinter sich und hatte hier zugleich das politische Gleichgewicht unter den einzelnen Territorien zum Vorteil des Reichsoberhaupts wahren können. Der letzten Auseinandersetzung mit dem französischen Erzrivalen konnte er so einigermaßen gelassen entgegensehen.

4. Die Habsburger und der Spanische Erbfolgekrieg Joseph I. und Karl VI. (1705–1714)

Einen bewaffneten Konflikt um das spanische Erbe hatten die europäischen Großmächte eigentlich vermeiden wollen. Nachdem der habsburgisch-bourbonische Vertrag von 1668 [s. oben, S. 113 f.] obsolet geworden war, hatte Ludwig XIV. im Oktober 1698 mit den beiden Seemächten ein Geheimabkommen abgeschlossen, wonach der mit beiden habsburgischen Linien eng verwandte junge bayerische Kurprinz Joseph Ferdinand (*1692) Spanien, die südlichen Niederlande und die Kolonien sowie Leopolds jüngerer Sohn Erzherzog Karl (*1685, †1740) Mailand und der französische Dauphin das Königreich Neapel-Sizilien erhalten sollten. Dass Karl II. von Spanien den Kurprinzen einen Monat später zum Gesamterben bestimmte, stieß wenigstens bei den Seemächten auf Einverständnis. Doch Joseph Ferdinand starb unverhofft im Februar 1699, woraufhin der König von Frankreich mit den Seemächten im Juni in einem zweiten Teilungsvertrag dahingehend übereinkam, dass der für den Bayern vorgesehene Teil an die Wiener Habsburger, die italienischen Besitzungen aber an den König von Frankreich fallen sollten (der dann gerne Lothringen gegen das Herzogtum Mailand eingetauscht hätte). Insgeheim war man aber in Wien wie in Versailles darauf bedacht, das gesamte Erbe für sich zu gewinnen. Als Karl II. dieses kurz vor seinem Tod Ludwigs XIV. Enkel Philipp von Anjou (*1683, †1746) vermachte [s. oben, S. 94], nahm der französische König die Erbschaft an, damit sie nicht doch an die Wiener Habsburger fiel und die frühere Umklammerung seines Landes sich erneuerte. Er brachte allerdings die Seemächte gegen sich auf, weil er nicht ausdrücklich auf eine spätere Vereinigung der Länder der spanischen mit denen seiner eigenen Krone verzichtete, sich Handelsvorteile in den spanischen Kolonien verschaffte und – um Wilhelm III. zu drohen – den im französischen Exil lebenden Sohn des 1688 vertriebenen englischen Königs Jakob II. als legitimen Monarchen auf den Britischen Inseln anerkannte. Damit aber brachte er Wien, Den Haag und London dazu, sich gegen ihn und seinen Enkel zu verbünden (Haager Allianz, November 1701).

Bereits Anfang 1701 hatte der Krieg in Oberitalien nach einem französisch-savoyischen Vorstoß auf Mailand begonnen. Hier gelang es Prinz Eugen nur allmählich, der Lage Herr zu werden. Gegen den Kaiser stellten sich im Reich Kurfürst Max Emanuel von Bayern, der mit Hilfe Ludwigs XIV. auf den Gewinn der südlichen Niederlande hoffte, wo er seit 1691 als spanischer Statthalter amtierte, und sein Bruder, Erzbischof Joseph Clemens von Köln, der nach seiner Wahl zum Bischof von Lüttich 1694 darüber enttäuscht war, dass man von Wien aus seine absolutistischen Bestrebungen hier nicht unterstützte. Leopold konnte zunächst vor allem auf die Hilfe Hannovers und Brandenburg-Preußens zählen, wohingegen August dem Starken von Sachsen-Polen durch den Angriff Karls XII. von Schweden auf Livland, der den Großen Nordischen Krieg (1700–1721) auslöste, die Hände gebunden waren. Erst 1702 kam es zum Reichskrieg gegen Frankreich und zugleich zur Ächtung der beiden wittelsbachischen Kurfürsten. Durch das Zusammengehen der nach Oberdeutschland einrückenden französischen Truppen mit diesen waren zeitweilig die österreichischen Erblande unmittelbar bedroht. Erst der gemeinsam durch Prinz Eugen und den englischen Oberbefehlshaber, den Herzog von Marlborough, im August 1704 bei Höchstädt erfochtene Sieg beseitigte diese Gefahr. Das Kriegsgeschehen verlagerte sich danach in die südlichen Niederlande und ins anschließende französische Grenzgebiet, wo 1709/10 bei Oudenaarde und Malplaquet die blutigsten Schlachten des Krieges stattfanden.

Kaiser Leopold hatte 1703 Erzherzog Karl zum neuen spanischen König bestimmt („Karl III."). Im „Vertrag über die wechselseitige Thronfolge" *(Pactum mutuae successionis)* vom 12. September waren der künftigen „josephinischen" Linie des Hauses die Reichsterritorien der Habsburger sowie Ungarn und dem „karolinischen" Zweig die spanischen Länder zugewiesen worden. Die wechselseitige Erbfolge sollte beim Ausbleiben männlicher Nachkommen trotzdem möglich sein, was an sich der Thronfolgeordnung in Spanien, die auch die ältesten Töchter berücksichtigte, zuwiderlief. Beim Erlöschen beider Mannesstämme sollten allerdings die weiblichen Nachkommen Josephs zum Zuge kommen. Dass dieser Familienpakt bald durch die sog. Pragmatische Sanktion [s. unten, S. 134 f.] eine für die fernere Entwicklung des Gesamthauses entscheidende Veränderung erfahren sollte, war damals noch nicht absehbar.

Da sich zur gleichen Zeit auch Portugal der Haager Allianz angeschlossen hatte, schien die Gelegenheit günstig, von hier aus mit Hilfe der Seemächte den Krieg direkt auf die Iberische Halbinsel zu tragen, um dem Haus Habsburg die Krone Spaniens zu sichern. Erzherzog Karl begab sich im Februar 1704 von Portsmouth aus mit einem englischen Geschwader nach Lissabon, konnte von hier aus aber gegen die Truppen seines französischen Widersachers, den in Spanien längst anerkannten König Philipp V., nichts ausrichten. Erst ein Jahr später schien sich das Kriegsglück zu wenden, als die Unzufriedenheit im Königreich Aragon gegen das mit französischen Absolutismusbestrebungen verquickte kastilische Regiment hier wieder einmal eine Erhebung provozierte. Karl begab sich nach Barcelona, das nach kurzer Beschießung durch englische Schiffe im November 1705 besetzt werden konnte. Von Katalonien aus ging er zum Angriff gegen seinen Gegner über, im Juni 1706 besetzte sogar ein englisch-portugiesisches Heer Madrid und rief ihn zum König aus. Es vermochte sich allerdings nur bis zum Herbst in der Hauptstadt zu halten, so dass der habsburgische Thronprätendent weiterhin auf den nordöstlichen Teil der Halbinsel beschränkt blieb.

Inzwischen hatte Ludwig XIV. Fühler nach Ungarn ausgestreckt, wo die Unzufriedenheit mit dem Wiener Regiment weiterschwelte. 1701 war Franz II. Rákóczi (*1676, †1735), ein Ziehkind Imre Thökölys, wegen seiner Kontakte nach Frankreich in Wiener-Neustadt gefangen gesetzt worden. Nach seiner Flucht nach Polen in Abwesenheit zum Tode verurteilt, führte er die ungarischen Kuruzzen 1703 zum Aufstand gegen den Landesherrn, eroberte Oberungarn und einen Teil des Königreichs jenseits der Donau, wurde 1704 zum Fürsten von Siebenbürgen und ein Jahr später in Szécseny von den dort versammelten Ständen zum Fürsten von Ungarn proklamiert. Auf dem Landtag der Konföderierten von Onod 1707 wurde auf sein Betreiben hin sogar die Absetzung der Habsburger verkündet. Angesichts dessen demonstrierte der neue König Joseph I. Kompromissbereitschaft, um den Konflikt zu entschärfen. Er versprach den Gemäßigten unter den Insurgenten, die Privilegien des Königreichs – abgesehen vom habsburgischen Erbrecht – künftig zu achten, und bewegte sie so zum Frieden, der wenige Tage nach seinem Tod Ende April 1711 in Szatmár abgeschlossen wurde.[4] Dreieinhalb Jahre zuvor, Anfang September 1707, war es ihm durch die Vermittlungsbemühungen des Herzogs von Marlborough gelungen, im sächsi-

---

4 Franz Rácóczi wurde 1712 durch den Landesherrn geächtet und starb 1735 in der Nähe von Istanbul im osmanischen Exil. Erst 1906 willigte Kaiser Franz Joseph in die Aufhebung des Urteils ein und erlaubte die Überführung seiner Gebeine nach Kaschau (Kassa).

schen Altranstädt mit dem schwedischen König eine Konvention abzuschließen. Damit vermied er das drohende Übergreifen des Nordischen Krieges auf das Reich, das Ludwig XIV. gerne herbeigeführt hätte. Hierfür musste er allerdings erhebliche Konzessionen im Hinblick auf die Religionsfreiheit der Lutheraner in Schlesien machen und zudem die schwedischen Territorien im Reich von allen Belastungen für den Reichskrieg gegen Frankreich ausnehmen.

Im Mai 1705 war Leopold I. verstorben und Joseph I. ihm nachgefolgt. Bereits in den letzten Jahren des alten Kaisers hatte der hochbegabte, aber im Gegensatz zu seinem in der Handhabung der Staatsgeschäfte bedächtigen Vater impulsive, dabei jedoch eher unstete und wenig konsequente römische König auf die österreichische Politik maßgeblichen Einfluss genommen. So war es im wesentlichen auf ihn zurückzuführen, dass Leopold sich zur Wahrung der Wiener Ansprüche auf die spanische Krone auch um den Preis eines Krieges entschloss. Die Ernennung des Prinzen Eugen von Savoyen zum Präsidenten des Hofkriegsrats ging ebenfalls auf seine Initiative zurück. Nach der Regierungsübernahme verlor er allerdings rasch das Interesse an den Details der täglichen Staatsgeschäfte, so dass die Rivalitäten unter seinen führenden Ratgebern sich darauf lähmend auswirkten. Zudem war seine Außenpolitik oft unüberlegt. Dies war etwa in Italien der Fall, wo er nach der Vertreibung der Franzosen durch den Sieg des Prinzen Eugen in der Schlacht von Turin (September 1706) und der anschließenden Besetzung der spanischen Territorien auf der Apenninenhalbinsel versuchte, die früheren Lehnsrechte des Reiches wiederzubeleben. Dieses Vorgehen war kaum dazu geeignet, die Ruhe hier wiederherzustellen, zumal es offensichtlich war, dass die Reklamierung inzwischen fast vergessener Privilegien allein dem dynastischen Interesse des Hauses Habsburg diente. Vor allem kam es zum Konflikt mit Papst Clemens XI. um die Lehnsabhängigkeit des für Karl III. eingenommenen Königreichs Neapel, der 1708/09 sogar zum Krieg mit dem Kirchenstaat führte. Im Reich stieß die Politik des Kaisers besonders beim Episkopat auf Vorbehalte, da man nach einem kaiserlichen Sieg über Frankreich sich um den Fortbestand der im Westfälischen Frieden verbrieften Eigenständigkeit sorgte. Doch am 17. April 1711 erlag Joseph unerwartet einer Pockeninfektion. Da er keine männlichen Nachkommen hatte, fielen die habsburgischen Gebiete an seinen in Spanien kämpfenden Bruder Karl, der von seinen spanischen Königsträumen nur ungern ließ und sich nur zögerlich erst im September auf den Weg nach Österreich begab. Angesichts der fortdauernden Acht über die Kurfürsten von Köln und von Bayern (die ihre Kurstimmen nicht wahrnehmen konnten) wurde er jedoch als Karl VI. am 12. Oktober in Frankfurt einstimmig zum Reichsoberhaupt gewählt und empfing zwei Monate später die Kaiserkrone.

Damit war allerdings den Hoffnungen der Habsburger auf Erlangung der Krone Spaniens die Grundlage entzogen. Denn für keine der europäischen Großmächte kam eine Wiedervereinigung der habsburgischen Ländermasse in Frage. Zudem hatte bereits 1710 in Großbritannien die Marlborough stützende Partei ihren Einfluss verloren und das neue Ministerium hatte Verhandlungen mit Ludwig XIV. eingeleitet. Sie konnten im Oktober 1711 weitgehend abgeschlossen werden, nachdem der König von Frankreich für sich und seine Nachfolger im Hinblick auf den spanischen Thron auf sämtliche Ansprüche verzichtet hatte. Mitte Januar 1712 begann im niederländischen Utrecht ein Friedenskongress, am 11. April 1713 wurde zwischen Frankreich, Spanien, den beiden Seemächten, Portugal, dem 1705 ins Lager der Verbündeten übergewechselten Herzog von Savoyen und Brandenburg-Preußen das Friedensabkommen unterzeichnet. Ihm musste der diplomatisch wie militärisch völlig isolierte Kaiser, der 1713 seine letzten Stützpunkte auf der Iberischen Halbinsel verloren hatte und auch finanziell am Ende war, am 6. März 1714 im durch Prinz Eugen mit Frankreich abgeschlossenen Frieden von Rastatt beitreten (der zwischen Frankreich und den Reichsständen erfolgte im schweizerischen Baden am 7. September).

Für das Haus Habsburg ergaben sich aus diesem Friedenswerk wichtige Konsequenzen, von denen einige z. T. erst viel später zum Tragen kommen sollten. Wichtig war, dass Österreich die südlichen Niederlande (freilich mit der Verpflichtung, für die Republik an der Grenze zu Frankreich einige „Barriere"-Festungen zu unterhalten), die Herzogtümer Mailand und Mantua, die Inselgruppe um Elba *(Stato dei Presidi)*, das Königreich Neapel sowie die Insel Sardinien zugesprochen erhielt. Damit wurde das Habsburgerreich – wenn auch nur, da es bei diesem Gebietsstand nicht

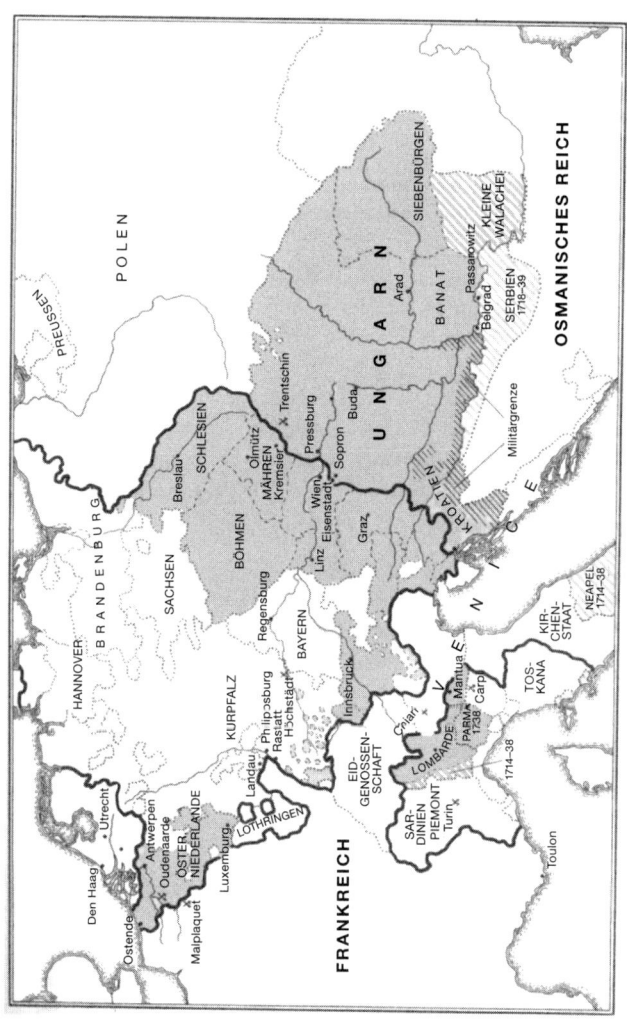

Karte 5: Das Habsburgerreich nach dem Spanischen Erbfolgekrieg

bleiben sollte, für kurze Zeit – zur Vormacht auf der Apenninenhalbinsel, eine Stellung die es auf dem Wiener Kongress wiedererlangen und bis zu den italienischen Einigungskriegen halten sollte. Daneben gewann aber auch das Haus Savoyen an Gewicht. Es erhielt die Insel Sizilien (die es 1720 gegen Sardinien eintauschen sollte) und erlangte damit den Königstitel. Was das Reich betrifft, so mussten die wittelsbachischen Kurfürsten zwar wieder in ihre Rechte eingesetzt werden, doch dafür wurden die Rangerhöhungen der habsburgischen Bundesgenossen in Hannover und Preußen nunmehr international anerkannt. Dass Preußen bald den Habsburgern die Vorherrschaft in Deutschland streitig machen würde, konnte man in Wien damals ebensowenig ahnen wie die spätere Gegnerschaft des Hauses Savoyen in Italien.

In der Summe war das Habsburgerreich, das in seinem Länderbestand nicht nur erhalten geblieben war, sondern sich auch im niederländischen Raum wie in Italien ausgeweitet hatte, mit den Friedensschlüssen von 1713/14 endgültig als europäische Großmacht etabliert. Auch im Reich schien die Stellung des Kaisers erneut gefestigt. Doch dafür stand Karl VI. bald vor ganz anderen Problemen, die nach seinem Tod den Bestand der Donaumonarchie ernsthaft in Frage stellen sollten.

V. Das Haus Habsburg und der Dualismus im Reich

1. Karl VI. und die Pragmatische Sanktion

Als der in Spanien als Thronprätendent gescheiterte Erzherzog Karl 1711 als Sechsundzwanzigjähriger zum Kaiser gewählt wurde, konnte niemand voraussehen, dass ihm und seiner damals gerade zwanzigjährigen Gemahlin Elisabeth-Christine von Braunschweig-Wolfenbüttel keine männlichen Nachkommen beschieden sein würden. Ein erst nach achtjähriger Ehe im April 1716 geborener Sohn starb aber bereits mit sieben Monaten, danach kamen noch drei Töchter zur Welt, von denen jedoch nur zwei – Maria Theresia (*1717, †1780) und Maria Anna (*1718, †1744) – das Erwachsenenalter erreichten. Nun drohte auch dem deutschen Zweig der Habsburger das Erlöschen in der (damals verbreitet als einzig erbberechtigt angesehenen) männlichen Linie. Trat dies ein, so war eine große bewaffnete Auseinandersetzung auch um den zweiten habsburgischen Territorialkomplex zu befürchten. Allerdings hatte der gerade beendete Spanische Erbfolgekrieg an den Höfen Europas den Willen zur Aufrechterhaltung des auf dem Utrechter Friedenskongress etablierten Gleichgewichts gestärkt. Daher bestanden gute Aussichten dafür, einen österreichischen Erbfolgekrieg mit diplomatischen Mitteln unterbinden zu können. Einen solchen Krieg zu vermeiden, sollte auch das außenpolitische Hauptziel der bis 1740 währenden Regierung Karls VI. sein.

Noch während seine Frau als Statthalterin in Barcelona die Ansprüche des neugewählten Kaisers auf den spanischen Thron weiterverfocht, sowie noch ehe das Paar überhaupt Kinder bekommen hatte, ging Karl daran, den Hausvertrag von 1703 *(Pactum mutuae successionis)* [s. oben, S. 127] in seinem Sinne umzuändern. Damit wollte er erreichen, dass die Herrschaft über die habsburgischen Länder auch dann bei seiner Linie verblieb, wenn ihm keine Söhne geboren werden sollten. Dies war jedoch nur möglich, wenn einmal die beiden Töchter seines Bruders Joseph – Maria Josepha (*1699, †1757, verheiratet seit 1719 mit dem sächsischen

Kurprinzen Friedrich August) und Maria Amalia (*1701, †1756, verheiratet seit 1722 mit dem bayerischen Kurprinzen Karl Albert) – auf ihre Sukzessionsrechte verzichteten und zum anderen in den Teilen der Habsburgermonarchie, wo sie noch nicht gesetzlich verankert war, die Stände einer neuen Erbfolgeregelung zustimmten. Das hieß freilich, dass der „Vertrag über die wechselseitige Erbfolge" von 1703 seines hauptsächlich familienrechtlichen Charakters entkleidet und zu einem rein staatsrechtlichen Instrument gemacht werden musste.

Bereits 1712 hatten die kroatisch-slawonischen Stände beschlossen, die weibliche Erbfolge auch für ihr Land anzuerkennen, sofern die betreffende Landesherrin zugleich über Ober-, Nieder- und Innerösterreich regieren würde. Dieser Beschluss war nicht zuletzt durch die Furcht ausgelöst worden, man könnte künftig türkischen Angriffen allein ausgesetzt sein; außerdem wollte man wegen der Personalunion mit dem Königreich Ungarn die Eigenständigkeit Kroatiens und Slawoniens innerhalb des Herrschaftsbereichs der Stephanskrone betonen. Dagegen scheiterte Karl VI. mit seinem Bestreben, bei den ungarischen Ständen einen ähnlichen Beschluss zu erwirken, obwohl er zunächst nur adlige Vertrauensleute nach Pressburg berief, an den sehr weitgehenden ungarischen Forderungen (u. a. nach Garantie der Steuerfreiheit für den Adel sowie nach Mitspracherecht des Reichstags bei der Verehelichung einer möglichen künftigen Landesherrin).

Am 19. April 1713 ließ der Kaiser indes in offizieller Sitzung der höchsten Würdenträger und Beamten in der Hofburg das *Pactum mutuae successionis* in seinem Beisein verlesen. Durch diesen öffentlichen Akt wurde es zum Staatsgrundgesetz erhoben. Verbunden wurde dies mit der Erklärung des Monarchen, dass künftig sämtliche habsburgischen Länder seinen männlichen bzw. – falls solche nicht vorhanden wären – seinen weiblichen Nachkommen ungeteilt nach dem Recht der Erstgeburt zufallen sollten. Erst danach seien die Töchter seines Bruders und deren Nachkommen sowie, falls diese ausgestorben sein sollten, die seiner und Josephs I. Schwestern thronfolgeberechtigt. Wegen der besonderen Bedeutung dieser Regelung wurde sie feierlich zur „Pragmatischen Sanktion" erhoben. Hierbei ging es nicht allein um die Sicherung der eventuellen Thronfolge für die Frauen des

Herrscherhauses, sondern vor allem auch um die Wahrung der monarchischen Einheit der habsburgischen Territorien.

In den folgenden Jahren zeichnete es sich immer deutlicher ab, dass Karl VI. keinen männlichen Erben haben würde. Jetzt war es ihm darum zu tun, die „Pragmatische Sanktion" in allen Teilen der Monarchie als Gesetz verabschieden und genehmigen zu lassen. Seinen Willen uneingeschränkt durchzusetzen vermochte der Kaiser allerdings nur in den österreichischen und böhmischen Ländern. Sie sanktionierten es 1720/21, wobei lediglich die Stände von Tirol, in denen noch vor einigen Jahrzehnten eine eigene Linie des Hauses Habsburg regiert hatte, einige Vorbehalte äußerten. 1722 traten die Stände Ungarns und Siebenbürgens zusammen. In Ungarn knüpfte man die Genehmigung an die Krönung mit der Stephanskrone und an die Einschränkung, dass nach dem völligen Aussterben der Habsburger das traditionelle Wahlrecht wiederaufzuleben habe. 1724 stimmten die Stände in den südlichen Niederlanden zu, während das Gesetz im Herzogtum Mailand 1725 einfach verkündet wurde. Da 1719/22 auch die beiden Nichten des Kaisers mitsamt ihren Gatten auf ihr Erbrecht verzichtet hatten, solange es Nachkommen Karls VI. gäbe, war die Pragmatische Sanktion nach innen hin abgesichert. Von nun an galt die Habsburgermonarchie in gewisser Weise als Einheitsstaat, in dem die Nachfolge der ältesten Tochter des Kaisers, Maria Theresia, gesichert war. Als weitere Absicherung sollten Garantien des Reiches und der ausländischen Staaten dienen. Karl VI. wollte sich hierbei nicht allein auf den immer wieder zitierten Rat des Prinzen Eugen verlassen, die sichersten Garantien für die Pragmatische Sanktion seien ein starkes Heer und eine gut gefüllte Kriegskasse, zumal dies angesichts der seit 1720 wieder nachlassenden Wirtschaftskonjunktur, neuer kostspieliger Kriege und einer keineswegs optimalen Finanzverwaltung illusorische Wünsche waren.

1717 versuchte Spanien, seinen verlorenen Besitz in Italien wiederzuerlangen, wurde allerdings durch die im Jahr darauf zwischen Wien, London, Den Haag und Versailles abgeschlossene Quadrupelallianz in die Schranken verwiesen. Im Haager Frieden vom Februar 1720 musste Philipp V. seine Ansprüche auf die zuvor spanischen Gebiete aufgeben, erhielt jedoch von Wien für seinen ältesten Sohn aus zweiter Ehe, Don Carlos (den späteren König Karl III.), die Zusicherung auf die Thronfolge in Parma und Piacenza (wo die regierenden Farnese bald aussterben würden) und der Toskana (wo in Kürze das Erlöschen des Hauses Medici zu erwarten war). Zugleich gab Karl VI. seine Ansprüche auf den spanischen Thron auf und erkannte den bourbonischen Rivalen als König an. Im Anschluss an die Auseinandersetzungen in Italien tauschten Österreich und Savoyen die Inseln Sizilien und Sardinien. Im April 1725 konnte Karl VI., der sich von der Politik in London und Versailles ausgegrenzt fühlte, sogar mit Madrid eine Allianz abschließen. Hier war man vor allem über das Scheitern der geplanten Heirat zwischen einer spanischen Infantin und dem jungen Ludwig XV. von Frankreich verärgert und verübelte zudem den Briten ihre starre Haltung hinsichtlich der seit dem Erbfolgekrieg in Besitz gehaltenen Insel Menorca und der Festung von Gibraltar. Hierüber wurde auf einem seit 1724 tagenden Friedenskongress in Cambrai vergeblich verhandelt. Dieses Bündnis beantworteten Großbritannien, die Republik der Niederlande, Frankreich und Preußen mit der Gegenallianz von Herrenhausen (bei Hannover, September 1725). Als Don Carlos 1731 die Nachfolge in Parma-Piacenza antrat, erkannte Madrid die Pragmatische Sanktion offiziell an.

In der Folge kam es allerdings zu einer Wiederannäherung der beiden bourbonischen Zweige (erster bourbonischer Familienpakt, 1733). Daraufhin unterstützte Madrid die Versailler Politik im Polnischen Thronfolgekrieg (1733–1735). Der französische Premierminister, Kardinal Fleury, versuchte damals, den nach dem Tod Augusts des Starken von der Mehrheit des polnischen Adels (wie schon einmal während des letzten Nordischen Krieges) gewählten König Stanisław Leszczyński, seit 1725 Schwiegervater Ludwigs XV., auf den Thron zu bringen, während man in Wien mit Rückendeckung Russlands zum Sohn des alten Königs, Kurfürst Friedrich August II. von Sachsen (dem Gatten einer der Nichten Karls VI.), hielt. Beide Mächte konnten schließlich auch dessen Thronbesteigung (August III., 1734–1763) durchsetzen. Den wichtigsten Kriegsschauplatz in dieser Auseinandersetzung bildete Italien, wo die Österreicher lediglich Mailand zu halten vermochten. Der Wiener Präliminarfriede vom 3. Oktober 1735 brachte den Habsburgern daher zwar den Verlust von Neapel-Sizilien, das an eine Nebenlinie der spanischen

Bourbonen fiel, dafür aber den Gewinn von Parma-Piacenza sowie für den seit 1736 mit Maria Theresia verheirateten Herzog Franz Stephan von Lothringen (*1708, †1765), dessen Land erneut französische Truppen besetzt hatten, die (1737 realisierte) Anwartschaft auf das Großherzogtum Toskana. Dafür kam Lothringen an Stanisław Leszczyński und fiel nach dessen Tod 1766 an die Krone Frankreichs. Diese Abmachungen sollten, nachdem ihnen alle kriegführenden Mächte beigetreten waren, im sog. Wiener Frieden vom November 1738 bestätigt werden. Darin erkannte nun auch der König von Frankreich die Pragmatische Sanktion an.

Dies war bereits 1726 von seiten des Zarenreichs, 1728 durch den preußischen König und 1731 durch Großbritannien und die Republik der Niederlande erfolgt. Die Garantie durch die beiden Seemächte war nur um einen hohen Preis zu haben, nämlich die Auflösung der 1722 durch den Kaiser gegründeten Ostender Handelskompanie, mit der er den neu gewonnenen südlichen Niederlanden einen höheren Anteil am Überseehandel hatte sichern wollen und die bald so gut florierte, dass sowohl die französischen wie auch vor allem die holländischen und britischen Handelsinteressen dadurch beeinträchtigt wurden. Die russische Anerkennung der österreichischen Thronfolge musste Karl VI. damit erkaufen, dass er nunmehr sowohl in den polnischen Angelegenheiten wie auch gegenüber dem Osmanischen Reich mit St. Petersburg an einem Strang zog. Dies war gewissermaßen der Preis für den im August 1726 abgeschlossenen Defensivpakt, mit dem der Kaiser das Zarenreich vollends in die Politik der großen europäischen Kabinette zu integrieren half. Die neugebildete Achse zwischen Wien und St. Petersburg bewog zudem den preußischen König Friedrich Wilhelm I. (1713–1740) bereits kurz darauf zum Bündnis mit dem Kaiser (Vertrag von [Königs] Wusterhausen bei Berlin, Oktober 1726), das gleichfalls die Garantie der Pragmatischen Sanktion beinhaltete und im Berliner Vertrag vom Dezember 1728 bekräftigt wurde. Hiermit verknüpfte der Hohenzoller allerdings die Hoffnung auf kaiserliche Hilfe beim Erwerb des Herzogtums Berg am Niederrhein nach dem Aussterben des dort regierenden Hauses Pfalz-Neuburg. Dass diese ausblieb, trug 1740 wesentlich zum preußischen Überfall auf Schlesien bei. Die Bindung an das Zarenreich verwickelte Karl VI. schließlich in den Türkenkrieg von 1736–1739, in dem die Eroberungen der letzten großen militärischen Auseinandersetzung des Prinzen Eugen mit dem Osmanischen Reich, die im Juli 1718 den Erwerb des Banats von Temesvár, Belgrads und der kleinen Wallachei gebracht hatten, zum erheblichen Teil wieder verloren gingen.

Die außenpolitischen Winkelzüge, die für die allgemeine Anerkennung der Pragmatischen Sanktion erforderlich waren, brachten Karl VI. an den europäischen Höfen den Ruf eines unberechenbaren, ja unzuverlässigen Monarchen ein. Dieser Eindruck wurde noch dadurch bestärkt, dass er – ganz anders als sein Bruder Joseph I. – eine eher verschlossene, undurchsichtige Persönlichkeit war. In außenpolitische Schwierigkeiten brachte er sich auch deswegen, weil er an die besondere Stellung seines Kaisertums im Reich wie in Europa glaubte. In dieser Hinsicht war für ihn sein Name, der ihn an Karl V. erinnerte, gewissermaßen Verpflichtung. Bestärkt wurde er in dieser Hinsicht von dem zwischen 1705 und 1734 als Reichsvizekanzler amtierenden Neffen des Mainzer Erzbischofs und (anders als sein älterer Verwandter Johann Philipp) kaiserlichen Parteigängers Lothar Franz von Schönborn, Friedrich Karl (*1664, †1746, seit 1729 auch Bischof von Bamberg und Würzburg). Zudem konnte Karl vom Anspruch auf die spanische Krone nur schwer lassen, was die Wiener Außenpolitik lange schwer belastete. So wurde der „Spanische Rat", der für die auf der Apenninenhalbinsel 1714 gewonnenen Gebiete zuständig war, erst 1736 zum „Italienischen Rat" umbenannt. Ratgeber, die der Kaiser aus Spanien mitgebracht hatte, spielten bei Hofe bis ins letzte Regierungsjahrzehnt eine wichtige Rolle. Die deutlichste Reminiszenz an den verronnenen Spanientraum stellt jedoch der Versuch dar, das nördlich von Wien gelegene Augustiner-Chorherrenstift Klosterneuburg zu einer österreichischen Klosterresidenz nach dem Vorbild von *San Lorenzo en El Escorial* auszubauen. Dies wurde ab 1730 in Angriff genommen. Von den fünf großen Höfen gigantischen Ausmaßes, die damals geplant waren, ist allerdings nur der nordöstliche mit dem ovalen Marmorsaal zur Ausführung gelangt, der den grandiosen Abschluss der spätbarocken österreichischen Architektur darstellt. So konnte hier auch keine neue Grablege der Habsburger – ähnlich wie in El Escorial für die Könige Spaniens – entstehen. Dazu diente weiterhin die Gruft der von der Gemahlin des Kaisers Matthias testamentarisch gestifteten Wiener Kapuzinerkirche.

Die Bilanz der Regierung Karls VI. fällt weitgehend negativ aus. Sein Ziel, die Nachfolge seiner Tochter Maria Theresia außenpolitisch abzusichern, hat er nur unter großen Opfern und nicht vollkommen erreicht. Sie selbst musste mit den ihr vom Vater hinterlassenen zerrütteten Finanzen erst einen längeren Krieg durchstehen, um allgemein anerkannt zu werden und dabei einen für die Habsburger dauerhaften Gebietsverlust hinnehmen. Vor allem aber war es dem Kaiser, als er am 20. Oktober 1740 starb, nicht gelungen, die Weichen für die Wahl seines Schwiegersohns Franz Stephan zum Reichsoberhaupt zu stellen. Seine Kurstimme hatte lediglich der preußische König Friedrich Wilhelm I. zugesagt, der bereits im Mai 1740 gestorben war, und darüber hinaus konnte man in Wien lediglich auf die hannöversche Stimme zählen. Trotz einer gewissen Annäherung an Frankreich, die sowohl Kardinal Fleury wie auch der seit 1733 als wichtigster außenpolitischer Berater Karls VI. fungierende Freiherr Johann Christoph von Bartenstein (*1690, †1767) vorangetrieben hatten, sah man sich in Wien von Versailles aus mit dem Ziel konfrontiert, die habsburgische Position im Reich weiterhin zu schwächen. Dies bedeutete Aufwind für den seit 1726 als Kurfürst von Bayern regierenden Karl Albert (*1697, †1745), der mit Sicherheit auf die Kurstimmen seines Verwandten, des Kurfürsten von der Pfalz, und seines Bruders, des Kölner Erzbischofs Clemens August (*1700, †1761) zählen konnte. Wie sich Kurfürst Friedrich August II. von Sachsen verhalten würde, war völlig unklar. Dass er gleichfalls gegenüber der Pragmatischen Sanktion, obwohl er zugesichert hatte, sie anzuerkennen, voller Vorbehalte war, sollte sich in den nächsten Jahren erweisen. Als größter Unsicherheitsfaktor erwies sich aber der eigentlich als zuverlässig geltende König in Berlin. Wie unberechenbar die brandenburgisch-preußische Außenpolitik war, zeigte sich noch im Laufe von Karls VI. Todesjahr.

2. Maria Theresia und Franz I.
Der Österreichische Erbfolgekrieg und die Behauptung des Hauses Habsburg-Lothringen

Am 16. Dezember 1740 marschierte ein Heer des einige Monate zuvor an die Regierung gelangten preußischen Königs Friedrich II. (*1712, †1786) nach Schlesien ein und nahm das der Krone Böhmens unterstehende Gebiet (unter nachträglich zurechtgezimmerten, insgesamt wenig stichhaltigen Rechtsgründen, darunter dem zeitweiligen Lehnsbesitz der Hohenzollern von einigen schlesischen Fürstentümern) nahezu ohne Widerstand größtenteils in Besitz. Zugleich bot Friedrich Maria Theresia an, sie vor allen Feinden in Schutz zu nehmen, wenn sie ihm die entrissene Provinz abtrete. Karl VI. hatte zwar alles getan, um seiner Tochter die Nachfolge zu sichern, sie jedoch nicht in die Regierungsgeschäfte eingearbeitet. Zudem war das österreichische Heer infolge des gerade verlorenen Türkenkriegs in einem desolaten Zustand. Von Bartenstein beraten, entschloss sie sich dennoch, den Kampf mit dem Preußenkönig aufzunehmen. Damit betraten zwei Widersacher die politische Bühne, deren Konflikte in den nächsten Jahrzehnten die Politik im Reich bestimmen und die in Europa erheblich mitbeeinflussen sollten. Im Verlauf ihrer Auseinandersetzungen sollte die 1740 noch völlig unerfahrene Erzherzogin von Österreich und Königin von Böhmen und Ungarn zu einer der imponierendsten politischen Persönlichkeiten ihrer Zeit heranreifen und in die Rolle einer – im übrigen auch wegen ihres Kinderreichtums bewunderten – Landesmutter und Integrationsfigur für das immer noch heterogene Habsburgerreich hineinwachsen, in der ihr späterhin niemand mehr gleichkommen sollte.

Der preußische Überfall trug erheblich zur Erschütterung der habsburgischen Stellung im Reich bei, wo Kurfürst Karl Albert von Bayern aufgrund seiner engen Verwandtschaft mit den Habsburgern sowie auch seiner Ehe mit einer der Kusinen Maria Theresias den Anspruch auf die böhmische Krone erhob. Außerdem strebte er nach der Würde des Reichsoberhaupts, was manchen Reichsständen wegen der zunehmenden Machtfülle der Regenten in Wien nicht unlieb war. Auftrieb und Unterstützung erhielt der Kurfürst durch die gerade in Versailles das Übergewicht erlangende Kriegspartei. Hier verabredete man mit dem Bayern einen gemeinsamen Kriegsplan, der das Vordringen französisch-bayerischer Truppen durch Oberdeutschland in die Erblande vorsah. Im Juni 1741 kam es außerdem zum Bündnis Frankreichs mit dem preußischen König, und mit der Einnahme von Passau durch den Kurfürsten von Bayern begann der bis 1748 währende österreichische Erbfolgekrieg. Zeitweilig ging der größte Teil Böhmens verloren und in Prag wurde der bayerische Kurfürst im Dezember 1741 mit der Wenzelskrone gekrönt. Allerdings konnte Maria Theresia durch ihr persönliches Auftreten in Pressburg im Juni 1741 die ungarischen Stände so begeistern, dass sie sich vorbehaltlos hinter sie stellten. Als Karl Albert im Januar 1742 mit sämtlichen Kurstimmen in Frankfurt zum Kaiser gewählt wurde (Karl VII., 1742–1745), sah er sich bald seiner Stammlande beraubt, da Maria Theresias Truppen die Eroberung Bayerns gelang und die französischen Verbände sich aus Böhmen zurückziehen mussten. Um Truppen freizubekommen, willigte Maria Theresia Ende Juni 1742 im Frieden von Berlin in die Abtretung Schlesiens (außer dem Gebiet um Teschen und Troppau, seitdem „Österreichisch-Schlesien") an Preußen ein. Mit britischer und holländischer Unterstützung wurden die Franzosen 1743 aus dem Reich verdrängt, Kaiser Karl VII. drohte die Absetzung. Da griff Friedrich II. erneut in das Kriegsgeschehen ein, indem er Mitte August 1744 nach Böhmen einfiel und damit den zweiten schlesischen Krieg auslöste. Der Feldzug der Allianz gegen Frankreich am Oberrhein musste abgebrochen werden, der preußische König wurde von österreichischen und – da Kurfürst Friedrich August, der aus Enttäuschung darüber, dass sich seine Hoffnung auf den Erwerb eines Teils von Schlesien nicht erfüllt hatte, inzwischen zum Verbündeten Wiens geworden war – sächsischen Truppen zugleich bedrängt. Durch militärische Siege konnten sich allerdings die preußischen Verbände, die sich aus Böhmen hatten zurückziehen müssen, im Juni und Dezember 1745 aus der Bedrängnis befreien. Im Frieden von Dresden am 25. Dezember blieb es für Maria Theresia beim Verlust Schlesiens.

Anfang des Jahres war Karl VII. gestorben und der neue bayerische Kurfürst Maximilian III. Joseph (1745–1777) hatte mit ihr im April in Füssen Frieden geschlossen. Damit war der Weg zur Kaiserwahl ihres Gatten frei: Großherzog Franz Stephan wurde am 13. September 1745 in Frankfurt zum neuen Reichsoberhaupt gewählt. Es fehlten lediglich die pfälzische und die brandenburgische Kurstimme (letztere sicherte Friedrich II. im Dresdener Frieden nachträglich zu). Als Franz I. am 4. Oktober gekrönt wurde, lehnte sie es allerdings ab, in das Krönungszeremoniell mit einbezogen zu werden, da dies als Unterordnung unter ihren Mann hätte ausgelegt werden können. Allerdings führte sie seitdem selbst ebenfalls den kaiserlichen Titel und als „Kaiserin" ist Maria Theresia auch in die Geschichte eingegangen.

Der zweite schlesische Krieg hatte den Franzosen die Möglichkeit gegeben, einerseits am Oberrhein vorzudringen und Freiburg zu erobern, andererseits in den österreichischen Niederlanden erhebliche Gewinne zu erzielen. In Oberitalien waren dagegen die mit dem König von Sardinien verbündeten Österreicher siegreich. In Wien plante man jetzt einen Feldzug gegen Frankreich vom Oberrhein aus, der zur Rückgliederung des Herzogtums Lothringen wie des Elsass' ans Reich (und damit in den Territorialkomplex des Hauses Habsburg-Lothringen) führen sollte. Dem widersetzen sich jedoch die durch die Warschauer Quadrupelallianz vom März 1745 mit Maria Theresia verbündeten Seemächte und Sachsen-Polen, da ihnen an einer nachhaltigen Schwächung des französischen Königs nicht gelegen war. So kam es am 18. Oktober 1748 in Aachen zum Friedensschluss. Darin erhielt die Kaiserin sämtliche von Frankreich eroberten Gebiete zurück, trat allerdings an das mit Versailles verbündete Spanien die Herzogtümer Parma, Piacenza und Guastalla ab. Für Italien bedeutete das die letzte Grenzverschiebung vor den Revolutionskriegen und damit eine lange Friedensperiode, die auch dem verbliebenen habsburgischen Besitz dort zugute kam. Die internationale Anerkennung der Pragmatischen Sanktion war im übrigen keine Frage mehr.

Der Aachener Friede hat nun den Weg zu einem der umwälzendsten Ereignisse in der Geschichte der internationalen Beziehungen während des 18. Jahrhunderts bereitet. Maria Theresia, die den Verlust Schlesiens, den sie als einen Unrechts- und Gewaltakt ohnegleichen ansah, nicht verwinden konnte, setzte von nun an alles daran, den preußischen König diplomatisch zu isolieren. Bereits die Warschauer Quadrupelallianz hatte kurz vor einem förmlichen Bündnis mit dem Zarenreich gestanden. Die folgenden Jahre brachten eine weitere Annäherung zwischen Wien und St. Petersburg, die 1746 in einer österreichisch-russischen Defensivallianz ihren vorläufigen Höhepunkt fand. Vor allem aber zog die jetzt immer stärker von ihrem Aachener Unterhändler Graf Wenzel Anton Kaunitz (*1711, †1794) beeinflusste Kaiserin eine Verständigung mit Frankreich dem bereits während des Krieges immer brüchigeren Bündnis mit Großbritannien vor. Kaunitz – bis 1753 österreichischer Gesandter am Hof von Versailles – wurde zum Staatskanzler (d. h. zum Außenminister, vgl. unten, S. 145) ernannt und brachte am 1. Mai 1756 ein Bündnis zwischen der Kaiserin und dem König von Frankreich zustande, das die seit dem Tod Karls des Kühnen von Burgund nahezu dreihundert Jahre fortbestehende Feindschaft zwischen den Habsburgern und dem französischen Königtum beendete. Noch handelte es sich dabei um eine auf die europäischen Besitzungen beschränkte Defensivallianz. Vorangegangen war die Konvention von Westminster vom 16. Januar, in der sich der britische und der preußische König gegenseitigen Beistand bei der Friedenswahrung in Europa zusicherten. Hierbei ging es London angesichts der soeben mit Frankreich in Nordamerika ausgebrochenen Feindseligkeiten darum, das Kurfürstentum Hannover aus kriegerischen Verwicklungen herauszuhalten, während sich der preußische König in das britisch-russische Abkommen zur gegenseitigen Hilfeleistung vom Herbst 1755 einklinken wollte, bevor es sich zu einer tödlichen Umklammerung Preußens entwickeln konnte. Gerade die sich abzeichnende Achse zwischen London und Berlin trieb aber die Allianz zwischen Versailles und Wien voran. Das *Renversement des alliances* war perfekt, als sich Friedrich II. angesichts einer drohenden Koalition zwischen Russland, Sachsen-Polen, Österreich und Frankreich im August 1756 zu einem militärischen Präventivschlag gegen Sachsen hinreißen ließ und das Kurfürstentum kurzerhand besetzte, während der Kurfürst sich in sein Königreich Polen begab.

Der Ausbruch des dritten schlesischen Krieges (1756–1763) führte nämlich im Januar 1757 zu einem förmlichen Angriffsbündnis zwischen der Kaiserin und dem König von Frankreich, dem die Zarin Elisabeth von Russland Anfang Mai beitrat. Friedrich II., der zur Kriegsführung vorwiegend auf britische Hilfsgelder angewiesen war, konnte zwar einige spektakuläre militärische Erfolge erringen und sowohl das russische wie das französische Eingreifen auf dem Kriegsschauplatz in Sachsen, Böhmen und Schlesien lange Zeit verhindern, allmählich jedoch geriet er angesichts der energischen österreichisch-russischen Kriegsführung immer mehr in Bedrängnis: im Juli 1759 wurde sein Heer in der Schlacht von Kunersdorf fast völlig vernichtet. Trotz des Misserfolgs der französischen Verbündeten in der Schlacht von Minden Ende Juli 1759 war die Kaiserin ihrem Ziel, das brandenburgisch-preußische Staatswesen wieder auf den Stand eines mittleren Reichsterritoriums zurückzuwerfen, ziemlich nahe gekommen, zumal 1760 die Briten dem Preußenkönig weitere Hilfsgelder versagten. In Frankreich wurde man allerdings langsam kriegsmüde und es mangelte seitens der Alliierten an einer einheitlichen Kriegsführung, mit der man die preußischen Verbände vollends hätte aufreiben können. Im Januar 1762 gelangte mit Peter III. ein Bewunderer Friedrichs II. auf den Zarenthron, der alsbald die Allianz mit Maria Theresia aufkündigte und sich mit dem Preußenkönig verbündete. Auch als er bereits im Juli gestürzt und ermordet wurde, kehrte seine Gattin und Nachfolgerin Katharina II. (1762–1796) nicht in die Allianz mit Wien zurück, sondern blieb neutral. Im November 1762 verständigten sich im übrigen London und Versailles auf Vorbedingungen für einen Frieden, der Anfang Februar 1763 in Paris abgeschlossen wurde. Den Kriegsparteien im Reich blieb daraufhin nichts anderes übrig, als ebenfalls die Waffen niederzulegen. Der Friede von Hubertusburg bei Dresden stellte am 15. Februar die Vorkriegsverhältnisse wieder her. Maria Theresia verzichtete damit endgültig auf Schlesien. Sachsen wurde restituiert, und der preußische König sicherte zu, die brandenburgische Kurstimme bei der bevorstehenden Wahl des römischen Königs dem ältesten Sohn der Kaiserin zu geben. Damit waren die „Königlich Preußischen Staaten" zur zweiten Macht im Reich und gleichzeitig zu einer der europäischen Großmächte aufgestiegen. Mit ihr musste man in Wien künftig ernsthaft rechnen, wenn man in Mitteleuropa politisch aktiv bleiben wollte.

Die Kriegsführung gegen den verhassten Gegner in Berlin war nur möglich gewesen, weil die Kaiserin Ende der vierziger Jahre einige bedeutsame Reformen durchgesetzt hatte, durch die das habsburgische Behördenwesen erheblich gestrafft und auch die staatlichen Einnahmen verbessert worden waren. Treibende Kraft war hier der aus Sachsen stammende, vom Vorbild der preußischen Verwaltung beeinflusste Graf Friedrich Wilhelm Haugwitz (*1702, †1765). Seine Reformvorschläge kulminierten in der Zusammenfassung sämtlicher österreichisch-böhmischen Behörden im zentralen *Directorium in Publicis et Cameralibus*, das – in Länderreferate unterteilt – von nun an die gesamte Innen- und Finanzverwaltung sowie die (durch das dem *Directorium* untergeordnete, im übrigen auch für Ungarn zuständige Kommerzdirektorium gelenkte) Wirtschaftspolitik in den österreichischen und böhmischen Reichsteilen koordinierte. Daneben wurde in der „Obersten Justizstelle" ein Obergericht geschaffen. Die Behörden der einzelnen Landesteile wurden den zentralen Verwaltungsstellen untergeordnet, wobei man auch hier auf die Trennung von Verwaltungs- und Justizangelegenheiten achtete. Bereits seit 1742 gab es zur Leitung der Außenpolitik die Staatskanzlei (seit 1761: Haus-, Hof- und Staatskanzlei). Wie stark die Gesamtstaatsidee sich bereits durchgesetzt hatte, zeigte sich auch daran, dass 1748 die Landtage in den österreichisch-böhmischen Reichsteilen in gesonderten Beschlüssen (Rezessen) für drei bis zehn Jahre die von der Landesherrin verlangten Steuern bewilligten. Dies leitete die Praxis einer regelmäßigen Besteuerung ein. Ihr entzogen sich zunächst nur die Tiroler Stände, die auch während des Siebenjährigen Krieges gegen Preußen die über die traditionellen Steuern hinausgehenden Abgaben lediglich in der Form von Darlehen bewilligten. In Ungarn war es ungleich schwieriger, eine regelmäßige Besteuerung durchzusetzen. Immerhin war Maria Theresia, die es dem dortigen Adel nie vergaß, wie begeistert er sie 1740/41 unterstützt hatte, darum bemüht, die sich aus dem Lehnrecht ergebende adlige Kriegsdienstpflicht in eine regelmäßige Abgabe umzuwandeln und zugleich die bäuerliche Bedrückung zu lindern, um so von den Bauern mehr Steuern verlangen zu können.

Da während des letzten kriegerischen Konflikts mit Preußen das Haugwitz'sche Verwaltungssystem offensichtlich versagt hatte, gelang es Kaunitz 1760, weitere administrative Veränderungen durchzusetzen. Sie bestanden vor allem in der Einrichtung eines Staatsrats aus je drei Adligen und Vertretern des Gelehrten- wie des Ritterstandes (hauptsächlich juristisch geschulten Fachleuten), die die Regierungstätigkeit begutachtend begleiten und ggf. koordinieren sollten. Aus dem *Directorium in Publicis et Cameralibus* wurde die „Vereinigte böhmisch-österreichische Hofkanzlei", der die Finanzverwaltung jedoch entzogen und der Hofkammer eingegliedert wurde. Dies bedeutete eine Trennung von Innen- und Finanzverwaltung, die man auch auf die einzelnen Landesteile zu übertragen versuchte. Daneben ist die Regierungszeit Maria Theresias, die ihrem Mann – außer in finanziellen Angelegenheiten – kaum Einfluss einräumte, auch durch wichtige Ansätze zur Rechtsvereinheitlichung geprägt. Zwar scheiterte der Versuch zur Einführung eines umfassenden *Codex Theresianus*, der 1766 als Entwurf vorgelegt wurde, aber wenigstens wurde mit der *Nemesis Theresiana* 1768 das Straf- und Strafprozessrecht vereinheitlicht. Eine typische Maßnahme des auch von der Kaiserin praktizierten „aufgeklärten Absolutismus" war die 1768 verfügte Abschaffung der Folter.

Durch ihren Selbstbehauptungswillen angesichts äußerer Bedrohungen, durch ihre vierzigjährige Regierung und aufgrund ihrer bei aller Unpopularität mancher Reformen doch großen Volkstümlichkeit konnte Maria Theresia zu einer Art Symbolfigur der sich innerlich immer stärker verfestigenden Donaumonarchie aufsteigen. Als aufgeklärte Monarchin trat sie allmählich immer stärker neben die im Reich zum Prototypen des Aufgeklärten Absolutismus gelegentlich durch Eigenpropaganda allzu stark emporstilisierte Figur des „großen" Friedrich von Preußen. Immerhin hat ihr mit großem Durchsetzungsmögen gepaartes intuitives Geschick im Umgang mit ihren Untertanen sie davor bewahrt, einen unzeitgemäßen Reformeifer an der Tag zu legen, an dem ihr ältester Sohn Joseph schließlich scheitern sollte.

3. Der Aufgeklärte Absolutismus Joseph II. und Leopold II.

Dass Joseph II. (*1741, †1790) Ende März 1764 in Frankfurt ohne Schwierigkeiten zum römischen König und damit zum Nachfolger Franz' I. als Kaiser gewählt wurde, war ein bedeutsamer Erfolg der Reichspolitik Maria Theresias. Nicht ganz ein Jahr später starb sein Vater, dem in der Toskana Josephs jüngerer Bruder Peter Leopold (*1747, †1792) als Großherzog nachfolgte [vgl. über ihn unten, S. 153–157]. Daraus ergab sich das Kuriosum, dass der junge Habsburger zwar zum Reichsoberhaupt avancierte, ihm aber – anders als seinen kaiserlichen Vorgängern – die Herrschaftsrechte in den habsburgischen Territorien nicht unbeschränkt zu Gebote standen. Hier blieb er bis zum Tod seiner Mutter am 29. November 1780 lediglich Mitregent. Maria Theresia behielt in gewohnter Weise die Fäden der Regierung in den eigenen Händen, während Joseph, der eine ähnlich selbstbewusste Persönlichkeit war wie seine Mutter, sich zeitweilig fast in den Hintergrund gedrängt sah. Dass er fünfzehn Jahre warten musste, ehe er selbständig regieren durfte, erklärt manches von dem ungestümen Vorgehen bei der Reformpolitik, die er ab 1780 einleitete. Dennoch sollte diese die Habsburgermonarchie nachhaltig prägen.

Aufgrund ihrer negativen Erfahrungen bei der eigenen Regierungsübernahme hat Maria Theresia ihren Sohn frühzeitig mit den Staatsgeschäften vertraut gemacht. Eine wichtige Rolle spielte dabei Bartenstein, der Joseph u. a. in die staatsrechtlichen Problemen des habsburgischen Territorialkomplexes einführte. Schwieriger war das Verhältnis des jungen Kaisers zu Kaunitz, der – um sich an der Macht halten zu können – ständig zwischen Mutter und Sohn lavierte. Joseph versuchte vor allem durch ausgedehnte Reisen in die verschiedenen, sogar in weitab gelegene habsburgische Länder wie die niederländischen Provinzen und das Banat, die dortigen Verhältnisse näher kennenzulernen. Da er jedem zeremoniellen Pomp abhold war (1780 bei der Übernahme der Königswürde in Böhmen und Ungarn verzichtete er auf die förmliche Krönung und ließ die Wenzels- wie die Stephanskrone in die kaiserliche Schatzkammer nach Wien bringen, später verfügte er, in der Kapuzinergruft in einem einfachen Kupfersarg beigesetzt zu werden), reiste er in der Regel scheinbar *incognito*, d. h. unter einem Namen, dessen Rang einen natürlichen Umgang ohne den üblichen Abstand zwischen Herrscher und Untergebenen erlaubte. Durch sein Auftreten erlangte er rasch eine ungewöhnliche Volkstümlichkeit, die – namentlich in Wien, wo er für Petitionen stets zugänglich war und sich für soziale Belange einsetzte – die seiner Mutter bald überstieg. Bezeichnend ist auch, dass er die Sitte mehrfacher „Vorhänge" im Theater der Hofburg unterband, was dazu geführt hat, dass Aufführungen dort bis heute nur einmal beklatscht werden. Dabei eignete ihm als einem Mann, der sich den Staatsgeschäften geradezu fanatisch hingab, ein asketischer Zug, vor allem seitdem er zweimal Witwer geworden war und früh sein einziges Kind, eine Tochter aus erster Ehe, verloren hatte. Hierin scheint er sich Friedrich II. von Preußen zum Beispiel genommen zu haben, dem ebenso bewunderten wie auch zunehmend, ähnlich wie seiner Mutter, verhassten Vorbild, an dessen erfolgreicher Tätigkeit er sich dennoch ausrichtete.

Die erzwungene Passivität bei der Mitgestaltung der Politik innerhalb der Habsburgermonarchie lenkte den Blick des Kaisers zunächst auf das Reich und die Reform seiner Institutionen, was jedoch lediglich zu einer 1775 erlassenen neuen Geschäftsordnung des Reichskammergerichts führte. Im übrigen tendierte auch Joseph mehr und mehr zur Instrumentalisierung seiner Rechte als Reichsoberhaupt für die habsburgische Hausmachtpolitik. Dies war in Italien wie vor allem nach 1777 bei der bayerischen Sukzession der Fall. Ansonsten trat er besonders 1772 bei der Handhabung der polnischen Frage aus dem politischen Schatten seiner Mutter heraus. Seit 1768 hatten sich die Spannungen unter den drei osteuropäischen Großmächten Österreich, Russland und Preußen zugespitzt, was mit der wachsenden Einflussnahme der Zarin Katharina in die innerpolnischen Angelegenheiten sowie mit dem in Wien als bedrohlich angesehenen, auf dem Balkan im Zuge des für das Zarenreich überaus erfolgreichen Türkenkrieg zwischen 1768 und 1774 zusammenhing. Bereits 1769 setzte Joseph die Besetzung der seit 1412 im Pfandbesitz der Krone Polens befindlichen Grafschaft Zips durch. Gegen den erbitterten Widerstand seiner Mutter, aber mit Unterstützung des Staatskanzlers ging er dann im August 1772 auf den Vorschlag des preußischen Königs ein, dass sich die drei Ostmächte zum Abbau ihrer Spannungen untereinander größere Gebietsteile der polnischen Adelsrepublik aneignen sollten (sog. erste polnische Teilung). Hierbei erwarb Friedrich II. die ersehnte Landbrücke zwischen Preußen und Pommern („Westpreußen") und konnte endlich den Titel eines Königs *von* Preußen führen, während Österreich sich weite Teile Galiziens und „Rotrusslands" (Ukraine), das sog. Königreich Galizien und Lodomerien, aneignete. Von Maria Theresia ist überliefert, dass sie angesichts dieser Gewaltmaßnahme, die sie zweifellos an die eigene Demütigung bei der preußischen Annexion Schlesiens erinnerte, in Tränen ausgebrochen sei. Im übrigen ließ Joseph 1774 auch die zum Osmanischen Reich gehörende Bukowina besetzen, die – 1775 von der Pforte förmlich abgetreten – mit Galizien-Lodomerien vereinigt wurde und so diesen Besitz bis über den Oberlauf des Pruths ausdehnte.

Den Ruf, eine expansive Politik auf Kosten seiner Nachbarn zu betreiben, bestätigte Joseph II. im Zusammenhang mit der bayerischen Erbfolgefrage. Ende 1777 starb der kinderlose Kurfürst Maximilian III. Joseph von Bayern. Gemäß den wittelsbachischen Hausverträgen seit 1746 folgte ihm der pfälzische Kurfürst Karl Theodor (*1724, †1799), der die Regierung in München Anfang 1778 jedoch nur ungern antrat und dem Wunsch des Kaisers entgegenkam, Bayern größtenteils für das Haus Habsburg zu erwerben. Die (geheime) Wiener Konvention vom 3. Januar sah die Abtretung Niederbayerns, der Oberpfalz sowie von Teilen Oberbayerns an Österreich vor, zugleich sagte Joseph seine Unterstützung dabei zu, für einen natürlichen Sohn des sonst kinderlosen Kurfürsten ein eigenes Reichsterritorium zu schaffen. Österreichische Truppen nahmen die versprochenen Landesteile unverzüglich in Besitz. Joseph versuchte die zu erwartende Opposition auf dem Reichstag unter der Führung Preußens dadurch zu besänftigen, dass er den Verzicht auf die Oberpfalz in Aussicht stellte, wenn Friedrich auf die Eingliederung der Markgrafschaften Ansbach und Bayreuth nach dem Aussterben seiner dortigen hohenzollernschen Verwandten verzichten würde. In Berlin verband man sich jedoch mit anderen Reichsfürsten, die Anspruch auf Teile des bayerischen Erbes hatten (darunter mit dem Kurfürsten von Sachsen), und ermunterte den wittelsbachischen Gesamterben Karl Theodors, Herzog Karl von Pfalz-Zweibrücken-Birkenfeld, dazu, seine Ansprüche nicht aufzugeben und auf dem Reichstag gegen die Minderung seines Erbes zu protestieren. Anfang Juli 1778 marschierten preußisch-sächsische Truppen in Böhmen ein. Es kam zu keinen nennenswerten Kampfhandlungen, aber Joseph II. sah sich von seinem Alliierten Frankreich im Stich gelassen, da man in Versailles diesmal den Bündnisfall nicht für gegeben ansah. Während ihr Sohn unnachgiebig blieb, nahm

Maria Theresia hinter seinem Rücken Verhandlungen mit dem preußischen König auf, die im August erst einmal ergebnislos abgebrochen wurden. Im Dezember griffen jedoch Frankreich und Russland vermittelnd in den Konflikt ein und im Mai 1779 wurde in Teschen Frieden geschlossen, durch den das Kurfürstentum Pfalz-Bayern in seinem Territorialbestand nahezu vollständig erhalten blieb. Diese Regelung, der sich 1780 auch das Reich anschloss, wurde von den beiden Großmächten garantiert, die (d. h. das Zarenreich an der Stelle von Schweden) einmal mehr den Fortbestand für das im Westfälischen Frieden geschaffene Verfassungssystem absicherten.

Für Joseph bedeutete dieser Frieden trotz des Erwerbs des sog. Innviertels (d. h. der bayerischen Gebiete zwischen Inn, Donau und Salzach) eine herbe Niederlage, zumal er den Anfall von Ansbach und Bayreuth an Preußen hinnehmen musste. Für seinen großen Widersacher im Reich war der Friedensschluss dagegen ein Erfolg, da Friedrich II., der frühere Störer des Reichsfriedens, sich nun als Wahrer des inneren Gleichgewichts im Reich feiern lassen konnte. Diesen Erfolg vermochte der Preußenkönig 1785 sogar auszubauen, nachdem Joseph mit Kurfürst Karl Theodor einen Tauschplan vereinbart hatte, wonach Bayern an das Haus Habsburg und dafür die österreichischen Niederlande an den Kurfürsten fallen sollten. Vorbereitet wurde dies durch eine diplomatische Annäherung zwischen den Höfen in Wien und St. Petersburg, die Joseph noch vor dem Tod seiner Mutter (Ende November 1780) einfädelte. 1781 hob er zudem, um das Gebiet für einen neuen Landesherrn attraktiver zu machen, das holländische Besatzungsrecht in den Barriere-Festungen der österreichischen Niederlande auf. Dies nahm man in Berlin zum Vorwand, um gegen den Bruch des entsprechenden Vertrags von 1715, den auch das Reich mitgetragen hatte, auf dem Reichstag Protest einzulegen. Darüber hinaus griff man schon länger verfolgte Bestrebungen kleinerer Reichsfürsten zur Sicherung der Reichsverfassung auf: am 23. Juli 1785 schlossen Preußen, Hannover und Sachsen zur Sicherung der reichsständischen Rechte den „Deutschen Fürstenbund" ab, dem in rascher Folge neben dem Mainzer Kurfürsten zahlreiche weitere Reichsfürsten beitraten. Die Stoßrichtung gegen den Kaiser war unverkennbar und auch erfolgreich. Joseph musste auf seine bayerischen Pläne endgültig verzichten und geriet im Reich, wo sich Preußen immer mehr als entscheidendes Gegengewicht etablierte, in die Defensive. Reichspolitisch war der Kaiser damit völlig gescheitert, noch ehe seine Regierung auch auf anderen Gebieten mit einem Fiasko endete.

Josephs vordringliche innenpolitischen Ziele waren einmal die Vollendung der Reichseinheit durch entsprechende Neuerungen in der Verwaltung, zum anderen die Einführung von Reformen im Sinne der augeklärten Ideen seiner Zeit. Maßnahmen, die in diese Richtung gingen, waren die Aufhebung der bäuerlichen Leibeigenschaft und die Einführung von Grundsteuern für sämtliche Ländereien in den österreichisch-böhmischen Gebieten bis hin zur 1789 mit dem sog. Grundsteuerpatent eingeräumten Möglichkeit, grundherrliche Dienste durch Geldzahlungen abzulösen, ferner die im Toleranzpatent von 1781 angestrebten Erleichterungen für die protestantischen Bekenntnisse und Lockerungen bei den zahlreichen Hemmnissen gegenüber den Juden. Die katholische Kirche wurde gewissermaßen in staatliche Regie genommen, woran auch eine persönliche Intervention Papst Pius' VI. 1782 bei seinem Besuch in Wien nichts änderte. Zum sog. Josephinismus gehörte, dass ein Teil der Klöster aufgehoben und zugleich mit den dadurch gewonnenen Mitteln das Schulwesen verbessert wurde. Hinzu traten Verbesserungen im Rechtswesen, insbesondere in der Strafgerichtsbarkeit. Abgerundet wurden die kaiserlichen Reformen durch wirtschaftliche Förderungsmaßnahmen, insbesondere im gewerblichen Bereich, auch wenn sich Joseph bei aller Offenheit für physiokratische und liberale Gedanken von der merkantilistischen Wirtschaftspolitik seiner Mutter nicht zu lösen vermochte.

Zur Vollendung der Einheit der Habsburgermonarchie wollte Joseph die theresianischen Verwaltungsreformen, die sich bewusst auf den bereits seit langem von Wien regirten österreichisch-böhmischen Länderkomplex beschränkt hatten, auf Ungarn, die Niederlande und Norditalien ausdehnen. Die Zusammenlegung der ungarischen mit der siebenbürgischen Hofkanzlei war eine Maßnahme, die der der österreichischen mit der böhmischen im Jahre 1749 entsprach. Daneben sollte aber, vor allem bei der Festsetzung der Steuern, jegliche ständische Mitbestimmung ausgeschaltet und außerdem das Indigenatsprinzip (d. h. die alleinige

Berücksichtigung Einheimischer bei der Berufung von Amtsträgern) aufgehoben werden. Auch die Verwaltungsbezirke wollte der Kaiser neu schneiden, um die Administration insgesamt übersichtlicher zu gestalten. Dies führte deswegen zu Unzufriedenheit, weil Ländergrenzen obsolet zu werden drohten, die die alte Territorienvielfalt widerspiegelten, über die die Habsburger bisher gewissermaßen nur in Personalunion geboten hatten. An die Stelle der traditionellen Bindung an ihr Land sollte für die Beamten die enge Bindung an den Landesherrn treten. Ihre Leistungsfähigkeit wollte Joseph durch eine stärkere Abhängigkeit von der Zentrale steigern, denn – so schrieb er 1781 in einem Runderlass – sie sollten „nicht allein ihren Hintern zum Sitzen und ihre Hände zum Unterschreiben dem Staate widmen", sondern „die Kräfte ihrer Seelen, ihre Vernunft, einen wirkenden Willen und ihre ganzen Kräften zu desselben Dienst aufopfern und so ohne Rücksicht der Stunden, der Tägen[!], der Form das Gute mit Eifersucht zu erhalten suchen."[5] In diesem Zusammenhang wurde das dienstliche Verhalten der Amtsträger kleinlich kontrolliert, was nicht in jedem Fall wirklich zur erwarteten Leistungssteigerung, sondern eher zu angepasstem Strebertum führte.

Die Unzufriedenheit mit den josephinischen Reformen staute sich vor allem bei der Kirche und im Adel bedrohlich auf. Zudem schuf der Kaiser sich – auch wegen seines Bestrebens, das Deutsche als Verwaltungssprache durchzusetzen – in Ungarn ernsthafte Gegner. Gegen die von ihm eingeführte Verwaltungsneugliederung in den österreichischen Niederlanden (die 1794 weitgehend bei der Einführung der französischen Départements übernommen wurde und die daher in Belgien bis heute fortlebt) und gegen die Überführung der dortigen Priesterausbildung in staatliche Regie kam es aber vor allem in Brabant zu einer Ende der achtziger Jahre immer stärker anschwellenden Oppositionsbewegung. Sie entlud sich im Dezember 1789 in der sog. Brabantischen Revolution, die – auch nachdem der Kaiser kurz vor seinem Tod am 20. Februar 1790 einen großen Teil seiner Reform-

---

[5] Zitiert nach: Michael Erbe, *Deutsche Geschichte 1713–1790. Dualismus und Aufgeklärter Absolutismus,* 1985, S. 135.

maßnahmen widerrufen hatte – die Unabhängigkeitserklärung der „Vereinigten belgischen Provinzen" nach sich zog.

Zu diesem Zeitpunkt war Joseph auch mit Aufruhrbewegungen in Ungarn konfrontiert und darüber hinaus durch die Teilnahme am 1787 ausgebrochenen Krieg der Zarin Katharina II. mit dem Osmanischen Reich außen- wie innenpolitisch erheblich geschwächt. Denn nicht allein, dass der Kriegsverlauf für die Österreicher kaum günstig war, dass sich die von London unterstützte preußische Außenpolitik für die bedrängte Pforte einsetzte und unter der Hand die Unzufriedenheit in Ungarn (wie im übrigen auch die Erhebung in Belgien) schürte, hatte sich der Kaiser auch auf dem von ihm persönlich geleiteten Balkanfeldzug von 1788 neben der Tuberkulose eine Malariainfektion zugezogen, die ihn – als sich die Krise im Inneren zuspitzte – zunehmend schwächte und schließlich nahezu aktionsunfähig machte. Bereits todkrank, entschloss er sich Ende Januar 1790 dazu, fast sämtliche Reformen (außer dem Toleranzpatent von 1781) zurückzunehmen. Als sein Bruder Peter Leopold aus Florenz kommend drei Wochen nach dem Tod Josephs (20. Febr. 1790) in Wien eintraf, wartete ein schwieriges Erbe auf ihn.

Die Übernahme der Regierung durch Leopold (wie sein Herrschername nunmehr lautete) war für das Habsburgerreich ebenso ein Glücksfall, wie sein überraschender Tod nach nur zweijähriger Herrschaft die Krise mit bewirkt hat, in die die Monarchie anschließend in außenpolitisch tief bewegter Zeit geriet. Als Großherzog hatte er die Toskana seit 1765 aus finanzieller Misere heraufgeführt, Verwaltung und Bildungswesen modernisiert, die Wirtschaft durch großzügige Infrastrukturmaßnahmen und eine liberale Handelspolitik wiederbelebt und auch sonst weitreichende Reformen – bis hin zur (wenigstens zeitweiligen) Abschaffung der Todesstrafe – durchgeführt, als deren Endpunkt eine parlamentsartige Landesvertretung zur Mitsprache in den politischen Angelegenheiten vorgesehen war. Die Toskana hatte sich so (neben Dänemark) auf dem Kontinent zum führenden Staat des Aufgeklärten Absolutismus entwickelt. Insofern stand Leopold den Reformen seines Bruders grundsätzlich positiv gegenüber. Allerdings war er im Hinblick auf Josephs Eigenart stets äußerst skeptisch gewesen. Beide waren völlig verschiedene Charaktere, wobei der Jüngere eher dem Vater ähnelte. Bedachtsam in seinem

Vorgehen, dabei misstrauisch, verschloss er sich oft gegenüber seiner Umgebung und ließ sich, namentlich von dem auf völlige Kontrolle des habsburgischen Nebenlandes in Mittelitalien abzielenden Kaiser, möglichst wenig in die Karten schauen. Seine wahren Motive sind überhaupt erst in den frühen sechziger Jahren des 20. Jahrhunderts bekannt geworden, als es seinem Biographen Adam Wandruszka gelang, Leopolds in Geheimschrift abgefasste Tagebücher zu entziffern. Joseph dagegen hatte für den jüngeren Bruder fast nur Spott übrig, bedachte ihn beispielsweise wegen seiner kinderreichen Ehe mit der spanischen Bourbonin Marie Luise (*1745, †1792) ironisch als „trefflichen Bevölkerer". Dass er sein unmittelbarer Nachfolger werden würde, konnte er dabei nicht ahnen, obwohl fest stand, dass sich die Linie der habsburgischen Herrscher über ihn fortsetzen würde.

Für Leopold kam es nach seiner Ankunft in der Hofburg einerseits darauf an, die Unruhen im habsburgischen Machtbereich selbst in den Griff zu bekommen, zum anderen aber, das Verhältnis zum Reich wieder zu normalisieren. Bei der Kaiserwahl, für die ihm zunächst lediglich die Stimme seines jüngsten Bruders, des seit 1784 amtierenden Kölner Kurfürsten Maximilian Franz, sicher schien, fand sich letztlich niemand, der bereit war, als Gegenkandidat aufzutreten (eine zeitweilig für möglich gehaltene Bewerbung Karl Theodors von Pfalz-Bayern erwies sich als illusorisch). So wurde Leopold schließlich – nach mehrwöchigen Verhandlungen, in denen er zusagte, dass die reichsständischen Rechte künftig strenger geachtet würden – am 30. September 1790 zum Kaiser gewählt (Leopold II., 1790–1792). Anschließend ließ er sich, dem von Joseph unterbrochenen Brauch gemäß, Mitte November in Pressburg zum König von Ungarn und ein Jahr später in Prag zum König von Böhmen krönen. Der Kaiserwahl vorausgegangen war der für die Reichspolitik essentielle Ausgleich mit Preußen, mit dessen seit 1786 regierenden König Friedrich Wilhelm II. sich Leopold im Juli 1790 im schlesischen Reichenbach traf. Hier kam es auf Vermittlung Londons und Den Haags hin zu einer Übereinkunft (Reichenbacher Konvention, 27. Juli), in der der Habsburger sich den preußischen Forderungen im Hinblick auf die Erhaltung des Osmanischen Reiches und den weitgehenden Verzicht auf österreichische Gebietsgewinne beugte, während man in Berlin zusagte, sich aus der niederländischen Erhebung herauszuhalten und auf weitere Ausdehnung auf Kosten Polens zu verzichten. Damit wurde nicht nur eine drohende bewaffnete Auseinandersetzung zwischen Preußen und Österreich vermieden, sondern auch die Grundlage für ein gedeihliches Miteinander im Reich geschaffen. Die Unruhen in den österreichischen Niederlanden und in Ungarn klangen denn auch bald ab. Ende des Jahres war Brüssel wieder in Leopolds Hand.

Während sich die Lage in der Habsburgermonarchie normalisierte, sahen sich die beiden deutschen Vormächte immer stärker mit der Frage konfrontiert, wie sie auf die Vorgänge in Frankreich seit dem Sommer 1789 und die damit verbundene Schwächung König Ludwigs XVI. reagieren sollten. Dieser war Leopolds Schwager (Maria Theresia hatte 1770 ihre jüngste Tochter Marie Antoinette [*1755, †1793] mit dem französischen Dauphin verheiratet, um so das Bündnis zwischen Wien und Versailles auch durch Familienbande zu stärken), so dass es für den Habsburger um die Solidarität nicht nur mit einem verbündeten, sondern auch mit einem eng verwandten Herrscher ging. Die Vorgänge in Frankreich betrafen ihn aber auch in seiner Eigenschaft als Kaiser. Im Zuge der französischen Verwaltungsreform vom Februar 1790 waren mit der Schaffung der Départements *Haut-Rhin* und *Bas-Rhin* im Elsass die dort noch vorhandenen Reichsrechte und die kleinen Territorien von Reichsfürsten aufgehoben worden. Die *Constitution civile du Clergé*, gegen die – ebenso wie gegen die Einverleibung der Stadt Avignon und der Grafschaft Venaissin ins französische Staatsgebiet im Mai 1791 – der Papst heftig protestierte, provozierte zudem die Solidarität der katholischen Höfe Europas, darunter auch Wiens. Den Höhepunkt der allgemeinen Beunruhigung bildete die zeitweilige Absetzung Ludwigs XVI. nach dessen mißglückter Flucht aus Frankreich im Juni 1791.

Leopold versuchte allerdings auch hierbei die Dinge nicht zu überstürzen. Er dürfte damals einer der wenigen Staatsmänner Europas gewesen sein, die in der Französischen Revolution nicht nur den Vorteil einer zeitweiligen außenpolitischen Schwächung der westeuropäischen Großmacht erblickten, sondern denen auch klar war, dass die Veränderungen dort ungeahnte Kräfte freizusetzen vermochten, die das System des europäischen Gleichgewichts nachhaltig stören konnten. Daher verschloss er sich den inständigen Bitten seiner Schwester, in Frankreich zu intervenieren, um den König wieder in seine alten Rechte einzusetzen. Am 6. Juli jedoch sandte er – aus Sorge um die Familie seiner Schwester – von Padua aus ein Zirkularschreiben an die wichtigsten europäischen Höfe, in dem er zu einer gemeinsamen Erklärung gegen die entwürdigende Behandlung Ludwigs XVI. aufforderte. Am 27. August kam es daraufhin im sächsischen Pillnitz zu einer gemeinsamen Erklärung Leopolds und Friedrich Wilhelms von Preußen, in der sämtliche Fürsten Europas dazu aufgefordert wurden, alles in ihrer Macht Stehende zu tun, damit die Pariser Nationalversammlung den französischen König wieder in Amt und Würden einsetze. Zu ernsthaften Maßnahmen gab es aber nach dem 3. September 1791 keine Handhabe mehr, weil Ludwig XVI. an diesem Tag die neue Verfassung seines Landes beschwor und seine königliche Stellung zurückerhielt.

Den sich trotzdem verschärfenden Spannungen mit Frankreich hat Leopold in der Folge nach Kräften versucht entgegenzuwirken. In Paris erregte man sich zunehmend über die Armee adliger Emigranten, die sich auf dem Territorium des Trierer Kurfürsten sammelte. In Wien entschied man Mitte Januar 1792, harte Maßnahmen in Betracht zu ziehen, falls französische Übergriffe auf Reichsterritorien erfolgen sollten. Anfang Februar schloss Leopold mit dem König von Preußen eine Defensivallianz ab, die beide Partner im Kriegsfall zur Stellung eines Truppenkontingents von je 20.000 Mann verpflichtete, zugleich betonte der Kaiser aber in einer nach Paris entsandten Note seine weitere Bereitschaft zur Zurückhaltung. Hier allerdings antwortete man mit der Aufforderung, bis Anfang März zu erklären, ob man sich in Wien weiterhin an das Bündnis von 1756 gebunden fühle. Die Dinge waren noch in der Schwebe, als Leopold am 1. März völlig unerwartet einer Lungenentzündung, in deren Gefolge sich eine Brustfellvereiterung einstellte, erlag. Mit der Regierungsübernahme seines ältesten Sohnes Franz (*1768, †1835), der politisch wenig erfahren und von seinen herrscherlichen Fähigkeiten her weder mit seinem Onkel noch mit seinem Vater zu vergleichen war, bekam die Kriegspartei bei Hofe Auftrieb, die nun keinerlei Rücksicht mehr auf französische Empfindlichkeiten zu nehmen gedachte. Die französische Regierung wurde aufgefordert, die

Enteignungen sowohl im Elsass wie im Venaissin rückgängig zu machen. Die Wellen der Erregung schlugen daraufhin in der Nationalversammlung so hoch, dass diese am 18. April die Kriegserklärung an den „König von Ungarn und Böhmen" beschloss. Tat man dies in der Hoffnung, den Krieg auf den Gegner in Wien beschränken zu können, so sah man sich allerdings französischerseits rasch enttäuscht. Wien und Berlin handelten nunmehr gemeinsam und es begann ein Krieg gegen das vor kurzem noch verbündete Nachbarland, der die Habsburger mit Unterbrechungen dreiundzwanzig Jahre hindurch in Atem halten und ungeahnte Veränderungen für Österreich selbst, für das Gebiet des Römisch-Deutschen Reiches, ja für ganz Europa bringen sollte.

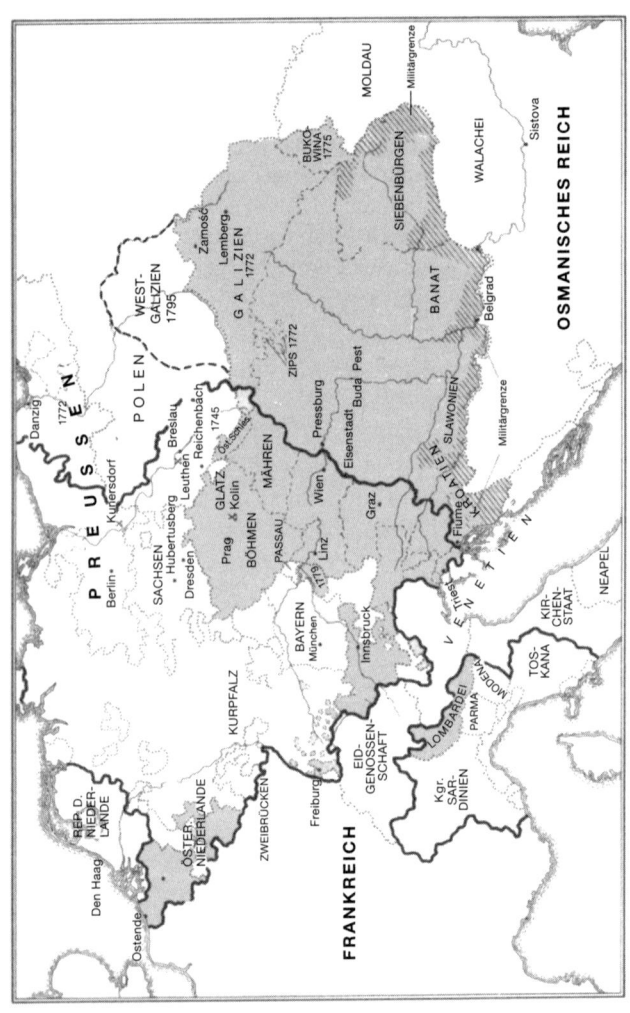

Karte 6: Das Habsburgerreich zu Beginn der Revolutionskriege

VI. Österreich im Zeitalter der Französischen Revolution und der napoleonischen Hegemonie (1792–1815)

1. Das Ende des Heiligen Römischen Reiches deutscher Nation

Franz hat nach Franz Joseph und Leopold I. am längsten das Habsburgerreich gelenkt, insgesamt dreiundvierzig Jahre. In seiner nach außen hin knöchernen Art hat er nur langsam Popularität erringen können. Teilweise wurde sie künstlich erzeugt, etwa als man 1797 für ihn die Kaiserhymne „Gott erhalte Franz, den Kaiser, unsern guten Kaiser Franz" in der Absicht schuf, der mitreißenden französischen *Marseillaise* bzw. dem britischen *God Save the King* etwas Entsprechendes entgegenzusetzen.[6] Damals konnte man noch nicht ahnen, zu welcher Beliebtheit sie sich mit zunehmender Volkstümlichkeit des Monarchen entwickeln würde. Diese beruhte einmal auf seinem vorbildlichen Ehe- und Familienleben, das durchaus biedermeierlich-bürgerliche Züge trug: die persönliche Tragödie, dass drei seiner vier Frauen – darunter die von Goethe schwärmerisch verehrte Maria Ludovica von Modena-Este (*1787, †1816) – vorzeitig starben, wurde vom Volk ebenso mitempfunden wie die politischen Schicksalsschläge der zweimaligen Vertreibung aus der Hauptstadt durch Napoleon 1805 und 1809: damals schuf Beethoven mit seinem fünften Klavierkonzert in Es-Dur eines der großartigsten Werke dieser Art überhaupt und nannte es „Kaiserkonzert".

---

6 Das Lied wurde zum ersten Mal am 12. Februar 1797 anlässlich einer Opernaufführung im Wiener Hoftheater gesungen, als der Kaiser seine Loge betrat. Text und Komposition waren von höfischen Kreisen angeregt worden. Die Melodie stammt von Joseph Haydn, der sich an ein kroatisches Volkslied anlehnte. Später verwandte er sie im Variationssatz seines C-Dur-Streichquartetts. Bekanntlich dichtete Hoffmann von Fallersleben dazu sein „Deutschlandlied".

Als Kaiser des Heiligen Römischen Reiches führte Franz bis 1806 den Namen Franz II., als Herrscher über das 1804 geschaffene „Kaisertum Österreich" hieß er Franz I. Dieser Wechsel in der Numerierung des Kaisernamens kennzeichnet allerdings nur oberflächlich den tiefen Wandel, der sich in der österreichischen Monarchie selbst wie auch in den Gebieten, in denen die Habsburger eine herausragende Rolle spielten – im Reich wie in Nord- und Mittelitalien –, in der Ära der Revolutionskriege, der Hegemonie Napoleons und der Restauration nach dem Wiener Kongress in Europa vollzogen hat. Von seiner Stellung als Großmacht wurde das Reich der Habsburger währenddessen zeitweilig zu einer bloßen Mittelmacht degradiert. In den letzten beiden Jahrzehnten der Herrschaft dieses Kaisers rückte es jedoch wieder in die vorderste Reihe der europäischen Großmächte auf. Die Wiener Hofburg kontrollierte erneut das politische Terrain sowohl im mittleren Teil des Kontinents wie auch auf der Apenninenhalbinsel. Dabei symbolisierte die habsburgische Monarchie schließlich geradezu den Versuch, im Zeitalter der anbrechenden Nationalbewegungen und des die Verfassungsdiskussionen beherrschenden liberalen Gedankenguts ein multi-ethnisches Staatengebilde unter Hintanstellung der ständischen Traditionen nach den Grundsätzen des landesfürstlichen Absolutismus zu beherrschen und dieses System auf Dauer aufrechtzuerhalten.

Dass dieser Versuch letztlich scheiterte, ist der Hauptgrund für das nach wie vor negative Bild, das die – weitgehend liberal und nationalstaatlich geprägte – Geschichtsschreibung in Deutschland wie in Österreich über diesen Kaiser entworfen hat. Erst in jüngster Zeit versucht man ihm etwas gerechter zu werden, bezeichnenderweise steht aber eine umfassende Biographie über ihn immer noch aus. Festzuhalten ist zunächst, dass Franz sich in die Tradition des Josephinismus eingebunden fühlte, die Österreich noch über weite Teile des 19. Jahrhunderts ihren Stempel aufdrücken sollte. Ihr politisches *Credo* war die bedingungslose Fixierung auf den Zentralismus, wie er sich durch die spätabsolutistische Regierungspraxis des 18. Jahrhunderts verfestigt hatte. Hierzu bedurfte es im staatlich-administrativen Bereich einer unangefochtenen Stellung des Landesherrn, außerdem innerhalb der die heterogenen Landesteile verklammernden Dynastie einer rigiden Familiendisziplin, die vom jeweiligen Herrscher als Familienoberhaupt ohne Wenn und Aber durchgesetzt wurde.

Die Regierung des Kaisers Franz sollte sich in jeder Hinsicht als höchst schwierig erweisen. Denn zu den außenpolitischen Umwälzungen und ihren Rückwirkungen nach innen traten noch Konflikte mit seinen jüngeren Brüdern. Von ihnen waren vor allem die Erzherzöge Karl (*1771, †1847) und Johann (*1782, †1859) dem Kaiser geistig wie auch hinsichtlich ihrer administrativen und militärischen Fähigkeiten deutlich überlegen. Karl, den die Adoption durch seine Tante Maria Christina und deren recht vermögenden Mann Herzog Albert von Sachsen-Teschen, von seinem kaiserlich Bruder relativ unabhängig machte, war allerdings durch häufiger auftretende epileptische Anfälle gesundheitlich beeinträchtigt. Hervortreten sollte er vor allem als Militärreformer und Feldherr. Dabei blieb er im Grunde ein vor allem auf die Steigerung der staatlichen Effizienz und der Kampfkraft des Heeres bedachter Konservativer. Johann dagegen war gegenüber den geistig-politischen Strömungen seiner Zeit besonders offen (nicht zufällig sollte er 1848 von der Frankfurter Nationalversammlung zum „Reichsverweser" gewählt und für die neue deutsche Kaiserwürde in Aussicht genommen werden). Bei der meist starrsinnigen Haltung des Kaisers gegenüber dem Reformwillen dieser beiden Brüder blieben familiäre Konflikte nicht aus. Sie führten schließlich dazu, dass beide resignierten, sich vom politischen Geschehen zurückzogen und so ein nicht unbeachtliches Reformpotential für die Habsburgermonarchie ungenutzt blieb.

Franz war schon deshalb tief von den Prinzipien der josephinischen Staatsauffassung durchdrungen, weil er bereits 1784, mit sechzehn Jahren, aus seiner Florentiner Umgebung als künftiger Thronfolger von dem kinderlosen Kaiser nach Wien geholt und dort auf seine späteren Aufgaben vorbereitet worden war. Dabei blieben zwar Frustrationen infolge des wenig motivierenden Verhaltens seines Onkels nicht aus, dennoch aber scheint der junge Erzherzog die Prinzipien ebenso wie die unterkühlte Sachlichkeit des sturen Pragmatikers und Rationalisten gewissermaßen verinnerlicht zu haben, ohne allerdings dessen große Gaben zu besitzen und sich seine Visionen zu eigen zu machen. Die Regierung seines Vaters währte zu kurz, als dass er Leopolds politische Klugheit hätte verstehen und zur Richtschnur seines Handelns machen können. Nach seinem unerwartet frühen Herrschaftsantritt blieb er zunächst von seinen engsten Beratern abhängig. Sie bestärkten ihn in seiner bereits ausgeprägten Neigung, im Innern als „revolutionär" eingeschätzten Strömungen, die – ähnlich wie in Frankreich – nur zu einer Schwächung der Monarchie führen konnten, energischen Widerstand entgegenzusetzen und außenpolitisch dem großen Nachbarn im Westen im Verein mit Preußen in jeder Hinsicht die Stirn zu bieten. Diese Politik befürworteten Graf Johann Philipp Cobenzl (*1741, †1810), der bereits unter Leopold II. gegen den alten Kaunitz die Annäherung an Preußen durchgesetzt hatte und im August 1792 zum „Außenminister" avancierte, vor allem aber der ursprünglich bürgerliche, 1771 zum Freiherrn erhobene Franz Thugut (*1736, †1818). Er übernahm, nachdem Cobenzl wegen seines Versagens bei der Durchsetzung der Wiener Interessen im Zuge der zweiten polnischen Teilung 1793 in Ungnade gefallen war, die Leitung der auswärtigen Angelegenheiten und war bis zu seiner Entlassung im Jahre 1800 der Motor für die Kriegspolitik gegenüber Frankreich.

Eben diese führte in zwei Kriegen zum völligen Fiasko, d. h. nicht nur zu militärischen Niederlagen, sondern auch zum finanziellen Ruin. Nachdem der im Sommer 1792 unter preußischem Kommando begonnene gemeinsame Vorstoß auf Paris Ende September bei Valmy hatte abgebrochen werden müssen, gelang es den weit unterschätzten französischen Truppen, ins Rheinland vorzudringen und die österreichischen Niederlande zu erobern. Auch die im Frühjahr 1793 durch Kriegserklärungen der jungen französischen Republik an Großbritannien und die Republik der Niederlande sowie durch den Kriegsbeitritt sämtlicher Reichsstände, Spaniens und des Königreichs Sardinien zustande gekommene große Koalition gegen Frankreich brachte trotz einiger Zwischenerfolge wie der Rückgewinnung der südlichen Niederlande keine Kriegswende. Die preußischen Interessen richteten sich immer mehr auf Polen, von dem man sich – nachdem die russische Zarin im Laufe des Jahres 1792 im Osten größere Gebiete an sich gerissen hatte – aufgrund des Teilungsabkommens vom 23. Januar 1793 die Weichselstädte Thorn und Danzig sowie „Großpolen" aneignete. Anders als 1772 wurde Wien an dieser neuerlichen Abstückelung polnischer Gebiete nicht beteiligt. Gegen die am Rhein weiterhin erfolgreichen französischen Heere kämpften die preußischen Truppen von nun an trotz britischer Hilfsgelder nur noch halbherzig mit, da man sich in Berlin für die endgültige Aufteilung des noch verbliebenen polnischen Staatsgebiets mehr interessierte als für die Belange des Reiches im Westen. Als Polen im Januar 1795 schließlich unwiderruflich geteilt wurde, sicherte sich die österreichische Diplomatie (die vergeblich versucht hatte, diesmal Preußen von der Teilung auszuschließen) immerhin Westgalizien bis zum Bug.

Am 5. April 1795 schloss Preußen jedoch mit der französischen Republik in Basel einen Separatfrieden ab, dem am 17. Mai ein weiterer Vertrag über die Neutralisierung Norddeutschlands folgte. Dadurch stellten sich die Reichsstände etwa nördlich der Mainlinie und der sächsisch-böhmischen Grenze unter den Schutz Berlins, das im Westen den Rhein als künftige Grenze anerkannte und sich zugleich für die jenseits des Flusses verlorenen Besitzungen territoriale Entschädigungen auf dem Gebiet des Reiches selbst zusichern ließ.

Während der Krieg im Westen hin- und herwogte, wurde er 1796/97 überraschenderweise im Süden des Habsburgerreiches zugunsten der französischen Waffen entschieden. Im Frühjahr 1796 besetzte der General Napoleon Bonaparte Savoyen und Piemont: im Mai sah sich der König von Sardinien zum Friedensschluss genötigt. Anschließend bemächtigten sich die französischen Truppen der Lombardei und eroberten Anfang Februar 1797 trotz mehrerer österreichischer Entsatzversuche die strategisch wichtige Festung Mantua. Nun konnte Bonaparte einen direkten Vorstoß ins Herz der Habsburgermonarchie wagen, der den Franzosen bisher über das südliche Deutschland nicht gelungen war. Anfang April erreichte er den Semmeringpass. Angesichts der für die Hofburg fast aussichtslosen militärischen Lage kam es am 18. April im steiermärkischen Leoben zum Vorfrieden, dem am 17. Oktober der in Campo Formio nahe Udine der eigentliche Friedensschluss folgte. Der erfolgreiche französische General, der mittlerweile auch die Republik Venedig besetzt und die übrigen italienischen Staaten zum Frieden gezwungen hatte, erreichte die Anerkennung der Rheingrenze durch den Kaiser sowie die Abtretung der südlichen Niederlande an Frankreich und die der Lombardrei an einen künftigen norditalienischen Satellitenstaat, zunächst der „Cisalpinischen", dann der „Italienischen Republik". Als Entschädigung erhielt Österreich das Gebiet der Markusrepublik östlich der Etsch und vor allem die früheren venezianischen Besitzungen an der Adria (Istrien und Dalmatien). Damit kompensierte man die Gebietseinbußen in Italien durch den Gewinn der Vormachtstellung an der Adria.

Mit der Anerkennung der Rheingrenze und seiner Territorialverluste westlich des Flusses handelte sich der Kaiser in einem geheimen Zusatzartikel den Anspruch auf Entschädigungen im verbliebenen Reichsgebiet ein. Vor allem ging es ihm um den Erwerb des Fürsterzbistums Salzburg, womit allerdings ein Präzedenzfall im Hinblick auf Gebietsentschädigungen für Einbußen westlich des Rheins durch die Säkularisation geistlicher Gebiete geschaffen wurde. Dem Reichstag in Regensburg blieb jedoch ohnehin keine Möglichkeit zur Gegenwehr. Um den Friedensschluss auf das Reich übertragen zu können, trat im Dezember 1797 im badischen Rastatt ein Friedenskongress zusammen, auf dem die Vertreter der wichtigsten Reichsstände mit Abgesandten Frankreichs über die Regelung der anstehenden Probleme verhandelten. Französischer Druck sorgte im Frühjahr 1798 dafür, dass man den Anspruch auf Wahrung der territorialen Integrität des Reiches in den Grenzen von 1792 aufgab. Der Kongress musste sich fügen, zumal die beiden deutschen Großmächte der Rheingrenze längst zugestimmt hatten und inzwischen auch die Begehrlichkeit weiterer Reichsfürsten auf Territorialerwerb auf Kosten der geistlichen Gebiete geweckt worden war.

In der Hofburg war man indessen ebenso darüber verstimmt, dass französische Truppen auch das Gebiet der schweizerischen Eidgenossenschaft besetzt und sie im Frühjahr 1798 als „Helvetische Republik" zu einem Satellitenstaat Frankreichs gemacht hatten, wie über die Entmachtung des Papstes und die Umwandlung des Kirchenstaats in eine „Italienische Republik" zur gleichen Zeit. Um die Jahreswende 1798/99 hatten sich die Spannungen zwischen Frankreich einerseits und den kontinentalen Großmächten andererseits so verstärkt, dass es der britischen Diplomatie gelang, Österreich und Russland für eine neue Koalition gegen die Republik zu gewinnen. Der Rastatter Kongress löste sich auf, als bekannt wurde, dass kaiserliche Truppen unter dem Erzherzog Karl einen französischen Vorstoß nach Süddeutschland zurückgewiesen hatten. Am 28. April 1799 wurden die drei französischen Bevollmächtigten, die sich von Rastatt zurück in die Heimat begeben wollten, von ungarischen Husaren überfallen, wobei zwei den Tod fanden. Dieser „Rastatter Gesandtenmord" sollte die Beziehungen zwischen Wien und Paris noch länger belasten.

Trotz bedeutender Erfolge, vor allem mit russischer Unterstützung, in Norditalien und auf dem Schweizer Kriegsschauplatz gelang es im sog. Zweiten Koalitionskrieg nicht, den französischen Heeren entscheidende Niederlagen beizubringen. Anfang November 1799 ergriff der von seinem gescheiterten Ägyptenfeldzug zurückgekehrte General Bonaparte in Paris die Macht und machte sich als „Erster Konsul" zum Staatsoberhaupt. Damit stabilisierte sich in Frankreich die in den letzten Monaten kritische innenpolitische Lage. Zugleich wurden die Voraussetzungen für den neuerlichen Triumph über das feindliche Bündnis geschaffen, den die von Bonaparte selbst am 14. Juni 1800 gewonnene Schlacht bei Marengo nahe Alessandria und die Niederlage der Österreicher unter dem Kommando von Erzherzog Johann bei Hohenlinden westlich von München am 3. Dezember besiegelten. Am 9. Februar 1801 mussten die Bevollmächtigten des Kaisers den Frieden von Lunéville unterzeichnen. Kaiser Franz erkannte nun auch für das Reich die Rheingrenze an. In Norditalien behielt er zwar das 1797 erworbene Venetien, musste aber einwilligen, dass seine in der Toskana und in Modena regierenden Verwandten ihre Territorien verloren. Sie sollten ebenso wie die westlich des Rheins ihrer Territorien verlustig gegangenen Reichsfürsten im rechtsrheinischen Deutschland entschädigt werden. Der Reichstag stimmte am 7. März 1801 dieser Friedensregelung zu. Da es dem französischen Staatschef im Herbst 1801 gelang, auch mit dem neuen russischen Zaren Alexander I. (1801–1825) und Ende März 1802 sogar mit den Briten Frieden zu schließen, schien nun eine Zeit angebrochen zu sein, in der es möglich sein würde, die Verhältnisse im Reich wie die Beziehungen unter den europäischen Großmächten dauerhaft neu zu gestalten.

Die Neuordnung Deutschlands war die vordringliche Aufgabe, trug doch der Kaiser als Reichsoberhaupt hier eine besondere Verantwortung, die wahrgenommen werden musste, wenn man den Einfluss im verbliebenen Reichsgebiet einigermaßen wahren wollte. Hierbei hatte sich die Hofburg allerdings sowohl mit den preußischen wie mit den russischen und vor allem den französischen Interessen auseinanderzusetzen. Ziel des Ersten Konsuls war es, sich durch Begünstigung Preußens und der deutschen Mittelstaaten im Reich eine Klientel gegen Wien zu verschaffen, eine Linie, die durchaus in der Tradition der antihabsburgischen französischen Außenpolitik früherer Zeiten lag. Er ging dabei konform mit den Absichten des Zaren, dem eine Vergrößerung der mit ihm verwandten deutschen Fürstenhäuser im Südwesten – Baden und Württemberg – am Herzen lag. Preußen verschaffte sich Rückendeckung bei diesem wie bei Bonaparte. In Wien sah man sich daher ziemlich isoliert, zumal man auch noch die italienischen Verwandten des Kaisers zu versorgen hatte. So musste Franz *nolens volens* den Vorschlägen der aus Vertretern der Kurfürsten von Mainz, Böhmen, Brandenburg und Sachsen sowie der auf dem Reichstag im Fürstenrat sitzenden Repräsentanten Bayerns, Württembergs, Hessen-Kassels und des (dem habsburgischen Haus angehörenden) Hoch- und Deutschmeisters gebildeten „Reichsdeputation" zustimmen, die am 25. Februar 1803 als „Reichsdeputationshauptschluss" (RDH) verkündet und anschließend vom Reichstag ratifiziert wurden.

Der RDH veränderte die Reichsverfassung von Grund auf. Seine wichtigste Regelung sah die Aufhebung sämtlicher geistlicher Staaten vor; Ausnahmen bildeten lediglich Mainz (dessen Kurfürst das Fürstentum Aschaffenburg behielt und zusätzlich mit dem Fürstbistum Regensburg ausgestattet wurde sowie künftig am früheren Sitz des Reichstag residieren und von hier aus als „Kurerzkanzler" in Reichsangelegenheiten weiterhin eng mit dem Kaiser zusammenwirken sollte) und die Besitzungen des Deutschen Ordens. Die geistlichen Territorien waren ebenso wie die der meisten Reichsstädte (von denen nur noch sechs weiterbestehen sollten) als Entschädigungsmasse für die Gebietsverluste weltlicher Fürsten westlich des Rheins und südlich der Alpen vorgesehen. Beinahe ebenso bedeutsam war die „Beförderung" einiger Reichsfürsten zu Kurfürsten: während die von Köln und Trier aus deren Kolleg verschwanden, rückten der Herzog von Württemberg, der Landgraf von Hessen-Kassel, der Markgraf von Baden und der mit dem Gebiet des Fürsterzbistums Salzburg (mitsamt dem der Fürstabtei Berchtesgaden sowie dem der Fürstbistümer Eichstätt und Passau) ausgestattete Bruder des Kaisers, der frühere toskanische Großherzog Ferdinand III., in den Kreis der zur Kaiserwahl berechtigten Fürsten auf. In diesem gab es nunmehr allerdings statt der bisherigen katholischen eine protestantische Mehrheit. Damit war eine ständige Wiederwahl von Mitgliedern des Hauses Habsburg, wie sie in früheren Zeiten fast immer erfolgt war, künftig nicht mehr gesichert. Ansonsten konnten vor allem Preußen (durch den Gewinn geistlicher Gebiete in Niedersachsen und Westfalen), Bayern (vor allem durch den fränkischer wie schwäbischer Fürstbistümer und -abteien), Württemberg (u. a. durch den Erwerb einiger Reichsstädte und der meisten südschwäbischen Abteien), Baden (durch den der rechtsrheinischen Kurpfalz) sowie die beiden hessischen Landgrafschaften bedeutende Gebietsgewinne verbuchen.

Aber auch die Habsburger gingen nicht leer aus: zwar mussten sie Franz' Onkel Ferdinand Karl von Modena mit dem vorderösterreichischen Breisgau ausstatten, sie säkularisierten dafür aber die Herrschaftsgebiete der Bischöfe von Trient und Brixen und verbuchten somit einen erheblichen Zugewinn. Insgesamt allerdings bedeutete die Machtverminderung der Reichskirche für die Stellung des Kaisers im Reich eine erhebliche Schwächung. Auch wenn es zunächst nicht alle so sahen, war dem seit 1648 fein austarierten, durch den Antagonismus zwischen Wien und Berlin im 18. Jahrhundert freilich schon erschütterten Gleichgewichtsgefüge im Reich durch den RDH ein entscheidender Schlag versetzt worden. Die Politik der Hofburg hatte jedoch lediglich den bereits durch Joseph II. eingeschlagenen Weg fortgesetzt, indem sie den Belangen des habsburgischen Gesamtstaats mit seinen Arrondierungswünschen in Deutschland wie in Italien gegenüber den Reichsangelegenheiten den Vorrang gab.

Dies war auch in den folgenden Jahren der Fall. Die Wiederaufnahme des Krieges zwischen Frankreich und Großbritannien im Mai 1803 versetzte das europäische Staatensystem erneut in Unruhe. Napoleon Bonaparte, seit 1802 Konsul auf Lebenszeit mit der Möglichkeit, seinen Nachfolger selbst zu bestimmen, ließ sich im Mai 1804 in Frankreich zum Kaiser ausrufen, besuchte anschließend demonstrativ Aachen, die Stadt Karls des Großen, und Mainz, den früheren Sitz des Kurerzkanzlers, wo er etliche herbeigeeilte deutsche Fürsten empfing. Dies alles ließ ahnen, dass es mit der Kaiserherrlichkeit der Habsburger im Reich bald vorbei sein würde. Daher verhandelte man in Paris um die Anerkennung eines eigenen österreichischen Kaisertums, das Napoleon – beraten durch seinen Außenminister Talleyrand – Franz II. auch zugestand. Dieser wiederum nahm die französische Kaiserwürde ohne Widerspruch hin. Dafür wurde am 10. August 1804 für das Haus Habsburg und dessen Herrschaftsgebiet im Reich das erbliche „Kaisertum Österreich" proklamiert. Dies bedeutete eine eklatante Verletzung des Reichsrechts, da die österreichischen Erblande und das Königreich Böhmen als Stände des Römisch-Deutschen Reiches nicht über die volle Souveränität verfügten. Im Grunde war damit bereits das Ende des alten Reiches eingeläutet.

Es kam schneller als erwartet. Man hatte in Wien gehofft, dass Napoleon nach seiner Erhebung zum Kaiser die Staatsführung über die Italienische Republik abgeben würde. Statt dessen ließ er sich am 18. März 1805 zum „König von ganz Italien" *(rex totius Italiae)* ausrufen und setzte sich am 26. Mai im Mailänder Dom die legendäre Eiserne Krone von Monza aufs Haupt. Franz I. von Österreich und seine Ratgeber sahen darin eine Bedrohung der habsburgischen Position in Venetien und ließen sich für den Anschluss an das Mitte April in St. Petersburg unterzeichnete britisch-russische Militärbündnis gewinnen. Er wurde am 9. August vollzogen, der Krieg Anfang September durch Österreich eröffnet. Napoleon, der seine an der Küste des Ärmelkanals zur Invasion Englands versammelten Verbände alsbald in Eilmärschen nach Süddeutschland dirigierte, gewann diesmal allerdings Bayern, Baden und Württemberg als Bundesgenossen. Sie mussten ihm Truppenkontingente zur Verfügung stellen, mit deren Hilfe er Mitte Oktober den österreichischen General Mack in Ulm zur Kapitulation zwar. Damit war der Weg nach Wien frei: am 13. November rückten Napoleons Truppen dort ein. Erzherzog Karl, der ein Heer auf dem italienischen Kriegsschauplatz kommandierte, konnte die Einnahme der Hauptstadt nicht mehr verhindern. Die Österreicher zogen sich nach Mähren zurück und vereinigten sich dort mit den anrückenden Verbänden Zar Alexanders. Am 2. Dezember jedoch wurden die Heere des Zaren und Franz' I. in der „Dreikaiserschlacht" bei Austerlitz (Slavkov) von Napoleon besiegt. Damit war der dritte Koalitionskrieg entschieden, und Napoleon konnte Österreich den Frieden diktieren.

Der Friedensschluss von Pressburg (26. Dezember 1805) war denn auch für Kaiser Franz ungewöhnlich hart. Österreich musste Venetien an das Königreich Italien, Vorarlberg, Tirol, Brixen und Trient an Bayern sowie Vorderösterreich zum größeren Teil an Baden und zum kleineren an Württemberg abtreten. Dafür bekam es die Besitzungen des Deutschen Ordens und Salzburg mit Berchtesgaden, während Franz' Bruder Kurfürst Ferdinand als Entschädigung das Bayern wieder weggenommene Gebiet des ehemaligen Fürstbistums Würzburg erhielt. Zugleich durften die drei süddeutschen Staaten die bisher von der kaiserlichen Gewalt geschützten Gebiete der Reichsritterschaft in ihrem jeweiligen Bereich „mediatisieren". Bayern erhielt außerdem die Reichsstadt Augsburg (dazu im September 1806 auch Nürnberg) zugesprochen. Schließlich musste Franz in die Erhebung der Kurfürsten von Bayern und Württemberg zu Königen sowie in die des badischen Kurfürsten zum Großherzog einwilligen.

Bald darauf ging Napoleon noch weiter. Seit Beginn des folgenden Jahres betrieb er den Zusammenschluss der mittleren und kleineren süd- und westdeutschen Fürsten zu einem Sonderbund unter seinem Protektorat, was auf eine Art der Autorität des Kaisers Franz entgegengesetztes Gegen-Reich hinauslief. Mitte Juli 1806 wurde es als „Rheinbund" ins Leben gerufen. Ihm gehörten nicht nur der Kurerzkanzler – der letzte Erzbischof von Mainz Karl Theodor Freiherr von Dalberg (*1744, †1817) – an, sondern es trat ihm neben den Königen von Bayern und Württemberg sowie dem Großherzog von Baden und dem mit seinem Beitritt gleichfalls zu dieser Würde erhobenen Landgrafen von Hessen-Darmstadt mit einigen Monaten Verzögerung auch der gleichfalls zum Großherzog beförderte Bruder des Kaisers Franz, Ferdinand von Würzburg, bei. Bedrohlich war für die Wiener Reichspolitik dabei weniger die ohnehin schon weit fortgeschrittene Auflösung des Reichsverfassungssystems als das mit dem Rheinbund verknüpfte Offensiv- und Defensivbündnis. Mit ihm stand von nun an der Feind nicht nur in Italien, sondern auch in Deutschland direkt an der Landesgrenze.

Faktisch bestand mit der Gründung des Rheinbunds das Reich nicht mehr. Napoleon übte jedoch zusätzlich Druck zu seiner förmlichen Auflösung aus. Am 1. August 1806 erging seine Mitteilung an den Reichstag in Regensburg, dass er das Reich nicht mehr anerkenne. Fünf Tage später legte Kaiser Franz die Würde des Reichsoberhaupts nieder und entband sämtliche Reichsstände von ihrem Treueid. Staatsrechtlich gesehen blieb zwar die Rechtmäßigkeit dieses Schritts umstritten, doch änderte dies nichts an der Tatsache, dass von nun an dieses altehrwürdige Staatsgebilde, dessen Schicksal seit dem späten Mittelalter so eng mit dem Haus Habsburg verknüpft gewesen war, nicht mehr existierte. Dies bedeutete allerdings nicht, dass man in Wien mit den deutschen Angelegenheiten künftig nichts mehr zu tun haben sollte. Solange sich Napoleon auf der Höhe seiner politischen Macht befand, sollte die Wiener Politik tatsächlich auf dem Gebiet des früheren Reiches ohne Einfluss bleiben. Doch als der Stern des französischen Kaisers sank, sollte den habsburgischen Kaisern für rund fünf Jahrzehnte wiederum eine Führungsstellung in Deutschland zuwachsen, die durchaus an die der früheren Kaiser des Römisch-Deutschen Reiches anknüpfte.

2. Das Kaisertum Österreich bis zum Wiener Kongress

Die Niederlagen von 1796/97, 1800/01 und 1805 hatten die Mängel des österreichischen Regierungs- und Militärswesens schonungslos offengelegt. Es fehlten nicht nur ein effizienter Verwaltungsapparat und ein leistungsfähiges Steuersystem, sondern es bestanden auch erhebliche Defizite in der militärischen Ausbildung sowohl der Mannschaften wie der Offiziere. Letzteres zeigte sich bis hinauf zur Kommandostruktur. Der Kaiser war Reformen weitgehend abhold geblieben. Er zog immer mehr die Entscheidungen an sich, vermochte aber trotz fleißiger Aktenarbeit den bestehenden Mängeln nicht abzuhelfen. Je länger er regierte, desto stärker lenkte er die Geschicke seines Staates durch persönliche Anordnungen, die jegliche persönliche Initiative in den einzelnen Behörden erstickten. Auf diesen Mangel an der ausreichenden Beteiligung von Fachleuten bei der Regierungstätigkeit zielt die Aussage seines schließlich wichtigsten und einflussreichsten Ministers, Klemens Wenzel Metternich (*1773, †1859), seit 1809 Leiter der Außenpolitik, dass das Land „administriert und nicht regiert" werde.

Während des ersten Jahrzehnts der Regierung Franz' gab es verschiedene Versuche, die Zentralbehörden des Habsburgerreichs, auch unter Berücksichtigung der Gebietszuwächse von 1795, 1797 und 1803, neu zu gliedern. Sie hatten aber sämtlich keinen langen Bestand. Auch anlässlich der Umgestaltung seiner zentralen Behörden im Jahre 1802 konnte der Kaiser sich nicht zur Schaffung von Ressortministerien mit eindeutig definierten Kompetenzen durchringen, wie das in Frankreich längst üblich war. Die Verwaltung der österreichisch-böhmischen Länder, der italienischen Besitzungen und Galiziens wurde – mit Ausnahme der ökonomischen und finanziellen Angelegenheiten, für die man eine „Hofkammer- und Bancodeputation" schuf – der „Vereinigten Hofkanzlei" unterstellt. Für das Justizwesen war die erneut eingerichtete „Oberste Justizstelle" zuständig. Ein Markstein in der Geschichte des Rechtswesens war das zum 1. Januar 1812 nach langen, bis in die Zeit Leopolds II. zurückweichenden Vorbereitungen eingeführte „Allgemeine Bürgerliche Gesetzbuch für die gesamten Deutschen Erbländer der österreichischen Monarchie". Zur Rechnungskontrolle sämtlicher Behörden wurde 1805 ein „Generalrechnungsdirektorium" ins Leben gerufen. Daneben gab es nach wie vor den Hofkriegsrat, in dem ab 1801, mit der Übernahme der Präsidentschaft durch Franz' Bruder Erzherzog Karl, allerdings die Vertreter des Militärs dominierten. Die Bedeutung, die der Kaiser dem Kriegswesen beimaß, zeigt sich darin, dass er wöchentlich eine eingehende Besprechung mit seinem Bruder als dem Präsidenten und zwei Generälen, die für Militär- bzw. ökonomische Angelegenheiten verantwortlich waren, abhielt. 1805 wurde Karl jedoch seines Postens enthoben und mit dem Kommando über die Italienarmee betraut, wo er mit dem Ausgang des Krieges nichts zu tun hatte. Erst nach dem Frieden von Pressburg kam er als „Generalissimus" des österreichischen Heerwesens wieder mit seinen Reformgedanken zum Zuge.

1801 wurde anstelle des noch aus der theresianischen Zeit stammenden Staatsrats ein „Konferenzministerium" mit Abteilungen für auswärtige, innere und militärische Angelegenheiten einberufen. Dieser Ansatz zu einem modernen Kabinettsministerium wurde allerdings bereits 1808 wieder aufgegeben und der eher informelle frühere Staatsrat wiederbelebt. Erst nach Franz' Tod griff man in der Form der neuen „Staatskonferenz" wieder auf den Ansatz von 1801 zurückgegriffen. Ein echtes Ressortministerium entstand jedoch 1813. Damals erwies es sich als notwendig, einen eigenen Finanzminister zu berufen, nachdem der Kaiser zwei Jahre zuvor angesichts der enormen Entwertung des seit 1792 ausgegebenen Papiergelds (der sog. Bancozettel) faktisch den Staatsbankrott erklärt hatte.[7]

Die politischen Entscheidungen wurden, nachdem Leopold II. die ständischen Freiheiten wiederhergestellt hatte, zunehmend ohne Mitwirkung der Stände in den einzelnen Landesteilen getroffen, die durch den Zentralbehörden unterstellte Instanzen verwaltet wurden. In den Ständeversammlungen selbst scheint man das weitgehend hingenommen zu haben, da die Standesprivilegien unangetastet blieben und man eine Weiterentwicklung von der ständischen Mitbestimmung – vor allem bei der Besteuerung – hin zum Konstitutionalismus und der Beteiligung bisher ausgeschlossener Bevölkerungskreise befürchtete. So blieb es in den österreichisch-böhmischen Ländern, in Galizien und später in Lombardo-Venetien lediglich bei beratenden Funktionen. Auch in Siebenbürgen hielt sich der Kaiser nicht an die 1791 gegebene Zusage seines Vaters, die Stände alljährlich einzuberufen, was hier zu erheblicher Unzufriedenheit führte. In Ungarn mussten die Stände alle drei Jahre tagen und Steuern wie das für die Kriegsführung der Krone wichtige militärische Aufgebot absegnen. 1811 weigerten sich die ungarischen Stände, den angesichts des Staatsbankrotts vom Kaiser ergriffenen Umtauschmaßnahmen zuzustimmen. Sie wurden daher erst 1825 wieder einberufen. Mittlerweile hatte sich in den Landesteilen der Stephanskrone einiger

---

[7] Am 20. Februar 1811 wurde der Wert sämtlicher in Umlauf befindlichen Papiergeldscheine auf ein Fünftel des Nennwerts festgesetzt und gegen sog. Einlösungsscheine der neuen „Wiener Währung" eingetauscht. Auch diese waren allerdings bald entwertet. Erst 1816, nachdem die Ausgabe von Papiergeld grundsätzlich verboten worden war, gelang es, die Währung wieder zu stabilisieren.

Widerstand gegen die Zentrale angesammelt, der weiter wachsen sollte, bis sich 1848 genügend Zündstoff für eine Revolution angesammelt hatte.

Neben den Erzherzögen Karl und Johann, die zwischen 1805 und 1809 ihre regste Tätigkeit entfalteten, ist nach dem Pressburger Frieden vor allem Graf Johann Philipp Stadion (*1763, †1824) als Reformer tätig geworden. Sproß eines in der Geschichte des Reichsepiskopats seit dem 17. Jahrhundert in der deutschen Politik immer wieder hervorgetretenen rheinischen Adelsgeschlechts, hatte er sich bereits als diplomatischer Vertreter des Kaisers in Stockholm, London, Berlin und St. Petersburg (hier vor allem beim Zustandekommen der Koalition von 1805) bewährt, ehe er Weihnachten 1805 mit der Leitung der Hof- und Staatskanzlei und der Gestaltung der künftigen Außenpolitik betraut wurde. Jetzt kam es ihm darauf an, die im verloschenen Reich allmählich aufkommende nationale Stimmung zu beleben und auf Österreich zu lenken. Dies fiel um so leichter, als Preußen, das sich aus dem Krieg von 1805 herausgehalten hatte und im Herbst 1806 unklugerweise allein den Waffengang gegen Napoleon wagte, im Sommer 1807 nur dadurch als – wesentlich verkleinertes – Staatswesen erhalten blieb, dass Zar Alexander, der neue Bundesgenosse des französischen Kaisers, sich für seinen Erhalt einsetzte. Die Hoffnungen der deutschen Opposition gegen Napoleon konnten sich daher nur noch auf den Staat des früheren Reichsoberhaupts richten. Franz schien nach dem Schlag von 1805 zunächst dazu bereit, die Reforminitiativen seiner Brüder und seines Ministers zu dulden. Die Reformer ihrerseits suchten die Unterstützung der Öffentlichkeit, weshalb man die seit Beginn von Franz' Herrschaft streng gehandhabten Zensurmaßnahmen lockerte und liberalen Ideen wieder mehr Raum gab.

Kernstück der Reformen sollten allerdings die notwendigen Veränderungen im Militärwesen sein. Hatte man schon seit 1795 schrittweise die Befreiung bestimmter, d. h. ökonomisch wichtiger Bevölkerungskreise vom Wehrdienst aufgehoben, so ging es nun um die Schaffung eines Volksheers nach dem Vorbild der *Levée en masse* im Frankreich des Krisenjahrs 1793. Freilich blieb die Einrichtung einer Landwehr in den einzelnen österreichisch-böhmischen Territorien im Juni 1808 Stückwerk, da sie nicht mit einer sozialen Umwälzung wie seinerzeit in Frankreich verbunden war. Während der vor allem von der Geschichte der schweizerischen Eidgenossenschaft begeisterte Erzherzog Johann in dieser Hinsicht eher demokratisch dachte, zielte der Militärfachmann Karl, der zugleich bei den Linientruppen Ausbildung und Ausrüstung verbesserte, auf die Schaffung eines Reservoirs zur Ergänzung des eigentlichen Heeres im Kriegsfall. Dem Kaiser selbst war im Grunde genommen jede Form von Volksbewaffnung zuwider, da sie ihn allzu stark an die Revolution erinnerte. Allerdings erboste ihn die Absetzung der Bourbonen in Spanien durch Napoleon im Mai 1808 dermaßen, dass er den Veränderungen zustimmte.

Stadion hoffte, dass eine Erhebung Österreichs gegen die französische Herrschaft in Deutschland die deutschen Staaten mitreißen und zu einem allgemeinen Krieg gegen Napoleon führen würde. Denn trotz der Huldigungen, die diesem auf dem Erfurter Fürstentag (Ende September bis Mitte Oktober 1808) entgegengebracht wurden, schienen sich erste Risse im Bündnis zwischen dem französischen Kaiser und dem Zaren anzudeuten. Napoleon konnte freilich ein Zerwürfnis mit Alexander durch Zugeständnisse im Hinblick auf den Erwerb Finnlands durch Russland und eine Stärkung des russischen Einflusses an der unteren Donau abwenden. Von den deutschen Fürsten waren weder der König von Preußen noch die Mitglieder des Rheinbunds bereit, sich gegen Napoleon zu wenden. Selbst britische Zusagen auf die Zahlung von Hilfsgeldern blieben vage. So ging das österreichische Kriegsmanifest, das Anfang April 1809 veröffentlicht wurde, als die Hofburg erneut in den Krieg gegen Frankreich eintrat, ins Leere. Napoleon hatte es nur mit diesem Gegner zu tun, drängte ihn bereits Ende April durch einen raschen Feldzug entlang der Donau in die Defensive und nahm am 13. Mai erneut Wien ein.

Dies bedeutete allerdings noch nicht den Sieg. Erzherzog Karl, der die österreichischen Heere kommandierte, zog weiter donauabwärts seine Truppen zusammen und brachte Napoleon bei dessen Versuch, den Fluss zu überqueren am 21./22. Mai in der Schlacht von Aspern und Essling zum ersten Mal in dessen militärischer Laufbahn eine Niederlage bei. In der Entscheidungsschlacht bei Wagram am 5./6. Juli blieb der französische Kaiser jedoch Sieger. Zwar zogen sich die österreichischen Truppen wohlgeordnet zurück, doch Erzherzog Karl sah die Chance auf einen

Gesamtsieg nunmehr als vertan an und riet zum Waffenstillstand, der eine Woche später in Znaim unterzeichnet wurde. Unverzüglich begann man mit den Friedensverhandlungen. Angesichts der äußerst schweren Bedingungen Napoleons erwog Kaiser Franz, beraten durch Stadion, zeitweilig, den Kampf wiederaufzunehmen. Schließlich beugte er sich aber dem Rat seines Bruders und des Fürsten Klemens Wenzel Metternich, der seit 1806 als österreichischer Gesandter in Paris tätig gewesen war und ursprünglich ebenfalls den Krieg befürwortet hatte, jetzt aber die Lage als aussichtslos ansah. Am 8. Oktober wurde Metternich mit der Leitung der Außenpolitik betraut, am 14. im Schloss Schönbrunn, Napoleons Hauptquartier, der Friedensvertrag unterzeichnet.

Der Frieden von Schönbrunn markiert den Tiefpunkt der Stellung Österreichs in Europa während der napoleonischen Ära: das 1795 erworbene Westgalizien musste an das Herzogtum Warschau abgetreten werden (das Napoleon zur Befriedigung der polnischen Patrioten 1807 aus preußisch-polnischen Gebieten gebildet und formell dem König von Sachsen unterstellt hatte), Salzburg und das Innviertel fielen an Bayern (Tirol, Trient und Brixen dafür an das Königreich Italien), Istrien, Krain und der Süden Kärntens an Napoleon selbst, der daraus zusammen mit Dalmatien die ihm direkt unterstellten „Illyrischen Provinzen" bildete. Damit war Österreich vom Meer völlig abgeschnitten. Seine Heeresstärke musste auf 150.000 Mann reduziert werden. Die strikte Unterordnung unter die Kontinentalsperre gegen Großbritannien verstand sich von selbst. Einen tragischen Abschluss des Krieges von 1809 bildete die blutige Unterdrückung des von Erzherzog Johann geschürten Tiroler Volksaufstands, der mit der Hinrichtung des Anführers Andreas Hofer in Mantua am 20. Februar 1810 endete. Die wichtigste Konsequenz des gescheiterten Kriegsunternehmens war neben der Entlassung Stadions (der allerdings nach 1815 als Finanzminister bei der Stabilisierung des Staatshaushalts und der Währung wieder eine bedeutende Rolle spielen sollte) der Rückzug der Erzherzöge Karl und Johann ins Privatleben. Lediglich der Letztere sollte später noch einmal eine wichtige politische Rolle spielen.

Die politische Zukunft in Wien hat nun für fast vier Jahrzehnte Metternich gehört. Er sollte neben den Geschicken der Habsburgermonarchie auch maßgeblich die Deutschlands wie Italiens beeinflussen und für die zeitweilig bedeutende Rolle Österreichs im europäischen Mächtesystem verantwortlich zeichnen. Aus rheinischem Grafengeschlecht, das schon länger mit dem Kaiserhaus enger verbunden war, repräsentierte er – ähnlich wie sein zeitweiliger französischer Kontrahent Talleyrand – den Typus des ebenso weltläufigen wie geistreichen und galanten Adligen des *Ancien Régime*. Damit bildete er im Grunde den genauen Gegensatz zum steif-zurückhaltenden, nüchternen und alles andere als genialen Kaiser. Franz ließ seinen Minister – obwohl er ihn 1813 wegen seiner Verdienste in den Fürstenstand erhob – denn auch nie darüber im Zweifel, dass letztlich er in der Politik das entscheidende Wort zu sprechen hatte. Metternich hat dies stets anerkannt, es allerdings nicht verschmäht, durch Ränkespiele seine Ziele durchzusetzen, die nach 1815 zunehmend auch das innenpolitische Feld erfassten. Doch so ungleich beide Männer waren, eines hatten sie gemeinsam: ihren Hass auf alles, was mit der Französischen Revolution zusammenhing oder zusammenzuhängen schien, angefangen von liberal-konstitutionellen Ideen bis hin zum nationalbewegten Patriotismus. Damit standen sie gegen die Tendenzen ihrer Zeit, vermochten aber deren Sieg noch sehr lange aufzuhalten.

Für den Augenblick kam es Metternich auf die „Anschmiegung an das triumphierende französische System an", wie er bereits in einem Vortrag vor dem Kaiser am 10. August 1809 betonte. Es galt, die vorhandenen Kräfte zu sammeln und zu bewahren und im Windschatten der napoleonischen Politik auf eine günstige Gelegenheit zum Abschütteln des französischen Jochs zu warten. Daher riet er Franz, der Werbung Napoleons um seine älteste Tochter Marie Luise (*1791, †1847) zuzustimmen. Durch deren Heirat mit dem französischen Kaiser am 2. April 1810, wurde dieser zu Franz' Schwiegersohn. Die Bande zwischen beiden Dynastien verfestigten sich im übrigen durch die am 20. März 1811 erfolgte Geburt des Sohnes von Marie Luise und Napoleon, Napoleon Franz (1818 Herzog von Reichsstadt, †1832), den sein Vater in der Tradition des Römisch-Deutschen Reiches als künftigen Nachfolger sofort zum *Roi de Rome* erhob. Als sich 1812 der Krieg zwischen dem französischen Kaiser und dem russischen Zaren ankündigte, befürwortete Metternich eine Allianz mit Na-

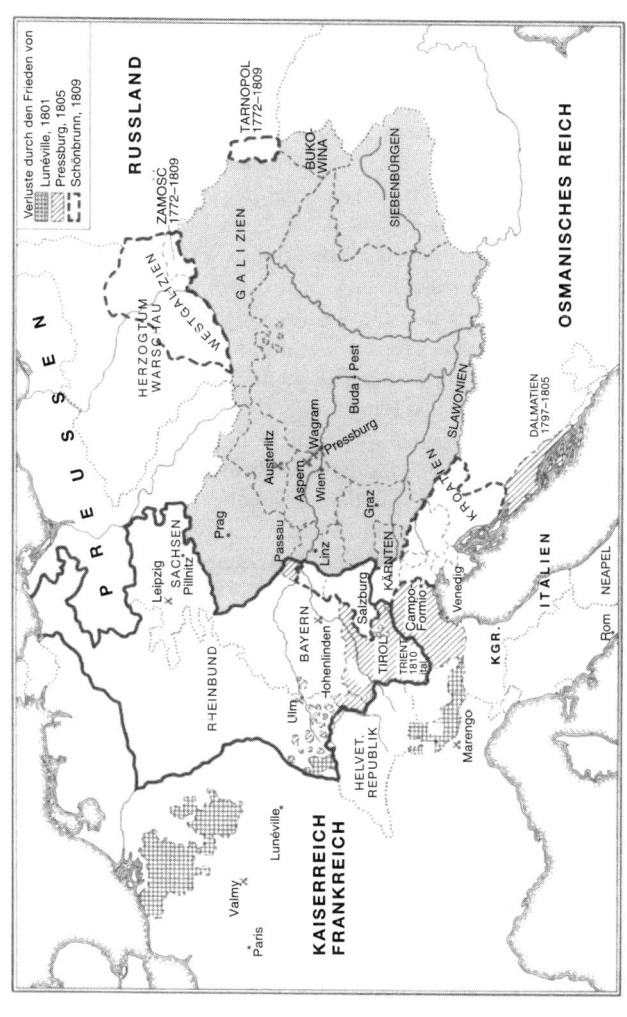

Karte 7: Das Kaisertum Österreich 1812

poleon. Sie wurde am 14. März abgeschlossen: Österreich stellte danach ein Hilfskorps von 30.000 Mann unter eigenem Kommando. Es wurde auf dem südlichen Nebenkriegsschauplatz in Wolhynien eingesetzt, hatte kaum Feindkontakt und konnte sich, als sich im Winter die Katastrophe von Napoleons *Grande armeé* vollzog, nahezu intakt in die Heimat zurückbegeben.

Da Zar Alexander und Preußens von einer Volksbewegung mitgerissener König Friedrich Wilhelm III. Anfang 1813 beschlossen, gemeinsam der französischen Oberhoheit über Deutschland ein Ende zu bereiten, fiel der österreichischen Diplomatie nunmehr eine entscheidende Rolle zu. Franz wie Metternich zögerten aufgrund der Erfahrungen von 1805 und 1809, sich dem Bündnis anzuschließen. Statt dessen setzten sie auf eine österreichische Vermittlerrolle, aus der möglichst viel Kapital geschlagen werden sollte. Hierbei war der in der Hofburg leitende Gedanke, dass man auf keinen Fall das französische Übergewicht in Mitteleuropa gegen das Russlands eintauschen wollte. Die Tatsache, dass der Rheinbund vorerst nicht auseinanderfiel und dass der Frühjahrsfeldzug 1813 für die russisch-preußische Allianz keineswegs siegreich verlief, gab dem zögernden Kaiser und seinem Außenminister vorläufig recht. Allerdings waren auch Napoleons eilig zusammengeraffte Truppen bald angeschlagen. Deshalb schloss er am 4. Juni einen Waffenstillstand ab, der schließlich bis zum 10. August Bestand haben sollte.

Die Zeit wurde von beiden Seiten zu neuen Rüstungen und zu hektischen diplomatischen Aktivitäten genutzt. Jetzt ging es darum, an wessen Seite das Habsburgerreich in den Krieg eintreten würde. Metternich forderte lediglich die Auflösung des Herzogtums Warschau, die Rückgabe der Illyrischen Provinzen und den Verzicht auf die 1810 erfolgten französischen Annexionen im nordwestlichen Deutschland, vor allem die Wiederherstellung der Hansestädte Bremen, Hamburg und Lübeck, während Russen und Preußen ursprünglich auch die Vorherrschaft Napoleons auf der Iberischen und der Apenninenhalbinsel sowie in Deutschland und in den Niederlanden verlangt hatten. Die österreichische Linie konnte schließlich durchgesetzt und in der am 27. Mai im schlesischen Reichenbach unterzeichneten Konvention vertraglich vereinbart werden. Anschließend versuchte Metternich bei einer persönlichen Unterredung mit Napoleon in Dresden, diesen zu entsprechenden Konzessionen bewegen. Der französische Kaiser ließ sich schließlich zur Teilnahme an einem Friedenskongress in Prag gewinnen, spielte dann aber so offensichtlich auf Zeit, dass Metternich ihm am 8. August ein Ultimatum übermittelte. Als Napoleon darauf nicht einging, trat Österreich am 11. August 1813 in den Krieg gegen ihn ein.

Von den drei verbündeten Armeen kommandierte der österreichische Feldmarschall Fürst Karl von Schwarzenberg (*1771, †1820), der bereits das Kontingent seines Kaisers in Russland geführt hatte, die Hauptarmee. Sie erlitt zwar gegen Napoleon am 26./27. August bei Dresden eine Niederlage, dennoch aber konnten die Heere der Alliierten Napoleon im Raum von Leipzig stellen und ihn nach mehrtägiger, überaus blutiger Schlacht am 16., 18. und 19. Oktober zum Abzug zwingen. Am 17., einem Sonntag, hatte der französische Kaiser durch eine Botschaft an seinen Schwiegervater noch einmal versucht, einen Waffenstillstand zu erreichen. Nach seiner Niederlage ging Napoleon über den Rhein zurück, Ende des Jahres war der größte Teil Deutschlands von französischen Truppen geräumt.

Damit begannen Überlegungen über eine künftige Neugestaltung Deutschlands. Metternich und mit ihm die österreichische Außenpolitik zielten auf möglichst wenige Veränderungen. Dass man das ebenfalls siegreiche Preußen wieder annähernd in der früheren Größe wiederherstellen musste, war unvermeidbar. Die Rheinbundstaaten – außer den napoleonischen Neugründungen (dem Königreich Westfalen, dem Großherzogtum Berg und dem Fürstentum Frankfurt) – jedoch, die sich unmittelbar nach der Leipziger Schlacht von Napoleon losgesagt hatten, sollten auf ihrem in den letzten Jahren erreichten Gebietsstand verbleiben. Dies betraf vor allem Bayern, Württemberg, Baden, Hessen-Darmstadt und die thüringischen Staaten, nicht jedoch Sachsen, dessen König Friedrich August I. Napoleon die Treue gehalten hatte und sich nun in preußischer Kriegsgefangenschaft befand. Ansonsten wollte Metternich Frankreich die Rheingrenze belassen, wenn Napoleon sich in eine Neuordnung Deutschlands nicht einmischen sowie sich aus Italien und den nördlichen Niederlanden zurückziehen würde. Dass der französische Kaiser darauf nicht einging, hatte innenpolitische Gründe: den Sturz im eigenen Land vor Augen, meinte er, auf einen vollständigen Sieg angewiesen zu sein. Dies führte Anfang Januar zum alliierten Einmarsch in das französische Staatsgebiet, wobei die Truppen Schwarzenbergs über die Schweiz nach Burgund vordrangen. Trotz der militärischen Glanzleistung Napoleons bei der Abwehr der feindlichen Heere und trotz des Versuchs, die Verbündeten auf dem Friedenskongress von Châtillon im Februar/März 1814 (auf dem ihm allerdings nur noch die Grenzen von 1792 angeboten wurden) auseinanderzudividieren, konnte er die Einnahme von Paris am 30. März nicht verhindern. Am 6. April dankte er als französischer Kaiser wie als König von Italien ab und begab sich auf die ihm als souveränes Fürstentum überlassene Insel Elba. Ende April wurde der Bruder des 1793 hingerichteten französischen Königs als Ludwig XVIII. von den Verbündeten als neuer Souverän anerkannt, am 30. Mai schloss dieser in Paris mit Kaiser Franz und dessen Verbündeten Frieden.

Der (erste) Pariser Frieden[8] – der Frankreich in etwa auf die Grenzen von 1792 zurückwarf, also nicht, wie von manchen verlangt, die 1648 verlorene habsburgische Herrschaft im Elsass wiederherstellte – sah u. a. vor, dass die Friedensverträge von Pressburg und Schönbrunn null und nichtig sein und dass sämtliche am letzten Krieg beteiligten Mächte binnen kurzem Bevollmächtigte nach Wien zu einem allgemeinen Kongress zur Neuordnung Europas entsenden sollten. Für Franz, seinen Außenminister und seine Residenz bedeutete das einen enormen Prestigegewinn. Der Wiener Kongress (Oktober 1814 bis Juni 1815) gilt zu Recht als einer der bedeutendsten, zugleich glanzvollsten Friedenskongresse überhaupt. Im historischen Bewusstsein hat sich das Bild des in Frohsinn schwelgenden „tanzenden Kongresses" festgesetzt. Dies lenkt jedoch davon ab, dass einerseits die allgemeine Not in Wien, wo man noch an den Folgen der Währungszerrüttung litt, über-

---

8 Im zweiten Pariser Frieden vom 20. November 1815 – nach Napoleons Niederlage bei Waterloo und seinem endgültigen Sturz – gab es Grenzkorrekturen zwischen der damals noch von österreichischen Truppen besetzten linksrheinischen Pfalz sowie im späteren Saargebiet und an der belgisch-französischen Grenze, jeweils zu Ungunsten Frankreichs.

aus groß war und zum anderen auf dem Kongress selbst eine gewaltige Arbeit geleistet wurde. Im Auftrag seines Kaisers führte Metternich den Vorsitz, der von dem in seinen politischen Visionen kongenialen britischen Außenminister Lord Castlereagh nachhaltig unterstützt wurde. Einbezogen in die Verhandlungen des engeren Kreises der Bevollmächtigten aus den europäischen Großmächten war – bis zur Rückkehr Napoleons von der Insel Elba im März 1815 – der französische Außenminister Talleyrand. Etwas abseits standen die Vertreter Preußens und der persönlich anwesende Zar Alexander, der sich beim österreichischen Kaiser des öfteren über die Eigenmächtigkeit Metternichs beklagte, ohne dabei allerdings bei Franz Gehör zu finden.

Für ihn ging es um den Wiedergewinn der verlorenen Territorien sowie um die Neuetablierung der habsburgischen Position in Deutschland wie in Italien. Da Castlereagh an der Schaffung eines starken niederländischen Staates im Norden Frankreichs gelegen war, musste auf Belgien, das mit den nördlichen Niederlanden zu einem neuen Königreich der „Vereinten Niederlande" zusammengelegt wurde, verzichtet werden. Der Wiedergewinn der österreichischen Vorlande war aufgrund der Verträge, die den Abfall Badens und Württembergs von Napoleon besiegelt hatten, nicht ohne schwer zu realisierende Kompensationen im südwestlichen Deutschland möglich. Deshalb zielte die Politik der Hofburg vor allem auf Arrondierung der Kerngebiete des Habsburgerreichs. An der Adria und in Norditalien wurden das ehemals venezianische Gebiet sowie die Lombardei Österreich wieder angegliedert, wobei das eigentliche Venetien mit der Region um Mailand künftig als „Lombardo-Venetianisches Königreich" bezeichnet wurde. Zugleich wurden die habsburgischen Sekondogenituren in der Toskana und in Modena wiedereingesetzt, außerdem erhielt Napoleons Frau Marie Luise auf Lebzeiten das Herzogtum Parma übertragen, das nach ihrem Tode wieder an die angestammte bourbonische Dynastie fallen sollte. Was die früheren Reichsterritorien der Habsburger betrifft, so erwarb Franz Tirol, Trient und Brixen sowie das Salzburger Gebiet und das Innviertel zurück, überließ das Berchtesgadener Land jedoch Bayern. Im Hinblick auf Polen beließ man es bei der Grenzziehung von 1809, mit Ausnahme des Gebiets um Tarnopol, das man damals Russland hatte überlassen müssen und das nun wieder an Österreich zurückfiel. Somit leistete die Hofburg Verzicht auf den Gebietserwerb aus der dritten polnischen Teilung, dies vor allem, um den Plänen Zar Alexanders zur Schaffung eines von ihm in Personalunion mit Russland regierten Polen („Kongresspolen") entgegenzukommen. Da sich die drei Teilungsmächte über die künftige Zugehörigkeit der Stadt Krakau nicht einigen konnten, wurde beschlossen, diese mit dem Status einer „freien Stadt" zu versehen und als ein von den Bevollmächtigten Österreichs, Russlands und Preußens kontrolliertes, halb unabhängiges republikanisches Staatsgebilde anzuerkennen; 1846 sollte es mit Billigung St. Petersburgs und Berlins dem österreichischen Staatsgebiet einverleibt werden.

Als äußerst schwierig erwies sich die Neugestaltung Deutschlands. Nach dem Sieg über Napoleon war die Begeisterung gerade in den katholischen Teilen des ehemaligen Reiches für den habsburgischen Herrscher so groß, dass man in Wien zeitweilig an die Wiedereinführung des alten Kaisertums dachte. Dieser Gedanke wurde aber zugunsten einer lockeren Föderation verworfen, die in etwa die Grenzen des alten Reiches haben und in der der österreichische Kaiser eine Art Präsidialfunktion ausüben sollte. Innerhalb dieses „Deutschen Bundes", über dessen Struktur sich die deutschen Fürsten Mitte Mai 1815 verständigten und der mit der Wiener Kongressakte vom 9. Juni ins Leben gerufen wurde, erfuhr Preußen durch Westfalen, den größten Teil der Rheinlande und der nördlichen Hälfte des Königreichs Sachsen eine gewaltige Vergrößerung. Wegen der Zukunft dieses Staates, den man in Berlin gerne ganz annektiert hätte, den man in Wien als traditionellen Bundesgenossen aber erhalten wollte, standen Wien, London und Paris kurzfristig sogar vor einer kriegerischen Auseinandersetzung mit Russland und Preußen. Abgerundet wurde das Wiener Friedenswerk durch die vom Zaren vorgeschlagene und am 26. September 1815 besiegelte „Heilige Allianz". In ihr fanden sich die führenden Monarchen der drei großen christlichen Konfessionen auf dem Kontinent zwecks Wahrung der legitimen Monarchien und der neu festgelegten Grenzen in einem vom brüderlichen Einvernehmen getragenen Bündnis zusammen. Metternich hatte den Entwurf des Zaren zwar ironisch als „tönernes Nichts" bezeichnet, sein Kaiser jedoch war von Alexanders Idee, die monarchische Solidarität in

Europa zu stärken, weitaus mehr beeindruckt. Dass dies äußerst weitsichtig gedacht war, sollte sich 1848/49 erweisen.

Mit Abschluss des Wiener Kongresses befand sich der mehrfach durch Napoleon gedemütigte österreichische Kaiser auf dem Höhepunkt seines Ansehens: als dienstältester und höchstrangiger Monarch Europas war er zu einer allseits anerkannten, ja weithin verehrten Gestalt aufgerückt. Seine Reputation verdeckte jedoch entscheidende Schwächen des nun wieder zu imponierender Größe gelangten und erneut in den Kreis der europäischen Großmächte aufgestiegenen Habsburgerreiches. Diese Schwächen sollten schon während der folgenden zwei Jahrzehnte von Franz' Regierung zutage treten und 1848 zur Revolution führen. Ganz beseitigt wurden sie nie. Der scheinbare Glanz des Wiener Fürstentreffens und der anschließenden von Metternich beherrschten europäischen Großmachtkongresse verdeckte nur spärlich die Keime zum Untergang, den das große Reich zwischen der Mitte und dem Südosten Europas bereits damals in sich trug.

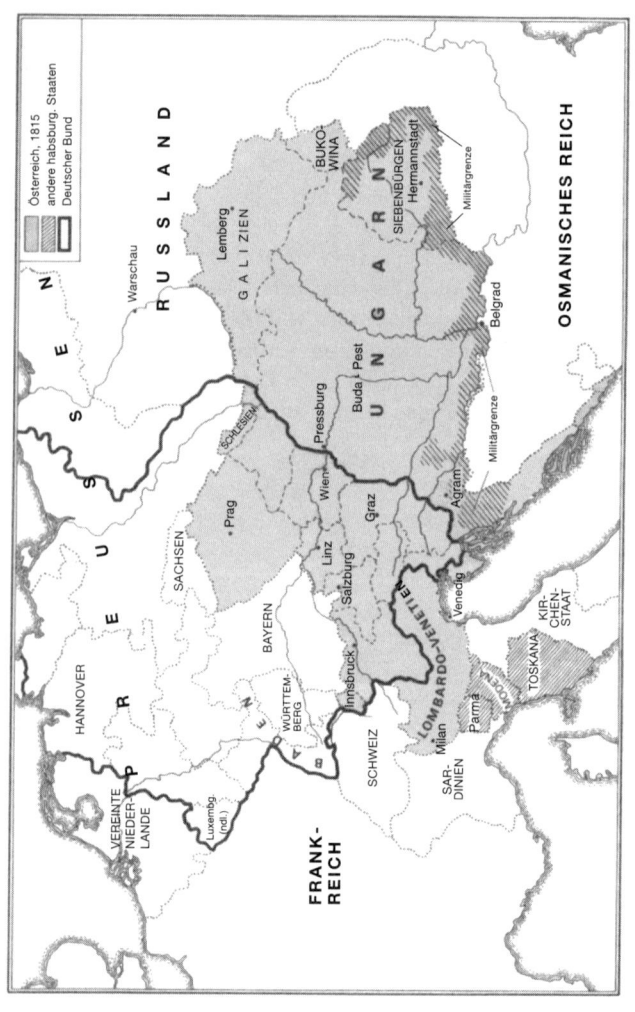

Karte 8: Der habsburgische Machtbereich 1815

VII. Vormacht im Deutschen Bund und in Italien (1815–1866)

1. Die Spätzeit Franz' I. (1815–1834)

Nach den enormen Anstrengungen zur Beseitigung der napoleonischen Hegemonie in Europa fiel das Habsburgerreich gewissermaßen auf seine alten Probleme zurück. Dem Kaiser wie Metternich, der immer mehr in die Rolle eines leitenden Ministers hineinwuchs, kam es nunmehr vor allem darauf an, das Erreichte zu bewahren und den Bestand der Monarchie nicht durch innere Veränderungen zu gefährden. Das bedeutete eine weitere Verknöcherung der Verwaltung, die noch weit entfernt davon war, sich zu einer modernen Bürokratie zu entwickeln. Die Mitwirkungsmöglichkeiten der Stände wurden weiter beschnitten. Schwerer wog der Ausbau eines das öffentliche Leben, vor allem Presse und Literatur gängelnden Polizeistaats (erinnert sei nur an die Zensurschikanen gegen den Dramatiker Franz Grillparzer). Damit einher ging die Ausdehnung der Kontrolle über das geistige Leben und oppositionelle politische Strömungen im Deutschen Bund (dessen Mitglieder sich nach vorheriger Absprache zwischen Wien und Berlin im September 1819 in den sog. Karlsbader Beschlüssen entsprechenden Maßnahmen anschlossen) sowie die rigide Unterdrückung sämtlicher patriotischer Strömungen in Italien, hier im Einvernehmen mit den Königen von Sardinien und Neapel-Sizilien (mit deren Dynastien weiterhin Heiratsverbindungen gepflegt wurden [vgl. unten, S. 221 f.]) sowie vor allem mit dem Kirchenstaat. Dies ging auf der Apenninenhalbinsel bis hin zur militärischen Intervention in Neapel und Savoyen-Piemont im Jahre 1821 sowie 1830/31 in Modena, Parma und im Territorium des Papstes.

Im Zusammenwirken mit den übrigen europäischen Großmächten kam es Metternich darauf an, auch außerhalb des engeren Wiener Einflussbereichs die bestehenden Staatsformen aufrechtzuerhalten. Dafür sollten in regelmäßigen Abständen gemeinsame Kongresse stattfinden, um über entsprechende Maßnahmen zu beraten. Hierbei zeigten sich allerdings bald Divergenzen zwischen den autoritär-konservativen Regierungen in Wien, St. Petersburg und Berlin und den konstitutionell regierten Westmächten Großbritannien und Frankreich. Auf dem Kongress in Aachen (Ende September bis Ende November 1818), wo Kaiser Franz von der Bevölkerung warmherzig empfangen und als früheres Reichsoberhaupt geradezu umjubelt wurde, vermochte man noch, einvernehmlich die Probleme der internationalen Beziehungen (vor allem die Rückkehr Frankreichs in das Großmächtekonzert) zu lösen. In Troppau (Oktober bis Dezember 1820) und Laibach (Ende Januar bis Mitte Mai 1821) war das angesichts der Frage, ob man gegen die Erhebungen in Spanien und Italien intervenieren solle, nicht mehr möglich. Der letzte Kongress, der zwischen Ende Oktober und Mitte Dezember 1822 in Verona stattfand, brachte zwar dem König von Frankreich die einvernehmlich erteilte Erlaubnis, bewaffnete Kräfte zur Wiederherstellung der früheren Stellung der Monarchie nach Spanien zu entsenden, kam jedoch in der Frage der Unabhängigkeitsbestrebungen in Griechenland nicht weiter. Der Politik der Hofburg widerstrebte es, die Grenzen des Osmanischen Reiches anzutasten, da dies nur eine Stärkung der russischen Position auf dem Balkan zur Folge haben konnte. Die griechische Frage wurde daher auf den Druck Großbritanniens, Frankreichs und Russlands hin gelöst und die Entlassung Griechenlands in die Unabhängigkeit im Februar 1830 durch die von den Großmächten beschickte Londoner Botschafterkonferenz in die Wege geleitet. Mit dem Revolutionsjahr 1830, das in Frankreich die bourbonische Nebenlinie des Hauses Orléans auf den Thron brachte und zugleich zur Unabhängigkeit Belgiens führte, war die Heilige Allianz als Solidaritätsinstrument unter den Monarchien Gesamteuropas gescheitert. Ihre partielle Wiederbelebung durch die Abkommen von Münchengrätz und Berlin zwischen Franz I., Zar Nikolaus I. (1826–1855) und dem preußischen König Friedrich Wilhelm III. im Herbst 1833 betraf nur noch die drei Ostmächte.

Der restaurativen Politik Wiens nach außen hin – vor allem gegenüber dem Deutschen Bund und Italien – wie im Innern standen dennoch in manchen Bereichen durchaus Neuerungen gegenüber. Dies galt etwa für das höhere Bildungswesen – 1815 erhielt Wien als erste Stadt des Deutschen Bundes eine Technische Hochschule –, wenn auch die Vereinheitlichungstendenzen in der Tradition des Josephinismus in den nichtdeutschen Landesteilen, insbesondere in Galizien-Lodomerien und Lombardo-Venetien, auf Ablehnung stießen. Vor allem aber vollzog sich trotz der auf Traditionalismus beharrenden Tendenzen in der Regierung eine allmähliche Verbürgerlichung der Gesellschaft. Sie war selbst an der kaiserlichen Familie erkennbar, die sich in Kleidung und Lebensstil dem Wiener Bürgertum anpasste. Dies war mit die Ursache für Franz' wachsende Volkstümlichkeit. Der Aufstieg des Bürgertums ging einher mit einer, wenn auch verhaltenen wirtschaftlichen Blüte, die allerdings in grellem Kontrast zur zunehmenden Verelendung der Unterschichten stand. Die Inflation der Kriegszeit, die Nachfrage der Armee nach Uniformen und Rüstungsgütern, hatte bereits vor dem Staatsbankrott von 1811 zu einer beträchtlichen Kapitalakkumulation in Fabrikantenkreisen sowohl in Niederösterreich und der Hauptstadt selbst wie vor allem in Böhmen, Mähren und Österreichisch-Schlesien geführt. Unmittelbar nach dem Wiener Kongress gab die Konjunktur kurz nach, dann aber setzte in den zwanziger Jahren wieder ein relativ stetiges Wachstum ein, das bis zur Mitte der vierziger Jahre anhielt. Die dreißiger Jahre brachten die ersten, von der Hauptstadt ausgehenden Eisenbahnbauten sowie die Einführung der Dampfschifffahrt auf der Donau. Wien – damals noch eingeengt in den militärisch längst sinnlosen Festungsgürtel – musste freilich eine ständig wachsende Bevölkerung aufnehmen: zwischen 1800 und 1840 stieg die Einwohnerzahl von 230.000 auf fast 360.000. Die mangelhafte Trinkwasserversorgung führte – wie auch in anderen Großstädten – ab 1831 immer wieder zu Choleraepidemien. Zugleich aber entwickelte sich die Stadt zu einer der bedeutenden europäischen Metropolen, in der das Industrieunternehmertum und die Hochfinanz an Bedeutung gewannen und der Lebensstil der höheren Schichten über die Grenzen des Habsburgerreiches hinaus tonangebend wurde. Auch in den Wissenschaften, den Bildenden Künsten und vor allem im Musikleben entfaltete die Donaumetropole eine ungewöhnliche Ausstrahlung. Dies galt nicht nur für die ernste Musik, denn die Vormärzzeit ist auch die Epoche, in der der berühmte Wiener Walzer bzw. der schnelle „Galopp" in Mode kamen, insbesondere durch Kapellmeister und Komponisten wie Joseph

Lanner (*1801, †1843) und Johann Strauß d. Ä. (*1804, †1849). Beide wussten leichte Muse so meisterlich zu handhaben, dass sich ihre Stücke nicht nur in den Vergnügungstätten der einfachen Leute, sondern bald auch in den besseren Kreisen und schließlich sogar bei Hofe durchsetzten: Strauß, der auch auf internationale Konzerttourneen ging und 1838 zum Krönungsball der britischen Königin aufspielen durfte, fungierte in Wien zuletzt als „Hofballmusikdirektor".

Für den alternden Kaiser, dessen bescheiden-nüchterne Lebensführung sich mit den Jahren eher verstärkte, haben diese Veränderungen allerdings weniger Bedeutung gehabt. Die letzten Jahre von Franz' Regierung waren von der Frage überschattet, wer sein Nachfolger werden sollte. Nur aus seiner zweiten Ehe mit seiner Kusine Maria Theresia von Neapel-Sizilien (*1772, †1807) hatte er Kinder, insgesamt vier Söhne und neun Töchter, von denen allerdings nur sechs, darunter zwei Söhne, das Kindesalter überlebten. Der älteste, Ferdinand (*1793, †1875), litt an Epilepsie, war körperlich unansehnlich und geistig schwerfällig. Außerdem stand früh fest, dass er keine Nachkommen haben würde. Der zweite Sohn, Franz Karl (*1802, †1878), war ein eher passiver Charakter und wies keinerlei besondere Geistesgaben auf. Um so mehr richtete sich Franz' Zuneigung auf seine Enkel. Der 1811 geborene Sohn seiner ältesten Tochter Marie Luise und Napoleons, Napoleon Franz (von seinem Großvater zärtlich „Franzl" genannt), kam allerdings – da er nur mütterlicherseits Habsburger und zudem „Napoleonide" war – für die Nachfolge in Österreich nicht infrage. Weil er 1817 auch auf die im Herzogtum Parma, das seiner Mutter auf Lebzeiten zugewiesen worden war, verzichten musste, erhielt er im Jahr darauf die böhmische Herrschaft Reichstadt und wurde zum Herzog erhoben. Er starb im Juli 1832 an der Tuberkulose. Der zweite Enkel, Franz Joseph (*1830, †1916), Sohn von Erzherzog Franz Karl und der Tochter von König Max I. Joseph von Bayern, Sophie (*1805, †1872), war von Kindheit an körperlich wohlgeraten und geistig rege genug, um ihn auf die künftige Thronübernahme vorbereiten zu können. Dementsprechend wurde er frühzeitig in administrative und militärische Angelegenheiten eingewiesen und zur Erlernung der wichtigsten Fremdsprachen, die man als Oberhaupt des Habsburgerreiches beherrschen sollte, angehalten. Er beherrschte denn später auch das

Ungarische (ebenso wie die Diplomatensprache Französisch) nahezu perfekt und sprach leidlich tschechisch, polnisch und italienisch. Da das österreichische Erbkaisertum jedoch erst vor kurzem eingeführt worden war, wollte der Kaiser vorerst von der Primogenitur in der Thronfolge nicht abweichen. Die Regierung fiel daher nach seinem Tod am 2. März 1835 an seinen ältesten Sohn Ferdinand. Da dieser faktisch regierungsunfähig war, sollte ein Regentschaftsrat seine Entscheidungen vorbereiten, dessen Zusammensetzung Franz testamentarisch verfügte. In diesem Rat, der sog. Staatskonferenz, saßen neben Metternich und dem 1826 als Gegengewicht zu diesem ins Staatsministerium berufenen, für die Innen- und Finanzpolitik verantwortlichen Grafen Franz Anton von Kolowrat-Liebsteinsky (*1778, †1861) Erzherzog Franz Karl, der jüngere Bruder des neuen Kaisers, sowie der jüngste Bruder des verstorbenen Monarchen, Erzherzog Ludwig (*1784, †1864). Dieser wirkte, freilich nur nominell, als Vorsitzender. Mit diesen Persönlichkeiten, die den neuen Kaiser lenken sollten, schien die Fortsetzung der autoritären Politik gesichert.

2. Ferdinand I. und die Revolution von 1848

Obwohl infolge seiner epileptischen Anfälle laufend krank, dazu durch seine körperlichen Disproportionen geradezu hässlich, hat Ferdinand eine erstaunliche Popularität erlangt. Im Volk ließ er „Ferdinand der Gütige", einerseits weil er Bitten schlecht abschlagen konnte, andererseits weil sein oft unbeholfenes Wesen die Menschen rührte. Dabei war er trotz seiner geistigen Schwerfälligkeit keineswegs ungebildet. Die Gründung der österreichischen Akademie der Wissenschaften im Jahre 1847 in Wien hat er unterstützt. Er war den technischen Fortschritten seiner Zeit, vor allem dem Eisenbahnwesen gegenüber aufgeschlossen, dazu naturwissenschaftlich interessiert. Wie viele Habsburger war er musikalisch veranlagt und überdies sprachbegabt: Er konnte fünf Fremdsprachen, darunter leidlich ungarisch, was er im September 1830 zur Begeisterung der Anwesenden anlässlich seiner Krönung zum König von Ungarn in Pressburg durch eine kurze Rede unter Beweis stellte.

Die vorzeitige Krönung mit der Stephanskrone war ein politischer Schachzug seines Vaters, der damit den jungen Erzherzog dem großen Reichsteil im Osten näher zu bringen hoffte. Ferdinand ließ sich nach seinem Herrschaftsantritt außerdem im September 1836 in Prag zum König von Böhmen sowie zwei Jahre später im Mailand zum König von Lombardo-Venetien krönen. Eine Krönung mit den Insignien des österreichischen Kaisertums unterblieb – ebenso wie bei seinem Vater und seinen Nachfolgern.

Franz hatte es seinem Sohn in einer letzten schriftlichen Botschaft vor allem ans Herz gelegt, nichts ohne den Rat seines Staatskanzlers Metternich zu entscheiden. Dessen Position wurde damit gegenüber früher eher aufgewertet, obwohl er mit den übrigen Mitgliedern der Staatskonferenz rechnen und vielfach deren Widerstände überwinden musste. Ab 1836 arbeitete er besonders eng mit Erzherzog Ludwig und Kolowrat zusammen, die einander zwar spinnefeind, sich jedoch in der Ablehnung von Neuerungen einig waren. Chancenlos blieb die Opposition im Hause Habsburg selbst, die der in die Steiermark abgeschobene, zudem durch die Ehe mit einer Bürgerlichen bei Hof diskreditierte Onkel des Kaisers, Erzherzog Johann, artikulierte. Für die inneren Verhältnisse im Habsburgerreich bedeutete das angesichts des fortschreitenden gesellschaftlichen und ökonomischen Wandels sowie des weiteren Vordringens liberaler Ideen eine deutliche Verschlechterung. Auch im Ausland galt der Staat der Habsburger mehr und mehr als Symbol politischer Rückständigkeit, womit sein Führungsanspruch im Deutschen Bund, wo der große Konkurrent Preußen durch seine Zollpolitik im Vordringen war, allmählich erschüttert wurde.

Mit dem Erwachen der Nationalidee begannen sich nun auch die kleineren Völker der Donaumonarchie zu regen. Dies galt besonders für die Tschechen und Kroaten, die sich auf den Wert der eigenen Sprachen besannen. In Wien stand man dem zunächst nicht unbedingt negativ gegenüber, glaubte man doch eine Zeit lang, den werdenden Nationalismus für die Aufrechterhaltung des traditionellen Ständewesens instrumentalisieren zu können. Wie gefährlich dies aber für die Stellung der Monarchie werden konnte, zeigte sich, als der böhmische Landtag (mit Einschluss des meist deutschstämmigen Adels) 1846 die Wiederherstellung seiner

Rechte, wie sie bis 1620 bestanden hatten, forderte. Ebenso erhoben die kroatisch-slawonischen Stände im Oktober 1847 gegenüber denen Ungarns die Forderung, das 1843 erlassene Sprachgesetz aufzuheben, das binnen sechs Jahren das „Magyarische" in sämtlichen Ländern der Stephanskrone zur Amtssprache machen sollte. Hierbei hoffte man vergeblich auf Hilfe aus Wien. In beiden Fällen deuteten sich bereits die schweren Auseinandersetzungen an, die spätestens mit der Jahrhundertwende z. T. Dimensionen mit internationalen Folgen annehmen sollten.

Brisanter war vorerst die Nationalbewegung in Ungarn, die sich nicht zuletzt gegen die politische Bevormundung Wiens richtete. Sie hatte den (hier besonders zahlreichen) Adel wie die bürgerlichen Schichten erfasst. Den von Metternich unterstützten Magnaten unter dem zwar national gesinnten, aber kaisertreuen Grafen István Széchenyi (*1792, †1860) gelang es nicht, die Bewegung in ruhige Bahnen zu lenken. Der 1836 nach langer Zeit wieder einberufene Reichstag wurde inzwischen weniger von der ersten Kammer, der Magnatentafel, sondern zunehmend von der zweiten, der Ständetafel, beherrscht, in der die Vertreter des kleineren Adels und der Städte saßen. Deren Sprecher Lajos Kossuth (*1802, †1894) – ein aus dem Kleinadel stammender Rechtsanwalt – war, weil er verbotenerweise ausführlich über die Debatten der Versammlung berichtet hatte, 1839 zu Festungshaft verurteilt, 1840 aber amnestiert worden. Seitdem wurde er zum Gegenspieler des kaiserlichen Vertreters in Ungarn, des seit 1796 als Palatin (d. h. als höchster richterlicher Beamter und Vorsitzender der Magnatentafel) amtierenden Erzherzogs Joseph Anton (*1776, †1847), einem Bruder des Kaisers Franz, dem 1847 sein Sohn Stephan Viktor (*1817, †1867) nachfolgte. Beide bemühten sich um eine Mittlerrolle zwischen der Zentrale in Wien und dem sich in Gärung befindlichen Land. Joseph Anton hatte sich um die Entwicklung der Wirtschaft verdient gemacht und genoss – nicht zuletzt wegen seines persönlichen Einsatzes bei der Donauüberschwemmung 1838 – große Popularität. Kossuth und seine Anhänger strebten jedoch nach einem eigenen Schutzzollsystem für ihr Land, das vom Zustrom österreichischer und böhmischer Waren unabhängig werden sollte. Dies konnte allerdings das Ausscheiden aus dem staatlichen Verband des Habsburgerreichs nach sich ziehen und stieß in Wien auf Widerstand.

In dem im Oktober 1847 neu gewählten Landtag brachte Kossuth bald die Mehrheit durch seine Angriffe auf die Privilegien von Adel und Geistlichkeit sowie durch sein Eintreten für religiöse Toleranz, Bauernbefreiung und Gleichberechtigung der verschiedenen Nationalitäten sowie für die Meinungsfreiheit auf seine Seite. Auf die Nachricht vom Ausbruch der Pariser Revolution im Februar 1848 hin hielt Kossuth am 3. März vor der Ständetafel eine Rede, die mit dem Antrag schloss, dass die Krone Verfassungsreformen, insbesondere im Hinblick auf die Ministerverantwortlichkeit, durchführen solle. An der Spitze einer Abordnung fuhr er am 15. März nach Wien, wo er von der Bevölkerung enthusiastisch begrüßt wurde. Der Kaiser und seine Berater, darunter der neue Palatin Stephan Viktor (der sich zeitweilig, falls es zur Verselbständigung Ungarns kommen sollte, Hoffnungen auf die Stephanskrone machte) sahen sich genötigt, entsprechende Zugeständnisse zu machen. Am 17. März wurde das erste konstitutionelle Ministerium Ungarns unter der Leitung des Grafen Ludwig Batthyány (*1806, †1849) mit Kossuth als Innen- und Széchenyi als Finanzminister vom Kaiser eingesetzt. Am 11. April billigte er die vom ungarischen Reichstag verabschiedeten Grundrechte und die Abschaffung der Feudallasten sowie den Beschluss, direkte Wahlen für eine neue Volksvertretung vorzunehmen.

In Wien selbst war am 13. März die Revolution ausgebrochen. Seit 1845 hatten sich die Lebensmittelpreise infolge von Missernten beständig nach oben bewegt. Zur allgemeinen politischen Unzufriedenheit trat jetzt die Not der breiten Massen, aber auch die Wohlhabenderen fürchteten angesichts der neuerdings enorm gestiegenen Staatsschulden, deren Ausmaß die Regierung zu verschleiern suchte, um ihre Existenz. Die Vorgänge in Pressburg wirkten daher ebenso elektrisierend wie die Erhebungen zu Jahresbeginn in Neapel-Sizilien und die Gärungen in Lombardo-Venetien, die ebenfalls noch Mitte März zu einem Aufstand gegen die österreichische Herrschaft führen sollten. Zu allererst musste Metternich auf den Druck der kaiserlichen Familie zurücktreten und vorläufig nach London ins Exil gehen. Kaiser Ferdinand berief ein provisorisches Staatsministerium, zunächst unter Kolowrats Vorsitz, und versprach eine Verfassung. Der ab Anfang April amtierende Leiter des Ministeriums, Franz Freiherr von Pillersdorf

(*1786, †1862), ein Vertreter der liberaler gesinnten Beamtenschaft und zuvor Innenminister, verkündete am 25. April eine „Verfassungsurkunde des österreichischen Kaiserstaates" sowie Krain, das istrische Küstenland und Dalmatien, die nicht aber für die Länder der Stephanskrone und Lombardo-Venetien gelten sollte. Sie garantierte die Grundrechte sowie die „Unverletzlichkeit von Nationalität und Sprache" der verschiedenen „Volksstämme". Wichtigstes Verfassungsorgan war neben dem Kaiser, der im Rahmen von Gesetzgebungsverfahren das Vetorecht besaß, der Reichstag mit zwei Kammern, Senat (bestehend aus gewählten Grundbesitzern und weiteren vom Monarchen ernannten Persönlichkeiten) und Abgeordnetenkammer, die jedoch nur aufgrund von zensusgebundenem, indirektem Wahlrecht zustande kommen sollte. Wichtig war aber, dass das Prinzip der Ministerverantwortlichkeit festgeschrieben wurde. Obwohl sie im dritten Teil die „staatsbürgerlichen und politischen Rechte der Staatseinwohner" in z. T. durchaus zeitgemäßer Form fixierte, stellte die Pillersdorfsche Verfassung die demokratische Opposition in Wien keineswegs zufrieden. Es kam wieder zu Erhebungen, so dass der Kaiser am 18. Mai mit dem Hof nach Innsbruck entwich. Um die Gemüter zu beschwichtigen, wurde das Wahlrecht erheblich gelockert, außerdem zugestanden, dass vorläufig nur eine Reichstagskammer ohne Beschränkung durch einen Wahlzensus gewählt werden und diese als *Constituante* über eine neue Verfassung beraten sollte.

Seit dem 8. Juli amtierte auch ein liberales Ministerium. Am 22. wurde in der Wiener Hofreitschule der konstituierende Reichstag von dem durch den Kaiser zu seinem Stellvertreter ernannten Erzherzog Johann eröffnet (dieser befand sich damals als soeben von der Frankfurter Nationalversammlung gewählter „Reichsverweser" auf dem Höhepunkt seiner Popularität). In der Versammlung verfügten die gemäßigten Liberalen und die Konservativen, denen am Fortbestand der Donaumonarchie lag, über die Mehrheit. Der Kaiser kehrte am 12. August nach Wien zurück, verließ aber die Residenz nach erneuten Unruhen und dem Lynchmord an seinem Kriegsminister Theodor von Baillet Latour (6. Oktober) wiederum und begab sich ins mährische Olmütz. Inzwischen wankte die habsburgische Herrschaft in Lombardo-Venetien, in Böhmen und in Galizien, ganz abgesehen von Ungarn, wo die Anhänger des Gesamtstaats versuchten, die Gegensätze zwischen Magyaren einerseits sowie den slawischen Völkerschaften – insbesondere Kroaten und Slowenen, die von einem gemeinsamen „illyrischen" Staatswesen träumten – und den Rumänen in Siebenbürgen andererseits für sich auszunutzen.

In Italien war die militärische Lage schon im Juli dem dort kommandierenden General Sigismund von Radetzky (*1766, †1858), für den Johann Strauß damals den berühmten Reitermarsch komponierte, bereinigt worden: der für die Befreiung Italiens in den Krieg eingetretene König Karl Albert von Sardinien wurde zwar erst im März 1849 endgültig geschlagen, aber seine Niederlage war schon Ende Juli 1848 besiegelt, und am 6. August zogen die österreichischen Truppen wieder ins aufständische Mailand ein. In Böhmen gelang es dem dortigen Befehlshaber, Fürst Alfred zu Windischgrätz (*1787, †1862), die Lage zu beruhigen. Ende Oktober rückte er in Wien ein und unterdrückte dort die Revolution. Der Reichstag wurde vom Kaiser nach Kremsier (südlich von Olmütz an der March) verlegt und nahm dort seine Verfassungsberatungen am 22. November wieder auf. Windischgrätz hatte bereits in der zweiten Oktoberhälfte 1848 die Ernennung seines Schwagers, Fürst Felix zu Schwarzenberg (*1800, †1852), zum Regierungschef durchgesetzt. Dieser war durch seine langjährigen diplomatischen Erfahrungen versiert genug, um mit dem Parlament – solange dies notwendig war – zusammenzuarbeiten, und er bot außerdem aufgrund seiner Herkunft von einer mit den Habsburgern seit langem eng verbundenen Adelsfamilie die Garantie dafür, dass die Stellung des Monarchen nicht über Gebühr geschmälert wurde.

Windischgrätz und Schwarzenberg griffen nunmehr einen bereits von Metternich gehegten Plan auf, nämlich den der schwierigen Lage kaum gewachsenen Kaiser durch einen Nachfolger zu ersetzen. Hierfür kam nur der junge Erzherzog Franz Joseph in Frage. Ursprünglich hatte der frühere Staatskanzler den achtzehnten Geburtstag von Ferdinands Neffen, den 18. August 1848, dazu nutzen wollen, ihn für großjährig zu erklären und den Thron übernehmen zu lassen. Damit einverstanden war die Schwägerin des Kaisers, Sophie von Bayern, die ihren Mann, Erzherzog Franz Karl zum Verzicht bewegte, um ihrem Sohn den Weg zum

Thron zu ebnen. Die unerwartete Revolution hatte den Zeitplan zunächst über den Haufen geworfen. Der junge Erzherzog, der zeitweilig unter dem Kommando Radetzkys in Italien gekämpft hatte, wurde zwar eilends von dort abberufen und befand sich zu seinem Geburtstag in Schönbrunn, aber die politische Lage ließ es doch geraten erscheinen, den Thronwechsel noch nicht vorzunehmen. Erst am 2. Dezember 1848, als Ferdinand – zum ersten Mal bei den Habsburgern seit der Abdankung Karls V. – seinen Thronverzicht erklärte, wurde sein Neffe in Olmütz zum neuen Kaiser proklamiert. Vorerst noch stark unter dem Einfluss seiner Ratgeber stehend, sollte er bald selbst die politische Führung übernehmen, zwar lange ungeschickt und z. T. glücklos agieren, aber schließlich durch seine lange, achtundsechzig Jahre währende Regierungszeit zur Symbolfigur der späten Habsburgermonarchie werden. Der seines Throns nun ledige Kaiser aber zog sich auf den Prager Hradschin zurück, wo er noch bis 1875 leben sollte.

3. Die Anfänge Franz Josephs bis 1867

Der Name des neuen Kaisers – statt Franz II. Franz Joseph I. – war nicht nur Programm: Der junge Monarch wollte damit zwar zum Ausdruck bringen, dass er sowohl seinem Vorvorgänger Franz wie dem Reformkaiser des aufgeklärten Absolutismus, Joseph II., nachzueifern gedachte. Er besaß aber auch bemerkenswerte Charakterähnlichkeiten mit seinem Urgroßonkel wie mit seinem Großvater. Wie sie hat er den Anspruch erhoben, die politischen Entscheidungen, freilich nach eingehenden Beratungen mit Fachleuten und nach akribischem Aktenstudium, das meistens einen zehnstündigen Arbeitstag füllte, selbst zu treffen. Dies betraf in erster Linie die Außenpolitik und das Kriegswesen. Ein entschlossener Modernisierer wie Joseph II. war er allerdings nicht, sondern er blieb sein Leben lang konservativ und passte sich nur mühsam veränderten Situationen an. Was ihn an dem bedeutenden aufgeklärten Monarchen faszinierte, das war vor allem der zentralstaatliche Gedanke, auf dem er – bis er nicht mehr aufrecht zu erhalten war – geradezu starrsinnig bestehen sollte. Ähnlich wie Franz I. gab er keinem Berater so viel Raum, dass dieser völlig die Richtlinien der Politik bestimmt hätte, sieht man einmal von Schwarzenberg in den allerersten Regierungsjahren ab. Man hat Franz Josephs Regierung, vor allem in den ersten zwölf Jahren, als „neoabsolutistisch" bezeichnet. Sie war denn auch ganz dem Streben nach Wiederherstellung der Verhältnisse untergeordnet, auch wenn man sich darüber im klaren war, dass dies in vollem Umfang nicht mehr gelingen konnte. Die Restauration gelang überhaupt nur deswegen, weil sich die Gemäßigten als Repräsentanten der neuen bürgerlichen Eliten zwecks Erhalt des Gesamtstaatswesens mit den alten Führungsschichten zusammenschlossen: *viribus unitis*, „mit vereinten Kräften" war denn auch der Wahlspruch des neuen Kaisers.

Das Habsburgerreich als Gesamtstaat war zur Jahreswende 1848/49 trotz der militärischen Unterdrückung der Revolution in Wien von zwei Seiten her bedroht. Die Frankfurter Nationalversammlung wollte, dass die zum Deutschen Bund gehörenden Teile in den künftigen deutschen Nationalstaat aufgingen, was innerhalb dieser Gebiete den Ausgleich mit den nichtdeutschen Bevölkerungsgruppen, insbesondere den Tschechen und Slowenen, erschweren musste. Zum anderen strebte der Kremsierer Reichstag für die Länder außerhalb des Königreichs Ungarn eine Föderation von Quasi-Nationalstaaten (je einem deutschen, tschechischen, polnischen, slowenischen und italienischen) an, die man schlecht zum größeren Teil einem deutschen Nationalstaat zuschlagen konnte. Eine umfassend konzipierte föderative, dabei gegen einen großdeutschen Nationalsstaat gerichtete Lösung musste aber auch auf Ungarn übertragen werden, wenn die Donaumonarchie insgesamt erhalten bleiben sollte. Dort war sie aber nicht unumstritten, weil sie den magyarischen Führungsanspruch infrage stellte.

Für Schwarzenberg und den von ihm beratenen jungen Kaiser stand ein Verzicht auf das Reich der Stephanskrone außerhalb jeder Diskussion, weil damit die Großmachtstellung des Habsburgerreichs zur Disposition gestanden hätte und das Gewicht Russlands in Ostmitteleuropa, auch zum Leidwesen des gesamteuropäischen Gleichgewichts, über Gebühr gestärkt worden wäre. Auf Vorschlag des tschechischen Patrioten František Palacký (*1798, †1876) wurde daher zeitweilig eine Kompromisslösung erwogen, eine Föderation aus den deutsch besiedelten österreichischen Gebieten (einschließlich denen in Böhmen, Mähren und

Schlesien) sowie den tschechisch- und slowakischsprachigen, den polnischen, den „illyrischen" (d. h. slowenischen), den kroatischen und serbischen, den ungarischen, den rumänischen und den italienischen, also insgesamt acht Reichsteilen zu bilden. Der eigentliche Kremsierer Verfassungsentwurf, den der dafür eingesetzte Ausschuss Anfang März 1849 vorlegte, sollte allerdings nur für die Königreiche Böhmen, Galizien-Lodomerien und Dalmatien, die österreichischen Erzherzogtümer, die Herzogtümer Salzburg, Steiermark, Kärnten, Krain und Schlesien, für Mähren, Tirol und Vorarlberg sowie für das istrische Küstenland und die Bukowina gelten. Diese „Reichsländer" sollten als „organische Bestandteile" des Kaiserstaates untereinander gleichberechtigt und weitgehend autonom sein. Deshalb wurde auch zwischen „Regierungsgewalten" des Reiches und der Länder unterschieden. Kaiser und Reichstag – bestehend aus einer direkt gewählten Volks- und einer von den Landtagen beschickten Länderkammer – sollten bei der Gesetzgebung zusammenwirken. Dem Kaiser stand kein Vetorecht mehr zu. Seine Minister sollte er zwar ernennen dürfen, diese sollten aber für seine Erlasse durch Gegenzeichnung verantwortlich sein. Für die Länder war ein vom Monarchen ernannter, jedoch den Landtagen weitgehend verantwortlicher Statthalter oder Landeshauptmann vorgesehen. Im übrigen sollten sie ihre inneren Angelegenheiten unter Bewahrung der Rechte der dort lebenden Nationalitäten in breitem Umfang selbst regeln. Besonders ausgedehnt waren die Grundrechte, deren Katalog sich stark an den im Dezember 1848 von der Nationalversammlung in Frankfurt verabschiedeten anlehnte.

Was Regierung betrifft, so war sie zum einen gegen jegliche Beschränkung der kaiserlichen Gewalt. Außerdem barg für sie der Entwurf die Gefahr in sich, dass sich die deutschsprachigen Gebiete an den in Frankfurt proklamierten Nationalstaat anschlossen. Dies konnte nur den Zerfall der habsburgischen Monarchie nach sich ziehen. Schwarzenberg und der von ihm beeinflusste junge Kaiser traten dagegen strikt für die habsburgische Gesamtstaatsidee ein. Deshalb sollte der Versammlung keine Gelegenheit gegeben werden, über ihren Verfassungsentwurf abzustimmen. Am 4. März 1849 löste Franz Joseph den Kremsierer Reichstag auf und oktroyierte eine eigene „Reichsverfassung für das Kaisertum Österreich", d. h. für sämtliche habsburgischen Kronländer.

Sie ging auf den Innenminister Franz Graf Stadion (*1806, †1853), einen Sohn Johann Philipps [s. o., S. 173] zurück, der zwar zum misstrauisch beäugten reformfreundlichen Teil unter den Spitzenbeamten zählte, sich aber in den Augen des Kaisers im Jahr zuvor als Statthalter bei den Unruhen in Galizien vorzüglich bewährt hatte. Die oktroyierte Verfassung basierte konsequenterweise auf dem zentralistischen Einheitsstaatsgedanken. Sämtliche Kronländer sollten künftig Wien direkt untergeordnet sein. Dementsprechend schuf sie ein einheitliches Reichsbürgerrecht. Gestärkt wurde gegenüber dem Kremsierer Entwurf vor allem die Position des Monarchen, der zwar gemeinsam mit den zwei Häusern des neuen Reichstags – dem Oberhaus, bestehend aus Vertretern der Landtage in den Kronländern, und dem aufgrund eines Wahlzensus direkt gewählten Unterhaus – das Gesetzgebungsrecht wahrnehmen sollte, das Vetorecht jedoch behielt. Daneben bewahrten die einzelnen Landtage für ihr jeweiliges Gebiet legislative Zuständigkeiten, vor allem in Bau-, Wohltätigkeits-, Schul- und Kirchenangelegenheiten. Dem Kaiser zur Seite stehen sollte ein Reichsrat, dessen Mitglieder er unter Berücksichtigung des Gewichts der verschiedenen Reichsteile selbst ernannte. Auch diese Verfassung enthielt einen, allerdings kürzeren, Grundrechtskatalog. Abgesehen davon, dass sie sämtliche grundherrlichen Lasten (allerdings gegen Ablösung) abschaffte, wurden darin persönliche Freizügigkeit und Unantastbarkeit, Rechtsgleichheit, Freiheit von Wissenschaft und Lehre, Versammlungs- und Presse- sowie Glaubensfreiheit fixiert.

Die Märzverfassung von 1849 war auch eine Antwort auf die ungarischen Versuche zur Verselbständigung. Diese wiederum stießen wegen der damit verbundenen Magyarisierungsbestrebungen bei den übrigen Völkerschaften der Stephanskrone[9] auf heftige Ablehnung. Die kaiserliche Regierung mobilisierte daher vor

---

9 Man schätzt für das Jahr 1843 bei einer Gesamtbevölkerung Ungarns, Siebenbürgens und Kroatien-Slawoniens von rund 13 Mio. den Anteil der Magyaren auf nur 40,8%. Der der Slawen (d. h. der Kroaten, Slowenen und Slowaken zusammengenommen) lag dagegen bei 42,3, der der deutschsprachigen Bevölkerung bei 9,2 und der der rumänischen bei 7,7%. Vgl. bei R. A. Kann, *Geschichte des Habsburgerreiches 1526 bis 1918,* 1990, S. 580.

allem den kroatischen Widerstand unter dem bereits im März 1848 zum „Ban" (d.h. Stellvertreter des Königs als „Herrn") des vereinigten Kroatien, Slawonien und Dalmatien ernannten Joseph von Jellachich (Jellačić, *1801, †1859). Dieser hatte sich bereits bei der Restabilisierung der Verhältnisse in der österreichischen Revolution bewährt. Ein von Windischgrätz und ihm unternommener Einmarsch nach Ungarn führte zwar zur Jahreswende 1848/49 zur Eroberung von Buda, doch die ungarischen Truppen waren damit keineswegs besiegt. Im Frühjahr sagte sich das Königreich unter Kossuths Einfluss von den Habsburgern los, im Mai 1849 wurde die Hauptstadt zurückerobert. In dieser Lage enthob Franz Joseph den wenig erfolgreichen und wegen seines oft anmaßenden Verhaltens unbequem gewordenen Windischgrätz seines Kommandos und ging auf das Angebot des russischen Zaren ein, in Erfüllung seiner Pflichten aus der Heiligen Allianz Truppen nach Ungarn zur Wiederherstellung der habsburgischen Herrschaft zu entsenden. Angesichts der dreifachen Bedrängnis vom Norden her durch russische Verbände sowie vom Westen und Süden aus durch österreichische und kroatische brach der ungarische Widerstand im August zusammen. Mit der politischen Opposition wurde z. T. brutal aufgeräumt, zahlreiche Politiker – darunter Kossuth – gingen ins Exil. Siebenbürgen, Kroatien-Slawonien mit dem Hafen von Fiume sowie die Militärgrenze wurden vom Gebiet der Stephanskrone abgetrennt, der Rest des Landes unter Missachtung der bisherigen Eigenständigkeit von landfremden Beamten verwaltet. Dazu erhielt Ungarn von 1851 bis 1860 in der Person des Erzherzogs Albrecht (*1817, †1898), dem Sohn des legendären Erzherzogs Karl, einen kaiserlichen Gouverneur. *Spiritus rector* dieser Unterdrückungspolitik war der seit 1849 im Ministerium Schwarzenberg für die Inneren Angelegenheiten zuständige Alexander Bach (*1813, †1893), der an sich zu den liberalen österreichischen Beamten gehörte, sich aber unter dem Eindruck der Ereignisse von 1848/49 zum Konservativen gewandelt hatte. Ungarischerseits reagierte man auf seine Unterdrückungspolitik mit hinhaltendem Widerstand, der sich mittelfristig vor allem in äußerst zurückhaltenden Steuerzahlungen auswirkte.

Der vollständige Sieg, den die kaiserliche Regierung in Österreich, Böhmen und Italien wie in Ungarn errungen hatte, stärkte nun auch die Position Wiens im Deutschen Bund wieder. Die Frankfurter Nationalversammlung hatte zwar mit der Verabschiedung der deutschen Reichsverfassung am 28. März 1849 den preußischen König Friedrich Wilhelm IV. (1840–1857/61), wenn auch mit zahlreichen Enthaltungen zum „Kaiser der Deutschen" gewählt, doch dieser machte am 3. April den Vorbehalt, die Wahl nur mit Einverständnis der übrigen deutschen Bundesfürsten und der Regierungen der freien Städte annehmen zu können. Zwei Tage später zog Schwarzenberg die österreichischen Abgeordneten aus der Nationalversammlung ab. Diese Demonstration trug dazu bei, dass Friedrich Wilhelm – obwohl mittlerweile achtundzwanzig von neununddreißig Bundesmitgliedern der Verfassung zugestimmt hatten – die Kaiserwürde am 28. April ablehnte. Aufstände, die jetzt in Sachsen, der bayerischen Pfalz und Baden aufflammten, wurden im Laufe des Monats Mai mit Hilfe preußischer Truppen niedergeschlagen. In Berlin wurden nun neue Pläne entwickelt, die auf ein kleindeutsches Reich unter preußischer Führung hinausliefen, das mit Österreich in einer lockeren deutschen Union verbunden werden sollte. Da die österreichischen Truppen noch in Ungarn zu kämpfen hatten, konnte man dem vorläufig wenig entgegensetzen, sondern nur den Widerstand stärken, der sich in den süddeutschen Staaten dagegen erhob. Nach der Niederlage der ungarischen Unabhängigkeitsbewegung war die preußische Unionspolitik jedoch zunehmend chancenlos. Der Verfassungsplan des im März 1850 vorwiegend in Nord- und Mitteldeutschland gewählten Erfurter Unionsparlaments (verabschiedet am 13. und 17. April 1850) blieb Makulatur, die Union selbst löste sich allmählich auf, nachdem sich Sachsen und Hannover vom im Mai 1849 mit Preußen abgeschlossenen „Dreikönigsbündnis" losgesagt hatten und statt dessen im Frühjahr 1850 mit Bayern und Württemberg einen pro-österreichischen „Vierkönigsbund" eingegangen waren.

Schwarzenberg, der der Vision eines „Deutschen Reiches" die eines Zollverbands zwischen Deutschland und dem österreichischen Gesamtstaat („Siebzig-Millionen-Reich") entgegensetzte, lud zum 20. Mai die Mitglieder des Deutschen Bundes zur Beschickung des Bundestags in Frankfurt ein. Zwar kamen zunächst nur die Gesandten Bayerns, Württembergs, Hannovers, Sachsens, Luxemburg-Limburgs, Hessen-Darmstadts und Hessen-Kassels, doch bis zur förmlichen Wiedereröffnung des Bundestags unter österreichischem Vorsitz Anfang September war die Mehrheit der deutschen Staaten hier wieder vertreten. Als diese beschloss, zugunsten des „Kurfürsten" von Hessen-Kassel in dessen Konflikt mit seinen Ständen zu intervenieren, kam es Anfang November fast zu kriegerischen Auseinandersetzungen, als sich am 8. November österreichisch-bayerische und preußische Truppen südlich von Fulda ein kurzes Gefecht lieferten. Doch traute man sich in Berlin eine direkte Konfrontation mit Wien nicht zu. Hierbei spielte auch der Druck eine Rolle, den der russische Zar, den Kaiser Franz Joseph Ende Oktober in Warschau getroffen hatte, zugunsten Österreichs ausübte. In der Olmützer Punktation vom 30. November verzichtete Preußen auf sämtliche Pläne zur Umgestaltung Deutschlands und willigte in die Wiederherstellung des Deutschen Bundes in der alten Form ein. Damit waren sowohl der Berliner Unionsplan wie Schwarzenbergs Projekt eines vom Balkan bis zum Rhein reichenden Großwirtschaftsraums vom Tisch. Die österreichische Hegemonie in Deutschland war jedoch ebenso wiederhergestellt wie in Italien, wo die verschiedenen Revolutionen inzwischen gleichfalls zusammengebrochen waren.

Diese bei seinem Regierungsantritt alles andere als absehbaren Erfolge führten dazu, dass sich Kaiser Franz Joseph, der seit Mai 1851 immer öfter die Sitzungen des Ministerrats persönlich leitete, in seiner ihm anerzogenen antikonstitutionellen Grundhaltung bestätigt fühlte. Anders als der zwar ähnlich gesinnte, aber politisch flexiblere Schwarzenberg wollte er nunmehr von der Aufrechterhaltung der im März 1849 oktroyierten Verfassung nichts mehr wissen. Bei der Spitze des Reiches rang man seit dieser Zeit um zwei verschiedene Linien: Konstitutionalismus oder Absolutismus, wozu die Frage trat, ob dabei jeweils eine zentralstaatliche gegenüber einer föderalen Lösung zu bevorzugen sei. Als eindeutiger Befürworter der absolutistisch-zentralstaatlichen Richtung trat der früher in der Beamtenschaft als Finanz- und Wirtschaftsfachmann bewährte, 1825 in den Freiherrenstand erhobene Karl Friedrich Kübeck (*1780, †1855) hervor, der sich – ähnlich wie Bach – vom Befürworter eines Reformkurses zum Anhänger des Konservativismus entwickelt hatte. Im April 1851 zum Präsidenten des als Gegengewicht zum Ministerrat neu eingerichteten

Reichsrats ernannt, erhielt er hier die Zuständigkeit für eine mögliche Verfassungsrevision übertragen und entwickelte sich mehr und mehr zum Gegenspieler Schwarzenbergs. Er war es auch, der dem jungen Kaiser die Rückkehr zum neoabsolutistischen Regierungssystem nahebrachte. Im übrigen folgte dieser auch den Ratschlägen des im September 1851 nach Wien zurückgekehrten Metternich, der sich zwar im Hintergrund hielt, aber bis zu seinem Lebensende immer wieder in die Politik einzumischen versuchte.

Im August 1851 wurde in einer Kabinettssitzung unter Franz Josephs Vorsitz festgestellt, dass es – so die Formulierung des Kaisers selbst – angesichts „der bei allen Einsichtsvollen und Gutgesinnten anerkannten Unanwendbarkeit des sogenannten englisch-französischen Prinzips auf den österreichischen Kaiserstaat und sonach der Unausführbarkeit der Reichsverfassung vom 4. März 1849" erforderlich sei, „die dem Zwecke der Monarchie und den wahren Bedürfnissen ihrer Völker angemessenen Reformen vorzubereiten".[10] Verfügt wurde daraufhin, dass die Minister als die dem Monarchen allein verantwortlichen Beamten und der ausschließlich zur Beratung Franz Josephs dienende Reichsrat künftig untereinander nur über ihn selbst zu verkehren hätten. Durch das von Kübeck verfasste Silvesterpatent vom 31. Dezember hob der Kaiser schließlich die Verfassung von 1849 förmlich auf, da sie weder den Verhältnissen des österreichischen Kaiserstaates angemessen noch durchführbar sei. Die Rechtsgleichheit der Staatsbürger und die Unzulässigkeit bäuerlicher Untertänigkeits- und Hörigkeitsverhältnisse wurden allerdings ausdrücklich bestätigt. Eine Beilage des Patents fixierte noch einmal ausdrücklich die Einheit des Kaiserstaats, Bestand und Verwaltung der Kronländer sowie die Organisation des Gerichtswesens. Hier gab es hinsichtlich der Gemeindeautonomie und der richterlichen Unabhängigkeit spürbare Rückschritte. Damit war der Weg zurück zum zentralstaatlichen Absolutismus eingeschlagen. Hinzu trat eine rückschrittliche Kirchenpolitik, die dem jungen Herrscher einerseits von seiner bigotten Mutter, zum anderen von dem in seinen jun-

---

10 Zitiert nach St. Lippert, *Felix Fürst zu Schwarzenberg...*, 1998, S. 384.

gen Jahren äußerst einflussreichen Beichtvater Joseph Otmar von Rauscher (*1797, †1875) nahegelegt wurde, der 1853 zum Fürsterzbischof von Wien avancierte und 1855 den Kardinalshut erhielt. Diese Würde war der Lohn seines Einsatzes bei den Konkordatsverhandlungen, die nach sechs Jahren am 18. August 1855 zum Abschluss kamen. Der Kaiserstaat wich hierin gegenüber den von Joseph II. durchgesetzten staatskirchlichen Positionen erheblich zurück. Die Rückkehr der Jesuiten hatte Franz Joseph bereits 1851 erlaubt, jetzt verzichtete er auf jegliche Kontrolle des Verkehrs zwischen der katholischen Hierarchie und dem Heiligen Stuhl, und auch das Schulwesen wurde wieder kirchlicher Kontrolle unterworfen. Schließlich sicherte der Kaiser zu, an den Gesetzen im Hinblick auf die übrigen Konfessionen ohne Zustimmung der katholischen Kirche keine Änderungen vorzunehmen und negative Äußerungen über diese und ihre Einrichtungen nicht zu dulden. Das Konkordat blieb bis 1870 in Kraft: Damals wurde es nach der Verkündigung des päpstlichen Unfehlbarkeitsdogmas aufgekündigt.

Was das Verfassungsleben betrifft, so hat es sich als schwerwiegender politischer Fehler Franz Josephs erwiesen, dass er nicht wenigstens die in seinem Namen oktroyierte Verfassung zur Grundlage seiner weiteren Regierungstätigkeit zu machen versuchte, sondern zum zentralstaatlichen Absolutismus zurückkehrte. Das Habsburgerreich geriet damit nicht nur gegenüber den übrigen Ländern Mitteleuropas, vor allem gegenüber dem deutschen Konkurrenten Preußen und dem italienischen Gegenspieler Sardinien in einen Parlamentarisierungsrückstand, sondern es wurde auch der Entscheidungsgewalt eines Herrschers ausgeliefert, der immer weniger selbstbewusste Fachleute und Politiker um sich duldete und beim besten Willen und bei allem Arbeitsfleiß nicht in der Lage war, sein Land politisch zu führen und es durch die anstehenden äußeren Gefahren unbeschadet hindurchzusteuern. Dies sollte sich in den nächsten Jahren bitter rächen.

Die unmittelbare Folge war eine faktische Kaltstellung Schwarzenbergs, der allerdings durch Herzschwäche bereits Mitte 1851 gesundheitlich so stark angeschlagen war, dass er der neuen Entwicklung nicht mehr viel Widerstand entgegensetzte und wenigstens versuchte, die Unabhängigkeit des Ministeriums aufrechtzuerhalten. Im April 1852 erlitt er einen tödlichen Schlaganfall. Zum wichtigsten Minister avancierte nun Bach, der während seiner Amtszeit bis 1859 vor allem die Verwaltungsreformen in Angriff nahm, die infolge der Errichtung des Zentralstaats notwendig geworden waren. Sie trugen allerdings infolge der deutlichen Vermehrung des Beamtenapparats erheblich zur neuerlichen Finanzkrise des Kaiserstaates bei, die sich durch Einnahmeausfälle in Ungarn [s. o., S. 199] und durch die kriegerischen Verwicklungen Österreichs in den fünfziger Jahren laufend verschärfte. Daran konnten auch die allgemein günstige Wirtschaftskonjunktur und die durchaus fortschrittliche Wirtschafts- und Handelspolitik wenig ändern, durch die etwa die Zölle zwischen Österreich-Böhmen einer- und Ungarn andererseits beseitigt und 1853 die Zollschranken zwischen dem Habsburgerreich und dem von Preußen gelenkten deutschen Zollverein erheblich niedriger wurden. Dem allgemeinen Wirtschaftsaufschwung stand trotzdem die wachsende Not der öffentlichen Kassen gegenüber. Dennoch wurde im Dezember 1857 vom Kaiser ein Werk in Gang gesetzt, das seine Regierung bis heute überdauert hat: die bauliche Neugestaltung der Hauptstadt Wien.

Die Festungswerke der Donaumetropole hatten sich für die Stadtentwicklung längst als lästiges Hemmnis erwiesen. Zudem hatten bereits die napoleonischen Kriege gezeigt, dass sie militärisch sinnlos waren, und auch das Eindringen der aufständischen Massen in die Residenz hatten sie 1848 nicht aufhalten können. Inspiriert von den damals in Paris begonnenen Umgestaltungen des Stadtbildes, verfügte Franz Joseph daher die Auflassung der Befestigungswerke. An ihre Stelle trat die großzügig angelegte Ringstraße, deren Bebauung mit den großen öffentlichen Gebäuden und Stadtpalais, die sie bis in die Gegenwart umsäumen, sich allerdings großenteils noch bis in die achtziger Jahre hinziehen sollte. Bereits 1863 aber konnte der 145 ha große Stadtpark im Osten der ehemaligen Umwallung – ein Pendant zum 1824 auf Geheiß Franz' I. angelegten Volksgarten – der Öffentlichkeit übergeben werden. Zudem wurde das Festungsglacis für die Bebauung freigegeben, so dass zwischen Innenstadt und Vorstädten vornehme, hauptsächlich vom aufstrebenden Bürgertum bewohnte Quartiere in z. T. üppigen Bauformen entstanden. Ganz vollendet wurde das Ringstraßenensemble allerdings nie:

vor allem die Randbebauung des Heldenplatzes und die Erweiterung der Neuen Hofburg unterblieben, und so zeugt das städtebauliche Gesamtvorhaben, das als „Ringstraßenarchitektur" Stadtplanungs- und Baugeschichte geschrieben hat, zugleich von der Größe des Habsburgerreiches wie von den Keimen seines Untergangs.

Dass sich die Umgestaltung der Hauptstadt – anders als in Paris – so lange hinzog, lag vor allem daran, dass die außenpolitischen Verwicklungen der fünfziger und sechziger Jahre den Kaiser und seine Berater in höchstem Maße in Anspruch nahmen. Dies waren der Krimkrieg (1854–1856), der Krieg um die italienischen Provinzen (1859 und 1866) sowie schließlich die Kriege mit Preußen gegen Dänemark (1864) und gegen Preußen um die Vorherrschaft im Deutschen Bund (1866), die sich außenpolitisch sämtlich zum Nachteil des Kaiserstaats auswirkten.

Der Krimkrieg erwuchs aus einem Konflikt zwischen dem Zaren und der Hohen Pforte, in den Großbritannien und Frankreich im März 1854 eingriffen, um den drohenden Zusammenbruch des Osmanischen Reiches zu verhindern. Zar Nikolaus I. hatte sich im September 1853 bei einer persönlichen Unterredung mit Franz Joseph in Olmütz um ihn als Bündnispartner bemüht, weil er auf seine Dankbarkeit für die in Ungarn 1849 erwiesene Hilfe hoffte. Der von seinem Außenminister Graf Karl Ferdinand von Buol-Schauenstein (*1797, †1865) beratene Kaiser wollte sich jedoch aus dem Krieg heraushalten und versagte dem Zaren ebenso den Beistand wie zunächst den beiden Westmächten. Er setzte aber bei Nikolaus die Räumung der von russischen Truppen besetzten Donaufürstentümer Moldau und Walachei durch, in die in Abstimmung mit der Hohen Pforte im August 1854 österreichische Verbände einrückten. Im Herbst sah sich Franz Joseph durch Drohungen von Paris und London dann doch zum Bündnis mit den beiden Westmächten genötigt und mobilisierte in erheblichem Umfang Truppen an der Grenze zu Russland. Sie banden ihrerseits russische Kräfte, die dem Zaren bei den entscheidenden Auseinandersetzungen auf der Krim fehlten. Der von den Briten und Franzosen gewonnene Krieg nützte Wien jedoch nicht viel, da sich Österreich als unsicherer Bundesgenosse erwiesen hatte. Dagegen brachte Sardinien, das in der entscheidenden Kriegsphase die Westmächte aktiv unterstützt hatte, auf dem Pariser Friedenskongress im Frühjahr 1856 die italienische Frage zur Sprache, so dass sie seit langem erstmals wieder zum Gegenstand der internationalen Politik wurde. Und das von Schwarzenberg 1850 gedemütigte Preußen, das strikt neutral geblieben war, konnte von nun an wieder außenpolitisch auf russische Unterstützung zählen. Außer hohen Kosten hatte der Krieg Österreich also nichts eingebracht.

Betrafen die russisch-türkischen Verwicklungen und das Einschreiten der Westmächte Wien nur mittelbar hinsichtlich der Wahrung des Gleichgewichts auf der Balkanhalbinsel, so ging die italienische Frage Österreich direkt an. Hier war mit der Unterdrückung der Revolutionen und des vom Königreich Sardinien ausgegangenen Einigungsversuchs 1848/49 der nationale Traum keineswegs erloschen. In Graf Camillo Cavour (*1810, †1861), der 1852 in Turin Ministerpräsident wurde, erwuchs der Hofburg ein politisch geschickter Gegenspieler, der vor allem danach trachtete, den französischen Kaiser Napoleon III. (1852–1870) für die Sache der italienischen Einigung zu gewinnen und die habsburgische Fremdherrschaft abzuschütteln. In Lombardo-Venetien war diese zwar durch die rigide Unterdrückungspolitik des Militärkommandanten Radetzky seit 1849 unangefochten, allein sie stieß mehr und mehr auf Hass. Dies zeigte sich, als Franz Joseph mit seiner Gemahlin Ende 1856 Venedig und Mailand einen offiziellen Besuch abstattete: zu einer Galavorstellung, die zu Ehren des Kaiserpaars im *Teatro La Fenice* in der Lagunenstadt im November gegeben wurde, lehnten es die Spitzen der venezianischen Gesellschaft ab, überhaupt zu erscheinen, und wenig später schickten die vornehmsten Familien Mailands lediglich ihre Bediensteten in die vom Kaiser beehrte *Scala*. Allgemein war die Begrüßung mehr als frostig, so dass Franz Joseph sich zur Amnestie der politischen Häftlinge und zur Einsetzung seines Bruders Ferdinand Maximilian (*1832, †1867) als Vizekönig entschloss, ohne ihm allerdings gegenüber dem neuen Militäroberbefehlshaber Graf Franz Gyulai (*1798, †1868) klare Kompetenzen einzuräumen. Der erst fünfundzwanzigjährige Erzherzog hatte die Marinelaufbahn eingeschlagen und 1854 das Oberkommando über die in Triest stationierte österreichische Flotte übernommen. Seit seinem Amtsantritt als Vizekönig bemühte er sich ernsthaft um Reformen und machte mehrfach Eingaben in Wien, die auf eine stärkere Autonomie von Lombardo-Venetien hinausliefen. Auch regte er einen gesamtitalienischen Fürstenkongress zur Einleitung einer gemeinsamen Wirtschaftspolitik an. Seine Initiative wurden allerdings von Franz Joseph abgeblockt, weil dieser befürchtete, Sonderregelungen für den italienischen Teil des Kaisersstaates könnten entsprechende Forderungen in anderen Gebieten, insbesondere Ungarn, hervorrufen.

Anfang 1858 wurde durch einen italienischen Nationalisten auf Napoleon III. ein Attentat verübt, dem der französische Kaiser nur knapp entging. Kurz vor seiner Hinrichtung beschwor ihn der Attentäter durch ein in der Presse veröffentlichtes „politisches Testament", dem Beispiel seines Onkels zu folgen und sich für die italienische Sache einzusetzen. Im Juli trafen sich Napoleon III. und Cavour heimlich im Vogesenbadeort Plombières, wo der Ministerpräsident die Abtretung von Savoyen und Nizza an Frankreich in Aussicht stellte, und am 23. Januar 1859 wurde zwischen Frankreich und Sardinien ein förmliches Bündnis für den Fall abgeschlossen, dass das Königreich von den Österreichern angegriffen wurde. Seitdem bemühte man sich von Turin aus, den Kaiserstaat zum Krieg zu provozieren. Franz Joseph und sein Außenminister Buol waren töricht genug, trotz finanzieller Engpässe und unzureichender Ausrüstung der Armee, sich am 3. Mai zur Kriegserklärung an das Königreich Sardinien hinreißen zu lassen. Man hoffte für den Fall eines französischen Eingreifens auf Rückendeckung durch preußische Truppen im Rheinland, doch der nach dem Rücktritt Friedrich Wilhelms IV. (1857) in Berlin regierende Prinzregent Wilhelm (*1797, †1888) war trotz einer persönlichen Mission Erzherzog Albrechts in die Spreemetropole zu einer solchen Hilfe nur gegen Zugeständnisse im Hinblick auf Preußens Stellung im Deutschen Bund bereit.

Als der Krieg in Oberitalien begann, ging Gyulai zu zögerlich vor, um seine anfängliche Übermacht gegenüber den verbündeten Feinden nutzen zu können. Die erste Schlacht, bei Magenta, ging am 4. Juni 1859 verloren, und man musste Mailand aufgeben. Die erneute österreichische Offensive, diesmal unter dem Oberbefehl des Kaisers selbst, führte am 24. Juni zur blutigen Niederlage von Solferino, aus der sich freilich die Truppen Franz Josephs zum größeren Teil einigermaßen geordnet in den Schutz der Festungen um Mantua absetzen konnten. An der Schlacht waren insgesamt über 250.000 Mann beteiligt, von denen allein auf österreichischer Seite über 20.000 Tote und Verwundete zu beklagen waren.[11]

Die Erschütterung über das Kriegsgeschehen, aber auch politische Probleme – preußische Truppen wurden nun doch nahe der Grenze zu Frankreich zusammengezogen – bewirkten, dass Napoleon III. kurz nach dem Sieg Franz Joseph ein persönliches Treffen vorschlug. Dieser nahm an, da er befürchten musste, dass angesichts der Niederlagen in Ungarn wieder Aufstände ausbrechen würden. Im Dorf Villafranca (südwestlich von Verona) kamen beide Herrscher am 8. Juli zusammen, vereinbarten einen Waffenstillstand und legten die Bedingungen für den Frieden fest, der am 10. November in Zürich unterzeichnet wurde. Der österreichische Kaiser verzichtete darin auf die Lombardei, die von Napoleon III. dem Königreich Sardinien übergeben wurde. Außerdem willigte Franz Joseph in die Bildung eines italienischen Staatenbunds unter dem Vorsitz des Papstes ein, dem auch das bei Österreich verbleibende Venetien beitreten sollte. Zu dieser Konföderation kam es allerdings nicht, da die von Turin aus geschürte Einigungsbewegung 1859/60 die gesamte Halbinsel erfasste und hier die bisherige Staatenvielfalt hinwegfegte. Ein Land nach dem anderen schloss sich dem Königreich Sardinien an. Nach allgemeinen Parlamentswahlen wurde am 17. März 1861 das „Königreich Italien" ausgerufen. König Viktor Emanuel II. konnte allerdings vorerst nur in Florenz residieren, weil die dafür in Aussicht genommene Hauptstadt Rom mitsamt ihrer Umgebung durch Napoleon III. (jedenfalls bis zu dessen eigenen Sturz Anfang September 1870) vor dem Zugriff Italiens bewahrt wurde. Ein weiterer Territorialwunsch des neuen Staates blieb ebenfalls unerfüllt: Venetien, das nur einem italienischen Bund hatte beitreten

---

11 Bekanntlich haben die Qualen der vielen auf dem Schlachtfeld verstreuten, hilflosen Verwendeten bei beiden Herrschern einen fürchterlichen Schock ausgelöst. Der Schweizer Schriftsteller Henri Dunant, der gleichfalls das Schlachtfeld in Augenschein nahm, verfasste daraufhin sein viel gelesenes Buch *Un souvenir de Solferino* (erschienen zuerst in Genf 1862) und gründete 1863 das „Rote Kreuz", das sich u. a. um die Pflege von Kriegsverwundeten kümmern sollte.

sollen, wurde von Österreich nicht herausgegeben. Weitere Spannungen in Oberitalien waren damit vorprogrammiert, da man in Florenz auf Eingliederung der Lagunenstadt und ihres Festlands pochte.

Die schwere, in vieler Hinsicht durch Franz Joseph selbst zu verantwortende Niederlage hatte unmittelbare Rückwirkungen auf die inneren Verhältnisse Österreichs. Innenminister Bach musste sein Amt aufgeben. Bereits bei Kriegsausbruch hatte sich der Kaiser von seinem Außenminister Buol getrennt. Nachfolger wurde der aus Regensburg stammende Graf Johann Bernhard von Rechberg-Rothenlöwen (*1806, †1899), der auch die Leitung des Ministeriums übernahm. Als Gesandter beim deutschen Bundestag in Frankfurt (seit 1855) brachte er vor allem deutschlandpolitische Erfahrungen mit, die angesichts der neuerdings wieder deutlich gewordenen Gegensätze zu Preußen wichtig waren. Mit dem Kriegsende vollzog sich auch die persönliche Tragödie des seit 1855 amtierenden, auch um die Förderung des Wirtschaftslebens hochverdienten Finanzministers Karl Ludwig Freiherr von Bruck (*1798, †1860): ungerechtfertigterweise in die mit dem drohenden Staatsbankrott verbundenen Skandale einiger Wiener Bankhäuser in Verbindung gebracht und vom Kaiser in Ungnade entlassen, beging er im April 1860 Selbstmord.

Da mit dem Kaiser auch sein zentralstaatlich orientierter Absolutismus Schiffbruch erlitten hatte, sah sich Franz Joseph mit dem Oktoberdiplom von 1860 zu einer kleinen Verfassungsreform genötigt. Damit wurde ein von den verschiedenen Landtagen beschickter Reichsrat eingerichtet, der künftig gemeinsam mit dem Monarchen für die Gesetzgebung verantwortlich sein sollte. Zum Vorsitzenden bestimmte der Kaiser Erzherzog Rainer (*1827, †1913), einen Sohn des gleichnamigen früheren Vizekönigs von Lombardo-Venetien, der den Ruf genoss, relativ liberal eingestellt zu sein. Außerdem wurde der ungarische Landtag wiederbelebt, die von Ungarn abgetrennten Gebiete wurden mit dem Land wieder vereinigt und das Magyarische wieder zur Amtssprache erhoben. Freilich befriedigte dies weder die ungarischen Nationalisten wie die Anhänger eines liberalen Zentralismus in Wien. In Ungarn verschärfte sich der Steuerstreik sogar noch. Ende Dezember ernannte Franz Joseph daher Erzherzog Rainer zum (letztlich nur nominellen) „Vorsitzenden der Ministerkonferenz" und einen kaisertreuen „Achtunvierziger", Anton von Schmerling (*1805, †1893), der auch in der Paulskirche für die österreichischen Interessen gewirkt und unter Schwarzenberg bereits Justizminister gewesen war, zum Staatsminister. Schmerling war auch der Verfasser des sog. Februarpatents von 1861, mit dem der Kaiserstaat zum – zentralstaatlichen – Konstitutionalismus zurückkehrte.

Diese Verfassung (vom 26. Februar 1861) bestand aus einem neuen „Reichsgrundgesetz" und einer Reihe von Beilagen, die die Verfassungsverhältnisse und das Wahlverfahren in den einzelnen Kronländern regelten. Die „Reichsvertretung" sollte künftig ein aus zwei Häusern bestehender Reichsrat übernehmen: Die Sitze im Herrenhaus waren den großjährigen Mitgliedern des Erzhauses, dem hohen Adel und den hohen kirchlichen Würdenträgern vorbehalten; zusätzlich konnte der Kaiser verdiente Männer aus der Beamtenschaft, dem Kirchen- und dem Kulturleben in dieses Haus berufen. Ins Abgeordnetenhaus dagegen sollten die Landtage der Kronländer je nach deren Bevölkerungszahl insgesamt 343 Vertreter entsenden.[12] Allerdings behielt es sich der Kaiser vor, die Präsidenten der beiden Häuser und deren Stellvertreter selbst zu ernennen. Die Kompetenzen des Reichsrats erstreckten sich im wesentlichen auf Militär-, Finanz- und Steuersachen sowie auf das Zoll-, Post-, Eisenbahn- und Telegrafenwesen, dazu oblag ihm die Kontrolle über die Staatsschuld. Da zu erwarten war, dass die Ungarn mit dieser Regelung kaum einverstanden sein würden, war vorgesehen, dass die Abgeordneten aus den Ländern der ungarischen Krone mit den übrigen nur über Angelegenheiten, die den gesamten Kaiserstaat betrafen, gemeinsame Beschlüsse fassen sollten. Für die Angelegenheiten der übrigen Kronländer war ein „engerer Reichsrat" zuständig, wobei im Streitfall der Kaiser darüber zu entscheiden hatte, ob die Zuständigkeit des „gesamten" oder des engeren Gremiums gegeben war. Diese Regelung befriedigte indessen Ungarn und Kroatien-Slawonien keineswegs, so dass deren Landtage es ablehnten, über-

---

12 Davon Ungarn 47, Siebenbürgen 26, Kroatien-Slawonien 9, die Länder der Wenzelskrone 82, die österreichischen Herzogtümer mitsamt Tirol und Vorarlberg 64 sowie Galizien-Lodomerien 38.

haupt Vertreter in den Reichsrat zu entsenden. Aber auch die tschechischen Vertreter, die der böhmische Landtag nach Wien entsandte, übten dort Obstruktion und waren nicht zur Zusammenarbeit mit der Regierung zu bewegen.

Ein weiterer Mangel der Februarverfassung bestand darin, dass Franz Joseph nicht bereit war, einmal beim Gesetzgebungsverfahren sein Vetorecht aufzugeben und zum anderen das Staatsleben eindeutig auf die Basis der Mitbestimmung durch das Bürgertum zu stellen, obwohl dieses durch seine Steuerkraft die Staatsmaschinerie im wesentlichen in Gang hielt. So dominierten in den nach ständischen Kurien gegliederten Landtagen nach wie vor die adligen, meist deutschsprachigen Großgrundbesitzer, was sich auch auf die Zusammensetzung des Reichsrats auswirkte. Die neue Verfassung enttäuschte daher ebenso die liberale „Linke" wie die nichtdeutschen Nationalitäten und war deshalb von vornherein zum Scheitern verurteilt, zumal der nach wie vor aufrechterhaltene Zentralstaatsgedanke auch als Versuch zur Zementierung des deutschen Übergewichts im Habsburgerreich angesehen wurde. Nach wenigen Jahren wurde Franz Joseph klar, dass es bei diesen Verfassungsverhältnissen nicht bleiben konnte. Eine konsequente Föderalisierung des habsburgischen Kaiserstaats war mit Rücksicht auf die Empfindlichkeiten der Ungarn aber ebensowenig möglich wie die gerade gescheiterte zentralstaatliche Ausrichtung. Da die magyarischen Eliten jedoch deutlich machten, nicht mehr aus dem Reich ausscheiden zu wollen, kam als Kompromiss nur eine „dualistische" Lösung infrage.

Den Weg hierfür hatte Franz Joseph schon kurz nach dem Italienkrieg bereitet, als er die Rückkehr zahlreicher Emigranten nach Ungarn erlaubte und vielen von ihnen ihre konfiszierten Güter zurückerstattete. Durch das Oktoberdiplom von 1860 stellte er überdies die frühere ständische Verfassung Ungarns wieder her und erlaubte die Berufung eines eigenen Reichstags. Er sollte über ein Wahlgesetz befinden, durch das alle Stände die Möglichkeit zu ihrer Vertretung erhalten sollten. Der Kaiser entsprach sogar schließlich den ungarischen Forderungen nach Einberufung des Gremiums aufgrund des Wahlgesetzes von 1848. Nachdem der neue Reichstag im April 1861 eröffnet worden war, kam es allerdings zu neuen Streitigkeiten mit Wien. Man verlangte die Wiedereingliederung Siebenbürgens in das ungarische Territorium und verweigerte die Beschickung des für den habsburgischen Gesamtstaat eingerichteten Reichsrats. In Wien setzte Schmerling bei Franz Joseph daraufhin im August 1861 die Auflösung des ungarischen Reichstags durch, und Ungarn wurde in den nächsten vier Jahren wiederum „absolutistisch" regiert. Franz Joseph erkannte allerdings im Juni 1865 bei Gesprächen, die er anlässlich eines Besuchs in Pest mit Vertretern des habsburgisch gesinnten und gemäßigt oppositionellen Adels führte, dass er auf diesem Weg nicht weiterkam. Im Dezember berief er deshalb den Reichstag wieder ein und eröffnete ihn persönlich mit einer Ansprache auf ungarisch. Darin wurde die Integrität der Länder der Stephanskrone ebenso anerkannt, wie versprochen wurde, die Gesetze von 1848 zu respektieren, wenn auch in Teilen deren Revision gefordert wurde. Die gemäßigten Abgeordneten unter der Führung von Ferenc Deák (*1803, †1876) und Graf Gyula Andrássy (*1823, †1890) erkannten dafür an, dass es auch Angelegenheiten der Gesamtmonarchie gebe, die man gemeinsam tragen müsse. Um über einen Ausgleich ohne Vorbehalte verhandeln zu können, wurde das Februarpatent von 1861 im September 1865 „sistiert", d. h. vorübergehend aufgehoben. Als der ungarische Reichstag Ende Juni 1866 wegen des preußisch-österreichischen Krieges geschlossen wurde, hatte man sich also bereits ein gutes Stück angenähert.

Ehe es allerdings zu einer endgültigen Lösung kam, geriet die Habsburgermonarchie noch einmal in den Sog einer militärischen Katastrophe, die ihr der alte Gegner auf dem Feld der Deutschlandpolitik, Preußen, zufügte. Diese Niederlage brachte zudem den Verlust Venetiens an Italien, der allerdings auch zur Entschärfung der Nationalitätenproblematik, wenigstens in der westlichen Reichshälfte, beitrug.

Das Scheitern der österreichischen Hegemonialpolitik auf der Apenninenhalbinsel brachte Franz Joseph dazu, sich wieder stärker im Deutschen Bund zu engagieren und hier die Rolle des Kaiserstaates als Großmacht stärker zu betonen. Bezeichnend hierfür waren die landesweiten Feierlichkeiten zum Schillerjubiläum im Jahre 1859 oder auch die Inschrift auf dem im Mai 1860 auf dem Heldenplatz vor der Wiener Hofburg feierlich enthüllten Denkmal des Erzherzogs Karl, des Siegers von Aspern im Jahre 1809: „Dem beharrlichen Kämpfer für Deutschlands Ehre". Inzwischen bot aber nicht nur der von Preußen geführte Zollverein den deutschen Patrioten eine immer konkretere Perspektive für einen politisch geeinten Nationalstaat, sondern auch die norddeutsche Großmacht selbst war mittlerweile im Zuge der beginnenden Industrialisierung zum führenden deutschen Staat aufgestiegen. Das neue Berliner Selbstbewusstsein hatte man bereits in Frankfurt zu spüren bekommen, wo der seit 1851 tätige preußische Gesandte beim Deutschen Bund, Otto von Bismarck (*1815, †1898), keine Gelegenheit ausließ, um der Präsidialmacht Schwierigkeiten zu bereiten. Obwohl selbst Konservativer reinsten Wassers, war er um des politischen Erfolgs willen bereit, jedes Mittel unbedenklich einzusetzen. Auf seine Ratschläge ging es im wesentlichen zurück, dass Preußen sich aus dem Krimkrieg heraus hielt, ohne es mit dem Zarenreich zu verderben. 1859 ging Bismarck als Gesandter nach St. Petersburg, 1861 nach Paris und knüpfte hier wertvolle Verbindungen mit den jeweiligen Herrschern. 1862, mitten im Verfassungskonflikt zwischen dem neuen, ihm an sich wenig gewogenen preußischen König Wilhelm I. (1861–1888) und dem Abgeordnetenhaus um die vom Monarchen angestrebte Heeresreform, wurde er in Berlin zum Außenminister und Leiter des preußischen Staates berufen und betrieb nun mit der ihm eigenen Skrupellosigkeit den Ausbau der preußischen Stellung zur Hegemonialmacht in Deutschland.

Um hier die Initiative zurückzugewinnen, begann die österreichische Regierung mit Zustimmung Franz Josephs zu Beginn der sechziger Jahre eine regelrechte Offensive für „moralische Eroberungen" in Deutschland und zur Förderung des großdeutschen Gedankens (obwohl, wie bereits betont, die „deutsch" ausgerichtete Politik im Innern zunehmend auf Schwierigkeiten stieß). Höhepunkt dieser Politik war die Einladung, die Franz Joseph zu einem deutschen Fürstentag versandte, der von ihm selbst am 17. August 1863 in Frankfurt eröffnet wurde. Hier sollte über eine Straffung der Bundesorganisation verhandelt werden, wobei Schmerling, dem *spiritus rector* des kaiserlichen Reformplans, eine Art Bundesregierung, bestehend aus einem „Direktorium" von fünf Mitgliedern unter dem Vorsitz des österreichischen Kaisers sowie eine in den einzelnen Staaten des Deutschen Bundes gewählte Volksvertretung vorschwebte. Der moralische Druck auf den König von Preußen – den Franz Joseph noch Anfang August bei einer Unterredung in Bad Gastein um sein Kommen gebeten hatte – war immens, doch Bismarck bewog Wilhelm, der Versammlung fernzubleiben. Die Demonstration von Geschlossenheit, die die anwesenden Fürsten und Vertreter der Freien Städte auf der Schlusssitzung zeigten, war damit nur eine hohle Geste.

Dafür ließ sich Wien in die neuerliche Auseinandersetzung zwischen dem Deutschen Bund und Dänemark um das Herzogtum Schleswig hineinziehen. Entgegen den internationalen Abmachungen von 1852 wurde Schleswig Ende 1863 in das dänische Königreich inkorporiert. Dies tangierte den Deutschen Bund an sich nicht, da der König von Dänemark diesem nur als Herzog von Holstein angehörte. Das an sich nur für die Ständeversammlungen beider Herzogtümer geltende Privileg aus dem Spätmittelalter, das ihre gemeinsame Tagung vorsah („up ewig ungedelt"), wurde nun aber sowohl von deutschen Patrioten wie von der preußischen Regierung dahingehend instrumentalisiert, dass das mehrheitlich von Deutschen besiedelte nördliche Herzogtum nicht an Dänemark fallen dürfe. Nach einem preußisch-österreichischen Ultimatum Anfang 1864 kam es zur Bundesexekution gegen Dänemark, die von einem gemeinsamen Heer beider Großmächte durchgeführt wurde und mit der Eroberung der Herzogtümer endete. Dänemark trat sie im Wiener Frieden vom 30. Oktober 1864 an Preußen und Österreich ab. Beide einigten sich im August 1865 im Vertrag von Gastein darauf, dass Preußen vorläufig die Verwaltung Schleswigs und Österreichs die Holsteins übernehmen sollte. Für den Kaiserstaat war dieses weit entfernte Besatzungsgebiet im Grunde widersinnig und bedeutete lediglich eine finanzielle Belastung. Nur diese Regelung konnte allerdings einer territorialen Vergrößerung Preußens, die Bismarck anstrebte, einen Riegel vorschieben.

Im Bestreben, die preußische Politik in die Schranken zu verweisen, nahm man in Wien Kontakt mit den deutschen Mittelstaaten auf. Ein bewaffneter Konflikt bahnte sich an. In Berlin ging man auf die italienische Regierung zu, und es kam im April 1866 zu einem Offensivbündnis zwischen Preußen und Italien, das im Falle einer österreichischen Niederlage den Erwerb Venetiens zugesichert erhielt. Um Napoleon III. bemühten sich beide Gegner: Bismarck versprach ihm in vager Form für den Fall der

Neutralität Gebietsgewinne im Westen des Deutschen Bundes, Franz Joseph in einer Geheimkonvention am 12. Juni den Verzicht auf Venetien und Mitsprache bei der Neuordnung der Verhältnisse in Deutschland. Anfang Juni brachte Wien die Frage der Zukunft Schleswig-Holsteins auf die Tagesordnung des Frankfurter Bundestags, und Bismarck ließ Holstein besetzen, woraufhin Österreich die Mobilisierung der Bundestruppen beantragte. Bismarck deklarierte dies als Bruch der Akte des Deutschen Bundes von 1815, zugleich präsentierte er den Entwurf einer neuen Bundesverfassung, der die Leitung durch Preußen und den Ausschluss Österreichs vorsah. Die Mobilisierung des Bundesheers gab ihm den Anlass, den Austritt Preußens aus dem Deutschen Bund zu erklären. Mitte Juni war der Krieg zwischen Preußen und den meisten nord- wie mitteldeutschen Staaten einerseits und Österreich mit seinen süddeutschen Verbündeten sowie Hannover, Kurhessen und Sachsen andererseits in vollem Gange.

Die besser ausgerüstete, hoch motivierte und vor allem hervorragend geführte preußische Armee war freilich bald an fast sämtlichen Fronten erfolgreich. Die Entscheidung fiel, nachdem sich das sächsische Heer mit dem Hauptteil der österreichischen Verbände in Böhmen vereinigt hatte, am 3. Juli 1866 in der Schlacht von Königgrätz (Sadova), die zwar nicht mit einer völligen, aber empfindlichen Niederlage der österreichischen Truppen endete. Nach der Besetzung von Prag und Brünn stießen die preußischen Verbände auf Wien vor, das von aus Italien herbeigezogenen Truppen notdürftig gedeckt wurde.

Hier hatte die österreichische Südarmee unter Erzherzog Albrecht das italienische Heer zwar am 24. Juni bei Custozza schlagen können, zudem war die italienische Flotte am 20. Juli bei Lissa besiegt worden, dennoch aber war der Krieg insgesamt verloren, und es war klar, dass man Venetien nicht würde halten können. Sowohl Berlin wie auch Wien drängten nun auf einen raschen Frieden, da im Westen der über den unerwartet schnellen preußischen Sieg beunruhigte französische Kaiser eine bedenkliche Haltung einnahm und man in Wien ein Wiederaufleben ungarischer Separationsbestrebungen befürchtete. Bismarck setzte es zunächst durch, dass sein König auf einen triumphalen Einzug in Wien verzichtete. Die Friedensgespräche wurden absichtlich im weit von der habsburgischen Hauptstadt entfernten mährischen Städtchen

Nikolsburg anberaumt. Hier drängte Bismarck darauf, Franz Joseph nicht durch die Abtretung von Österreichisch-Schlesien, das Wilhelm I. gerne erworben hätte, zu demütigen. So kam es, dass der Prager Friede vom 23. August 1866 für Österreich sehr maßvoll ausfiel. Der Kaiserstaat zog sich aus dem Deutschen Bund zurück, willigte in die preußischen Gebietserweiterungen im nördlichen Deutschland (mit Ausnahme des treuen Bündnispartners Sachsen, auf dessen Erhalt der Kaiser bestand) ein und erklärte sich mit der politischen Neuordnung des übrigen „kleindeutschen" Bereichs durch Berlin einverstanden. Der am 3. Oktober in Wien zwischen Italien und dem Kaiserstaat abgeschlossene Friedensvertrag dagegen besiegelte den Verlust Venetiens an das Königreich Italien.

Damit war binnen weniger Jahre die Vorherrschaft Wiens sowohl auf der Apenninenhalbinsel wie in Deutschland beseitigt worden. Franz Joseph führte dies weniger auf das eigene politische Versagen als auf gemeinsam in Paris, Berlin und Florenz seit langem vorbereitete Intrigen zurück. Seine Folgerung war, wie er es in einem Brief an seine Mutter damals ausdrückte: „Wenn man alle Welt gegen sich und gar keinen Freund hat, so ist wenig Aussicht auf Erfolg, aber man muss sich so lange wehren, als es geht, seine Pflicht bis zuletzt tun und endlich mit Ehre zugrunde gehen."[13] Dies hätte auch als Motto für die Tragödie gelten können, die sich fünfzig Jahre später mit dem Habsburgerreich abspielen sollte. Für den Augenblick indes war der Kaiser seiner wichtigsten außenpolitischen Belastungen ledig. Er war auf seine inneren Probleme zurückgeworfen, besaß aber auch die Chance, sie ungestört und unbeeinflusst von äußeren Zwängen und Verpflichtungen lösen zu können.

---

13 Zitiert nach A. Palmer, *Franz Joseph I., Kaiser von Österreich und König von Ungarn,* 1995, S. 211.

4. Die Habsburger in Italien bis 1860/66

Wurde der Deutsche Bund bis 1866 indirekt von Wien aus gelenkt und hatte man dort auf Preußen, aber auch auf kleinere Staaten wie Bayern Rücksicht zu nehmen, so war der Einfluss des Habsburgerhauses auf die Apenninenhalbinsel bis zu den italienischen Einigungskriegen wesentlich größer. Vom Plan einer *Lega d'Italia* unter österreichischem Vorsitz hatte Metternich 1815 zwar Abstand nehmen müssen, aber die Angliederung der Lombardei und Venetiens, die Herrschaft der habsburgischen Nebenlinien über die Toskana sowie über Modena und bis 1847 über Parma-Piacenza bedeutete doch, dass – abgesehen von Piemont und dem Raum um Turin – die wirtschaftlich wertvollsten Gebiete Nord- und Mittelitaliens unmittelbar oder – wegen der vom Herrscher in Wien eingeforderten strengen Familiendisziplin – wenigstens mittelbar unter der Botmäßigkeit des Kaisers standen. Das übrige Italien war diesem gleichfalls unterworfen, regierten doch die Könige „beider Sizilien"[14] und von „Sardinien" (seit 1815 bestehend aus der Insel selbst, ferner aus Ligurien, Savoyen und Piemont) ebenso wie der Kirchenstaat in enger Anlehnung zumindest an die außenpolitischen Vorgaben der Wiener Hofburg. Nun hatte man sich in Italien zwar seit langem an fremde Vorherrschaft – sei es die Spaniens, sei es die Österreichs oder Frankreichs – gewöhnt,

---

14 D. h.. des festländischen Königreichs Neapel und der Insel Sizilien. Im späten Mittelalter zeitweilig getrennt, waren beide Teile, weil der Anspruch ihrer Herrscher auf den jeweils anderen Reichsteil aufrechterhalten wurde, nach ihrer Wiedervereinigung 1435 so benannt worden. Die Bezeichnung „Königreich beider Sizilien" lebte 1738 wieder auf, als Insel- und Festlandsteil nach vorübergehender Trennung infolge der Bestimmungen des Friedens von Utrecht (1713) unter einem Seitenzweig der spanischen Bourbonen erneut vereinigt wurden. Der mit Maria Theresias Tochter Maria Carolina verheiratete König Ferdinand (seit 1759 als F. IV., dann als F. I. 1815–1825), der 1805 Neapel verloren und sich auf Sizilien hatte beschränken müssen, übertrug nach dem Wiedererwerb des festländischen Teils 1815 die traditionelle Bezeichnung auf das wiederum vereinigte Königreich.

jedoch hatte das napoleonische Regiment dem wachsenden Nationalgefühl auf der Halbinsel kräftig Nahrung gegeben. Bei den geistigen und wirtschaftlichen Eliten konnte eine ausländische Vormacht nur dann dauerhafte Anerkennung finden, wenn sie dem italienischen Patriotismus entgegenkam und nicht mit den während der Zeit Napoleons propagierten (wenn auch kaum verwirklichten) liberalen Prinzipien brach.

Eben dies tat aber die Wiener Politik und damit machte sie sich die im Zuge des *Risorgimento* immer mehr anwachsende italienische Nationalbewegung zum Feind. Bereits die Tatsache, dass das lombardo-venezianische Königreich 1815 nicht nach dem Vorbild des napoleonischen *Regno d'Italia* als eigener Staat, wenn auch unter habsburgischer Herrschaft, installiert, sondern als Nebenland dem Kaiserstaat eingegliedert wurde, machte hier selbst unter den Österreich Wohlgesinnten böses Blut. Kaiser Franz setzte 1817 zwar seinen Bruder Erzherzog Rainer (*1783, †1853), der 1820 die Schwester des seit 1831 regierenden Königs Karl Albert von Sardinien, Maria Elisabeth von Savoyen-Carignan (*1800, †1856), heiratete, zum Vizekönig ein. Doch trotz vielfältiger Initiativen zur Verbesserung der Infrastruktur sowie des Justiz-, Bildungs- und Militärwesens wurde er für die Unterdrückungspolitik gegen die Bestrebungen der patriotischen Geheimgesellschaften verantwortlich gemacht, so dass er sich kurz vor dem Ausbruch der Mailänder Erhebung im März 1848 aus der Politik ins Privatleben zurückzog.

Von Wien relativ unabhängig agierten lediglich die Habsburger im Großherzogtum Toskana. Hier wirkte die zur Zeit Peter Leopolds, des späteren Kaisers, begonnene Reformpolitik nach. Das nur mittelgroße Staatsgebiet hatte eine verhältnismäßig ausgewogene Sozialstruktur. Die Wirtschaft florierte dank anhaltender Infrastrukturmaßnahmen, die sich bis hin zum Eisenbahnbau fortsetzten: Mitte des 19. Jahrhunderts war das Netz für dieses moderne Verkehrsmittel hier länger als im Königreich beider Sizilien und im Kirchenstaat zusammengenommen. Dank des Freihafens von Livorno blühten zudem Handel und Bankwesen. Mit zu verdanken war dies der moderat-konservativen Politik des 1815 wieder in sein Land zurückgekehrten Ferdinand III. (*1769, †1824, 1803 Kurfürst von Salzburg, 1807 Großherzog von Würzburg) sowie seines Nachfolgers Leopold II. (*1797, †1870, 1824–1859).

Zwar wichen diese Herrscher als überzeugte Gegner der Ideen von 1789 kaum von der Linie Wiens ab, aber sie gaben den Kräften im Innern doch genügend Raum zur Entfaltung. So war mit Graf Vittorio Fossombroni (*1754, †1844) seit 1815 ein Politiker in der Tradition der aufgeklärten Physiokraten als leitender Minister tätig, der von seinem Innenminister und kurzfristigen Nachfolger Neri Corsini (*1771, †1845) unterstützt wurde.

1830/31 blieb der Toskana so eine Revolution erspart. In der zweiten Hälfte der vierziger Jahre jedoch wurde auch das Herrscherhaus in Florenz in die allgemeinen Wirren mit hineingerissen. Bereits 1845/46 kam es zu Unruhen. Anfang September 1847 stimmte Leopold II. der Aufstellung einer Nationalgarde, also einer auf demokratischen Grundsätzen beruhenden Bürgerwehr, zu. Mitte Februar gewährte er dem Lande eine Verfassung und die Einhaltung von Grundrechten, ja er ließ sich sogar im Verein mit Karl Albert von Sardinien zu einer Kriegserklärung und zur Entsendung eines kleinen Truppenkontingents gegen Österreich bewegen. Zeitweilig war er als Herrscher eines neu zu schaffenden mittelitalienischen Königreichs im Gespräch. In Florenz kam es aber bald mit der parlamentarischen Versammlung, die auf die Einberufung einer Volksvertretung zwecks Ausarbeitung einer neuen, liberaleren Verfassung drängte, zum Konflikt. Leopold flüchtete schließlich in die neapolitanische Festung Gaeta und bat den neuen österreichischen Kaiser Franz Joseph um militärische Hilfe. Diese fiel drastischer aus, als vom Großherzog gewünscht und kostete ihn – zumal die fremde Besatzung bis 1855 im Land blieb – die Sympathien seiner Untertanen, zumal er im September 1850 auch die von ihm erlassene Verfassung außer Kraft setzte und sie 1852 sogar – nach Konsultationen mit dem Papst und dem König beider Sizilien – gänzlich suspendierte. So war es kein Wunder, dass sich sein Land – als in Italien 1859/60 die große Einigungsbewegung einsetzte – völlig von ihm abwandte. Ende April begab sich die großherzogliche Familie ins päpstliche Bologna, wo Leopold drei Monate später zugunsten seines ältesten Sohnes (Ferdinand „IV.", *1835, †1905) abdankte. Dieser sollte den Rest seines Lebens in Österreich verbringen, ja er wurde 1870, als Kaiser Franz Joseph bestrebt war, die Beziehungen zu Italien auf eine neue Grundlage zu stellen, von diesem zum förmlichen Verzicht auf sein angestammtes Land genötigt.

Der unblutigen Revolution aber folgte im März 1860 die Eingliederung der Toskana in den neuen italienischen Nationalstaat, dessen König zunächst Florenz zur Hauptstadt wählte.

Viel abhängiger von den Wiener Interessen waren dagegen die Herrscher in Modena und in Parma-Piacenza. Im erstgenannten Herzogtum regierte seit 1814 Kaiser Franz' Vetter Franz IV. (*1779, †1846), dessen Vater, Erzherzog Ferdinand Karl (*1754, †1806), 1771 in das Haus Modena-Este eingeheiratet hatte. Eine seiner ersten Maßnahmen war die Abschaffung des von Napoleon in seinem Herrschaftsgebiet eingeführten *Code civil*. Bei der Verfolgung oppositioneller Strömungen stand er dem Kaisertum Österreich in nichts nach. 1830/31 kam es zu einer Erhebung gegen ihn, so dass er sein Land verlassen musste. Mit Hilfe österreichischer Truppen gelangte er an die Herrschaft zurück. Auch sein Sohn Franz V. (*1819, †1875), mit dem diese habsburgische Seitenlinie ausstarb, war wenig reformbereit. Er konnte 1848 eine neuerliche Erhebung nicht unterbinden, musste das Herzogtum ebenfalls verlassen und nur mit Unterstützung durch den österreichischen Feldmarschall Radetzky gelang es ihm, die Regierung dort wieder zu übernehmen. 1859, nach der Niederlage der Österreicher durch das französisch-sardinische Bündnis, erneut vertrieben, konnte er die Vereinigung seines Herzogtums mit Sardinien-Piemont nicht mehr verhindern.

Ähnlich erging es dem Herzogtum Parma, das allerdings zur Zeit der Einigung Italiens nicht mehr in habsburgischen Händen war. Nachdem sich Napoleons Gattin Marie Luise 1814 von diesem getrennt hatte und mit dem gemeinsamen Sohn Napoleon Franz nach Wien gegangen war, wurden ihr 1815 die Herzogtümer Parma, Piacenza und Guastalla auf Lebenszeit übertragen. Die Festsetzung der Erbfolge für Napoleon Franz scheiterte nach 1815 am Einspruch der übrigen Großmächte, die nach der Hundert-Tage-Usurpation des Korsen in Frankreich keinen Napoleoniden mehr auf einem europäischen Thron dulden wollten. Die Ex-Kaiserin, seit 1815 mit dem österreichischen General Neippberg (†1829) liiert, den sie 1821 nach Napoleons Tod heiratete, ehelichte nach dessen Ableben den französischen Grafen Charles-René de Bombelles (†1854). In ihrem kleinen Staat fügte sich die Herzogin widerspruchslos den Direktiven aus Wien. 1831 breiteten sich die Unruhen in Modena auch auf Parma aus. Marie Luise verließ das Land und konnte erst im Jahr darauf mit Hilfe österreichischer Truppen wieder zurückkehren. Aufgrund dieser Erfahrungen war sie nunmehr um Reformen vor allem des Wirtschaftslebens bemüht und engagierte sich auch im Wohlfahrtswesen. Drei Monate vor der großen Erhebung von 1848 starb sie, und ihr Land fiel – wie auf dem Wiener Kongress festgelegt – an die spanische Bourbonennebenlinie, die zur Zeit Napoleons über das „Königreich Etrurien" geherrscht hatte. Doch der neue Herzog, Karl II. von Bourbon-Parma (†1883), der die Wien hörige Politik seiner Vorgängerin fortsetzte, musste im Zuge einer auch hier ausbrechenden Erhebung 1848 das Land verlassen und verzichtete ein Jahr später auf seine Herzogswürde. Sein Sohn Karl III., der sich ganz der österreichischen Reaktion verschrieb, wurde 1854 ermordet, sein Nachfolger, der 1848 geborene Herzog Robert verlor sein Land noch als Minderjähriger, als Parma 1860 dem neuen Königreich Italien einverleibt wurde.

Traditionell eng waren die familiären Bande des Hauses Habsburg mit dem neapolitanischen Zweig der Bourbonen und der Dynastie des Hauses Savoyen. Maria Carolina (eig. Marie Charlotte, *1752, †1814), die wohl begabteste Tochter der Kaiserin Maria Theresia, heiratete 1768 den zwei Jahre älteren König Ferdinand und wurde bald zum Kopf der süditalienischen Aufklärung und zur Triebkraft der von Neapel betriebenen Außenpolitik, vor allem gegenüber Napoleon. Ihre älteste Tochter, Marie Therese (*1772, †1807), heiratete 1790 Kaiser Franz und gebar ihm u. a. Marie Luise, die spätere Herzogin von Parma, Kaiser Ferdinand und den Vater von dessen Nachfolger Franz Joseph, Franz Karl. Ihre Schwester Luise (*1773, †1802) war mit Franz' Bruder Ferdinand III. von der Toskana vermählt und König Ferdinands I. Nachfolger Franz I. (*1777, †1830) in erster Ehe mit Kaiser Franz' Schwester Klementine (*1777, †1801). Die Nichte dieses Kaisers, Erzherzog Karls älteste Tochter Marie Therese (*1816, †1867), schließlich war die zweite Frau König Ferdinands II. von Neapel-Sizilien (1830–1859). – Was das Haus Savoyen betrifft, so war König Viktor Emanuel I. (1820–1821) Gemahl Thereses von Habsburg-Este (*1773, †1832), der älteren Schwester des Herzogs Franz IV. von Modena. Beider Tochter Maria Anna (*1801, †1884) heiratete 1831 Kaiser Ferdinand I., den sie bis zu seinem Tode mütterlich betreute. König Karl Albert von Sardinien

(1831–1849) schließlich war ebenso wie sein Nachfolger Viktor Emanuel II. (1849–1861, als König von Italien 1861–1878) mit einer Habsburgerin verheiratet: die Frau des letzteren war Maria Adelheid (*1822, †1855), die als Tochter des gleichfalls mit einer Savoyer Prinzessin verheirateten Erzherzogs Rainer [s. o., S. 218] dessen Kusine war. Ähnlich enge Heiratsverbindungen der Habsburger wie mit den italienischen Fürstenhäusern gab es sonst nur mit den bayerischen Wittelsbachern und den sächsischen Wettinern, mit denen sie aber während des 19. Jahrhunderts niemals diese Intensität erreichten.

Dies zeigt die Bedeutung der „italienischen Frage" für das Kaiserhaus, das seinen Interessen auf der Halbinsel auch durch das immer dichtere Knüpfen von Familienbanden dienen wollte. Allerdings hat sich das Haus Sardinien-Savoyen, das traditionell auch über enge Kontakte zum französischen Hochadel verfügte, dennoch nicht davon abhalten lassen, sich an die Spitze derjenigen zu setzen, die von der Schaffung eines italienischen Nationalstaats träumten. Die Erfüllung dieses Traums ging – anders als im entsprechenden Fall der Errichtung des kleindeutschen Nationalstaats – nicht nur mit der Verdrängung Österreichs einher: diese erfolgte mit tätiger Hilfe Napoleons III. 1859 aus der Lombardei sowie im Rückenwind des Sieges der mit dem neuen Italien kurzfristig verbündeten Preußen bei Königgrätz (Sadova) sieben Jahre später auch aus Venetien. Südlich der Alpen hatte der Einigungsprozess aber auch die drastische Verkleinerung des Kirchenstaats, der die Herrschaft des österreichischen Doppeladlers über die Apenninenhalbinsel eifrig gestützt hatte, sowie die Absetzung sämtlicher habsburgischen bzw. mit den Habsburgern verschwägerten Fürstenhäuser (außer dem in Turin) zur Folge. Das Ende der habsburgischen Vorherrschaft in Deutschland beseitigte dort nicht die föderalen Traditionen, in Italien dagegen bereitete sie die Grundlagen des künftigen Einheitsstaats.

VIII. Das Erzhaus und die Doppelmonarchie Österreich-Ungarn

1. Franz Joseph: Vom Ausgleich 1867 bis zum Weltkrieg

Nach der Niederlage von 1866 wurde zunächst der Weg zur Beilegung des Konflikts zwischen dem österreichischen und dem ungarischen Reichsteil fortgesetzt, den man ein Jahr zuvor durch die Sistierung des Februarpatents angefangen hatte zu beschreiben. Der „österreichisch-ungarische Ausgleich" erfolgte durch zwei Gesetze, den ungarischen „Gesetzesartikel XII"[15] vom 12. Juni und das österreichische „Delegationsgesetz" vom 21. Dezember 1867. Der Ausgleich sah nunmehr zwei voneinander getrennte, jedoch vom jeweiligen Kaiser von Österreich bzw. König von Ungarn in Personalunion regierte Staaten („Österreich-Ungarn") vor. Zu „Österreich" gehörten künftig neben den klassischen Erblanden das Küstenland an der nördlichen Adria, Istrien und Dalmatien sowie den Gebieten der böhmischen Krone das Königreich Galizien-Lodomerien und das Herzogtum Bukowina; dieses Gebiet wurde nach dem rechten Donaunebenfluss Leitha, der mit die Grenze bildete, auch als „Cisleithanien" bezeichnet. Zur ungarischen Reichshälfte („Transleithanien") zählten künftig Ungarn selbst mitsamt Siebenbürgen, Kroatien-Slawonien, der Adriahafen Rijeka (Fiume) und die bis 1872 bzw. 1891 bestehende

---

[15] Die Gesetzesartikel I bis XI sind im Juni/Juli 1867 vom ungarischen Parlament erlassen worden und betreffen innere staatsrechtliche Fragen, darunter die Inauguration und Krönung Franz Josephs zum König von Ungarn (Artikel I). Sie sind in deutscher Übersetzung abgedruckt bei E. Bernatzik, *Die österreichischen Verfassungsgesetze mit Erläuterungen,* ²1911, S. 319–329.

„Militärgrenze".[16] Jede der Reichshälften besaß ein eigenes Parlament und eine eigene Regierung. Zu diesem Zweck hatte Franz Joseph durch Verordnung am 17. Februar 1867 für Ungarn eine Verfassung erlassen, die vom ungarischen Reichstag Ende März/Anfang April mitsamt dem Ausgleichsentwurf angenommen wurde. Danach bestand der Reichstag nunmehr aus dem Magnatenhaus (in dem die großjährigen Erzherzöge sowie die Mitglieder des hohen Klerus, die hochrangigen Adligen, außerdem Vertreter der Barone und hohe Beamte saßen) und dem Abgeordnetenhaus mit 453 gewählten Abgeordneten. Von ihnen stammten vierzig aus Kroatien-Slawonien, nahmen aber nur an den Beratungen teil, wenn es um Angelegenheiten ihres Landes ging (dafür besaß dieses Königreich für seine Belange einen besonderen Landtag, dessen Befugnisse im „ungarisch-kroatischen Ausgleich" vom 25. Juli 1868 geregelt wurden). Regiert wurden die Länder der Stephanskrone von einem verantwortlichen Ministerium, bestehend aus zehn Ressortministern unter dem Ministerpräsidenten.

Neben dem Monarchen, für dessen Thronfolge nach wie vor die Pragmatische Sanktion von 1713 galt, sollten künftig nur das Außen-, das Kriegs- und das Finanzministerium (dieses allerdings nur, soweit es um den Haushalt für die beiden anderen Bereiche ging) als gemeinsame Institutionen erhalten bleiben. Gemeinsam waren neben den Streitkräften auch die Staatsschulden- und Währungsangelegenheiten, die indirekten Steuern, das Handels- und Zollwesen sowie die Eisenbahnen. In regelmäßigen Abständen sollten „Delegationen" beider Reichsteile, jeweils auf ein Jahr vom österreichischen Reichsrat und vom ungarischen Reichstag bestimmt, abwechselnd in Wien und in Budapest über die Gesetzesvorhaben hinsichtlich der gemeinsamen Angelegenheiten Beschlüsse fassen. Dabei waren grundsätzlich getrennte Sitzungen dieser Gremien vorgesehen; nur wenn sie sich nicht einigen

---

16 Das Gebiet der Militärgrenze war seit 1849 (weil es sich an der Niederschlagung des ungarischen Aufstands beteiligt hatte) eigenes Kronland. 1850 wurde es aufgeteilt in die Verwaltungsbereiche der siebenbürgischen, serbisch-banatischen und kroatisch-slawonischen „Grenze". Erstere wurde 1851 aufgehoben, 1872 die zweite dem Königreich Ungarn, 1881 die dritte Kroatien angegliedert.

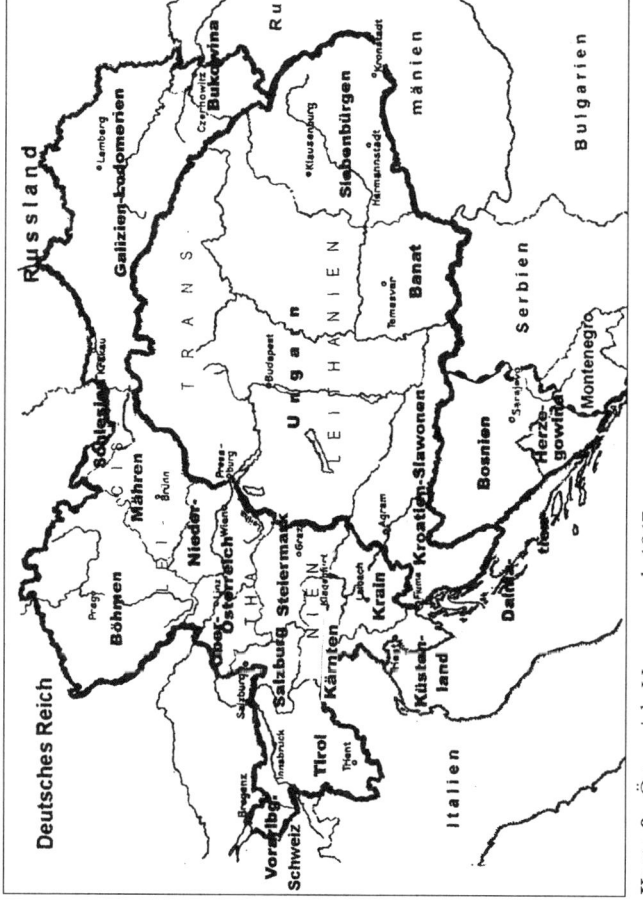

Karte 9: Österreich-Ungarn nach 1867

konnten, sollten sie in einer Plenarsitzung Entscheidungen treffen dürfen. Die Anteilsquoten für die gemeinsamen Ausgaben mussten zwischen den Delegationen der beiden Reichsteile künftig alle zehn Jahre neu ausgehandelt werden. Dabei sollte die Quote Transleithaniens von 30 auf schließlich 36,4% steigen.

Sichtbares Zeichen für die Aussöhnung zwischen den beiden Teilen des nunmehr als „kaiserliche und königliche *(= k. u. k.)* Monarchie" bezeichneten Habsburgerreiches war die bereits am 8. Juni 1867 in Pest erfolgte Krönung Franz Josephs und seiner Frau Elisabeth zum König und zur Königin von Ungarn. Elisabeth wurden nicht zu Unrecht große Verdienste um den Ausgleich zugeschrieben, und es ist dies wohl das einzige Mal, dass sie auf die Politik ihres Mannes entscheidenden Einfluss ausgeübt hat. Seit Jahren war sie von der Lebensweise des ungarischen Adels fasziniert, was auch damit zusammenhing, dass sie sich an die Steifheit des Wiener Hofzeremoniells nie recht gewöhnen konnte und sich in der Hofburg geradezu wie eine Fremde fühlte. Sie brachte es, u. a. mit Hilfe einer Hofdame, die mit maßgeblichen Persönlichkeiten der magyarischen Politik in engem Kontakt stand, bei der Erlernung des Ungarischen zu einer gewissen Perfektion und wirkte vor allem während der Kriegswochen von 1866 und der ersten Zeit danach, die sie in Pest verbrachte, brieflich auf ihren Mann ein, die Aussöhnung voranzutreiben. Sie war eine Bewunderin Deáks, und unbestreitbar spielten bei ihr auch emotionale Bande zu Andrássy eine Rolle, der freilich wegen seiner Beteiligung an der Revolution von 1848, die 1849 zum Todesurteil in Abwesenheit geführt hatte, und seinem bis 1858 in London und Paris verbrachten Exil dem Kaiser trotz der ihm gewährten Amnestie weiterhin suspekt war. Immerhin wurde Andrássy im Februar 1867 zum ersten Ministerpräsidenten Ungarns ernannt. Er nahm dieses Amt bis Mitte November 1871 wahr, um dann für acht Jahre als österreichisch-ungarischer Außenminister zu fungieren.

Stieß der Ausgleich von 1867 bei den Ungarn auf breite Zustimmung, so war das bei den der Stephanskrone unterstehenden übrigen Völkern nicht der Fall. Selbst der Ausgleich mit Kroatien ein Jahr später kam nur durch Manipulationen des Wahlrechts zustande, der der magyarenfreundlichen Partei die Mehrheit im Landtag sicherte. In Cisleithanien, wo vor allem die Tschechen darüber tief enttäuscht waren, dass den Ländern der Wenzelskrone nicht ein ähnlicher Status zuerkannt wurde wie dem Königreich Ungarn, gestalteten sich die Dinge komplizierter. An sich hätte es nahegelegen, für die westliche Reichshälfte eine föderale Struktur anzustreben. Das war auch die Intention des im Mai 1865 zum Regierungschef ernannten Grafen Richard Belcredi (*1823, †1902), der den Plan einer Föderation des Gesamtstaats aus fünf Kronländern (Deutschösterreich, Böhmen-Mähren, Polen-Ruthenien, Ungarn sowie einen „südslawischen" Teil, bestehend aus Slowenien [Krain], Kroatien-Slawonien und Dalmatien) entwickelte. Allerdings war Belcredi Anhänger des feudalkonservativen Übergewichts in den Landtagen, und außerdem hatte er nach dem Scheitern seiner Politik gegenüber Preußen sowie nach dem Entschluss Franz Josephs, sich zunächst einmal mit den Ungarn zu einigen, auch angesichts der deutsch-liberalen Opposition und der immer noch starken Anhängerschaft bei Hofe für die Beibehaltung der zentralstaatlichen Regierungsweise wenigstens in der „österreichischen" Reichshälfte keinerlei Chancen zur Verwirklichung seiner Absichten. Im Februar 1867 wurde er durch den im Jahr zuvor seines Amtes als Ministerpräsident in Sachsen verlustig gegangenen Freiherrn Friedrich Ferdinand von Beust (*1809, †1886) ersetzt, der bereits Ende Oktober 1866 durch Franz Joseph zum Außenminister ernannt worden war. Beust setzte voll und ganz auf den österreichisch-ungarischen Dualismus. Seine Verbündeten waren dabei einerseits die Verfechter des Zentralstaatsgedankens in der Umgebung des Kaisers, andererseits die deutsch-österreichischen Liberalen, denen man überdies durch die Wiedereinführung der sistierten Verfassung für Österreich und ein „Staatsgrundgesetz" über die Grundrechte (beide erlassen am 21. Dezember 1867) entgegenzukommen versuchte.

Dies erschien zunächst auch aus außenpolitischen Gründen als opportun. Zwar hatte man 1866 die Bildung des Norddeutschen Bundes unter der Führung Preußens hinnehmen müssen, aber noch schien über die politische Ausrichtung der süddeutschen Staaten zwischen Wien und Berlin nicht endgültig entschieden zu sein. Wollte man in München, Stuttgart und Karlsruhe den Einfluss wahren und strebte man sogar – wie Beust – einen Wiedereintritt Österreichs in die deutsche Staatenwelt und damit hier wiederum eine Vormachtstellung an, so durfte man den „deutschen" Charakter des Kaiserstaats nicht schmälern. Allerdings war die wirtschaftliche Anbindung Süddeutschlands an Preußen durch den Zollverein längst vollzogen, und bereits durch die Friedensschlüsse von 1866 waren die drei Staaten mit dem Norddeutschen Bund auch militärisch eng verflochten, da sie mit Berlin – vorerst noch geheim gehaltene – „Schutz- und Trutzbündnisse" hatten abschließen müssen. In den folgenden Jahren bis zum Ausbruch des deutsch-französischen Krieges setzten nicht wenige Ratgeber des Kaisers, darunter vor allem Erzherzog Albrecht, aber auch Beust, auf ein enges Zusammengehen mit Paris, um im Kriegsfall gegen Preußen zu marschieren und diesem eventuell Schlesien abnehmen und die frühere Stellung Wiens in Deutschland wiedererlangen zu können. Franz Joseph dagegen hielt an einer neutralen Linie fest. Dennoch gestalteten sich in dieser Zeit die Beziehungen zwischen der Hofburg und den Tuilerien immer noch eng und freundschaftlich, obwohl der von Napoleon III. 1864 zum Kaiser von Mexiko eingesetzte Bruder Franz Josephs Maximilian hier infolge mangelnder französischer Unterstützung völlig gescheitert und im Juni 1867 von mexikanischen Republikanern hingerichtet worden war. Das trotzdem nach wie vor gute Verhältnis zu Paris wurde im November 1869 bei der Eröffnung des Suezkanals durch das herzliche Einvernehmen zwischen der französischen Kaiserin Eugénie, die ihren kranken Mann vertrat, und dem im Zusammenhang mit einer längeren Orientfahrt angereisten Franz Joseph demonstrativ zur Schau gestellt. Trotzdem blieb der Kaiser darauf bedacht, sich nicht zu eng mit einer der künftigen Konfliktparteien einzulassen. Hierbei spielte die Erfahrung mit, dass er sich 1859 wie 1866 auf den Rat seiner Minister hin in verlustreiche Kriege hatte hineinziehen lassen.

Der rasche Erfolg der preußisch-deutschen Waffen gegen Napoleon III. gab ihm recht. Im November 1871 entließ Franz Joseph Beust und ernannte Andrássy, der als einer der wenigen prominenten Politiker von einem Bündnis mit Paris gegen Berlin abgeraten hatte, zum Außenminister. Andrássy war es auch, der – da es ihm nicht gelang, ein Bündnis mit Großbritannien zur Wahrung des *Status quo* und zur Abwehr der russischen Hegemonialansprüche auf dem Balkan zustande zu bringen – in seiner achtjährigen Amtszeit das Verhältnis zu Bismarck enger knüpfte.

Das lag insofern im Interesse des ungarischen Reichsteils, als man sich hier bei einer dauernden Trennung Österreichs von den deutschen Angelegenheiten eine Stärkung des magyarischen Gewichts in der Doppelmonarchie erhoffte, andererseits aber ein enges Bündnis mit dem neuen Deutschen Reich anstrebte, um das zunehmende Gewicht Russlands im Südosten Europas ausgleichen zu können. Das Einvernehmen mit Deutschland lag jedoch auch Franz Joseph mehr und mehr am Herzen. Bereits am 11. August 1871 begrüßte er den zur Kur nach Bad Gastein anreisenden Wilhelm I. auf dem Bahnhof des oberösterreichischen Städtchens Wels und reiste mit ihm in sein Feriendomizil nach Ischl, ehe der deutsche Kaiser in seinen Kurort weiterfuhr. Einen Monat später trafen sich beide erneut in Salzburg. Im September 1872 reiste Franz Joseph nach Berlin zum Staatsbesuch bei Wilhelm, zu dem auch Zar Alexander II. (1855–1881) stieß. Die von Bismarck geschickt gelenkten Gespräche beseitigten zwar das wegen der gegensätzlichen Interessen auf dem Balkan fortbestehende Misstrauen zwischen Wien und St. Petersburg nicht, führten aber zu einer gewissen Annäherung der drei Monarchen, die sich wenigstens in der Ablehnung der republikanischen Staatsform und in der Bekämpfung sozialistischer Strömungen einig wussten. Im Juni 1873 kam es zwischen Franz Joseph und dem Zaren zu einem Abkommen, das bei einem Friedensbruch durch eine Macht in Europa gegenseitige Konsultationen vorsah (sog. Schönbrunner Konvention). Ihm trat der deutsche Kaiser im Oktober bei .

Dieses sog. Drei-Kaiser-Abkommen wurde durch den russisch-osmanischen Konflikt auf die Probe gestellt, der nach Aufständen in Bosnien-Herzegowina und in Bulgarien 1875 gegen die türkische Herrschaft ausbrach und Anfang Juli 1876 zur Kriegserklärung Serbiens und Montenegros an den Sultan führte. Kurz darauf einigten sich Franz Joseph und Alexander II. bei einem Treffen in Reichstadt darauf, Grenzverschiebungen auf dem Balkan zu Lasten des Osmanischen Reiches und zugunsten der jungen christlichen Staaten vorzunehmen, wobei Russland den Rest Bessarabiens und Österreich-Ungarn Bosnien und die Herzegowina erhalten sollte. Eine solche Grenzbegradigung an der Südostflanke war seit langem Wunsch der österreichischen Militärführung, da man bei einer Ausweitung Serbiens nach Osten fürchtete, die Bevölkerung des Königreichs Dalmatien könnte rasch in den Sog der seit der Jahrhundertmitte immer stärker angeschwollenen „südslawischen" Bewegung geraten und dem Kaiser verloren gehen. Da die türkischen Waffen wider Erwarten siegreich blieben, sah sich der Zar im Frühjahr 1877 genötigt, in den Konflikt einzugreifen. Nach anfänglichen Schwierigkeiten stießen die russischen Truppen Anfang 1878 bis in die Umgebung von Istanbul vor. Der Friede vom San Stefano Anfang März machte das Zarenreich als Protektor eines neuen „Groß"-Bulgariens und Schutzmacht der übrigen christlichen Staaten auf dem Boden des Osmanischen Reiches zur Führungsmacht auf dem Balkan. Dies veranlasste Wien zur Besetzung von Bosnien-Herzegowina und des zwischen Montenegro und Serbien gelegenen Sandschaks Novibazar.

Der wegen der Erschütterung des Gleichgewichts in Südosteuropa zwischen den Großmächten drohende Konflikt wurde schließlich durch einen Kongress der Vertreter Großbritanniens, Deutschlands, Österreich-Ungarns, Frankreichs, Italiens und des Osmanischen Reiches verhindert, den Franz Joseph zunächst gerne nach Wien einberufen hätte, der dann aber im Juni/Juli 1878 unter dem Vorsitz des deutschen Reichskanzlers in Berlin stattfand. Er bestätigte die Okkupation von Bosnien-Herzegowina, das künftig von beiden Teilen der k. u. k. Monarchie gemeinsam verwaltet werden sollte. Die Verärgerung in St. Petersburg über die Ergebnisse des Kongresses – vor allem in Hinblick auf Bulgarien – führte zur weiteren Annäherung zwischen Wien und Berlin, die am 7. Oktober 1879 durch den sog. Zweibund, d. h. eine Defensivallianz zwischen Franz Joseph und Wilhelm I., besiegelt wurde. Von Bismarck nur als eine vorübergehende Bündnisoption gedacht, sollte diese Verbindung für die innereuropäischen Beziehungen auf längere Sicht entscheidende Bedeutung erlangen.

Fürs erste zwang der Zweibund den Zaren seinerseits zu einer Annäherung, die im Juni 1881 durch den „Drei-Kaiser-Vertrag" vollzogen wurde. Darin erkannte Russland das Recht Österreich-Ungarns auf förmliche Annexion der 1878 besetzten osmanischen Provinz ausdrücklich an und verpflichtete sich zur Beachtung der gegenseitigen Interessen auf dem Balkan. Zudem wurde vereinbart, sich über alle eventuellen Veränderungen dort zuvor untereinander zu verständigen. Der Zweibund wurde im übrigen 1882 durch den Beitritt Italiens gestärkt, das wegen Tunesien über Frankreich verärgert war. Als der „Dreibund", dem 1883 auch Rumänien beitrat, 1887 erneuert wurde, räumte man Rom ebenfalls Mitspracherecht auf dem Balkan ein. Hierbei war u. a. an eventuelle Kompensationen Italiens für die Regionen der k. u. k. Monarchie gedacht, in denen italienischsprachige Minderheiten lebten und die man in Rom als „unerlöste" Gebiete (Südtirol, Görz, Istrien, Triest als *Italia irredenta*) gerne dem Nationalstaat auf der Apenninenhalbinsel zugeschlagen hätte. Die Annäherung an Wien wurde der italienischen Politik auch dadurch erleichtert, dass Franz Joseph 1870 nach den Beschlüssen des Vatikanischen Konzils zum Papsttum auf Distanz gegangen war und das Konkordat von 1855 aufgekündigt hatte.

Alle diese Verträge entstanden unter der Ägide des zwischen 1881 und 1895 amtierenden Außenministers Graf Gustav Kálnoky (*1832, †1898). Das durch sie errichtete Bündnissystem geriet jedoch in der sog. Bulgarien-Krise von 1885–1888 ins Wanken, als sich die Beziehungen zwischen Wien und St. Petersburg wegen der österreichisch-ungarischen Unterstützung der Thronkandidatur Ferdinands von Sachsen-Coburg drastisch verschlechterten. Weder Franz Joseph noch Zar Alexander III. (1881–1894) waren bereit, den bereits 1884 verlängerten Drei-Kaiser-Vertrag 1887 wiederum zu erneuern. Die Folge war das mit durch Bismarck vermittelte Mittelmeerabkommen zwischen London, Wien und Rom vom Februar 1887, das den Dreibund stärken und u. a. als Gegengewicht gegen den russischen Einfluss in Südosteuropa dienen sollte. Eine mögliche russisch-französische Allianz versuchte der deutsche Reichskanzler durch den geheimen „Rückversicherungvertrag" mit dem Zarenreich vom Juni zu verhindern. Dieses Abkommen war allerdings mit den vertraglichen Vereinbarungen zwischen Berlin und Wien nicht vereinbar, weshalb es von Bismarcks Nachfolger im Amt, Leo von Caprivi, 1890 nicht verlängert wurde. Die Folge war die von Berlin seit langem befürchtete Annäherung zwischen Frankreich und Russland, durch die sich die Konfliktfelder auf dem europäischen Kontinent zu verschieben begannen. Allerdings konnte Franz Joseph, der im April 1897 mit seinem seit 1895 amtierenden Außenminister Graf Agenor Gołuchowski

(*1849, †1921) nach St. Petersburg zu einem Staatsbesuch fuhr, hier noch einmal eine Entente mit Russland herbeiführen, das wegen seines Engagements im Fernen Osten an einer Entspannung des Verhältnisses zu Österreich-Ungarn interessiert war. Beide Mächte verpflichteten sich wiederum zur Nichteinmischung und zur Erhaltung des *Status quo* auf dem Balkan. Die damit eingeleitete Phase der Kooperation erreichte ihren Höhepunkt in dem Abkommen, das Franz Joseph und Zar Nikolaus II. (1894–1917) bei ihrem Treffen im steirischen Jagdschloss Mürzsteg Anfang Oktober 1903 schlossen. Hierbei ging es darum, durch gemeinsamen Druck auf Istanbul türkische Reformen in Mazedonien durchzusetzen.

Diese Abmachungen verhinderten allerdings nicht, dass die ökonomische Abhängigkeit Serbiens und Montenegros wie teilweise auch Bulgariens von der Donaumonarchie hier allmählich die Stimmung gegen Österreich-Ungarn umschlagen ließ. Ein weiterer Grund dafür war, dass die Wiener Außenpolitik alles daran setzte, die Vereinigung der beiden ersteren zu einem größeren Staatsverband, der nur den Grundstock zu einem großen südslawischen Reich bilden und auf Kroaten wie Slowenien eine allzu große Anziehungskraft ausüben konnte, zu verhindern. Wegen der zunehmenden Bedrohung des Bestands der Doppelmonarchie durch den von St. Petersburg gestützten „Panslawismus", der sowohl die Tschechen in Cisleithanien wie die slawischen Völker Transleithaniens ansprach, ferner angesichts der langsamen Abwendung Italiens vom Dreibund wegen seiner – mittlerweile von Paris unterstützten – Interessen in Nordafrika blieb am Ende nur die Option der Bindung an das mittlerweile ökonomisch wie militärisch zur führenden Großmacht Kontinentaleuropas aufgestiegene Deutsche Reich, obwohl dessen riskoreiche „Weltpolitik" das fragile Staatssystem Franz Josephs in immer unruhigere See trieb. Wenn der seine Worte stets sorgfältig abwägende und mit öffentlichen Äußerungen sehr zurückhaltende Kaiser auch von der schwadronierenden Rhetorik Wilhelms II. nichts hielt und seit 1900 nicht nur aus Altersgründen in Berlin keinen Staatsbesuch mehr absolvierte, war eine enge Anlehnung an Berlin schließlich unabdingbar. Den Wendepunkt bildete die Konferenz von Algeciras (Januar bis April 1906), auf der Gołuchowski zwar zu vermitteln versuchte, letztlich aber die deutsche Position gegenüber Frankreich im Hinblick auf Marokko weitgehend unterstützte. Sein Nachfolger Aloys von Aehrenthal (*1854, †1912), der das Außenministerium im Herbst 1906 übernahm, verfolgte zumindest in der Balkanpolitik eine forschere Gangart. Sie trug Österreich-Ungarn endgültig die Gegnerschaft Frankreichs und am Ende auch Großbritanniens ein, die den eigenen Interessen im Grunde zuwiderlief.

Als der Erfolg der sog. Jungtürkischen Revolution im Sommer 1908 befürchten ließ, dass die Hohe Pforte ihre gegenüber den beiden Mittelmächten wohlgesonnene Politik aufgeben und Anspruch auf die Rückgabe von Bosnien-Herzegowina erheben würde, entschloss man sich in Wien Anfang Oktober zur Annexion dieser formell immer noch zum Osmanischen Reich gehörenden Provinz. Dies führte zum Protest St. Petersburgs, wo man sich das Anliegen Serbiens, ein südslawisches Reich unter Einschluss der von Wien aus kontrollierten Gebiete zu bilden, zu eigen machte. In Wien erwog man sogar einen Präventivkrieg gegen Serbien. Deutschland schlug sich auf die Seite Österreich-Ungarns, ein allgemeiner Krieg unterblieb jedoch deswegen, weil Russland wegen seiner Niederlage gegen Japan und durch die Auswirkungen der Revolution von 1905 nicht kriegsbereit war und sich Frankreich und Großbritannien in dieser Frage nicht übermäßig engagieren wollten. So konnte die Doppelmonarchie zwar noch einmal beträchtlich erweitert werden, allein seit der Bosnien-Krise war es offenkundig, dass es gemeinsam mit Deutschland auf internationalem Parkett in die Isolierung geraten war. Als die Konstellation von 1908 sich sechs Jahre später wiederholte und es wirklich zu einem allgemeinen Krieg zwischen den Großmächten kam, begann das Schlusskapitel in der Geschichte des Habsburgerreiches.

Österreich-Ungarn sah sich auch deshalb in einer zunehmend schwierigen Lage, weil seine inneren Verhältnisse selbst nach dem Ausgleich von 1867 instabil blieben. Dies gilt vor allem für die allgemeine politische Lage. In ökonomischer Hinsicht war das Reich in sich viel gefestigter, als es die zeitgenössische Propaganda tschechischer- wie ungarischerseits glauben machen wollte, die mit dem Ziel geführt wurde, den Anspruch auf eigene Unabhängigkeit zu untermauern. Zwar bestand nach wie vor ein Ungleichgewicht zwischen den z. T. hochindustrialisierten Regionen der Alpenländer und Böhmen-Mährens sowie Österreichisch-Schlesiens einerseits und den stärker agrarisch ausgerichteten Gebieten Transleithaniens andererseits, doch waren auch hier ein stetiges Wachstum des gewerblichen Sektors und ein nachhaltiger Aufschwung des gesamten Wirtschaftslebens zu verzeichnen. Nach dem Verlust der italienischen Provinzen und dem Rückzug aus der innerdeutschen Politik war das Habsburgerreich großer finanzieller Belastungen ledig, die Staatsfinanzen stabilisierten sich, und dies wirkte sich auf sämtliche ökonomischen Sektoren positiv aus. Selbst die Krise von 1873, die in Deutschland z. T. verheerende Auswirkungen hatte, fiel in Österreich-Ungarn weniger gravierend aus, wie denn überhaupt die k. u. k. Monarchie – ähnlich wie Frankreich – einen weniger von Umbrüchen gekennzeichneten Weg in das Industriezeitalter nahm und deshalb weniger krisenanfällig war als die hochindustrialisierten Staaten Europas. Indikatoren des stetigen Aufschwungs waren die zunehmende Verdichtung des Eisenbahnnetzes gerade im Osten des Reiches, die Blüte des Bergbaus, der Verhüttungs- und der Maschinenbauindustrie, nicht nur im nach wie vor führenden böhmischen Königreich, sondern auch in Ungarn, sowie der Kapitaleinsatz in- und ausländischer Banken.

Ganz im Widerspruch zu seinen rückständigen politischen Ansichten hat sich Kaiser Franz Joseph dabei als Befürworter und Förderer dieser Entwicklung erwiesen. Wenn er es auch Zeit seines Lebens vermied, einem Nichtadligen die Hand zu geben, hat er doch die Bedeutung des Bürgertums für die wirtschaftliche Entwicklung klar erkannt und in seinen Augen verdienten Bürgerlichen durch Nobilitierung versucht das in einer politisch nach wie vor konservativen Monarchie notwendige soziale Prestige zu verschaffen. Teilweise stiegen sie, besonders wenn sie sich im Beamtenapparat ausgezeichnet hatten, bis in höchste Regierungsämter auf. In diesem Zusammenhang ist hervorzuheben, dass der Kaiser auch die Bedeutung jüdischer Unternehmer und Bankiers zu würdigen wusste und sich strikt gegen jede antisemitische Propaganda wandte, wie sie sowohl in Wien wie auch in Böhmen und Ungarn immer wieder aufflammte. Im übrigen stand er den sozialreformerischen Ideen konservativer Kreise positiv gegenüber, die sich der langjährige österreichische Ministerpräsident Graf Eduard von Taaffe (*1833, †1895), ein enger

Freund Franz Josephs seit den gemeinsamen Jugendjahren, teilweise zu eigen machte.

Die Spätzeit des Kaisers ist überdies geprägt von einer grandiosen kulturellen Blüte, für die neben der Hauptstadt Wien besonders Budapest und Prag stehen. Dies kam zunächst in baulicher Hinsicht zum Ausdruck. In Wien wurde das Ringstraßenensemble vollendet. Einer der Höhepunkte dieser Bautätigkeit waren das neue Hoftheater, das 1888 seine Eröffnung beging, und das bereits 1883 eingeweihte, in klassizistischem Stil gehaltene Reichsratsgebäude. Ihm entsprach der 1885 begonnene und erst kurz nach 1900 fertiggestellte neugotische Bau des ungarischen Reichstags in Pest (das 1872 mit Ofen/Buda zur Doppelstadt „Budapest" beiderseits der Donau vereinigt worden war), wo ebenfalls entlang dem inneren wie dem äußeren Ringstraßenlauf prachtvolle öffentliche Bauten und Wohnhäuser entstanden. In Prag ragten neben den älteren Palais der großen Adelsfamilien das Landtagsgebäude, das endgültig 1883 eingeweihte tschechische Landestheater, das deutsche Theater und die verschiedenen Hochschulbauten (der alten, seit 1348 bestehenden Universität, die 1882 in eine deutsche und eine tschechische aufgeteilt wurde, sowie der 1806 gegründeten Technischen Hochschule) hervor. Vor allem Wien aber, wo 1873 eine (freilich finanziell wenig erfolgreiche) Weltausstellung stattfand, präsentierte sich als eine der bedeutenden europäischen Kulturmetropolen, die mit Paris und London durchaus zu wetteifern vermochte und an die Berlin erst etwa ab 1900 heranzureichen begann. Dies betraf zunächst die Universität mit ihren überragenden Vertretern in den Geistes- wie den Naturwissenschaften und der Medizin. Die moderne Kunst, die sich hier in einer weniger konfliktvollen Weise von älteren Strömungen absetzte als anderswo, spielte ebenfalls eine hervorragende Rolle. Im Musikleben war die österreichische Hauptstadt nach wie vor führend. Es wirkten hier jetzt Tonsetzer „ernster" Kompositionen wie der späte Johannes Brahms (*1833, †1895), Anton Bruckner (*1824, †1896) und Gustav Mahler (*1860, †1899), aber auch der „leichten Muse" wie der jüngere Johann Strauß (*1825, †1899) und sein Bruder Joseph (*1835, †1916), Franz von Suppé (*1819, †1895) und Franz Lehár (*1870, †1948), die Wien in den Jahrzehnten um die Jahrhundertwende nach dem

Paris Jacques Offenbachs zur neuen Weltmetropole der Operette machten. Hinzu traten schließlich Theater und Literatur, die hier, was den deutschsprachigen Raum betrifft, mit Autoren wie Arthur Schnitzler (*1862, †1931), Karl Kraus (*1874, †1936), Hugo von Hofmannsthal (*1874, †1929) oder Stefan Zweig (*1881, †1942) entscheidende Schritte in die Moderne taten. Die Kaiserstadt bildete so einen Brennpunkt des geistig-kulturellen Lebens, dessen Ausstrahlungskraft auch noch nach dem Untergang des Habsburgerreichs anhielt.

Genährt wurde dieses einzigartige kulturelle Leben, das in den Zentren der übrigen Kronländer – so etwa in Lemberg – seine Entsprechung fand, zweifellos durch die spannungsreiche ethnische Vielfalt innerhalb der Donaumonarchie. Sie zueinander in eine Harmonie zu bringen, die den Bestand des Habsburgerreichs auf Dauer gesichert hätte, ist Franz Joseph zwar während seiner langen Regierungszeit nicht gelungen, doch war er wenigstens dazu imstande, die divergierenden Teile durch die Symbolkraft seines Herrschertums einigermaßen beisammen zu halten. Die gravierendsten Divergenzen zeigten sich einmal in fortwährenden Auseinandersetzungen zwischen dem cis- und dem transleithanischen Teil des Reiches sowie zum anderen in der Problematik der Autonomie- bzw. Unabhängigkeits- oder Separationsbestrebungen unter den Tschechen wie den Südslawen und den Rumänen, wohingegen die Polen in Galizien-Lodomerien, die – verglichen mit ihren Landsleuten in den preußischen Ostprovinzen bzw. im russischen „Kongresspolen" – mehr Freiheiten genossen, sich solange zum österreichischen Kaisertum zu halten bereit waren, wie es keinen polnischen Nationalstaat gab. Dieses Problem sollte sich jedoch erst in der Spätphase des ersten Weltkriegs stellen.

Streitigkeiten zwischen dem „österreichischen" und dem „ungarischen" Teil der Donaumonarchie gab es einmal wegen der Festlegung der finanziellen „Quoten", zum anderen deswegen, weil man in Transleithanien mehr und mehr auf völlige Unabhängigkeit von Wien und zu einer losen Verbindung unter bloßer Personalunion des Monarchen nach dem Vorbild der bis 1905 bestehenden zwischen Schweden und Norwegen drängte. Mit den zunehmenden Magyarisierungstendenzen war man überdies bestrebt, die Einheitlichkeit des Heeres, in dem das Deutsche Kommandosprache war, in Frage zu stellen. 1903 kam es deswegen zu einer regelrechten Krise im beiderseitigen Verhältnis, in das Franz Joseph mit einem Tagesbefehl vom 16. September eingriff, in dem er verlautbarte: „Gemeinsam und einheitlich, wie es ist, soll Mein Heer bleiben... Getreu ihrem Eid wird Meine gesamte Wehrmacht fortschreiten auf dem Weg ernster Pflichterfüllung, durchdrungen von jenem Geist der Harmonie, welcher jede nationale Eigenheit achtet und alle Gegensätze löst, indem er die besonderen Vorzüge jedes Volksstammes zum Wohle des großen Ganzen verwertet."[17] Der Konflikt spitzte sich dermaßen zu, dass die Heeresführung erwog, nach Ungarn einzumarschieren, wogegen der Kaiser allerdings sein Veto einlegte. Die Gemüter beruhigten sich schließlich, nachdem der Streit zwei Jahre später noch einmal aufgeflammt war, die ungarische Seite jedoch schließlich nachgegeben hatte. Die Kommandosprache blieb offiziell deutsch, in der Praxis allerdings setzte sich das Ungarische bei den im östlichen Reichsteil stationierten Verbänden immer mehr durch. Vor allem die ungarischen Landwehrverbände (ung. *Honvéd*) bildeten sprachlich völlig gesonderte Einheiten. Wäre 1914 der Weltkrieg nicht ausgebrochen, so hätten sich die Tendenzen zur Separierung zweifellos fortgesetzt, zumal in erster Linie die Ehrfurcht vor dem bejahrten Monarchen die beiden Hälften noch zusammenhielt.

Die Entwicklung Cisleithaniens ist einmal durch Auseinandersetzungen um die Wahlrechtsfrage, zum anderen durch die verschiedenen Anläufe geprägt, mit der tschechischen Opposition zu einem *Modus vivendi* zwischen den Nationalitäten in diesem Reichsteil zu gelangen. 1873 musste Franz Joseph darin einwilligen, dass die Abgeordneten der zweiten Kammer des österreichischen Reichsrats nicht mehr von den einzelnen Landtagen, sondern direkt gewählt wurden. Dies erfolgte allerdings aufgrund eines mit mehreren Kurien bzw. Wählerklassen verbundenen Wahlzensus. Beide wurden 1882 erweitert bzw. verändert. Die nochmalige Ausdehnung des Wahlrechts verhinderten die Konservativen und Deutsch-Liberalen, was 1893 zum Rücktritt des

---

17 Zitiert nach A. Palmer, *Franz Joseph I. ...,* 1994, S.412.

seit 1879 amtierenden Ministerpräsidenten Taaffe führte. Nach einer weiteren Lockerung im Jahre 1896 entschloss sich der Kaiser 1907 schließlich zur Ausweitung des Wahlrechts auf alle erwachsenen Männer, was die Vertretung der nationalen Minderheiten, insbesondere der Tschechen, stärkte. Einem Ausgleich mit ihnen war man bereits 1871 ziemlich nahe gekommen, als Franz Joseph in einer im böhmischen Landtag verlesenen Erklärung versprochen hatte, die Länder der Wenzelskrone ebenso wie das Königreich Ungarn anzusehen und sich auch förmlich zum König von Böhmen krönen zu lassen. Dies unterblieb dann ebenso wie die Durchführung der zwischen der tschechischen Opposition und der österreichischen Regierung ausgehandelten „Fundamentalartikel", die auf einen Ausgleich mit Böhmen ähnlich wie dem mit Ungarn hinauslaufen sollten. Der ungarische Widerstand und die deutsch-liberale Opposition brachten die Regelung in einer gemeinsamen Ministerratssitzung im Oktober 1871 zu Fall. Immerhin erreichte es Taaffe, dass die Tschechen den cisleithanischen Reichstag nicht mehr, wie anfänglich, boykottierten. Zusammen mit gemäßigten Tschechen, Polen und Slowenen sowie mit deutschen Klerikalen und Konservativen schmiedete er eine Koalition des „eisernen Rings" gegen die liberale, später auch die christlichsoziale und sozialdemokratische Opposition, die die volle Billigung des Kaisers fand, aber schließlich nicht mehr aufrecht zu erhalten war.

Der aus Galizien stammende und dort zuvor als Statthalter des Kaisers bewährte Graf Kasimir Felix von Badeni (*1846, †1909), der 1895 von Franz Joseph zum österreichischen Ministerpräsidenten ernannt wurde, versuchte den slawischen Minderheiten durch eine Sprachverordnung entgegenzukommen, die für sämtliche Verwaltungsorgane und Gerichte in gemischtsprachigen Gebieten Zweisprachigkeit vorsah. Er scheiterte jedoch an der Obstruktion der Deutsch-Österreicher im Reichsrat, die von der durch den früheren Reichsratsabgeordneten und mittlerweile trotz großer Bedenken des Kaisers wegen seiner antisemitischen Hetze als Bürgermeister von Wien bestätigten Karl Lueger (*1844, †1910) mit der Androhung von Massenkundgebungen unterstützt wurde, und musste im November 1897 zurücktreten. Der zwischen 1900 und 1904 amtierende Ministerpräsident Ernest von Koerber (*1850, †1919) versuchte vergeblich, ein- und gemischtsprachige Kreise einzuführen, was auf eine faktische Zweisprachigkeit im Verwaltungs- und Bildungswesen Böhmens hinausgelaufen wäre. Schließlich setzte er auf Entspannung durch intensive Wirtschaftsförderung. Ein gewisses Entgegenkommen gegenüber den nichtdeutschen Volksgruppen sollte schließlich das allgemeine Wahlrecht darstellen, das der 1906 zum Ministerpräsidenten berufene Max von Beck (*1854, †1943) einführte. Es basierte allerdings nicht nur auf dem prozentualen Anteil der verschiedenen Nationalitäten an der Gesamtbevölkerung, sondern berücksichtigte auch ihren Anteil am Steueraufkommen. Daher wurden u. a. die Deutschsprachigen leicht begünstigt. Zugleich rechnete Franz Joseph, als er dieser Maßnahme zustimmte, damit, dass die neuen Massenparteien mit ihrer letztlich kaisertreuen Einstellung – einmal die im Kleinbürgertum verankerten, wenn auch das Deutschtum betonenden, zugleich ebenso magyaren- wie judenfeindlichen „Christsozialen" und zum anderen die Sozialdemokraten – gestärkt würden. Allerdings blieb es für die Landtage beim früheren Wahlrecht mit seinen verschiedenen Kurien, was im Hinblick auf die Nationalitätenfrage kein Nachteil sein musste, wie bereits der sog. Mährische Ausgleich von 1905 zeigte.

Beck zog sich freilich durch die Einführung des allgemeinen Stimmrechts den Hass des bisher privilegierten böhmischen Hochadels zu. Für den böhmischen Landtag bedeutete das eine obstruktive Haltung, als auch hier, wie es die Tschechen forderten, das neue Wahlsystem eingeführt werden sollte. Die übrigen deutschsprachigen Parlamentarier verweigerten sich ebenfalls, weil sie um ihre Vorrangstellung fürchteten. Da sie sich der Obstruktion anschlossen, blieben nunmehr die tschechischen Abgeordneten den Sitzungen im Wiener Reichstag fern. Beck wurde im November 1908 vom Kaiser aus seinem Amt entlassen. Seine Nachfolger bemühten sich weiterhin um einen Kompromiss im Sprachenstreit, und es wuchs auch bei den Betroffenen die Einsicht, dass ein Zwang zu Einigung bestand. Schließlich sprach man sogar davon, dass nur noch eine „papierdünne Wand" die beiden Parteien voneinander trenne. Dennoch scheiterte man vor allem an den Fragen, ob man in Prag eine oder zwei Verwaltungssprachen haben und ob in der Verwaltung der deutschsprachigen Gebieten nur Deutsche tätig sein sollten. Die tschechische Obstruktionspolitik im Reichsrat, der ohnehin durch den Hader zwischen den verschiedenen Parteien und Vertretern der einzelnen Nationalitäten weitgehend lahmgelegt war, wurde wieder aufgenommen und machte ihn vollends arbeitsunfähig. Ministerpräsident Graf Karl von Stürgkh (*1859, †1916), seit 1911 im Amt, entschloss sich daher Mitte März 1914 mit Billigung Franz Josephs dazu, das Parlament nicht wieder einzuberufen und regierte von nun an mit Notgesetzen, eine Praxis, die durch den Kriegsausbruch wenige Monate später zur Routine wurde und bis 1917 anhalten sollte.

Im Königreich Ungarn waren die nationalen Auseinandersetzungen schärfer, dabei die Ausrichtung auf die magyarische Sprache und Kultur jedoch ausgeprägter als in Cisleithanien auf die der deutschen Volksgruppe. Im Budapester Reichstag waren vor allem zwei Richtungen vertreten: die Anhänger des Ausgleichs von 1867 und die Verfechter der Unabhängigkeit, wie man sie 1848 kurzfristig errungen hatte. Die politische Klasse war stark vom grundbesitzenden Adel bestimmt, der vor allem die bedeutendsten Ministerpräsidenten abgehörten, – so neben Andrássy Graf Koloman von Tisza (*1830, †1902), der zwischen 1875 und 1890 amtierte, und sein Sohn István (*1861, †1918), der zwischen 1903 und 1905 sowie zwischen 1913 und 1917 Regierungschef war, oder Géza von Fejérváry (*1833, †1914), der 1905/06 das Ministerium leitete. Besonders heftig umstritten waren die österreichisch-ungarischen Quotenverhandlungen, bei denen die ungarische Seite jedesmal mehr Eigenständigkeit herauszuschlagen versuchte. Ein weiterer Streitpunkt war – wie bereits erwähnt – das Wehrsystem, da jedes Bestreben des Kaisers und der – besonders stark von deutschsprachigen Offizieren durchsetzten – Heeresführung, die Armee zu erweitern, mit der Forderung nach eigenen Verbänden mit ungarischer Kommandosprache beantwortet wurde. Deshalb standen die beiden Reichshälften 1903 und 1905 sogar am Rand eines Bürgerkriegs. Franz Joseph ließ im Februar 1906 den Reichstag mit militärischer Gewalt auflösen und den Entwurf eines allgemeinen Wahlrechts vorlegen, der den nichtmagyarischen Nationalitäten im Parlament ein besonders starkes Gewicht gegeben hätte. Dies disziplinierte schließlich auch die magyarische Opposition, stand aber einer Demokratisierung, wie sie in Cisleithanien stattfand, im Wege.

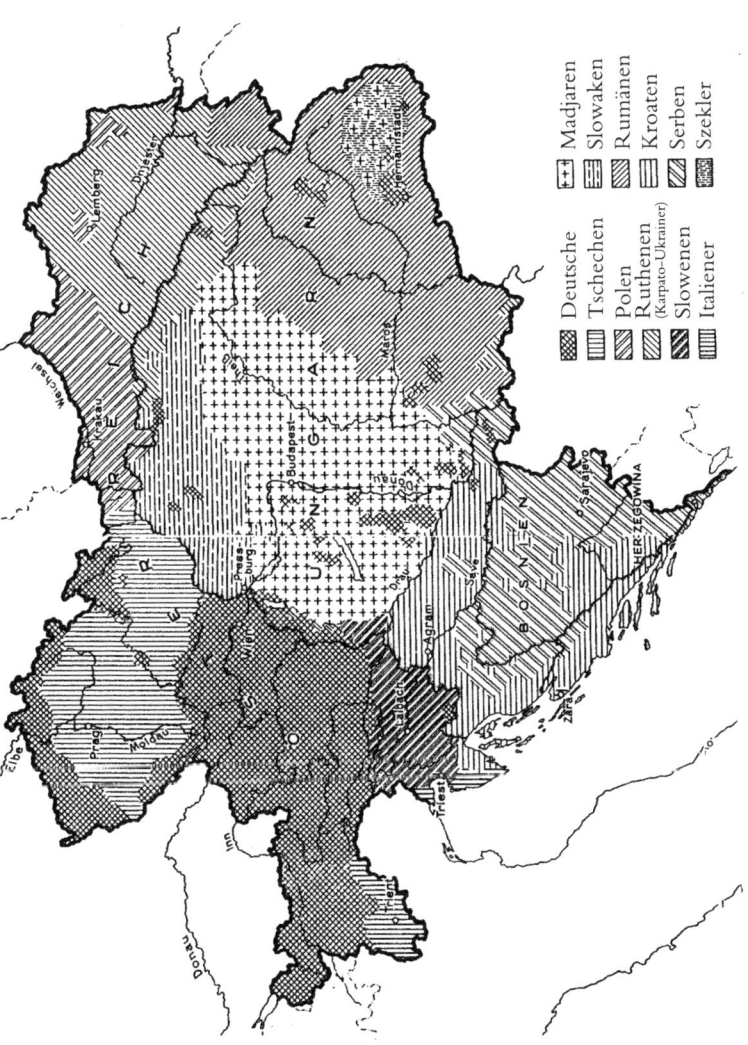

Karte 10: Nationalitäten im Habsburgerreich

Die ungelöste Nationalitätenfrage erwies sich schließlich als die schwerste Hypothek für eine gedeihliche innere Entwicklung, obwohl neben dem Kerngebiet sämtliche Länder der Stephanskrone vom allgemeinen wirtschaftlichen Aufschwung in Österreich-Ungarn profitierten. Anfänglich hatte man magyarischerseits zwar eine relativ großzügige Minderheitenpolitik befürwortet, kam dann aber über den Ausgleich mit Kroatien nicht hinaus. Da sich ein großer Teil der intellektuellen Eliten – vor allem unter den Deutschen, den Juden und den Slowaken – mit den Magyaren sprachlich assimilierte, stieg der Anteil der Ungarischsprachigen zwar von 46,6% im Jahre 1880 bis auf 54,5% kurz vor Ausbruch des Ersten Weltkriegs an, dafür nahm aber auch der Widerstand besonders unter den Kroaten (gegen die man anfangs noch mit einem gewissen Erfolg die Serben in den Militärgrenzgebieten ausspielen konnte) und den Rumänen zu. Dies trieb wiederum die politischen Realisten unter den Regierenden in Budapest, so den jüngeren Tisza, an die Seite des Kaisers, dessen Person allein das Fortbestehen des Dualismus und damit der magyarischen Vorherrschaft in Transleithanien sichern konnte.

Dass allerdings die Herrschaft von Franz Joseph, der 1908 das achtzigste Lebensjahr vollendete und dessen Fähigkeit, den Überblick über die komplizierten Verhältnisse seines Reiches zu behalten, allmählich nachließ, auf einen Nachfolger übergehen würde, war absehbar. Dies barg aber für die Zukunft des Habsburgerreichs ein schwieriges Problem, da der Kaiser mit seinem Thronfolger nur in wenigen Fragen übereinstimmte. Bereits mit seinem einzigen Sohn Rudolf (*1858, †1889) war es früh zu Auseinandersetzungen gekommen. Seine Mutter hatte für den Kronprinzen eine liberale Erziehung durchgesetzt, die seine politischen Ansichten nachhaltig bestimmte. Zudem erhielt er eine gründliche naturwissenschaftliche Ausbildung, doch verbot ihm der Vater ein entsprechendes Universitätsstudium. Heimlich schrieb er ab 1888 für liberale Blätter, bekundete sogar republikanische Neigungen und missbilligte scharf die enge Bindung an Deutschland, da er Wilhelm II. misstraute und eher eine Annäherung an Frankreich befürwortete. In der erzwungenen Ehe mit einer belgischen Prinzessin tief unglücklich, von Natur aus labil und zu Depressionen neigend, verfiel er in den letzten Monaten seines Lebens immer stärker Selbstmordphantasien. Unter nie ganz geklärten Umständen nahm er sich, nachdem er zuerst offenbar mit deren Willen seine Geliebte erschossen hatte, auf Schloss Mayerling im Wiener Wald am 30. Januar 1889 mit einer Pistole das Leben.

Als nächster nachfolgeberechtigt war Franz Josephs Bruder Karl Ludwig (*1833, †1896). Er war allerdings von äußerst passiver Natur, und niemand traute ihm zu, dass er jemals das Herrscheramt ausüben könne. Dennoch verzichtete er nicht ausdrücklich auf das Thronrecht, so dass es bis zu seinem Tod unklar war, ob es unmittelbar auf seinen zumindest als willensstark und durchsetzungsfähig geltenden ältesten Sohn Franz Ferdinand (*1863, †1914) übergehen würde. Auch nach Karl Ludwigs Tod hat sich Franz Joseph jahrelang nicht öffentlich zu seinem Neffen als Nachfolger bekannt und es vermieden, ihn mit den dafür üblichen Repräsentationsverpflichtungen zu betrauen. Dies lag nicht allein daran, dass er persönlich mit ihm schwer zurecht kam. Vielmehr verübelte er es ihm, dass er die Gräfin Sophie Chotek heiraten wollte, die aus einem – um die Monarchie zwar verdienten, aber nicht als ebenbürtig geltenden – böhmischen Adelshaus stammte. Franz Ferdinand, dem 1875 der letzte Herzog von Modena sein beträchtliches Vermögen vererbt hatte, so dass er – anders als die Erzherzöge in der Regel sonst – vom Kaiser finanziell unabhängig war, bestand gleichwohl auf der Hochzeit. Er musste aber am 28. Juni 1900 für seine künftigen Kinder auf die Thronfolge verzichten. Erst jetzt galt er formal als Kronprinz, seine Frau jedoch musste – bis sie zuerst in den Stand einer Fürstin, dann in den einer Herzogin von Hohenberg erhoben wurde – noch lange manche protokollarische Zurücksetzung hinnehmen (einer der Gründe für das ausgezeichnete persönliche Verhältnis Franz Ferdinands zu Kaiser Wilhelm II. war, dass dieser die Frau des Kronprinzen von Anfang an respektvoll behandelte). Der selbstbewusste Erzherzog war jedoch von ganz anderem Kaliber als Rudolf. Mit eiserner Energie hatte er zwischen 1892 und 1897 eine schwere Lungentuberkulose überwunden, und das Meistern der todbringenden Krankheit hatte sein Selbstbewusstsein noch gestärkt. Politisch wie auf militärischem Gebiet hegte er Ansichten, die sich von denen seines Onkels z. T. erheblich unterschieden, die er mit seinem ausgeprägten Machtwillen aber durchzusetzen bestrebt war.

Größeren Einfluss erlangte er zunächst im militärischen Bereich. Seit 1898 war er Stellvertreter des Kaisers als Oberkommandierender der Streitkräfte, 1913 wurde er zum Generalinspektor der „gesamten bewaffneten Macht" ernannt. Von seinem Sitz, dem Belvedere, aus versuchte er aber auch, mit einem ausgewählten Beraterstab die Politik Franz Josephs zu beeinflussen. Die Ernennung Aerenthals zum österreichisch-ungarischen Außenminister und die des militärisch zwar begabten, politisch aber kurzsichtigen Grafen Franz Conrad von Hötzendorf (★1852, †1925) zum Generalstabschef im Jahre 1906 sowie – nach dessen Abberufung wegen seines Drängens auf Präventivkriege, sei es gegen Serbien, sei es gegen Italien, im Jahre 1911 – die Wiederernennung im Jahr darauf gingen auf den Einfluss des Kronprinzen zurück. Franz Ferdinand wandte sich auch scharf gegen die Einführung des allgemeinen Stimmrechts und verübelte es dem Ministerpräsidenten Beck, der vor seiner Berufung in das Amt durch den Kaiser zum Beraterkreis im Belvedere gehört hatte, dass er sich diese Angelegenheit im Auftrag Franz Josephs zu eigen machte. Franz Ferdinand war politisch keineswegs ein modern denkender Mann. Sein Ideal war eher der monarchische Absolutismus als die parlamentarische Monarchie. Zudem steckte er voller Ressentiments und Vorurteile. Er hegte große Abneigung gegen Juden, verachtete Italiener wie Polen und war vor allem alles andere als ein Freund der Ungarn, d. h. vor allem ihrer Führungsschicht, die er zwar politisch (hier für ihn paradoxerweise durch Einführung des allgemeinen Stimmrechts), aber nicht ökonomisch und sozial (etwa durch eine Bodenreform zugunsten der bäuerlichen Bevölkerung) entmachten wollte. Ohnehin wenig sprachbegabt, hatte er sich nicht – wie das sonst bei künftigen Herrschern des Habsburgerreichs üblich war – das Magyarische angeeignet, ja er bestand geradezu auf dem Deutschen als *lingua franca* der Donaumonarchie, für die er gleichwohl eine Zukunft nur in einer Föderalisierung sah. Bezeichnenderweise gehörte einer der profiliertesten Autoren, die für ein bundesstaatliches System in der Donaumonarchie eintraten, der Rumäne Aurel Popovici (★1863, †1917),[18] zu seinem Beraterkreis.

In diesem Zusammenhang ist kurz auf Franz Ferdinands recht vage Föderationspläne einzugehen, für die es freilich kaum eindeutigen Belege, sondern lediglich schriftliche Äußerungen von

– freilich wichtigen – Mitarbeitern gibt. Im einzelnen ausgearbeitet waren diese Pläne nicht. Den „Dualismus" durch die Schaffung eines weiteren südslawischen Staatswesens, bestehend aus Kroatien, Dalmatien und Bosnien-Herzegowina sowie dem slowenischen Herzogtum Krain zu bilden und so zu einer „trialistischen" Lösung zu kommen, diesen Gedanken hat er später nicht weiterverfolgt. Trotzdem sollte er den Hauptgrund für den Mordanschlag bilden, der im Sommer 1914 auf ihn verübt wurde. Offensichtlich ging es dem Kronprinzen auch weniger um einen echten Bundesstaat als um die Zurückdrängung des ungarischen Einflusses, den er – ebenso wie die ihm nahestehenden deutschnationalen Kreise – als für die Gesamtmonarchie verhängnisvoll ansah. Aus diesem Grunde war er auch gegen den tschechischen Nationalismus eingestellt. Dagegen unterstützte er sowohl die kroatischen wie die rumänischen Autonomiebestrebungen, die sich beide gegen die magyarische Vorherrschaft in Transleithanien richteten. Zunächst ging es ihm darum, die Bindekräfte des Reiches zu stärken, die er einmal in der monarchischen Staatsform, zum anderen in der deutsch geprägten Bürokratie und Militärführung sah. Bei seiner Herrschaftsübernahme sollte unter einem Reichskanzler eine echte Gesamtregierung der Monarchie gebildet werden, für die die neue Bezeichnung „Österreichisch-Ungarisches Reich" vorgesehen war. Außenpolitisch war dem Kronprinzen an der Wiederherstellung des Drei-Kaiser-Bündnisses und damit an der Bereinigung des Verhältnisses zu Russland gelegen.

---

18 Vgl. dessen Buch *Die Vereinigten Staaten von Groß-Österreich. Politische Studien zur Lösung der nationalen Fragen und staatsrechtlichen Krisen in Österreich-Ungarn* (1906); Auszüge finden sich in: H. u. S. Lehmann, *Das Nationalitätenproblem in Österreich 1848–1918,* 1973, S. 86–90. Popovici sprach sich für einen Bundesstaat aus insgesamt fünfzehn nach Nationalitäten gebildeten Ländern (darunter drei deutsche für Österreich, Böhmen und Mähren sowie zwei ungarische für das magyarische Kerngebiet und das Szeklerland Siebenbürgens) aus, wollte aber das Deutsche als Verkehrs- und Vermittlungssprache für den Gesamtstaat erhalten. S. auch die Karte auf der folgenden Seite.

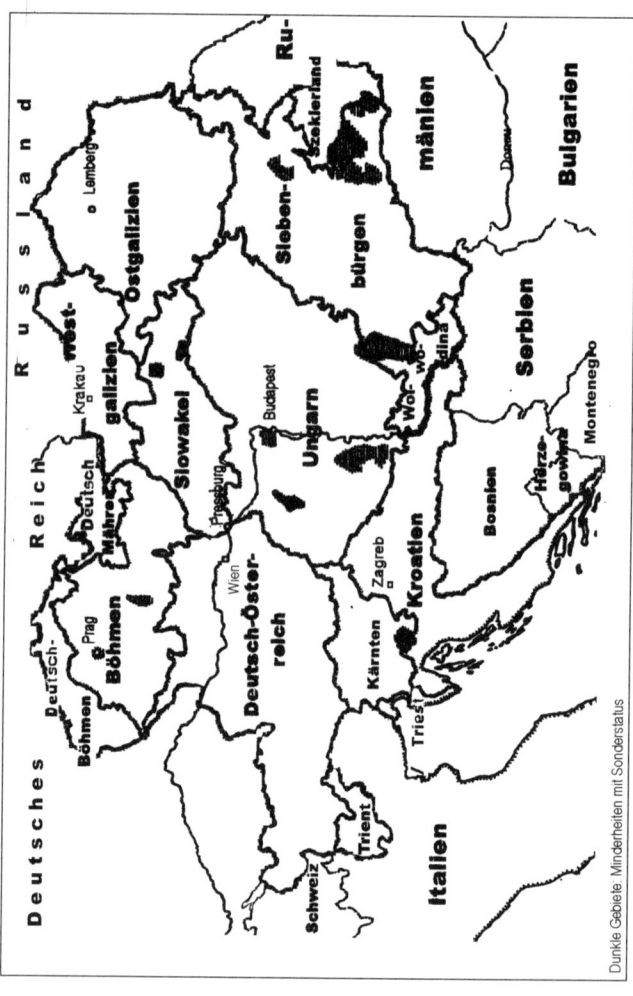

Karte 11: Aurel Popovicis Plan eines föderalen Groß-Österreichs

Alle diese Pläne wurden mit der Ermordung Franz Ferdinands und seiner Frau am 28. Juni 1914 in Sarajewo hinfällig. Der Kronprinz hatte sich im Zusammenhang mit den Heeresmanövern, die in diesem Sommer in Bosnien stattfanden, in die Hauptstadt des Territoriums begeben und wurde hier zusammen mit seiner Frau Opfer eines mit von serbischen Militärs vorbereiteten Anschlags. Für diejenigen in den hohen Militär- und Regierungskreisen, die wie Conrad von Hötzendorf eine militärische Strafaktion gegen Belgrad wünschten, schien jetzt angesichts der internationalen Empörung über den Mord der Augenblick der Abrechnung mit der von dort aus immer wieder geschürten südslawischen Bewegung gekommen zu sein. Der deutschen Rückendeckung war man sich nach entsprechender Anfrage in Berlin, die am 5. Juli erfolgte, sicher, an ein Eingreifen Russlands mochte man nicht glauben. Am 7. Juli wurde eine gemeinsame Sitzung des österreichischen und des ungarischen Ministerrats abgehalten, in der sich lediglich Tisza gegen kriegerische Maßnahmen aussprach. Franz Joseph war bereits einen Tag vorher in seinen Sommerkurort Bad Ischl abgereist. Er zögerte anfänglich, einem Krieg seine Zustimmung zu geben, ließ sich schließlich jedoch von seinem seit 1912 als Außenminister amtierenden Grafen Leopold Berchtold (*1863, †1942) und von dem ungarischen Minister des königlichen Hauses, Graf István Burián (*1851, †1921), der 1915/16 als Nachfolger Berchtolds das Außenministerium übernehmen sollte, zur Zustimmung bewegen. Tisza gab Mitte des Monats seinerseits nach und fand sich zur Billigung eines härteren Vorgehens gegen Serbien unter der Bedingung bereit, dass es sich lediglich um eine Strafmaßnahme ohne anschließende Annexionen handeln würde. Allerdings kam es erst am 23. Juli zu einem – auf achtundvierzig Stunden befristeten – Ultimatum Wiens an Serbien, in dem u. a. die Forderung erhoben wurde, zur Untersuchung der Hintergründe des Attentats auch österreichische Beamte hinzuzuziehen, künftig von sämtlichen Aktionen gegen die k. u. k. Monarchie Abstand zu nehmen und dies auch öffentlich zu verlautbaren. Damit wurde, weil St. Petersburg diesmal Belgrad seine Unterstützung gegen die Pressionen aus Wien nicht verweigerte, jener verhängnisvolle Wettlauf von Mobilmachungen der Großmächte in Gang gesetzt, der bis zu den ersten Augusttagen in einen allgemeinen

Krieg führte. Anders als in der Krisensituation von 1870 hatte Franz Joseph trotz seiner Skepsis gegenüber einer Verschärfung der Situation die Dinge eher treiben lassen, als den Versuch zu machen, sie im Hinblick auf die Erhaltung des Friedens zu beeinflussen.

Der Kriegsverlauf zeigte sehr rasch, dass die k. u. k. Monarchie auf eine militärische Auseinandersetzung im großen Stil nur unzulänglich vorbereitet war. Der Sieg über Serbien gelang erst im Oktober 1915 mit massiver deutscher Hilfe, in den polnischen Gebieten gerieten die österreichisch-ungarischen Truppen von Anfang an in die Defensive, mussten Galizien-Lodomerien und die Bukowina räumen. Sie konnten erst 1917 diese Gebiete zurückerobern und weiter ins Zarenreich vordringen, und auch dies wäre ohne deutsche Unterstützung nicht möglich gewesen. Dass das Osmanische Reich (im November 1914) und Bulgarien (Oktober 1915) an der Seite der Mittelmächte in den Krieg eingriffen, brachte kaum Entlastung, da sich im Mai 1915 Italien, das sich davon die Brenner-Grenze und Gewinne an der Adria erhoffte, sowie im August 1916 Rumänien an die Seite der Entente-Mächte schlugen. Zwar waren die Rumänen bis Anfang Dezember – wiederum mit deutscher Hilfe – besiegt, doch an der Front gegen Italien wogten die Kämpfe unter großen Opfern hin und her. Die gewaltigen Verluste unter den aktiven Offizieren, die auf den Bestand der k. u. k Monarchie eingeschworen waren, und das Anwachsen der Zahl von Reserveoffizieren, die großenteils zu den geistigen Eliten der nationalen Minderheiten zählten, wirkten sich im Hinblick auf den inneren Zusammenhalt der Armee zunehmend negativ aus. Zwar befand sich ein erheblicher Teil der Vorkämpfer für die nationale Unabhängigkeit bei den Tschechen und den „Südslawen" im Ausland, doch auch in Böhmen und Mähren sowie in Kroatien und in Bosnien-Herzegowina mehrten sich die Stimmen jener, die den Staatsverband der Donaumonarchie verlassen wollten. Hinzu kamen Forderungen nach politischen und sozialen Reformen sowie die pazifistische Propaganda der Linken, die angesichts der zunehmenden Entbehrungen bei der Bevölkerung immer mehr Anklang fanden. Sichtbares Zeichen für die innere Krise war die Ermordung des österreichischen Ministerpräsidenten Stürgk im Oktober 1916.

Dass die Doppelmonarchie angesichts der inneren Divergenzen und schließlich der Kriegsbelastungen überhaupt noch zusammenhielt, ist vor allem auf die Persönlichkeit und die lange Regierungszeit Franz Josephs zurückzuführen. Obwohl nicht immer auf der Höhe seiner Zeit, hatte er sich doch mehr und mehr zu einem Herrscher entwickelt, der die Kohäsionskraft innerhalb Österreich-Ungarns geradezu verkörperte. Er ging mit seiner selbst im hohen Alter kaum nachlassenden, penibel geregelten Regierungsarbeit in einer Form in seinem Staatswesen auf, die es ihm bis zum Ausbruch des Ersten Weltkriegs ermöglichte, wesentliche Entscheidungen zu initiieren oder wenigstens zu beeinflussen. Allerdings bewegte er bereits lange vor Kriegsausbruch nicht mehr viel, sondern betrieb letztlich nach eigenem Bekunden eine Politik des „Fortwurstelns". Da er einen betont schlichten Lebensstil pflegte, war er aber gerade in den unteren Schichten populär. Dass er 1907 in Cisleithanien die Einführung des allgemeinen Wahlrechts zuließ, zeigt (auch wenn tagespolitische Taktik dabei mitspielte), dass er seit den Anfängen seiner Regierung erheblich an politischer Einsicht gewonnen hatte.

Ein durchaus antiquiert anmutender – obgleich in den damaligen monarchischen Kreisen nicht unüblicher – Zug seines Wesens war die von ihm aufrechterhaltene rigide Familiendisziplin. Als Oberhaupt der Dynastie beanspruchte er – auch bei den Mitgliedern der 1859/60 in Italien depossedierten Nebenlinien – ohne Einschränkung das Recht, über Ausbildung, Laufbahn, militärischen oder politischen Einsatz sowie über die Gestaltung des Privatlebens sämtlicher Erzherzöge und Erzherzoginnen zu bestimmen. Vor allem behielt er sich bei der Auswahl der Ehepartner die letzte Entscheidung vor. Die nicht standesgemäßen Heiraten seines Neffen Ferdinand Karl (*1868, †1915) bzw. des Erzherzogs Johann Salvator von Habsburg-Toskana (*1852, †1890) führten schließlich dazu, dass beide sich vom Kaiser in den bürgerlichen Stand versetzen ließen. Vom Verzicht des Thronfolgers Franz Ferdinand auf das entsprechende Recht seiner Kinder als Preis für seine Heirat mit einer als unebenbürtig geltenden böhmischen Gräfin war schon die Rede.

Franz Joseph ist bei alledem vielfältiger Familienkummer nicht erspart geblieben. Die Tragödie um seinen Sohn Rudolf wurde bereits erwähnt. Seine Frau, die 1898 unter Verkettung unglücklicher Umstände einem Attentat zum Opfer fiel, hatte sich ihm im Laufe der Jahre immer mehr entfremdet und war schließlich, um dem Wiener Hofleben zu entgehen, in eine geradezu hektische Reiselust verfallen. Das persönliche Verhältnis Franz Ferdinands zum Kaiser war – so korrekt es sich am Ende rein äußerlich gestaltete – dermaßen gestört, dass dieser sich nach der Ermordung des Kronprinzen und seiner Frau am 18. Juni 1914 in Sarajewo zu der schier unglaublichen Äußerung hinreißen ließ: „Eine höhere Gewalt hat wieder jene Ordnung hergestellt, die ich leider nicht zu erhalten vermochte."[19] Auf der anderen Seite zog Franz Joseph den ihm von seiner Lebensweise her durchaus genehmen neuen Thronfolger Erzherzog Karl überhaupt nicht zu den Regierungsgeschäften hinzu, um ihn auf die – angesichts des eigenen Alters von mittlerweile vierundachtzig Jahren in absehbarer Zeit bevorstehende – Regierungsübernahme angemessen vorzubereiten. So ereilte den Monarchen, dessen Regierungszeit von der Revolutionszeit über den Neoabsolutismus bis hin zur Epoche der bürgerlich-konstitutionellen Regierungsweise, von der Biedermeierzeit bis zu den klassenkämpferischen Auseinandersetzungen im Zeitalter der Hochindustrialisierung und von der Epoche des Mächtekonzerts bis in die des Imperialismus und der Weltkriege hineinreichte, schließlich das Schicksal aller derjenigen, denen ein sehr hohes Alter beschieden ist: Er starb als Symbol und Fossil zugleich, und es war eine Tragödie für das Habsburgerreich, dass nicht früher ein Herrscher mit frischeren Kräften und neuen Ideen ans Ruder gekommen war.

2. Karl I. und die Abdankung der Habsburger

Als der gerade neunundzwanzigjährige Großneffe des verstorbenen Kaisers Ende November 1916 den Thron übernahm, hatte er zwar so etwas wie ein Regierungsprogramm, besaß aber ebensowenig politische Erfahrung wie Einfluss in den maßgebli-

---

19 Zitiert nach H. Rumpler, *Karl I.*, in: A. Schindling/W.Ziegler (Hg.), *Die Kaiser der Neuzeit 1519–1918,* 1990, S. 382–394, auf S.382.

chen Hof-, Militär- und Regierungskreisen. Dies lag an der angeborenen Zurückhaltung des hochintelligenten und weitreichend gebildeten Herrschers, der – beraten von seiner ihm geistig ebenbürtigen Frau Zita von Bourbon-Parma (*1892, †1989) – die Fehlentwicklungen, die das Habsburgerreich in außenpolitischer Hinsicht durch seine enge Bindung an Deutschland und im Inneren durch die ungelösten Verfassungs- und Nationalitätenprobleme genommen hatte, klar durchschaute und bereit war, ihnen abzuhelfen. Schon zu Zeiten Franz Ferdinands hatte er sich jedoch darum bemüht, als Nächster in der Thronfolge keine Konkurrenz zu seinem Onkel aufkommen zu lassen. Dies wurde ihm nicht nur nach dessen Tod als Schwäche ausgelegt, sondern ging sogar zu dessen Lebzeiten soweit, dass man ihn an den Beratungen um die Aufnahme des Krieges in den Krisentagen des Sommers 1914 überhaupt nicht beteiligte. Bis zu seinem Regierungsantritt spielte Karl keine nennenswerte Rolle, sondern wurde mit verschiedenen militärischen Kommandos betraut, so zuletzt in Rumänien (wo ihm der deutsche General Hans von Seeckt, dem wir interessante Beobachtungen über den Charakter des späteren Monarchen verdanken, als Generalstabschef zugeordnet war). Hierbei lernte er die zunehmende Anmaßung der deutschen Militärs gegenüber den österreichischen Bundesgenossen kennen, was ihn in seiner Auffassung bestärkte, auch ohne deutsche Unterstützung einem annehmbaren Friedensschluss mit den Kriegsgegnern zuzusteuern. Dies brachte ihm jedoch die Gegnerschaft jener deutsch-österreichischen Hof- und Militärkreise sowie jener Politiker ein, die den Führungsanspruch der deutschsprachigen Eliten in Cisleithanien aufrecht erhalten wollten und auf die Unterstützung durch Deutschland angewiesen zu sein glaubten. Da Karl außerdem gewillt war, die k. u. k. Monarchie zu föderalisieren, waren ihm auch die ungarischen Führungsschichten feindlich gesinnt. Daran änderte auch die Krönung zum König von Ungarn nichts, zu der sich Karl drei Wochen nach seinem Herrschaftsantritt in Wien von Ministerpräsident Tisza bewegen ließ. Sie beseitigte weder dss magyarische Misstrauen gegen ihn, noch gewann er damit die Minderheiten im Reich der Stephanskrone, da der Krönungseid formal die Garantie des Monarchen für die Beibehaltung der politischen Verhältnisse in Transleithanien einschloss. Zu diesen Schwierigkeiten kam noch der Umstand hinzu, dass er es – anders als der machtbewusste Franz Ferdinand – versäumt hatte, sich seit 1914 einen politischen Beraterstab von vertrauten Fachleuten aufzubauen. Als er den Thron übernahm, stand er daher ziemlich allein. Bis er politisch Tritt gefasst hatte, waren die Chancen für eine weitreichende Änderung der Außen- wie der Innenpolitik vertan.

Ein bemerkenswerter Versuch, mit den Alliierten zu einem Friedensschluss zu gelangen, wurde von Karl im Januar 1917 eingeleitet. Damals nahm er über den österreichisch-ungarischen Militärattaché in Bern Kontakt mit den Brüdern seiner Frau, Sixtus und Xavier von Bourbon-Parma, auf, die seit 1914 der belgischen Armee als Offiziere angehörten, um die Friedensbereitschaft der Westmächte zu erkunden. Bei den vor allem durch Karls Schwager Sixtus vermittelten Kontakten wurde von Wien aus u. a. die Bereitschaft bekundet, sich bei der deutschen Führung für die Abtretung Elsass-Lothringens an Frankreich einzusetzen, ferner die Region um Trient Italien zu überlassen (was der österreichische Ministerrat bereits im März 1915 gebilligt hatte, um den Kriegseintritt Italiens an der Seite der Westmächte zu verhindern) und schließlich auf die polnischen Gebiete zugunsten eines unabhängigen Polens zu verzichten. Dabei scheint Karl aber keinen Sonderfrieden unter Umgehung Berlins angestrebt zu haben. Die Friedensmission scheiterte einerseits durch das Umschwenken der französischen Außenpolitik nach Überwindung der verzweifelten Stimmung bei den Fronttruppen im Frühjahr 1917 in Richtung auf einen Siegfrieden gegenüber den Mittelmächten, andererseits dadurch, dass man in Berlin wie in Wien nach den militärischen Erfolgen seit dem Herbst dieses Jahres – u. a. an der Isonzofront gegenüber Italien – glaubte, den Krieg doch noch für sich entscheiden zu können. Deshalb wurde Karls Versuch, eine Friedenspolitik einzuleiten, nicht zuletzt von seinem eigenen, kurz nach dem Regierungsantritt ernannten Außenminister Graf Ottokar Czernin (*1872, †1932) hintertrieben. Im April 1918 desavouierte die französische Regierung den Kaiser durch die Veröffentlichung eines seiner Sixtus-Briefe, und Karl widerrief daraufhin öffentlich, Frankreich jemals ein Angebot hinsichtlich Elsass-Lothringens gemacht zu haben. Im Mai sah er sich im deutschen Hauptquartier im belgischen Spa zur völligen Unterordnung unter die Politik der Obersten Heeresleitung genötigt, die mit einer deutschen Besetzung Österreich-Ungarns drohte. Damit war offenkundig, dass Wien gegenüber Berlin nur noch eine Satellitenrolle spielte.

Dies hatte unmittelbare Rückwirkungen auf die innenpolitischen Reformansätze. Im Frühjahr und Sommer 1917 war mit der Wiedereinberufung des 1914 verabschiedeten österreichischen Parlaments und der Amnestie prominenter Tschechen, die für einen eigenen Nationalstaat eingetreten waren, der Versuch unternommen worden, die überfälligen Verfassungsänderungen in der cisleithanischen Reichshälfte in die Wege zu leiten und dabei den Bestrebungen der verschiedenen Nationalbewegungen nach eigener Staatlichkeit so weit wie möglich Raum zu geben. Dies stand freilich zur Staatstradition der alten Kronländer in einem schier unauflösbaren Widerspruch. Ein besonderes Problem stellte das Königreich Galizien-Lodomerien dar. Ziel der Wiener Kriegspolitik war es an sich, im Fall eines Sieges über Russland Kongresspolen davon abzutrennen und es mit den cisleithanischen Teilen zu einem austro-polnischen Staat im Rahmen des Verbunds der österreichisch-ungarischen Monarchie zu vereinigen. Dies hätte eine weitere Form des „Trialismus" bedeutet. Für die deutsche Außenpolitik war ein polnischer Staat deswegen ein heikles Problem, weil damit die Frage der Zugehörigkeit der zu Preußen gehörigen polnischsprachigen Gebiete aufgeworfen wurde. Zudem gab es im Reich einflussreiche Kreise, die eine deutliche Ausdehnung der deutschen Grenzen nach Osten forderten. Schließlich einigten sich Berlin und Wien am 15. November 1916 – vor allem in der Hoffnung, so auf polnische Soldaten zurückgreifen zu können – auf die Bildung eines selbständigen polnischen Staates „mit erblicher Monarchie und konstitutioneller Verfassung", der aus den „der russischen Herrschaft entrissenen polnischen Gebiete(n)" bestehen sollte. Die „genauere Bestimmung der Grenze des Königreichs" blieb jedoch „vorbehalten".[20] Dies war die letzte außenpolitische Entscheidung des

---

20 Vgl. den Text der deutsch-österreichischen Proklamation bei M. Broszat, *Zweihundert Jahre deutsche Polenpolitik,* 21972, ND 1978, S. 189.

alten Franz Joseph. In Wien musste man sich dabei von vornherein im klaren sein, dass nach der Rückeroberung der galizischen Gebiete Österreichs diese automatisch an den neuen polnischen Staat fallen würden. Im August 1917 war die Vorkriegsgrenze von österreichisch-ungarischen Truppen wieder erreicht, jetzt aber hatte sich durch den bevorstehenden Sieg der Mittelmächte über Russland eine neue Situation ergeben, die einen polnischen Staat jedenfalls aus der Sicht Berlins nicht mehr sinnvoll erscheinen ließ.

Die Frage eines erneuerten Polens – mit Einschluss von Galizien – wurde jedoch kurze Zeit später von den Entente-Mächten und ihrem neuen Kriegsverbündeten, den USA, aufgeworfen. Die von dem amerikanischen Präsidenten Woodrow Wilson (1916–1920) am 8. Januar 1918 verkündeten „Vierzehn Punkte", die die Grundlage für einen Versöhnungsfrieden bilden sollten, enthielten neben der Forderung nach der Bildung eines unabhängigen polnischen Staates (der ohne Galizien nicht denkbar war) in Punkt 10 auch die nach autonomer Entwicklung der Völker Österreich-Ungarns. Angesichts des der Doppelmonarchie drohenden Zusammenbruchs war das rasche Eingehen Wiens auf diese Forderung die letzte Chance, um das Habsburgerreich überhaupt noch zu retten.

Inzwischen begannen die Alliierten der Entente-Mächte an der von ihnen seit dem Sommer 1917 aufgebauten Balkanfront in Mazedonien erste Erfolge zu erzielen. Im September 1918 gelang den aus Franzosen, Briten, Griechen, Serben und Italienern bestehenden Truppen hier der Durchbruch und anschließend die Besetzung Albaniens und Serbiens. Anfang Oktober brach Bulgarien militärisch zusammen und schloss Waffenstillstand, Rumänien trat wieder in den Krieg gegen Österreich-Ungarn ein. Bereits Ende Juni war eine österreichische Offensive auf dem italienischen Kriegsschauplatz an der Piave gescheitert. Die Bevölkerung des Habsburgerreichs war durch die jahrelangen Entbehrungen erschöpft und kriegsmüde, das k. u. k. Heer demoralisiert, der endgültige militärische Zusammenbruch nur noch eine Frage weniger Wochen. Am 4. Oktober richtete Kaiser Karl im Verein mit der deutschen Führung an die Kriegsgegner ein Waffenstillstandsangebot. Angesichts der sich immer selbstbewusster artikulierenden Unabhängigkeitsbestrebungen bei den Polen, Tschechen und

Slowaken sowie bei den Kroaten und Slowenen blieb, um den staatlichen Verband der Monarchie zu retten, allein die Möglichkeit einer umfassenden Föderalisierung.

Dies bezweckte das Manifest, das Karl am 16. Oktober an seine „getreuen österreichischen Völker" ausfertigen und tags darauf veröffentlichen ließ. Da man „an der Schwelle des Friedens" stehe, hieß es in dem Dokument euphemistisch, müsse „ohne Säumnis der Neuaufbau des Vaterlandes auf seinen natürlichen und daher zuverlässigen Grundlagen in Angriff genommen werden." „Österreich soll", so fuhr der Kaiser fort, „dem Willen seiner Völker gemäß, zu einem Bundesstaate werden, in dem jeder Volksstamm auf seinem Siedlungsgebiete sein eigenes staatliches Gemeinwesen bildet." Der Vereinigung der polnischen Gebiete mit einem unabhängigen Gesamtpolen sollte damit nicht vorgegriffen werden. Allerdings sollte „diese Neugestaltung" zwar „jedem nationalen Einzelstaate seine Selbständigkeit gewährleisten", jedoch „die Integrität der Länder der ungarischen heiligen Krone in keiner Weise" berühren. „An die Völker, auf deren Selbstbestimmung das neue Reich sich gründen wird," erging der Aufruf Karls, „an dem großen Werke durch Nationalräte mitzuwirken, die – gebildet aus den Reichsratsabgeordneten jeder Nation – die Interessen der Völker zueinander sowie im Verkehr mit Meiner Regierung zur Geltung bringen sollen."[21] Abgesehen davon, dass das „Völkermanifest" mit seinem Föderalisierungsangebot angesichts der allgemeinen Auflösungserscheinungen viel zu spät kam, enthielt es auch noch zwei „Pferdefüße", die dem Kaiser durch seine deutsch-österreichischen und ungarischen Berater hineinredigiert worden waren: Dass jede Nationalität dort, wo sie siedelte, einen eigenen Staat bilden sollte, war für die tschechischen Anhänger der Integrität Böhmens ebenso inakzeptabel wie der Vorbehalt hinsichtlich der Unverletzlichkeit des ungarischen Königreichs in seinem traditionellen Bestand für Slowaken und Kroaten.

---

21 Vgl. den Abdruck des Manifests, so wie es in der Extraausgabe der „Wiener Zeitung" vom 17. Oktober 1918 veröffentlicht wurde bei H. Fischer/G. Silvestri (Hg.), *Texte zur österreichischen Verfassungs-Geschichte. Von der Pragmatischen Sanktion zur Bundesverfassung (1713–1966),* 1970, S. 105.

So bewirkte das Manifest genau das Gegenteil von dem, was es bezweckt hatte: Statt das Habsburgerreich – notfalls in der Form eines bloßen Staatenbunds unter monarchischem Dach – zu erhalten, beschleunigte es nur seine Auflösung in Einzelstaaten. Diese kam jetzt auch dadurch erst richtig in Gang, dass der amerikanische Präsident Wilson am 20. Oktober in seiner Antwort auf das Waffenstillstandsgebot nunmehr weit über Punkt 10 seiner „Vierzehn Punkte" vom 8. Januar hinausging und statt Freiheit zu autonomer Entwicklung der Völker Österreich-Ungarns die Anerkennung ihres Wunsches nach Selbständigkeit forderte. Ende Oktober/Anfang November wurde das längst dezimierte k. u. k. Heer an der italienischen Front besiegt. Noch während der Kämpfe beorderte die ungarische Regierung ihre Truppen in die Heimat zurück. Mit dem in der Villa Giusti nahe Padua am 3. November abgeschlossenen Waffenstillstand war der Krieg auch in Norditalien beendet.

In Wien hatten sich am 21. Oktober die deutsch-österreichischen Reichsräte versammelt und eine „Provisorische Nationalversammlung des selbständigen deutschösterreichischen Staates" gebildet, zu dem auch die deutsch-böhmischen Gebiete gehören sollten. Am 12. November beschloss man *de facto* die Bildung eines demokratischen Staatswesens und erklärte sich zum Bestandteil der „Deutschen Republik". Tags zuvor hatte Kaiser Karl auf „jeden Anteil an den Staatsgeschäften" verzichtet und erklärt, dass er die Beschlüsse der Nationalversammlung hinsichtlich der künftigen Staatsform anerkennen würde. Obwohl sie nicht förmlich erklärt wurde, kam dies einer Abdankung gleich. Dennoch weigerte sich der Kaiser, sie durch einen formalen Akt zu bekräftigen. Deshalb musste er mit seiner Familie im März 1919 das Land verlassen. Auf dem Weg ins Schweizer Exil erließ er im vorarlbergischen Feldkirch ein Manifest, in dem er gegen seine Vertreibung Protest einlegte und seinen Thronanspruch unterstrich. Am 3. April erließ die österreichische Nationalversammlung daher das sog. Habsburger-Gesetz. Danach wurde die Familie des Kaisers endgültig des Landes verwiesen, die Thronrechte der Dynastie wurden aufgehoben, das Betreten des Landes wurde sämtlichen Mitgliedern die sich nicht ausdrücklich zur neuen Republik bekannten, verboten und das habsburgische Vermögen, soweit es sich nicht um reines Privateigentum handelte, eingezogen.

Bereits am 28. Oktober hatte ein im Sommer 1918 aus Vertretern aller Parteien der tschechischen Opposition gebildeter Nationalausschuss einen selbständigen „tschechslowakischen" Staat proklamiert. Gedanklich vorbereitet worden war die Zusammenfassung der beiden miteinander sprachlich zwar aufs engste verwandten, jedoch von ihren staatlichen Traditionen und ihren gesellschaftlichen wie ökonomischen Strukturen her höchst verschiedenen Völker von einigen in Westeuropa während des Krieges zu größerem Einfluss gelangten Intellektuellen wie Tomáš Masaryk (*1850, †1836) und Edvard Beneš (*1884, †1948), die beide nacheinander Präsidenten des neuen Staates werden sollten. Die slowakische Autonomiebewegung schloss sich schließlich aus Enttäuschung über die magyarische Intransigenz der Tschechoslowakei an, die – infolge der Eingliederung sowohl der Deutschböhmen wie ungarischer und ukrainischer Minoritäten – von sämtlichen Nachfolgestaaten des Habsburgerreichs am meisten dessen Nationalitätenvielfalt widerspiegeln und selber die daraus resultierenden inneren Belastungen erfahren sollte. Schon am 14. November 1918 war dieser zur Republik erklärt worden. Damit hatten die Habsburger nach fast vierhundert Jahren auch die Länder der Wenzelskrone verloren.

Für Ungarn hatte Karl am 31. Oktober den Führer der sog. Unabhängigkeitspartei, Graf Mihály Károly (*1875, †1955), zum Ministerpräsidenten ernannt; am gleichen Tage wurde István Tisza von marodierenden Soldaten ermordet. Während vom Osten und Süden her feindliche Verbände ins Gebiet der Stephanskrone einrückten und der neue Regierungschef in der Hoffnung auf günstige Friedensbedingungen jeglichen Widerstand untersagte, wurde am 16. November verkündet, dass nunmehr alle verfassungsmäßigen Bindungen zu Österreich und die Herrscherrechte des Hauses Habsburg erloschen seien. Zugleich wurde die Republik ausgerufen. Im Frühjahr 1919 musste Károly allerdings zurücktreten. Nach dem Intermezzo einer dreieinhalbmonatigen Rätediktatur durch die radikale Linke gelangte der starke Mann der nationalkonservativen Gegenregierung, der ehemalige Konteradmiral der k. u. k. Kriegsmarine Miklós Horthy von Nagybánya (*1868, †1957), an die Macht. Auf Verlangen der Entente wurden im Januar 1920 freie Wahlen zu einer Nationalversammlung ausgeschrieben, die wegen des von Horthys Truppen ausgeübten

Terrors gegen die politische Linke von dieser boykottiert wurden. Im Parlament hatten daher die Anhänger der Monarchie die Mehrheit. Sie waren indes gespalten in „legitimistische" Anhänger Karls, der als König von Ungarn am 13. November 1918 eine ähnliche Erklärung wie für die österreichischen Länder abgegeben, aber gleichfalls nicht förmlich abgedankt hatte, und sog. „freie Königswähler". Diese sahen die Herrschaft des Habsburgers als beendet an und wollten einen neuen König küren. Zwischen beiden Fraktionen kam es schließlich zum Kompromiss: Die Monarchie wurde formal nicht abgeschafft, die Königsfrage aber vertagt. Bis zu ihrer Lösung sollte Admiral Horthy, der in dieses Amt am 1. März 1920 gewählt wurde, als „Reichsverweser" fungieren.

Karl versuchte in der Folge zweimal von seinem Schweizer Exil aus, den ungarischen Thron wiederzuerlangen. Als er am 26. März 1921 in Budapest erschien, versagte sich Horthy allerdings seiner Wiedereinsetzung unter Berufung auf die Stimmung in den nationalistisch gesinnten Kreisen sowie auf mögliche Vorbehalte von Seiten der Entente. Am 20. Oktober tauchte der Habsburger, mit dem Flugzeug aus der Schweiz kommend, erneut in Ungarn auf. Diesmal konnte er sich auf Teile des Heeres stützen und marschierte auf die Hauptstadt zu, wurde aber von Horthys Gefolgsleuten in der Nähe von Budapest besiegt. Karl wurde verhaftet und zur Rückkehr ins Exil genötigt. Als Friedensstörer wurde er von den Entente-Mächten auf die portugiesische Insel Madeira verbannt, in deren Hauptstadt Funchal er – in ziemlich dürftigen Verhältnissen lebend sowie durch seine Enttäuschungen seelisch wie körperlich angeschlagen – am 1. April 1922 an den Folgen einer Grippeinfektion starb. Bereits am 6. November 1921 hatte die ungarische Nationalversammlung das Thronrecht des Hauses Habsburg für erloschen erklärt.

Seine Frau, die ihn um siebenundsechzig Jahre überlebte, sollte jedoch nie auf das Recht der Thronfolge, weder in Ungarn noch in Österreich, verzichten. Sie lebte erst im französischen, dann im belgischen, schließlich im schweizerischen Exil und ließ ihren ältesten Sohn Otto (*1912) durch sorgfältige Sprachschulung (u. a. im Ungarischen und Kroatischen) sowie durch ein an der Universität Löwen absolviertes Studium der Staatswissenschaften auf eine mögliche Übernahme des aus ihrer Sicht vakanten habsburgischen Throns vorbereiten. In Österreich wurde dies in den dreißiger Jahren angesichts der dortigen inneren Krisen ernsthaft diskutiert, zerschlug sich jedoch mit dem „Anschluss" an das von Hitler regierte Deutschland im Frühjahr 1938. Im amerikanischen Exil versuchte Otto während des zweiten Weltkriegs vergeblich, den westlichen Alliierten den Plan einer „Donauföderation" schmackhaft zu machen. Nach 1945 wurde in Österreich das in den dreißiger Jahren vorübergehend aufgehobene Habsburger-Gesetz erneuert. 1961 verzichtete der Thronprätendent offiziell auf seine Rechte, doch erst in den siebziger Jahren entspannte sich das Verhältnis zu Wien so, dass die Familie, deren Oberhaupt 1978 deutscher Staatsbürger wurde, wieder nach Österreich einreisen konnte.

Die Exkaiserin Zita durfte dies 1982 sogar, ohne dass sie auf den Thronanspruch ihres Hauses verzichtet hätte. Nach ihrem Tod im März 1989 in Graubünden wurde ihr Leichnam in die traditionelle habsburgische Grablege, die Kapuzinergruft in Wien, überführt. Dies geschah – sieben Jahrzehnte nachdem ihr Mann, dessen sterbliche Überreste sich nach wie vor auf Madeira befinden, Österreich hatte verlassen müssen – unter großer Anteilnahme der Bevölkerung.

IX. Bilanz und Ausblick

Zwar ist die Frage „Was wäre gewesen, wenn ...?" dem Historiker im allgemeinen nicht erlaubt, gelegentlich aber ist es trotzdem hilfreich, sie zu stellen, vor allem wenn die Antwort zeigt, dass man den längst vorgeprägten Lauf der Dinge auch dann nicht hätte ändern können, wenn einschneidende Ereignisse ausgeblieben wären. Ein solches Ereignis war die Kriegsniederlage von 1918. Dennoch war es zu Beginn dieses Jahres nicht ausgeschlossen, dass die Mittelmächte, wenn schon nicht den erhofften vollständigen Sieg, so doch einen Frieden erlangen könnten, der wenigstens ihren Bestand sicherte.

Für die k. u. k. Monarchie (wie im übrigen für das deutsche Kaiserreich) hätte sich in diesem Fall das Problem umfassender innerer Reformen, vor allem das des Umgangs mit den verschiedenen hier lebenden Nationalitäten, noch schärfer gestellt als vor dem Krieg. Der Versuchung, die Grenzen des Gesamtstaatswesens auszuweiten, hätte man widerstehen, den Serben und Rumänen ebenso wie den Polen eigene bzw. vergrößerte Nationalstaaten zugestehen müssen, um ihnen gegenüber Spannungen abzubauen und sie als Verbündete, gegebenenfalls zusammengeschlossen in einem vom Deutschen Reich aus geführten Wirtschaftsraum, zu gewinnen. Dies hätte bedeutet, auf bestimmte Gebiete – so auf Galizien-Lodomerien zugunsten eines wiederhergestellten Polens, auf Teile des Banats (Wojwodina) und von Bosnien-Herzegowina zugunsten von Serbien sowie auf einen Teil von Siebenbürgen zugunsten Rumäniens – zu verzichten. Die Donaumonarchie hätte dann – über die vor 1914 ventilierten Pläne einer „Triarchie" hinaus – in einen „tetrarchischen" Bundesstaat, bestehend aus den österreichischen Gebieten im engeren Sinne, Böhmen-Mähren und der „Slowakei", einem verkleinerten Ungarn sowie den „südslawischen" Gebieten der Slowenen und Kroaten, eventuell mit Einschluss von kleineren serbischen und bosniakischen Minderheiten umgewandelt werden können. Denkt man jedoch über einen solchen Entwurf vor dem Hintergrund eines wenigstens halbwegs gewonnenen Krieges nach, so wird alsbald deutlich, dass er an Widerständen verschiedenster Art gescheitert wäre. Allenfalls hätte man demokratische Reformen und einen wirksamen Minderheitenschutz in der gesamten Habsburgermonarchie einleiten können. Eine neue bundesstaatliche Verfassung, die auf vier quasi-selbständige Staatswesen unter dem Dach der traditionsreichen Monarchie hinausgelaufen wäre, hätte sich vor allem kaum gegen den ungarischen Widerstand durchsetzen lassen, weil dann von der Stephanskrone große Gebietsteile hätten abgetrennt werden müssen.

Die Konsequenzen sowohl für die neue Republik Österreich wie für das erheblich verkleinerte, der Form nach monarchisch bleibende Ungarn waren bitter. Während („Deutsch"-)Österreich das südliche Tirol an Italien abtreten musste, ihm die Angliederung der deutschsprachigen Gebiete im Herrschaftsbereich der alten Wenzelskrone versagt und ihm der bereits durch Volksabstimmungen 1919/21 vorbereitete Anschluss an Deutschland vor allem auf Betreiben Frankreichs verboten wurde, verlor Ungarn durch den endlich im Juni 1920 unterzeichneten Friedensvertrag von Trianon nicht nur weite Teile des alten Königreichs, sondern auch durch Magyaren selbst besiedelte Gebiete, die entweder der neuen Tschechoslowakei und Rumänien oder dem neu gebildeten „Königreich der Serben, Kroaten und Slowenen" (dem späteren „Süd"- oder „Jugoslawien") zugeschlagen wurden. Wirklich gerechte Nationalstaatsgrenzen waren allerdings in Südosteuropa, wo die verschiedensten Nationalitäten vielfach in einer regelrechten Gemengelage siedelten, schwer zu ziehen. Dennoch: so wie sie gezogen wurden, musste aus den Verträgen, die die Weltkriegssieger den ehemaligen Gegnern aufzwangen, ein neuer Irredentismus erwachsen, dessen Sprengkraft kaum absehbar war. Dass man in Verkennung der Bindekraft der Habsburger diese Dynastie ihrer Herrschaft beraubte und kein Interesse daran besaß, eine verkleinerte Donaumonarchie mit den für ihren Fortbestand notwendigen Reformen durchzusetzen, gehört zu den größten politischen Fehlern, die die Siegermächte nach Kriegsende begangen haben.

Niemand hat das vielleicht deutlicher ausgedrückt als Winston Churchill. Aus der Rückschau, kurz nach dem Zweiten Weltkrieg betrachtete er das gewaltsame Ende des Habsburgerreichs als große Tragödie: „Jahrhundertelang hatte dieser letzte Überrest des

Heiligen Römischen Reiches einer großen Zahl von Völkern, zum Vorteil von Handel und Sicherheit, ein gemeinsames Leben ermöglicht, und keines der Völker besaß in unserer Zeit die Kraft, um sich allein gegen den Druck eines wiederauflebenden Deutschland oder Russland zu behaupten... Es gibt keine einzige Völkerschaft oder Provinz des Habsburgischen Reiches, der das Erlangen der Unabhängigkeit nicht die Qualen gebracht hätte, wie sie von alten Dichtern und Theologen für die Verdammten der Hölle vorgesehen sind."[22] Freilich darf dabei auch nicht verschwiegen werden, dass die Vertreter dieser Monarchie selbst zu spät Einsicht in die Notwendigkeit von Veränderungen gezeigt und somit den Untergang des habsburgischen Staatswesens zum allergrößten Teil mitverschuldet haben.

---

22 Zitat nach L. Jedlicka, *Kaiser Karl I. (1887–1922),* in: H. Hantsch (Hg.), *Gestalter der Geschicke Österreichs,* 1962, S. 567.

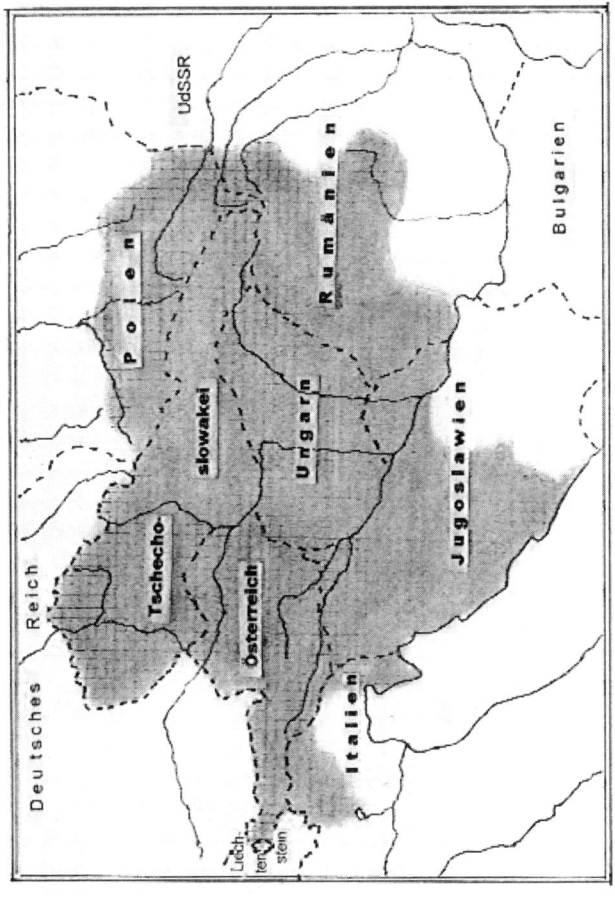

Karte 12: Die Auflösung des Habsburgerreiches

1. Die Habsburger im 16./17. Jahrhundert

MAXIMILIAN I., *1459, +1519; 1486 röm. Kg., 1493 dt. Kg., 1508 Ks.; oo Maria v. Burgund, *1457, +1482

Philipp I. (der Schöne), *1478, +1506; 1482 Hz. v. Burgund, 1504 Kg. v. Kastilien; oo Juana v. Kastilien u. Aragon (Juana la Loca), *1479, +1555

Margarethe, *1480, +1530; 1507 Sth. d. Niederlande; oo 1. Juan v. Kastilien u. Aragon, +1497; 2. Hz. Philibert II. v. Savoyen, +1504

Eleonore, *1498, +1558; oo 1. Kg. Manuel I. v. Portugal, +1521; 2. Kg. Franz I. v. Frankreich, +1547

KARL V., *1500, +1558; 1506-56 Hz. v. Burgund, 1516-56 *Kg. (Karl I.) v. Spanien*, *1519-56 Ks.*; oo Isabella v. Portugal, *1503, +1539

FERDINAND I., *1503, +1564; 1526 Kg. v. Ungarn u. Böhmen, 1531 röm. Kg. 1556 Ks; oo Anna v. Ungarn u. Böhmen, *1503, +1547

Deutsche Habsburger (s. nächste Seite)

Maria, *1505, +1558; 1531-55 Sth. d. Niederlande; oo Kg. Ludwig II. v. Ungarn u. Böhmen, +1526

Katharina, *1507, +1578; oo Kg. João III. v. Portugal, +1557

Margarethe, *1522 [unehelich], +1586; 1559-68 Sth. d. Niederlande; oo Ottavio Farnese, Hz. v. Parma, +1586

Philipp II., *1527, +1598; *1556 Kg. v. Spanien 1580 v. Portugal*; oo 1. Maria v. Portugal, *1527, +1545; 2. Kgn. Maria I. v. England, *1516, +1558; 3. Elisabeth v. Valois, *1545, +1568; 4. *Anna v. Österreich*, *1549, +1580

Maria, *1528, +1603; oo Ks. Maximilian II., +1576

Juana, *1537, +1573; oo João, Infant v. Portugal, +1554

Don Juan de Austria, *1547 [unehel.], +1578; 1576 Sth. d. Niederlande

João, *1537, +1554; Infant v. Portugal, oo Juana v. Spanien, +1573

Alessandro Farnese, *1545, +1596; 1578 Sth. d. Niederlande

Sebastião, *1554, +1578;

Habsburg-Genealogie

[1] Don Carlos, *1545, +1568

[2] Isabella (Clara Eugenia), *1566, +1633;
1598 Landesherrin d. südl.Niederlande;
oo Albrecht v. Österreich, +1621

[4] **Philipp III.**, *1578, +1621;
1598 Kg. v. Spanien u.Portugal
oo Margarethe v. Österreich, +1611

Ana Maria (Anne d'Autriche), *1601, +1666;
oo Kg. Ludwig XIII. v. Frankreich

Philipp IV., *1605, +1665; **1621 Kg. v. Spanien u. Portugal** (bis 1640);
oo 1. Elisabeth v. Bourbon (= Schwester Kg. Ludwigs XIII. v. Frankreich), *1602, +1644;
2. Maria Anna v. Österreich, *1635, +1696

Ferdinand, *1609, +1641;
1619 Kardinal, 1634 Sth. d. südlichen Niederlande

Maria An(n)a, *1606, +1646;
oo Ks.Ferdinand III., +1657

Maria Teresa, *1638, +1673 oo Ludwig XIV. *1638, +1715; 1643/61 Kg. v. Frankreich

Don Juan José de Austria *1629 [unehelich], +1679; 1677 Premierminister

Margarita Teresia, *1651, +1673; oo Ks. Leopold I., +1705

Felipe Prospero, *1657, +1661; Kronprinz

Karl II., *1661, +1700; **1665 Kg. v. Spanien;**
oo 1. Marie d'Orléans, *1662, +1689; 2. Maria Anna v. Pfalz-Neuburg, *1667, +1740

Ludwig („Grand Dauphin"), *1560, +1711

Ludwig (Dauphin), *1682, –1712

Ludwig XV., *1710, +1774; Kg. v. Frankreich 1715

Französische Bourbonen

Philipp v. Anjou, *1683, +1746; **1700 Kg. Philipp V. v. Spanien**

Spanische Bourbonen

Heiraten innerhalb des Hauses Habsburg sind hervorgehoben.

2. Die deutschen Habsburger (16.–18. Jahrhundert)

Heiraten innerhalb des Hauses Habsburg hervorgehoben

FERDINAND I., Ks. 1556-1564

MAXIMILIAN II., *1527, +1576; 1562 Kg. v. Böhmen, 1563-72 Kg. Ungarn, 1562 röm. Kg., **1564 Ks.**; oo Maria v. Spanien, +1603

Anna, *1528, +1590; oo Hz. Albrecht V. v. Bayern, *1528, +1579

Ferdinand v. Tirol, *1529, +1595

Karl v. Steiermark, *1540, +1590; oo Maria v. Bayern, +1608

Anna, *1549, +1580; oo **Kg. Philipp II. v. Spanien**, +1598

RUDOLF II., *1552, +1612; 1575-1608/11 Kg. v. Ungarn u. Böhmen, 1575 röm. Kg., **Ks. 1576**

Ernst, *1553, +1595; 1578 Sth. v. Ungarn, 1594 Sth. d. südl. Niederlande

MATTHIAS, *1557, +1619; 1577-81 Sth. d. Niederlande, 1608 Kg. v. Ungarn, 1611 v. Böhmen, **1611 Ks.**; oo Anna v. Tirol, +1611

Maximilian, *1558, +1618; 1588 poln. Thronprätendent, 1590 Hochmeister d. Dt. Ordens

Albrecht, *1559, +1621; 1577 Eb. v. Toledo, 1581-95 Vizekg. v. Portugal, 1596 Sth. 1598 Landesherr d. südl. Niederlande; oo Isabella v. Spanien, +1633

Anna, *1585, +1618, oo Ks. Matthias, +1619

FERDINAND II., *1578, +1637; 1618 Kg. v. Ungarn u. Böhmen, **1619 Ks.**; oo Maria Anna v. Bayern,

Leopold, *1586, +1632; 1605 B. v. Passau, 1607 v. Straßburg, 1625 Landesherr

Margarethe, *1584, +1611; oo Kg. Philipp III. v. Spanien, +1621

1625 Kg. v. Ungarn, 1627 v. Böhmen; 1622 B. v. Passau u. Straßburg,
1635 röm. Kg, **1637 Ks.**; 1627 v. Halberstadt, 1637 v. Olmütz, 1655
oo Maria An(n)a v. Spanien, +1646 v. Breslau, 1641 Hoch- u. Deutschmeister

---

FERDINAND IV. *1633, +1654;   Maria Anna, *1635, +1696;   **LEOPOLD I.**, *1640, +1705;
1646 Kg. v. Böhmen, 1647 v. Ungarn,   oo Kg. Philipp IV. V. Spanien,   1655 Kg. v. Ungarn, 1656 v. Böhmen, **1658**
1653 röm. Kg.   +1665   **Ks.**;
     oo 1. Margerita Teresia v. Spanien, +1673;
     2. Claudia Felicitas v. Tirol,
        *1653, +1676;
     3. Eleonore v. Pfalz-Neuburg,
        *1655, +1720

---

[1] Maria Antonia,   *[3]* **JOSEPH I.**, *1678, +1711;   *[3]* **KARL VI.**, *1685, +1740;
*1669, +1692;   1687 Kg. v. Ungarn, 1705 v. Böhmen,   1706-11 Kg. Karl „III." v. Spanien, 1712 Kg.
oo Kf. Maximilian II. Emanuel   1690 röm. Kg., **1705 Ks.**;   v. Ungarn, 1723 v. Böhmen, **1711 Ks.**;
v. Bayern (1679-1705, 1714-29),   oo Wilhelmine Amalie v.   oo Elisabeth Christine v. Braunschweig-
*1662, +1729   Braunschweig-Lüneburg,   Wolfenbüttel, *1691, +1750
     *1673, +1742

Joseph Ferdinand,   Maria Josepha,   Maria Amalia,   Maria Theresia,   Maria Anna,
*16??92, +1699;   *1699, +1757;   *1701, +1756;   *1717, +1780;   *1718, +1780;
1698 Kronprinz v.   oo Kf. Friedrich   oo Kf. Karl Albert   oo Hz./Ghz. Franz   oo Karl v. Lothringen
Spanien   August II.   v. Bayern   Stephan v.   (Bruder Ks. Franz' I.),
     v. Sachsen, +1763   (= **Ks. KARL VII.**,   Lothringen/   *1712, +1780
                1742-45), +1745   Toskana (= **Ks.**
                             FRANZ I.), +1765

Haus Habsburg-Lothringen (s. nächste Seite)

3. Das Haus Habsburg-Lothringen I

Franz Stephan, *1708, +1765
1729, Hz. v. Lothringen, 1737 Ghz. d. Toskana,
1745 Ks. FRANZ I.

oo

Maria Theresia, *1717, +1780
1740, Kg.in v. Böhmen u. Ungarn

JOSEPH II.,
1741, +1790;
1764 röm. Kg.,
1765 Ks.,
1780 Kg. v. Böhmen u. Ungarn

Maria Christina,
*1742, +1798;
oo Albert, Hz.
v. Sachsen-Teschen,
+1822
[adoptieren]

LEOPOLD II., *1747, +1792;
1765-90 Ghz. d. Toskana, 1790
Kg. Ungarn, 1791 v. Ungarn, **1790
Ks.**; oo Marie Luise v. Spanien,
*1745, +1792

Maria Carolina,
*1752, +1814;
oo Kg. Ferdinand V/I. v. Neapel-
Sizilien (1759/1815-
1825), +1825

--- *[weitere Geschwister]* ---

Ferdinand Karl, *1754,
+1806;
1803-05 Landesherr im
Breisgau, oo Beatrix v.
Este-Modena, +1829

Haus Habsburg-Este
(s. S. 272)

Maria Antonia
(Marie
Antoinette),
*1755, +1793;
oo Kg. Ludwig
XVI. v. Frankreich, +1793

Maximilian Franz,
*1756, +1801;
1780 Hoch- u.
Deutschmeister,
1784 Eb. u. Kf. v.
Köln, B. v. Münster

FRANZ II./I., *1768, +1835;
1792 Kg. v. Ungarn u. Böhmen, **1792–1806 Ks.**, **1804 Ks. v. Österreich**

Kaiserlicher Zweig des Hauses Habsburg
(s. nächste Seite)

Ferdinand III.,
*1769, +1824;
1790–1801 u. ab 1815 Ghz. d. Toskana,
1803–05 Kf. v. Salzburg,
1806–14 Ghz. v. Würzburg

Haus Habsburg-Toskana
(s. S. 272)

Karl, *1771, +1847;
1793/94 Sth. d. südl. Niederlande, 1801 Präsident d. Hofkriegsrats, 1806–09 Kriegsminister; oo Henriette v. Nassau-Weilburg, *1797, +1829

— Marie Therese, *1816, +1867; oo Kg. Ferdinand II. v. Neapel-Sizilien, +1859

— Albrecht, *1817, +1898; 1851–60 Generalgouverneur v. Ungarn, 1863 Feldmarschall

— Karl Ferdinand, *1818, +1874; oo Elisabeth v. Österreich, +1903

  — Karl Stephan, *1860, +1933; oo Maria Theresia v. Öst.-Toskana, +1933

Joseph Anton, *1776, +1847; 1796 Palatin v. Ungarn

Klementine, *1777, +1830; oo Kg. Franz I. v. Neapel-Sizilien, +1830

JOHANN, *1782, +1859; 1848/49 dt. Reichsverweser

Rainer, *1783, +1853; 1818–48 Vizekg. v. Lombardo-Venetien; oo Maria Elisabeth v. Savoyen, +1856

Ludwig, *1784, +1864; 1835–48 Chef d. Geheimen Staatskonferenz

Rainer, *1827, +1913; 1861–65 Präsident des Ministerrats

Stephan Viktor, *1817, +1867; 1847/48 Palatin v. Ungarn

Elisabeth, *1831, +1903; oo 1. Ferdinand v. Österreich-Este, +1849; 2. Karl Ferdinand v. Österreich, +1874

Maria Adelheid, *1822, +1855; oo Kg. Viktor Emanuel II. v. Sardinien/Italien (1849/61–1878), *1820, +1878

4. Das Haus Habsburg-Lothringen II

FRANZ I., *1768, +1835; **Ks. 1804-1835**;
oo 1. Elisabeth v. Württemberg, *1767, +1790;,2. Marie Therese v. Neapel-Sizilien, *1772, +1807;
3. Maria Ludovica v. Savoyen, *1788, +1816; 4. Karoline Augusta v. Bayern, *1792, +1873

---

[2] Marie Luise, *1791, +1847;
1815 Hzn. v. Parma,
oo (1810) Ks. Napoleon I. v. Frankreich, +1821

[2] **FERDINAND I.** (d. „Gütige"), *1793, +1875;
1830 Kg. v. Böhmen u. Ungarn,
1835-1848 Ks. v. Österreich;
oo Maria Anna v. Savoyen, *1803, +1884

[2] Franz Karl, *1802, +1878;
oo Sophie v. Bayern, *1805, +1872

Napoleon („II.") Franz, *1811, +1832;
1811 „Kg. v. Rom",
1814 Hz v. Reichstadt

FRANZ JOSEPH I., *1830, +1916;
1848 Kg. v. Böhmen u. Ungarn,
v. Ks. v. Österreich;
oo Elisabeth („Sissi")
v. Bayern,

Ferdinand Maximilian, *1832, +1867;
1864 **Ks. v. Mexiko**;
oo Charlotte v. Belgien, *1840, +1927

Karl Ludwig, +1833, +1896;
oo Maria Annunciata v. Neapel, *1843, +1871

| Gisela, *1856, +1932; oo Leopold v. Bayern, *1846, +1930 | Rudolf, *1858, +1886; oo Stephanie v. Belgien, *1864, +1945 | Marie Valerie, *1868, +1924; oo Franz Salvator v. Österreich-Este, +1939 | Franz Ferdinand, *1863, +1914; oo Sophie Gfin Chotek (Hz.in v. Hohenberg), *1868, +1914 | Otto Franz Joseph, *1865, +1906; oo Maria Josepha v. Sachsen, *1867, +1944 | Ferdinand Karl (seit 1902: Ferdinand Burg), *1868, +1915 |

KARL I., *1887, +1922; **1916-18 Ks. v. Österreich**, Kg. v. Ungarn u. Böhmen; oo Zita v. Bourbon-Parma, *1892, +1989

Heutige Habsburger

5. Die Häuser Habsburg-Toskana und Habsburg-Modena-Este

Maria Theresia, +1780 oo Ks. Franz I., +1765

Ks. Joseph II., +1790	Ks. Leopold II, +1792 1765-1790 als **Leopold I.** Ghz. d.Toskana		Ferdinand Karl, *1754, +1806; 1803-05 Landesherr im Breisgau, oo Maria Betarix v. Este-Modena, *1750, +1829	
	Ferdinand III., *1769, +1824; 1790-1801 sowie ab 1815 Ghz. d. Toskana, 1803-05 Kf. v.Salzburg, 1806-14 Ghz. v. Würzburg, oo Luise v. Neapel, *1773, +1803	Therese, *1773, +1832; oo Kg. Viktor Emanuel I. v. Sardinien (1802-21), *1759, +1824	**Franz IV.**, *1779, +1846; 1814 Hz. v. Modena, oo Beatrix v. Savoyen, *1792, +1840	Maria Ludovica, *1787, +1816; oo Ks. Franz II, +1835
Ks. Franz II./I., +1835				

Leopold II., +1797, +1870; 1824-59 Ghz. d. Toskana; oo Maria Antonia v. Neapel, *1814, +1898

Maria Therese, *1801, +1855; oo Kg. Karl Albert v. Sardinien (1831-49) *1798, +1849

Franz V., *1819, +1875; 1846-59 Hz. v. Modena (vererbt sein Vermögen an Erzhz. Franz Ferdinand, *1868, +1914); oo Adelgunde v. Bayern, *1823, +1914

Ferdinand, *1821, +1849; oo Elisabeth v. Österreich, *1831, +1903

Marie Therese, *1849, +1919; oo Kg. Ludwig III. v. Bayern (1913-18), *1845, +1921

Auguste Ferdinande, *1825, +1864; oo Luitpold, Prinzregent v. Bayern (1886-1912), *1821, +1912

Ferdinand IV., *1835, +1908; 1859/60 Ghz. d. Toskana, oo 1. Anna v. Sachsen, *1836, +1859; 2. Alix v. Parma, *1849, +1935

Karl Salvator, *1839, +1892; oo Maria Immaculata v. Neapel, *1844, +1899

Johann Salvator (seit 1889 Johann Orth), *1852, +1890

Kg. Ludwig III. v. Bayern, +1921

Luise, *1870, +1947; oo Kg. Friedrich August III. v. Sachsen (1904-18), *1865, +1932

Franz Salvator, *1866, +1939; oo Marie Valerie v. Österreich *1868, +1924

Maria Theresia, *1862, +1933; oo Karl Stephan v. Österreich, *1860, +1933

Bibliographie

A. Nachschlagewerke, Handbücher, Sammelbiographien

HAMANN, B. (Hg.), *Die Habsburger. Ein biographisches Lexikon*, ²1988. - HANISCH, E., *Der lange Schatten des Staates. österreichische Gesellschaftsgeschichte im 20. Jahrhundert* [= Österreichische Geschichte 1890-1990], Wien 1994.- HANTSCH, H. (Hg.), *Gestalter der Geschichte Österreichs*, 1962. - HELLBLING, E. C., *Österreichische Verfassungs- und Verwaltungsgeschichte*, ²1974. - KANN, R. A., *A History of the Habsburg Empire 1526-1918*, 1974 (dt.: *Geschichte des Habsburgerreiches 1526 bis 1918*, 1990). - MAGOSCI, P., *Historical Atlas of East Central Europe*, 1993. - REIFENSCHEID, R., *Die Habsburger in Lebensbildern. Von Rudolf I. bis Karl I.*, 1982. - SCHINDLING, A./ZIEGLER, K. (Hg.): *Die Kaiser der Neuzeit 1519-1918. Heiliges Römisches Reich, Österreich, Deutschland*, 1990. - RUMPLER, H., *Eine Chance für Mitteleuropa. Bürgerliche Emanzipation und Staatsverfall in der Habsburgermonarchie* [= Österreichische Geschichte 1804-1914], 1997. - WALTER, F., *Österreichische Verfassungs- und Verwaltungsgeschichte von 1500-1955*, 1972. - WANDRUSZKA, A./URBANITSCH, P. (Hg.), *Die Habsburgermonarchie 1848-1918*, bisher 6 Bde, Wien 1970-1993. - WEISSENSTEINER, F., *Grosse Herrscher des Hauses Habsburg. 700 Jahre europäische Geschichte*, 1995.

B. Übergreifende Darstellungen

BÉRENGER, J., *Histoire de l'empire des Habsbourg 1273-1918*, 1990 (dt.: *Geschichte des Habsburgereiches 1279-1918*, 1995). - EHALT, CH. H., *Ausdrucksformen absolutistischer Herrschaft. Der Wiener Hof im 17. Und 18. Jahrhundert*, 1980. - EVANS, R. E. W., *The Making of the Habsburg Monarchy 1550-1700. An Interpretation*, 1979, ND 1991 (dt.: *Das Werden der Habsburgermonarchie, 1550-1700. Gesellschaft, Kultur, Institutionen*, 1989). - HAWLIK-VAN DE WATER, M., *Der schöne Tod. Zeremonialstrukturen des Wiener Hofes bei Tod und Begräbnis zwischen 1640 und 1740*, 1989. - HERM, G., *Der Aufstieg des Hauses Habsburg*, ³1989. - DERS., *Glanz und Niedergang des Hauses Habsburg*, 1989. - INGRAO, CH., *The Habsburg Monarchy 1618-1815*, 1994. - KANN, R. A., *The Multinational Empire. Nationalism and National Reform in the Habsburg Monarchy 1848-1918*, 2 Bde, 1950 (erw. dt. Ausgabe: *Das Nationalitätenproblem der Habsburger-*

monarchie. Geschichte und Ideengehalt der nationalen Bestrebungen vom Vormärz bis zur Auflösung des Reiches im Jahre 1918, 2 Bde, 1964). - LEHMANN, H./LEHMANN, S. (Hg.), *Das Nationalitätenproblem in Österreich 1848-1918,* 1973. - LUTZ, H./RUMPLER, H. (Hg.), *Österreich und die deutsche Frage im 19. und 20. Jahrhundert,* 1982. - SKED, A., *The Decline and Fall of the Habsburg Empire, 1815-1918,* 19 (dt.: *Der Fall des Hauses Habsburg: der unzeitige Tod eines Kaiserreichs,* 1993). - VACHA, B. (Hg.), *Die Habsburger. Eine europäische Familiengschichte,* 1992. - VOCELKA, K./HELLER, L. , *Die Lebenswelt der Habsburger. Kultur- und Mentalitätsgeschichte einer Familie,* 1997. -WANDRUSZKA, A., *Das Haus Habsburg. Die Geschichte einer europäischen Dynastie,* ⁷1989.-WEISSENSTEINER, R., *Reformer, Republikaner und Rebellen. Das andere Haus Habsburg,* 1987, ND 1995.

C. Zu den einzelnen Kapiteln

I. BUCHNER, R., *Maximilian I., Kaiser an der Zeitenwende,* ²1970. - *Maximilian I., 1459-1519. Ausstellung,* 1959, sowie *Ausstellung Maximilian I.,* 1969. - WIESFLECKER, H., *Kaiser Maximilian I. Das Reich, Österreich und Europa an der Wende zur Neuzeit,* 5 Bde, 1971-1981. - DERS., *Maximilian I. Die Fundamente des habsburgischen Weltreiches,* 1991. - WIESFLECKER-FRIEDHUBER, I. (Hg.), *Quellen zur Geschichte Maximilians I. und seiner Zeit,* 1996.

II. CHAUNU, P., *L'Espagne de Charles Quint,* 2 Bde, 1973. - KOHLER, A. (Hg.), *Quellen zur Geschichte Karls V.,* 1990. - DERS., *Kaiser Karl V., 1500-1558. Eine Biographie,* 1999. - LUTZ, H., *Christianitas afflicta. Europa, das Reich und die päpstliche Politik im Niedergang der Hegemonie Karls V. (1552-1556),* 1964. - DERS. (Hg.), *Das römisch-Deutsche Reich im politischen System Karls V.,* 1982. - RABE, H., *Reichsbund und Interim. Die Verfassungs- und Religionspolitik Karls V. und der Reichstag von Augsburg 1547/48,* 1971. - SCHULIN, E., *Kaiser Karl V., Geschichte eines übergroßen Wirkungsbereiches,* 1999. - SEIBT, F., *Karl V. Der Kaiser und die Reformation,* 1991. - TAMUSSINO, U., *Maria von Ungarn. Ein Leben im Dienst der Casa de Austria (1505-1588),* 1998.

III. 1. *Felipe II. Un monarca y su época,* Bd. 1: *Un principe del renacimiento;* Bd. 2: *La monarquia Hispanica. Museo Nacional del Prado, 13 de octobre de 1998 - 10 de enero de 1999* [= Ausstellungskatalog, hg. v. d. „Sociedad estatal de la conmemoración de los centenarios de Felipe II y Carlos V"], 1998. - PARKER, G., *Philip II,* 1979. - THOMPSON, A., *War and Government in Habsburg Spain 1560-1620,* 1976.
2. BURKERT, G., *Landesfürst und Stände. Karl V., Ferdinand I. und die österreichischen Erblande im Ringen um Gesamtstaat und Landesinteressen,*

1987. - EDELMEYER, F. (Hg.), *Kaiser Maximilian II. Kultur und Politik im 16. Jahrhundert*, 1992. - ERLANGER, PH., *L'empereur insolite: Rodolphe II de Habsbourg (1552-1612)*, ²1983. - EVANS, R. J. W., *Rudolf II and His World. A Study in Intellectual History, 1572-1612*, 1973 (dt.: *Rudolf II. Ohnmacht und Einsamkeit*, 1988). - FUCIKOVA, E. u. a. (Hg.), *Rudolf II. und Prag. Kaiserlicher Hof und Residenzstadt als kulturelles und geistiges Zentrum Mitteleuropas* [= Ausstellung Prager Burg - Wallenstein Palais 30. Mai - 7. September 1997], 1997. - Hausenblasová, J./Sronek, Michal, *Urbs Aurea. Prague of Emperor Rudolf II*, 1997. -*Prag um 1600. Kunst und Kultur am Hofe Rudolfs II.* [= Ausstellung d. Kulturstiftung Ruhr. Villa Hügel Essen 10.6. - 30.10.1988], 1988. - VOCELKA, K., *Die politische Propaganda Kaiser Rudolfs II (1576-1612)*, 19 . - DERS., *Rudolf II. und seine Zeit*, 1985.
3. THOMAS, W./DUERLOO, L.K. (Hg.), *Albert & Isabella, 1598-1621. Essays*, 1998. - THOMAS, W. (Hg.), *Albert & Isabella. The Promise of a Golden Age*, 1998.

IV. 1. DOMINGUEZ ORTIZ, A., *El Antiguo Regimen: los Reyes Católicos y las Austrias*, ²1974. - ELLIOTT, J. H., *The Revolt of the Catalans. A Study in the Decline of Spain 1598-1640*, 1963., ND 1984. - HEINE, H., *Geschichte Spaniens in der frühen Neuzeit 1400-1800*, 1984. - KAMEN, H., *Spain in the Later Seventeenth Century*, 1980. - LYNCH, J., *Spain under the Habsburgs*, Bd. 1: *Empire and Absolutism 1516-1598*; Bd. 2: *Spain and America 1598-1700*, ²1981. - STRADLING, R. A., *Philip IV and the Government of Spain 1621-1665*, 1988.
2. FRANZL, J., *Ferdinand II., Kaiser im Zwiespalt der Zeit*, 1978. - HAAN, H., *Der Regensburger Fürstentag von 1636/37*, 1967. - WANDRUSZKA, A., *Reichspatriotismus und Reichspolitik zur Zeit des Prager Friedens v. 1635*, 1955.
3. SPIELMAN, J., *Leopold I of Austria*, 1977.

V. 1. INGRAO, CH., *In Quest and Crisis: Emperor Joseph I and the Habsburg Monarchy*, 1979. - RILL, B., *Karl VI. Habsburg als barocke Großmacht*, 1992.
2. ANDERSON, M. S., *The War of the Austrian Succession, 1740-1748*, 1995. - WALTER, F. (Hg.), *Maria Theresia. Briefe und Aktenstücke in Auswahl*, 1968. - KLUETING, H. (Hg.), *Der Josephinismus. Ausgewählte Quellen zur Geschichte der theresianisch-josephinischen Reformen*, 1995. - MCGILL, W. (Hg.), *The Habsburg Dominions under Maria Theresia*, 1980. - WANDRUSZKA, A., *Maria Theresia, die große Kaiserin*, 1980.
3. BALÁZS, E. H., *Hungary and the Habsburgs. An Experiment in Enblightened Absolutism*, 1997. - BLANNING, T. C. W., *Joseph II and Enlightened Despotism*, 1970. - FEJTÖ, F., *Joseph II. Portait d'un despote éclairé*, 1953 (dt.: *Joseph II. eines aufgeklärten Absolutisten*, 1987). - FINK, H., *Joseph II. Kaiser, König und Reformer*, 1990. - *Österreich zur Zeit Kaiser Josephs II.* [= Katalog der Niederösterreichischen Landesausstellung, Stift Melk], 1980. - WANDRUSZKA A., *Leopold II.*, 2 Bde, 1963-1965.

4. BRAUBACH, M., *Prinz Eugen von Savoyen. Eine Biographie,* 5 Bde, 1963-1965. - KUNISCH, J. (Hg.), *Prinz Eugen von Savoyen und seine Zeit,* 1986.

VI. 1. BRAUER, K./WRIGHT, W. E., *Austria in the Age of the French Revolution, 1789-1815,* 1990. - HERTENBERGER, H./WILTSCHEK, F., *Erzherzog Karl, der Sieger von Aspern,* 1983. - PICKL, O., *Erzherzog Johann von Österreich. Sein Wirken in seiner Zeit,* 1982. - ROTHENBERG, G. E., *Napoleon's Great Adversaries: The Archduke Charles and the Austrian Army, 1792-1814,* 1982. - WALTER, G., *Der Zusammenbruch des Heiligen Römischen Reiches deutscher Nation und die Problematik seiner Restauration in den Jahren 1814/15,* 1980.
2.

VII. 1. BUCHMANN, B. M., *Militär - Diplomatie - Politik. Österreich und Europa 1815-1835,* 1991. - *Kaisertum Österreich 1804-1848* [= Ausstellung Schallaburg, 27. April bis 27. Oktober 1996], 1996. - BERTIER DE SAUVIGY, G. DE, Metternich, 1986 (dt.: *Metternich. Staatsmann und Diplomat im Zeitalter der Restauration, 1988,* ND 1996).
2. HOLLER, G., *Gerechtigkeit für Ferdinand. Österreichs gütiger Kaiser,* 1986. - JAWORSKI, R./LUFT, R. (Hg.), *1848/49. Revolution in Ostmitteleuropa,* 1996.
3. ANDICS, E., *Das Bündnis Habsburg-Romanow. Vorgeschichte der zaristischen Intervention in Ungarn im Jahre 1849,* 1963. - BLED, J.-P., *François-Joseph,* 1987. - BRANDT, H.-H., *Der österreichische Neoabsolutismus: Staatsfinanzen und Politik 1848-1860,* 2 Bde, 1978. - DEÁK, I., *Die rechtmäßige Revolution. Lajos Kossuth und die Ungarn 1848-1849,* 1989. - ENGEL-JANOSI, F./RUMPLER H. (Hg.), *Probleme der franzisko-josephinischen Zeit 1848-1916,* 1967. - LIPPERT, ST., *Felix Fürst zu Schwarzenberg. Eine politische Biographie,* 1998. - PALMER, A., *Twilight of the Habsburgs. The Life and Times of Emperor Francis Joseph,* 1994 (dt.: *Franz Joseph I., Kaiser von Österreich und König von Ungarn,* 1995). - *Das Zeitalter Franz Josephs, Teil 1: Von der Revolution zur Gründerzeit 1848-1880. Ausstellung im Schloss Grafenegg 1984* [= Katalog des niederösterreichischen Landesmuseums. Beiträge]), 1984.
4. BEALES, D., *The Risorgimento and the Unification of Italy,* 1972. - BENEDIKT, H., *Kaiseradler über dem Apennin. Die Österreicher in Italien 1700 bis 1866,* 1964. - CANDELORO, G., *Storia dell'Italia moderna,* Bd. 2: *Dalla Restaurazione alla Rivoluzione nazionale,* ⁵1971. - GIUSTI, R. (Hg.), *Il Lombardo-Veneto (1815-1866). Atti del Congresso storico,* 1977. - HEARDER, H., *Italy in the Age of Risorgimento, 1790-1870,* 1983. - JENKS, J. A., *Francis Joseph and the Italians, 1849-59,* 1978. - MAZOHL-WALLNIG, B., *Österreichischer Kaiserstaat und administrative Eliten im Königreich Lombardo-Venetien 1815-1859,* 1993. - PESENDORFER, F., *Ein Kampf um die Toskana. Großherzog Ferdinand III., 1790-1824, 1984.* - ZORZI, A., *Österreichs Venedig. Das letzte Kapitel der Fremdherrschaft 1798-1866,* 1985.

VIII. 1. AMTMANN, K., *Elisabeth von Österreich. Die politischen Geschäfte der Kaiserin,* 1998. - ANDERS, F./FEGERT, K., *Maximilian von Mexiko. Erzherzog und Kaiser,* 1982. - BERGER, P. (Hg.), *Der österreichisch-ungarische Ausgleich von 1867: Vorgeschichte und Wirkungen,* 1967. - GARAMVÖLGYI, J. (Hg.), *Quellen zur Genesis des ungarischen Ausgleichgesetzes von 1867: Der „österreichisch-ungarische Ausgleich" von 1867,* 1979. - HAMANN, B., *Rudolf. Kronprinz und Rebell,* 1978, ND 1987. - DIES. (Hg.), *Kronprinz Rudolf: „Majestät, ich warne Sie..." Geheime und private Schriften,* 1979, ND 1987. - DIES., *Elisabeth. Kaiserin wider Willen,* 1981, ND 1989. - HEYDENREUTHER, R., *Spuren der Wehmut. Kaiserin Elisabeths Reisen durch das alte Europa,* 1998. - LUTZ, H., *Österreich-Ungarn und die Gründung des Deutschen Reiches. Europäische Entscheidungen 1867-1871,* 1979. - MAYER, TH. (Hg.), *Der österreichisch-ungarische Ausgleich von 1867. Seine Grundlagen und Auswirkungen,* 1968. - POLATSCHEK, M., *Franz Ferdinand. Europas verlorene Hoffnung,* 1989. - RATZ, K., *Maximilian und Juárez. Das zweite mexikanische Kaiserreich und die Republik,* 2 Bde., 1998. - SCHORSKE, C. E., *Fin de siècle Vienna. Politics and Culture,* 1980 (dt.: *Wien. Geist und Gesellschaft im Fin de Siècle,* 1982). - VANTUCH, A. (Hg.), *Der österreichisch-ungarische Ausgleich 1867: Materialien der internationalen Konferenz in Bratislava 28.8.-1.9.1967,* 1971. - VOGELSBERGER, H. A., *Kaiser von Mexiko. Ein Habsburger auf Montezumas Thron,* 1992. - WEISSENSTEINER, F., *Franz Ferdinand. Der verhinderte Herrscher,* 1983, ND 1994. - *Das Zeitalter Kaiser Franz Josephs* [s. auch unter VII. 3.], Teil 2: *1880-1916, Glanz und Elend. Beiträge,* Wien 1987.

2. BERNARD, M., *La chute de l'Empire austro-hongrois, 1916-1918,* 1991. - BROOK-SHEPERD, G., *The Last Habsburg,* 1969 (dt.: *Karl I., des Reiches letzter Kaiser. Glanz und Elend des letzten österreichischen Herrscherpaares,* 1976). - DERS., *Um Reich und Krone. Die Tragödie des letzten Habsburgerkaisers,* 1968. - FEIGL, E. (Hg.), *Kaiser Karl: persönliche Aufzeichnungen, Zeugnisse und Dokumente,* ²1987. - FEJTÖ, F., *Requiem pur un empire défunt. Histoire de la déstruction de l'Autriche-Hongrie,* 1988 (dt.: *Requiem für eine Monarchie. Die Zerschlagung Österreich-Ungarns,* 1991). - GODSEY, W. D., *Aristocratic Doubt: The Austro-Hungarian Foreign Office on the Eve of the First World War,* 1998. - GRIESSER-PECAR, T., *Die Sixtus-Mission. Österreichs Friedensversuch im Ersten Weltkrieg,* 1988. - KANN, R. A., *Die Sixtus-Affäre und die geheimen Friedensverhandlungen Österreich-Ungarns im Ersten Weltkrieg,* 1966. - DERS., *Erzherzog Franz Ferdinand-Studien,* 1976. - RAUCHENSTEINER, M., *Der Tod des Doppeladlers. Österreich-Ungarn und der Erste Weltkrieg,* ²1994. - RIEDER, H., *Kaiser Karl. Der letzte Monarch Österreich-Ungarns 1887-1922,* 1981. - RUMPLER, H., *Das Völkermanifest Kaiser Karls vom 16. Oktober 1918. Letzter Versuch zur Rettung des Habsburgereiches,* 1966. - VALIANI, L., *La dissoluzione dell'Austria-Ungheria,* 1966, ND 1985.

Register

(Gebürtige Habsburger/innen *kursiv*, Kaiser ***fett/kursiv*** [G = genealogische Tabellen *1-5*] - Staaten, Territorien, Orte und Sachstichworte in Auswahl: Abkürzungen: Bd/Bds = Bund/Bündnis, Frd = Frieden, Fstm = Fürstentum, Grft = Grafschaft, Grhzt = Großherzogtum, Hzm = Herzogtum, Kfsm = Kurfürstentum, Kgr = Königreich, Kngrs = Kongress, Konf = Konferenz, Krg = Krieg, Ksr = Kaiserreich, Kvtn = Konvention, Kzl = Konzil, Lg = Liga, ...pl = ...politik, Rt = Reichstag, Schl = Schlacht, Trf = Treffen, Vtr = Vertrag, Wfstd = Waffenstillstand)

Aachen, Frd (1668) 92; (1748) 142; Kngr (1818) 186
Adrian v. Utrecht *s.* Hadrian VI., Papst
Aehrenthal, Aloys v. 233, 244
Alba, Fernando Alvarez de Toledo, Hzg 42, 59, 65
Albert, Hzg v. Sachsen-Teschen 161
Albrecht IV. Hzg v. Bayern 19, 25
Albrecht V., Hzg v. Bayern 72
Albrecht, Erzhzg, Landesherr d. südl. Ndl
62, 81- 84 *[G 1, 2]*
Albrecht, Erzhzg 199, 215, 228 *[G 3]*
Aleander, Hieronymus Kard 33
Alessandro Farnese *s.* Farnese Alessandro
Alexander I., Zar v. Russl 165, 166, 168, 173, 174, 176, 178, 181, 182
Alexander II., Zar v. Russl 229f.
Alexander III., Zar v. Russl 231
Algericas, Konf (1906) 232f.
Altranstädt, Kvtn (1707) 128f.
Amiens, Frd (1802) 165
Andrássy, Gyula Grf 212, 226, 228f., 240
Anna v. Böhmen-Ungarn, Ksn 26

Anna, Kgn v. Sp 66, 72 *[G1, 2]*
Anna v. Tirol, Ksn 139 *[G 2]*
Anne d'Autriche (*Ana Maria* v. Sp), Kgn v. Frkr 86 *[G 1]*
Asbach-Bayreuth, Markgft 149
Apafi, Michael, Fst v. Siebenbg 116, 119
Aragon, Kgr 57, 88, 90, 128
Armada-Unternehmen (1588) 63
Auersperg, Johann Weikhart Fst 112, 114
Augsburg, Rt (1500) 23; (1547/48) 46f.; (1555) 50, 67f.,
Augsburger Allianz (1686) 118
Augsburger Religionsfrd (1555) 50, 68, 73, 76
Ausgleich, öst-ung (1867) 16; 223-227; ung-kroat (1868) 224, 226
August II. (d. Starke), Kg v. Polen *s.* Friedrich August I., Kf v. Sachsen
August, Kf v. Sachsen 72

Bach, Alexander 119, 201, 204, 209
Baden, Ghzm 169, 179, 227, 228
Baden/Aargau, Frd (1714) 130
Badeni, Kasimir Felix Grf 238
Bärwalde, Bds (1631) 100

Baillet Latour, Theodor v. 113
Barbarossa, Chaireddin 43f.
Barriere-Festungen 130
Bartenstein, Johann Christoph v. 139, 140, 146
Basel, Frd (1795) 163
Báthory, siebenbg Fst-Geschlecht 77
Batthyány, Ludwig Grf 192
Baumgarten, Augsbg Bankhaus 24
Bayerischer Erbfolgekrg (1778/79) 149f.
Bayerisch-pfälzischer Krg (1504/05) 25
Bayern, Hzm/Kfsm/Kgr 25, 72, 96-99, 126f., 141, 150, 169, 175, 179, 227, 228
Becher, Johann Joachim 123, 244
Beethoven, Ludwig van 159
Belcredi, Richard Grf 227
Belgrad 117, 119, 138
Beneš, Edvard 257
Berliner Kngrs 230
Berchtold, Leopold Grf 247
Bernhard, Hzg v. Sachsen-Weimar 103, 104, 106
Beust, Friedrich Ferdinand Fhr 227f.
Bianca Maria Sforza, Ksn 22
Bismarck, Otto v. 213, 214ff., 228-231
Blois, Frd (1504) 25
Bocskay, Stephan, Fst v. Siebenbg 77
Böhmen. Kgr 12, 14, 38, 41, 70, 73, 77f., 80f., 95ff., 109, 110, 111, 120, 122, 140f., 144, 145f., 147, 149, 187, 193, 194, 210 Anm. 12, 227, 234, 238, 239f., 256, 260
Bombelles, Charles-René de 220
Bosnien-Herzegowina 229, 230f., 233, 245, 248
Brabanter Revolution (1789/90) 61, 152f.

Brahms, Johannes 235
Brandenburg(-Preußen), Kfsm 105, 112, 114, 115, 124f.; s. a. Preußen
Breisgau s. Vorderösterreich
Breitenfeld, Schl (1631) 100
Brömsebro, Frd (1645) 105f.
Bruck, Ludwig Frhr v. 209
Brucker Libell (1578) 73
Bruckner, Anton 235
Budapest (Ofen/Buda u. Pest) 117, 212, 224, 226, 235, 258
Bukowina, Hzm 149, 223
Bulgarien, Fstm 230, 231, 254
Buol-Schauenstein, Karl Ferdinand Grf 205, 207, 209
Burgund, Burgundische Frage 20, 36, 45, 50
Burgundischer Vtr (1548) 42, 47
Burián, István Grf 247

Cajetan de Vio, Thomas Kard 28
Calvin, Jean 59, 69, 74
Cambrai, Frd (1529) 37; Frd-Kngrs (1724) 136; Lg (1508) 27
Campo Formio, Frd (1797) 163f.
Caprivi, Leo v. 231
Carlos, Inf v. Sp 65, 66, 72 *[G 1]*
Castlereagh, Robert Stewart Viscount 181
Cavour, Camillo Benso Grf 206, 297
Chambord, Vtr (1552) 48
Cherasco, Vtr (1631) 89
Chotek, Sophie Grfn s. Sophie Hzgn v. Hohenberg
Christian IV., Kg v. Dnmk 214
Christian IX., Kg v. Dnmk 78
Christian Wilhelm v. Brdbg 79
Churchill, Winston 261f.
Chytraeus, David 73
Cisleithanien s. Ausgleich, öst-ung; Dualismus, öst-ung
Clemens VII., Papst 36, 37
Clemens VIII., Papst 64
Clemens XI., Papst 129

Clemens August v. Bayern, Kf/Erzb v. Köln 139
Clemens Wenzeslaw v. Sachsen, Kf/Erzb v. Trier 156
Cobenzl, Johann Philipp Grf 162
Cobos, Francisco de los 42
Comunero-Aufstand (1520/22) 32, 35
Conrad von Hötzendorf, Franz Grf 244, 247
Conti, François Louis de 125
Corsini, Neri 219
Crépy, Frd (1544) 45
Custozza, Schl (1866) 215
Czernin, Ottokar Grf 252

Dänemark, Kgr 97f., 105f., 205, 214
Dalberg, Karl Theodor Frhr v., Kf/Erzb v. Mainz, Fürstprimas d. Rheinbunds 171
Dalmatien, Kgr 175, 193, 197, 223, 227, 245
Deák, Ferenc 212, 226
Den Haag, Frd (1720) 135f.
Deutscher Bd 14, 182, 186, 190, 196, 200f., 205, 213ff., 216, 217
Deutscher Krg (1866) 215f.
Deutsch-französischer Krg (1870/71) 228
Deutscher Frstbd (1785) 150
Devolutionskrieg (1667/68) 93, 113
Dreibund (1882) 231
Drei-Kaiser-Abkommen (1873) 229
Drei-Kaiser-Vertrag (1881) 230, 231, 245
Dreißigjähriger Krieg (1618/48) 12, 14, 87, 95-107, 122
Dresden, Frd (1745) 141; Schl (1813) 179
Dualismus, öst-preuß 13, 139f., 140f., 149, 150f., 154f., 200f., 204, 213ff., 227f.
 –, öst-ung 211f., 223-227

Dunant, Henri 208, Anm. 11
Dünen, Schl bei d. (1658) 90

Egmond, Lamoraal Grf 59
Eisenburg, Frd (1664) 113
Eiserner Ring 238
Elisabeth I., Kgn v. Engl 61, 62f., 64, 74
Elisabeth, öst Ksn 206, 226, 242, 249f. *[G 4]*
Elisabeth, Zarin v. Russl 143
Elisabeth v. Bourbon, sp Kgn 86
Elisabeth v. Valois, sp Kgn 55, 64, 66 *[G 1]*
Elisabeth Charlotte v. d. Pfalz 118
Elisabeth-Christine v. Brschwg-Wolfenb, Ksn 133 *[G 2]*
Elsass 25, 80, 109, 116, 142, 155
Elsass-Lothringen 252, 253
Enrique, Kg v. Port 64
Erfurter Unionsparlament (1849/50) 200
Ernst, Erzhzg 75 *[G 2]*
Ernst August, Hzg v. Brschwg-Lüneburg, Kf v. Hannover 124f.
Escorial s. San Lorenzo en el Escorial
Eugen v. Savoyen, Prinz 119, 120, 123, 124, 126, 127, 129, 130, 135, 138
Eugénie de Montijo, fz Ksn 228

Farnese, Alessandro, Hzg v. Parma, Sth d. Ndl 60ff., 64 *[G 1]*
Farnese, Luigi 48
Fejérváry, Geza v. 240
Felipe Prospero, Inf v. Sp 91 *[G 1]*
Ferdinand I., Ks 12, 26, 28, 32, 34f., 37, 38ff., 40f., 49f., 53, 68-71 *[G 1, 2]*
Ferdinand II., Ks 77, 80f., 83, 89, 95-104, 123 *[G 2]*
Ferdinand III., Ks 99, 102f., 104, 105-110 *[G 2]*
Ferdinand IV., röm Kg 110 *[G 2]*

Ferdinand I., öst Ks 188, 189-195, 221 *[G 4]*
Ferdinand II., Kg v. Aragon 21, 26, 27, 31f.
Ferdinand, Kard-Inf, Sth d. Ndl 103 *[G 1]*
Ferdinand v. Sachsen-Coburg, Fst v. Bulg 231
Ferdinand IV./I., Kg beider Siz 217 Anm 14, 221 *[G 3]*
Ferdinand II., Kg beider Siz 219 *[G 3]*
Ferdinand v. Tirol 70, 73 *[G 2]*
Ferdinand III., Ghzg d. Tosk, Kf v. Salzbg, Fst v. Würzbg 167, 169, 218 *[G 4, 5]*
Ferdinand IV., Ghzg d. Tosk 219 *[G 5]*
Ferdinand Karl v. Habsbg-Este 167, 220 *[G 3, 5]*
Ferdinand Karl, Erzhzg (Ferdinand Burg) 249 *[G 4]*
Ferdinand Maximilian, Erzhzg, Ks v. Mexiko 206, 228 *[G 4]*
Fernández de Portocarrero, Luis Manuel, Kard 94
Finanzpol, öst(-ung) 2, 171, 172, 187, 224, 226, 234, 236, 240; span 54, 85, 88, 91, 92f.
Fischer von Erlach, Johann 117f.
Fiume (Rijeka) 199, 223
Fleury, André Hercule de, Kard 136, 139
Föderalisierung 15, 16, 196f., 227, 244ff., 251, 253, 255f., 260f.; *s. a.* Ausgleich, öst-ung
Fossombroni, Vittorio 219
Francesco II., Hzg v. Mailand 36, 37
Franche-Comté (Freigft Burgund) 42 Anm. 2, 115
François v. Anjou 61
Frankfurter Nationalversammlung (1848/49) 161, 193, 196, 200
Frankreich, Kgr/Ksr 19, 21f., 25, 27, 28, 30f., 35ff., 44ff., 47f., 48f., 61f., 63f., 78, 89ff., 92, 93ff., 99, 100f., 104, 111f., 113f., 118, 125-132, 135, 136f., 142f., 144, 150, 186, 206, 207, 208, 214f., 222, 228, 230, 232f., 252f.; *s. a.* Deutsch-französischer Krg, Französische Revolution, Koalitionskrge, Krimkrg,
Franz I., Ks 137, 139
Franz II./I., Ks/öst Ks 14, 156, 159-189, 204, 218, 221 *[G 3, 4]*
Franz I., Kg v. Frkr 26, 27, 28, 30f., 36, 37, 41, 44, 45, 46, 47
Franz II., Kg v. Frkr 62
Franz IV., Hzg v. Modena 220, 221 *[G 4]*
Franz V., Hzg v. Modena 220, 243 *[G 4]*
Franz I., Kg beider Siz 221 *[G 3]*
Franz Ferdinand, Erzhzg 17, 243-247, 249, 250, 251, 252 *[G 4]*
Franz Joseph, öst Ks 16, 17, 159, 188f., 195-216, 219, 223-250 *[G 4]*
Franz Karl, Erzhzg 188, 189, 221 *[G 4]*
Franz Stephan, Hzg v. Lothr, Ghzg d. Tosk *s.* Franz I., Ks
Französische Revolution 155ff; *s. a.* Koalionskrge
Friedrich III., Ks 19
Friedrich III., Kf v.Brdbg *s.* Friedrich I., Kg in Preußen
Friedrich v. Dnmk 98
Friedrich III., Kf d. Pfalz 69, 73, 74
Friedrich V., Kf d. Pfalz 80, 83, 95, 96, 99, 100
Friedrich I., Kg in Preußen 124f.
Friedrich II., Kg in/v. Preußen 139, 140, 141, 142, 143f., 146, 148, 149f.
Friedrich August I., Kf v. Sachsen (Kg August II., d. Starke, v. Polen) 125, 136

Friedrich August II., Kf v. Sachsen (Kg August III. v. Polen) 134, 135, 139, 141, 143
Friedrich August III./I., Kf/Kg v. Sachsen 149, 175, 179
Friedrich Wilhelm, Kf v. Brdbg 105, 112, 114, 115, 118, 124
Friedrich Wilhelm, Kf v. Hessen 201
Friedrich Wilhelm I., Kg in Preußen 137, 139
Friedrich Wilhelm II., Kg v. Preußen 154, 156
Friedrich Wilhelm III., Kg v. Preußen 174, 178, 186
Friedrich Wilhelm IV., Kg v. Preußen 200, 207
Frundsberg, Georg v. 37
Fugger, Augsbg Bankhaus 24, 27, 28

Galizien(-Lodomerien), Kgr 148f., 187, 193, 223, 227, 236, 248, 254, 260
Gattinara, Mercurino de 31, 42, 58
Georg Wilhelm, Kf v. Brdbg 96, 101
Goerz, Gft 25, 35, 70, 223
Gołuchowski, Agenor Grf 231f., 232f.
Gossembrot, Augsbg Bankhaus 24
Granada, Kgr 56
Granvel(l)a, Antoine Perrenot de, Kard 58
–, Nicolas Perrenot de 58
Gravelines, Schl (1558) 55
Griechenland, Kgr 186
Grillparzer, Franz 185
Großbritannien, Kgr 127, 128f., 130, 133, 135, 136, 137, 143, 144, 154, 186, 205f., 230, 231
Großwardein, Vtr (1538) 39
Gustav II. Adolf, Kg v. Schweden 95, 99, 100f.
Gyulai, Franz Grf 206, 207

Habsburger-Gesetz (1919) 257, 259
Hadrian VI., Papst 36
Hamburg, Vtr (1638) 104
Hannover, Kfsm 124f.
Harcourt, Henri, Marquis de Bouvron 94
Haro, Luis de 90
Harrach, Aloys Ludwig Grf 94
Haugwitz, Friedrich Wilhelm Grf 145
Haydn, Joseph 159 Anm. 6
Heilbronner Bd (1633/35) 101, 103
Heilige Allianz (1815) 182, 199
Heinrich VIII., Kg v. Engl 27, 28, 35, 47
Heinrich II., Kg v. Frkr (Kg Heinrich II. v Polen) 45f., 48, 49, 54f., 86
Heinrich III., Kg v. Frkr 61, 63, 74
Heinrich IV., Kg v. Frkr 61f., 63f., 78
Heiratspolitik 11, 20f., 26, 35, 90, 176, 221f.
Helvetische Republik 164
Henneberg, Berthold v., Kf/Erzb v. Mainz 22
Herrenhausen, Bds (1725) 136
Hildebrandt Lucas v. 124
Höchstädt, Schl (1704) 127
Hörnigk, Philipp Wilhelm 123f.
Hofer, Andreas 175
Hoffmann von Fallersleben, August Heinrich 159 Anm. 6
Hofmannsthal, Hugo v. 236
Hohenlinden, Schl (1800) 165
Holländischer Krg (1672/79) 93
Hoorne, Philippe de Montmorency Grf 59
Horthy, Miklós, ung Reichsverweser 257f.
Hubertusburg, Frd (1763) 144

Illyrische Provinzen 175
Illyrismus s. Nationalbewegung, südslaw

283

Industrialisierung, öst-böhm 187, 189, 204, 233f., 239; ung 233f.
Innerösterreich s. Kärnten, Krain, Steiermark
Irredenta s. Nationalbewegug, ital
Isabella I., Kgn v. Kastilien 21, 26, 32
Isabella, Erzhzgn, Landesherrin d. südl. Ndl 62, 64, 66, 75, 81-84 *[G 1, 2]*
Isabella v. Port, sp Kgn 42, 65 *[G 1]*
Istrien 70, 175, 193, 223
Italien, Kgr (ab 1861) 164, 168, 218, 248; napoleon Kgr (1805/14) 168; Republik (1797-1805) 164; s. a. Risorgimento

Jakob I., Kg v. Engl u. Schottl 65, 95
Jakob II., Kg v. Engl u. Schottl 126
Jan Sobieski, Kg v. Polen 116
Jankau, Schl (1645) 106
Jansen, Cornelis, B v. Ypern 82
Jellachich (Jelacic), Joseph v. 199
Joachim II., Kf v. Brdbg 72
João III., Kg v. Port 64 *[G 1]*
João v. Braganza 64
Johann, Erzhzg, dt. Reichsverweser 161, 165, 173, 174, 175, 190, 193 *[G 3]*
Johann Friedrich, Kf v. Sachsen 46
Johann Georg, Kf v. Sachsen 95, 96, 97, 101, 103
Johann Salvator v. Habsbg-Tosk (Johann Orth) 249 *[G 5]*
Johann Sigismund, Kf v. Brdbg 78
Joseph I., Ks 117, 120, 125, 127, 128, 129f., 134, 138 *[G 2]*
Joseph II., Ks 13, 14, 16, 61, 144, 146-153, 154, 161, 167, 195 *[G 3, 4]*

Joseph Anton, Erzhzg 191 *[G 3]*
Joseph Clemens, Kf/Erzb v. Köln 126f.
Joseph Ferdinand v. Bayern 94, 126
Josephinismus 151f., 160, 187, 195f.; s. a. Spät-, Neoabsolutismus
Juan, Inf v. Aragon-Kastilien 21
Juan de Austria, Sth d. Ndl 56, 59, 60 *[G 1]*
Juan José de Austria 92 *[G 1]*
Juana (la Loca) v. Aragon-Kastilien 11, 21 *[G 1]*
Jülich-klevischer Erbfolgestreit (1609/14) 78, 80, 86
Jugoslawien 261
Julius II., Papst 26f.
Julius III, Papst 48

Kärnten, Hzm 23, 35, 70, 175, 197
Kahlenberg, Schl (1683) 116
Kaiserhymne 159
Kaiseridee, Kaisertum, Kaiserwahlen 26f., 28, 30f., 31, 48, 50f., 70, 95f., 104, 107, 110, 124, 130, 139, 142, 144, 146f., 154, 182
Kaisertum Öst 160, 168
Kálnoky, Gustav Grf 231
Kameralismus, öst 123f.
Kapuzinergruft 138, 259
Kara Mustapha, osman Großwesir 116
Karl (I.) d. Gr., Ks 30
Karl V., Ks (Kg Karl I. v. Sp) 12, 24, 25, 26, 28, 29, 30-51, 53, 54, 55f., 57, 67, 68, 72, 195 *[G 1]*
Karl VI., Ks (Kg Karl „III." v. Sp) 94, 120, 124, 126, 127f., 129, 130, 132, 133-139, 140 *[G 2]*
Karl VII., Ks (Kf Karl Albert v. Bayern) 134, 135, 139, 140f. *[G 2]*

Karl I., öst Ks 17, 250-258 *[G 4]*
Karl d. Kühne, Hzg v Burgund 21, 30, 35, 143
Karl VIII., Kg v. Frkr 19, 20, 21
Karl IV., Hzg v. Lothr 114, 115, 119
Karl II., Hzg v. Parma 221
Karl III., Hzg v Parma 221
Karl X., Kg v. Schweden 112
Karl XII., Kg v. Schweden 127
Karl I., Kg v. Sp *s.* Karl V., Ks
Karl II., Kg v. Sp 91-95, 114, 126 *[G 1]*
Karl III., Kg v. Sp 135f.
Karl „III.", Kg v. Sp. s. Karl VI., Ks
Karl v. Bourbon, Connétable v. Frkr 36, 37
Karl v. Bourbon, Erzb v. Rouen (Kg Karl „X." v. Frkr) 64
Karl, Erzhzg 161, 168, 171, 173, 174f., 212f. *[G 3]*
Karl, Hzg v. Orléans 45
Karl v. Steiermark 70, 73 *[G 2]*
Karl, Hzg v. Zweibrücken-Birkenfeld 149
Karl Albert, Kf v. Bayern s. Karl VII., Ks
Karl Albert, Kg v. Sard 194, 218, 219, 221f. *[G 5]*
Karl I. Emanuel, Hzg v. Savoyen 86
Karl Ludwig, Erzhzg 243 *[G 4]*
Karl Philipp, Kf d. Pfalz 139
Karl Theodor, Kf v. Pfalz-Bayern 149, 10, 154
Karlowitz, Frd (1699) 119
Károly, Mihály 257
Katalonien *s.* Aragon
Katharina II., Zarin v. Russl 144, 148, 153
Kaunitz, Wenzel Anton Grf 143, 145, 147, 148, 162
Khlesl, Melchior, Kard 79, 80, 81

Klementine, Kgn beider Siz 221 *[G 3]*
Klosterneuburg 138
Koalitionskrge (1793/97) 157, 162f.; (1798/1801) 165; (1805) 168f.; (1806/07) 173; (1809) 174f.; (1812/13) 176, 178, (1813/14) 178f.; (1815) 180 Anm. 8, 181
Königgrätz, Schl (1866) 215, 222
Kölner Stifsfehde (1583/85) 76
Königs Wusterhausen, Vtr (1726) 137
Koerber, Ernest 17, 238f.
Kolowrat-Liebenstein, Franz Anton Grf 189, 190, 192
Kongresspolen, Kgr 181f., 236
Konkordat (1855) 203, 231
Koruzzen 116
Kossuth, Lajos 191, 192, 199
Krain, Hzm 23, 35, 70, 175, 103, 197, 227, 245
Krakau, Republik (1815/46) 182
Kraus, Karl 236
Kremsier, Rt (1848/49) 15, 194, 195, 196, 197
Krimkrg (1854/56) 205f.
Kroatien-Slawonien, Kgr 120, 134, 199, 210 Anm. 12, 223, 224, 226, 245
Kübeck, Karl Friedrich v. 201f.
Kunersdorf, Schl (1759) 144
Kurpfalz 97, 107f., 118, 1337; *s. a.* Pfälzischer Erbfolgekrg

Laibach, Kngrs (1821) 186
Landshuter Erbfolgestreit *s.* Bayerisch-pfälzischer Krg
Lanner, Joseph 187f
Lausitzen (Markgft Ober- u. Niederlausitz) 38, 96, 97, 103
Lega d'Italia 217
Lehár, Franz 235
Leipzig, Schl (1813) 179
Leo X., P 35
Leoben, Vorfrd (1797) 163

Leopold I., Ks 13, 92, 93, 94, 110, 111-125, 126, 127, 128, 129, 159 *[G 2]*
Leopold II., Ks 147, 153-156, 161f., 171, 172, 218 *[G 4, 5]*
Leopold, Erzhzg/B v. Passau 78 *[G 2]*
Leopold, Hzg v. Lothr 119
Leopold II., Grhzg d. Tosk 218f. *[G 5]*
Leopold Wilhelm, Erzhzg, Sth d. südl Ndl 110 *[G 2]*
Lepanto, Schl (1571) 56
Lerma, Francisco Gómez de Sandoval, Hzg v 86ff.
Leszczyński, Stanisław, Kg v. Polen, Hzg v. Lothr 136, 137
Liga, kath 79f., 96, 97
Lisola, Franz Paul v. 114
Lissa, Schl (1866) 215
Lobkowitz, Wenzel Fst 112, 114
Lodovico il Moro, Hzg v. Mailand 22, 36
Lombardei 163, 181, 208, 217; s. a. Lombardo-Venetien, Mailand
Lombardo-Venetien, Kgr 14, 15, 181, 187, 193, 206f., 209
Lothringen, Hzm 104, 115, 119, 142
Ludwig XI., Kg v. Frkr 21
Ludwig XII., Kg v. Frkr 21f., 25, 26
Ludwig XIII., Kg v. Frkr 86 *[G 1]*
Ludwig XIV, Kg v. Frkr 54, 90f., 93ff., 110, 111, 112-119, 120, 124, 125f., 128, 129, 130 *[G 1]*
Ludwig XV., Kg v. Frkr 136, 137, 143 *[G 1]*
Ludwig XVI., Kg v. Frkr 155, 156 *[G 3]*
Ludwig XVIII., Kg v. Frkr 180, 186
Ludwig II., Kg v. Ungarn u. Böhmen 11, 26, 28, 35, 38 *[G 1]*

Ludwig, Markgrf v. Baden 119
Ludwig, Erzhzg 189-190 *[G 3]*
Lueger, Karl 16, 238
Lützen, Schl (1632) 100
Luise v. Savoyen 37
Lunéville, Frd (1801) 165
Luther, Martin 28f., 33f., 37
Lutter a. Barenberge, Schl (1626) 98
Luxemburg, Hzm 119

Mack, Karl Frhr v. 168
Mähren, Markgft 38, 97, 112, 187, 227, 260
Magenta, Schl (1859) 207
Mahler, Gustav 235
Mailand, Hzm 25, 36, 37, 41, 45, 86, 130, 135, 136
Majestätsbrief, böhm (1609) 77f.
Malplaquet. Schl (1710) 127
Mantua, Hzm 130
Mantuanischer Erbfolgekrg (1628/31) 89,99
Marengo, Schl (1800) 165
Margarethe v. Öst, Sth d. Ndl 21, 26, 28, 37, 41 *[G 1]*
Margarethe v. Parma, Sth d. Ndl 58, 59, 60 *[G 1]*
Maria, Ksn 72 *[G 1]*
Maria I., Kgn v. Engl 49, 53, 62
Maria Stuart, Kgn v. Schottl 62
Maria v. Ungarn, Sth d. Ndl 26, 35, 41 *[G 1]*
Maria Adelheid, Kgn v. Sard 222 *[G 3]*
Maria Amalia, Ksn 134, 135, 140 *[G 2]*
Maria Anna (Mariana), Kgn v. Sp 91, 92 *[G 1, 2]*
Maria Anna, Erzhzgn 133
Maria Anna v. Savoyen, öst Ksn 221 *[G 1]*
Maria Anna v. Pfalz-Neuburg, Kgn v Sp 92, 94 *[G 1]*
Maria Carolina, Kgn beider Siz 217, Anm. 14, 221 *[G 3]*
Maria Christina, Erzhzgn 161 *[G 3]*

Maria Josepha, Kfn v. Sachsen, Kgn v. Polen 133f., 135 *[G 2]*
Maria Ludovica v. Modena-Este, öst Ksn 159 *[G 4]*
Maria Teresa, Kgn v. Frkr 90, 91, 93 *[G 1]*
Maria Therese, öst Ksn 221 *[G 4]*
Maria Therese, Kgn v. Sard 222 *[G 5]*
Maria Theresia, Kgn v. Ungarn u. Böhmen, Ksn 117, 124, 133, 135, 137, 139, 140-146, 147, 148, 150, 151, 217 Anm. 14 *[G 2, 3, 5]*
Maria Theresia v. Neapel-Sizilien, öst Ksn 188 *[G 4]*
Marie d'Orléans, Kgn v. Sp 92 *[G 1]*
Marie Antoinette, Kgn v. Frkr 155, 156 *[G 3]*
Marie Luise v. Spanien, Ksn 154 *[G 3]*
Marie Luise, fz Ksn, Hzgn v. Parma 176, 181, 220f., 221 *[G 4]*
Marie Luise v. Savoyen-Carignan 218 *[G 3]*
Marie Therese, Kgn. Beider Siz 227 *[G 3]*
Marignano, Schl (1515) 27
Marlborough, John Churchill Hzg v. 127, 128f, 130
Masaryk, Toma_ 257
Matthias, Ks 60, 75, 77, 78-81, 95, 139 *[G 2]*
Matthias Corvinus, Kg v. Ungarn 19
Maximilian I., Ks 11, 19-29, 67, 70 *[G 1]*
Maximilian II., Ks 69f., 71, 72-75, 80 *[G 1, 2]*
Maximilian, Ks v. Mexiko s. Ferdinand Maximilian
Maximilian I., Hzg/Kf v. Bayern 79, 80, 96, 97, 99, 100, 106
Max(imilian) II. Emanuel, Kf v. Bayern 116, 126f.

Maximilian III. Joseph, Kf v. Bayern 141, 149
Max(imilian) I. Joseph, Kg v. Bayern 188
Maximilian, Erzhzg 77 *[G 2]*
Maximilian Franz, Erzhzg Kf/Erzb v. Köln 154 *[G 3]*
Mazarin, Jules, Kard 86 Anm. 3, 90, 110
Medici, Grhzge d. Toskana 136
Metternich, Klemens Wenzel Fst 171, 175f., 178f., 179f., 180f., 182, 185f., 189, 190, 192, 202, 217
Mexiko, Ksr 228
Militärgrenze 16, 224
Militärwesen, Reich 34, 74; öst 25, 71, 129, 173f., 236f., 244; span 87, 88; ung 235f., 240
Mittelmeerabkommen (1887) 231
Modena, Hzm 90, 217, 220
Mohács, Schl (1526), 28; (1687), 117, 120
Montecuccoli, Raimund Grf 113, 114, 115, 123
Moriscos 66, 85
Moritz v. Oranien 95
Moritz, Kf v. Sachsen 46, 48, 49
Mühlberg, Schl (1547) 46
Mühlhausen, Kftag (1627) 99
Münster, Frd (Jan 1648) 61; 107, (Okt 1648) *s.* Westfälischer Frd
Mürzsteg (1903) Trf 232

Napoleon, fz. Ks 13, 14, 118, 159, 160, 163f., 165, 166, 167f., 173, 174, 175, 176, 178f., 180, 181, 183, 218, 220, 221 *[G 4]*
Napoleon III., fz. Ks 206, 207, 208, 214f., 222, 228
Napoleon Franz, Kg v. Rom, Hzg v. Reichstadt 176, 188, 220 *[G 4]*

Nationalbewegung, dt 190; ital 194, 195, 205, 206, 218, 231; südslaw 194, 197, 198, 232, 245, 248; tschech 237f., 239f., 248; ung 191, 198, 240-242
Neapel-Sizilien, Kgr 129; s. a. Sizilien, Kgr beider
Neippberg, Adam Albert 220
Neoabsolutismus 16, 196, 202f., 203, 244; s. a. Josephinismus, Spätabsolutismus
Niederlande 35, 41f., 67; Aufstand d. (1566/68-1648) 57-62; Republik 60f., 64, 80, 82, 83, 86, 89, 93, 100, 113, 114f., 137; 154; südliche (span/öst) 81-84, 93, 113, 130, 137, 150, 151, 152f., 163; Vereinte 181
Niederösterreich, Hzm 23, 25, 73, 187
Nikolaus I., Zar v. Russl 186, 199, 201, 204
Nikolaus II., Zar v. Russl 232
Nikolsburg. Frd-Gespräche (1866) 216
Nimwegen, Frd (1678/79) 93, 115
Nithard, Johann Eberhard 92
Nördlingen, Schl (1634) 103
Nordischer Krg (1655/60) 112; (1700/21) 127
Norddeutscher Bund (1867/71) 216, 217
Normaljahr (1624) s. Westfälischer Frd
Noyon, Vtr (1516) 30f.
Nürberger Rezesse (1650) 109

Oberösterreich, Hzm 23, 35, 73
Ödenburg 116
Österreich, Republik 256f., 261
Österreichischer Erbfolgekrg (1740/48) 140ff.
Österreichisch-Schlesien 141, 187, 216
Offenbach, Jacques 236
Oktoberdiplom (1860) 209

Olivarez, Gaspar de Gúzman „Condeduque" de 88ff.
Olmützer Punktation (1850) 201
Oñate, Iñigo 80f, 87
Osmanisches Reich 38f., 43f., 71, 76f., 106, 109, 113, 115f., 138, 205f., 229f., 235, 248
Osnabrück, Frd s. Westfälischer Frd
Ostender Handelskompanie 137
Otto v. Habsburg 258f.
Oudenaarde, Schl (1709) 127
Oxenstierna, Axel Grf 101f., 103, 104

Pactum mutuae successionis (1703) 127, 133f.
Palacký, František 15, 196f.
Panslawismus 232
Paris, Fr (1763) 144; (1814) 180; (1815) 180 Anm. 8; Vtr (1498) 21
Parma-Piacenza, Hzm 48, 136, 142, 181, 217, 220f.
Passau, Vtr (1552) 68
Paul III. Papst 44, 46, 47f.
Paul IV., Papst 49
Pavia, Schl (1525) 36
Pérez, Antonio 57, 63, 65
Pescara, Ferrante, 36
Peter III., Zar v. Russl 144
Peter Leopold, Grhzg d. Toskana s. Leopold II., Ks
Pfälzischer Erbfolgekrieg (1688/97) 118f.
Philipp I., Kg v. Kastilien s. Philipp d. Schöne
Philipp II., Kg v. Sp 12, 42, 43, 44, 45, 49, 50, 53-68, 72, 74, 75, 81f., 85 *[G 1]*
–, Absetzungsdekret, ndl (1581) 61
Philipp III., Kg v. Sp 66, 80, 83, 85-88, 89, 91, 100 *[G 1]*
Philipp IV., Kg v. Sp 83, 86, 88-91, 104, 110 *[G 1]*

Philipp V., Kg v. Sp (Philipp v. Anjou) 94, 126, 127, 135 *[G 1]*
Philipp d. Schöne, Hzg v. Burgund, Kg. v. Kastilien 11, 19, 21f., 25, 26 *[G 1]*
Philipp, Landgrf v. Hessen 46
Philipp d. Aufrichtige, Kf d. Pfalz 25
Philipp Wilhelm, Kf d. Pfalz 118
Pillersdorf, Franz Frhr v. 192f.
Pius V., Papst 56
Pius VI., Papst 151, 155, 164
Pius IX., Papst 219
Placcaet van Verlatinghe *s.* Philipp II., Absetzungsdekret
Plombières, Trf (1859) 207
Polen, Kgr 74, 112, 143, 155, 253f.,; Teilungen (1772/95) 148f., 162f.; Thronfolgekrg (1733/35) 136f.; *s. a.* Galizien-Lodomerien; Kongresspolen; Warschau
Popovici, Aurel 244, 245 Anm. 18, 246
Portugal, Kgr 64f., 90, 91
Prag, 75, 77, 78, 79, 100, 141; Fenstersturz (1618) 79; Frd (1635) 103f., (1866) 216; Kngrs (1813) 179
Pragmatische Sanktion (1549) 47; (1713) 127, 134f., 139, 224
Prandtauer, Jacob 124
Pressburg 77, 189; Frd (1491) 19; (1805) 169
Preußen, Kgr 125, 132, 139, 145, 146, 148, 149, 150f., 154f., 162, 200f., 204, 205, 212, 213ff., 227f.; *s. a.* Dualismus, öst-preuß
Pyrenäenfrd (1659) 90f., 93

Quadrupelallianz (1718) 135; Warschauer (1745) 142
Quoten *s.* Finanzpol, öst-ung

Radetzky, Sigismund v. 194, 195, 206, 220
Rain a. Lech, Schl (1632) 100
Rainer, Erzhzg, Vizekg v. Lombardo-Venetien 218 *[G 3]*
Rainer d. J., Erzhzg 209f. *[G 3]*
Rákóczi, Franz II., Fst v. Siebenbg 123, 128
–, Georg I., Fst v. Siebenbg 106
–, Georg II., Fst v. Siebenbg 112, 113
Rastatt, Frd (1714) 130; Kngrs (1797/98) 164f.
Rauschner, Joseph Otmar v., Kard 203
Rechberg-Rothenlöwen, Johann Bernhard Grf 209
Reformation 28f., 33f., 72ff., 76
Reformierte 69f.
Regensburg, Deputationstag (1623) 97; Kf-Tag (1630) 99; Rt (1541) 46; (1613) 79; Stillstand 118
Reichenbach, Kvtn (1790) 154f.; (1813) 178

Reichsbd-Plan (1548) 46f.
Reichsdeputationshauptschluss (1803) 166f., 176
Reichshofrat 24, 110
Reichskammergericht 22, 24, 76, 148
Reichsreform (1495) 22f.
Reichsregiment 23, 33, 34
Religionspl, öst 73, 79, 80, 151, 153; span 85; ung 122; *s. a.* Konkordat
Renversement des alliances (1756) 143
Restitutionsedikt (1629) 99, 102
Reunionen 93, 118
Revolution (1848) 183, 192, 201
Rheinbund (1658/68) 111f., 113; (1806(13) 169f., 178, 179
Rheingrenze 163, 164, 165, 179, 180

289

Richelieu, Armand Jean Duplessis Hzg v. 87, 89, 99, 100, 104
Rijeka s. Fiume
Rijswijk, Frd (1697) 93, 94, 119
Risorgimento s. Nationalbewegung, ital
Robert v. Bourbon, Hzg v. Parma 221
Rocroi, Schl (1643) 90, 106
Rom, Sacco di Roma (1527) 37, 48
Rubens, Peter Paul 82
Rudolf II., Ks 60, 75-78, 81 *[G 2]*
Rudolf, Erzhzg 242, 249 *[G 4]*
Rückversicherungsvtr (1887) 231
Rumänien, Fstm/Kgr 231, 248, 261
Ruprecht, Pfalzgrf 25
Russland, Ksr 137f., 143, 144, 148, 150, 178f., 181f., 199, 205f., 229f., 231f., 233, 245

Sachsen, Kfsm/Kgr 46, 48, 49, 72, 95, 96, 97, 103, 125, 133f., 136, 141, 142, 143, 144, 149, 175, 179, 216
St. Quentin, Schl (1557) 54f.
Salzburg, Fst-Ebt/Kfsm 164, 175
San Lorenzo en el Escorial 53, 66f., 138
St. Gotthard a. d. Raab, Schl (1664) 113
Sarajewo 245, 247, 250
Sardinien, Kgr 163, 207, 208; s. a. Italien
Savoyen, Hzm 44, 45f., 55, 86f., 132, 163; s. a. Sardinien
Schiller, Friedrich 212
Schlesien 13, 38, 102, 109, 115, 122, 140f., 142, 143f., 149; Schlesische Krge (1740/63) 137, 139, 140f., 143f., 228; s. a. Österreichisch-Schlesien
Schleswig-Holstein 214, 215
Schmalkaldischer Bd 40

Schmalkaldischer Krg (1546/47) 46, 68
Schmerling, Anton v. 210, 213
Schnitzler, Arthur 236
Schönbrunn 117f.; Frd (1809) 175; Kvtn (1873) 229
Schönborn, Friedrich Karl 138
–, Johann Philipp, Kf/Erzb v. Mainz 110, 138
–, Lothar Franz, Kf/Erzb v. Mainz 138
Schröder, Wilhelm v. 124
Schwabenkrg (Schweizerkrg, 1499) 22
Schwäbischer Bd 35
Schwarzenberg, Felix Fst 194, 196, 197, 200, 202, 203f., 210
–, Karl Fst 179, 180
Schweden, Kgr 99, 100ff, 150
Schwendi, Lazarus 74
Sebastião, Kg v. Port 65 *[G 1]*
Seeckt, Hans v. 251
Senlis, Frd (1493) 19
Serbien, Kgr 229f., 232, 233, 247f.
Sforza, mailändisches Hzg-Geschlecht 22, 41
Sickingen, Franz v. 37
Siebenbürgen, Fstm 13, 14, 39, 40, 71, 76f., 98, 105, 112, 113, 116, 117, 128, 199, 209, 210 Anm. 12, 211f., 223
Sigmund v. Tirol 19
Silversterpatent (1851) 202
Sixtus v. Bourbon-Parma 252f.
Sizilien, Kgr beider 185, 217, 220
Slankamen, Schl (1691) 119
Solferino, Schl (1859) 207f.
Sophie v. Bayern 188, 202, 216 *[G 4]*
Sophie, Hzgn v. Hohenberg 243, 247, 249 *[G 4]*
Spätabsolutismus 160; s. a. Neoabsolutismus
Spanischer Erbfolgekrg (1701/14) 120, 123, 125-132
Speyer, Rt (1529) 38

Sprachpol 236f., 244; ung 191, 209, 242
Stadion, Franz Grf 198
–, Johann Philipp Grf 173ff.
Steiermark, Hzm 23, 35, 70, 77
Stephan Báthory, Fst. v. Siebenbg, Kg v. Polen 74
Stephan Viktor, Erzhzg, Palatin v. Ungarn 191, 192 *[G 3]*
Stephanskrone *s.* Ungarn
Straßburg 116, 118
Straßburger Kapitelstreit (1583-1604) 76
Strauß, Johann d. Ä. 188, 194
–, Johann d. J. 235
–, Joseph 235
Stürgkh, Karl Grf 240
Stuhlweißenburg 38, 40
Süleiman d. Prächtige, osman Sultan 38f., 40, 55, 71
Suppé, Franz v. 235
Szatmár, Frd (1711) 128
Széchenyi, István Grf 191, 192

Taaffe, Eduard Grf 234f., 238
Talleyrand-Périgord, Charles Maurice de 168, 181
Teschen, Frd (1779) 150
Therese v. Habsburg-Este, Kgn v. Sard 221 *[G 5]*
Thököly, Imre 116, 117
Thugut, Franz de Paula Frhr v. 162
Tilly, Johann Tserclaes Grf 96, 97, 98, 99, 100
Tirol, Grft 19, 23, 25, 35, 70, 73, 135, 145, 175, 181. 210 Anm. 12
Tisza, Koloman Grf 240
–, István Grf 240, 242, 247, 251, 257
Toleranzpatent (1781) 151, 153
Torstensson, Lennart 106
Toskana, Ghzm 136, 137, 153f., 217, 218ff.
Transleithanien *s.* Ausgleich, öst-ung; Dualismus, öst-ung

Trautmannsdorff, Maximilian Grf 105, 197
Trianon, Frd (1919/20) 261
Trient, Kz 40, 69, 73
Triest 35, 206
Troppau, Kngrs (1820) 186
Tschechoslowakei, Republik 257, 261

Ulm, Wfstd (1647) 106
Ulrich, Hzg v. Württ 40
Ungarn, Kgr 13, 14, 15, 16, 38f., 41, 70, 71, 76, 77, 80f., 106, 109, 110, 111, 113, 116, 117, 120, 122, 128, 134, 135, 141, 147, 151, 172f., 189, 191, 193, 196, 198f., 204, 209, 210 Anm. 12, 211, 233f., 234, 238, 240ff., 244, 256, 257f., 261
Union, protestantische (1608) 79f., 95
Union, Utrechter (1579) 60f.; *s. a.* Niederlande, Republik
Union v. Arras (1579) 60, 62
Utrecht, Frd (1713) 130f., 133

Velazquez, Diego de Silva 89
Venedig, Lg v. (1495) 21; Republik 163, 164, 168
Venetien 181, 209, 215, 222; *s. a.* Lombardo-Venetien
Venlo, Vtr (1543) 45
Verfassungen, Verfassungsfragen: Böhmen 96f., 237f.; Öst 192f., 197ff., 202, 209f., 210f., 223-227; Ungarn 191, 211f., 223-227; *s. a.* Dualismus, öst-ung
Verona, Kngrs (1822) 186
Vervins, Frd (1598) 64
Verwaltung, Verwaltungsreformen: Böhmen-Öst 23f., 70f., 123, 145f., 171f.; Ndlde 41f., Spanien 42f., 88; Ungarn 145
Viktor Amadeus II., Hzg v. Savoyen, Kg v. Siz/Sard 130, 132

Viktor Emanuel I., Kg v. Sard 221 *[G 5]*
Viktor Emanuel II., Kg v. Sard/It 208, 222 *[G41]*
Viktoria, Kgn v. Großbrit 188
Villafranca, Trf (1859) 208
Visconti, mailändisches Hzg-Geschlecht 21
Völkermanifest (1918) 17, 255f.
Vorderösterreich 23, 35, 70, 119, 167, 181

Wahlrecht 237f, 239f., 244, 249
Wallenstein, Albrecht v, Hzg v. Friedland 96, 98, 99, 100, 101, 102
Wandruszka, Adam 154
Warschau, Hzm 175, 178
Weißer Berg, Schl (1620) 96
Welser, Augsbg Bankhaus 24
Weltkrieg, 1. (1914/18) 248-256; 2. (1939/45) 259
Wenzelskrone *s.* Böhmen
Westfälischer Frd (1648) 107f., 110
Westminster, Kvtn (1756) 143
Wien 75, 79, 106, 110, 116, 120, 122, 134, 174, 192f., 209, 215, 224, 234, 238, 239; Bauten 117f., 187, 204f., 235; Belagerung (1529) 39, 71, (1683) 116; Frd (1606) 77, (1864) 214; Kngrs (1814/15) 180-183; Kultur u. Wissenschaft 123f., 148, 186f., 187f., 189, 235f.; Kvtn (1778) 149
Wilhelm I., Kg v. Preußen, dt Ks 207, 213f., 215f., 229, 230
Wilhelm II., dt Ks 323, 242, 243
Wilhelm V., Landgrf v. Hessen-Kassel 103
Wilhelm d. Reiche, Hzg v. Jülich-Kleve-Berg 45

Wilhelm I., Fst v. Oranien 59f., 61, 63, 74
Wilhelm III., Fst v. Oranien, Kg v. Engl u. Schottl 118, 126
Wilson, Woodrow 254, 256
Windischgrätz, Alfred Fst 194, 199
Wirtschaftspol *s.* Industrialisierung
Wladislaw, Kg v. Böhmen u. Ungarn 19, 26
Worms, Rt (1495) 22f.; (1521) 33f.; Vtr (1521) 35
Wormser Edikt (1521) 34, 37f.
Württemberg, Hzm/Kgr 35, 40, 169, 179, 227, 228
Wusterhausen *s.* Königs Wusterhausen

Xavier v. Bourbon-Parma 252
Ximénez de Cisneros, Francisco, Kard 32

Zápolya, Johann, Kg v. Ungarn 38f., 71
–, Johann Sigismund, Kg v. Ungarn 39f., 71
Zenta a. d. Theiß, Schl (1697) 119
Zentralismus *s.* Josephinismus, Neoabsolutismus
Zips, Grft 148 Republik 164
Zita v. Bourbon-Parma, öst Ksn 251, 258f. *[G 4]*
Znaim, Wfstd (1809) 175
Zollverein, dt 204, 228
Zuñiga, Baltasár de 87f.
Zweibund (1879) 230, 231
Zweig, Stefan 236